HISTOIRE

DES

PARLEMENS DE FRANCE.

TOME I.

PARIS, DE L'IMPRIMERIE DE GUIRAUDET,
RUE SAINT-HONORÉ, Nº 315.

HISTOIRE,

ACTES

ET

REMONTRANCES

DES

PARLEMENS DE FRANCE,

CHAMBRES DES COMPTES,

COURS DES AIDES, ET AUTRES COURS SOUVERAINES,

DEPUIS 1461 JUSQU'A LEUR SUPPRESSION,

PAR P.-J.-S. DUFEY (DE L'YONNE),

AVOCAT.

TOME PREMIER.
(1461 à 1756.)

PARIS,

GALLIOT, LIBRAIRE-ÉDITEUR,

BOULEVART DE LA MADELEINE, N° 11.

—

1826.

AVIS DE L'ÉDITEUR.

Les volumineuses collections de mémoires pour servir à l'histoire de France ancienne et moderne ont été réimprimées, augmentées, et favorablement accueillies par le public. La connaissance de notre histoire est le besoin de l'époque, et cependant ces mémoires ne se rapportent qu'à des faits isolés, et ne sont pour la plupart que le panégyrique de leurs auteurs. Ce ne peut être qu'en les contrôlant les uns par les autres que le lecteur peut parvenir à la vérité.

Ces mémoires omettent ou n'indiquent que d'une manière imparfaite tout ce qui tient à l'étude de notre droit public et à cette suite de grands événemens sur lesquels les cours souveraines ont eu tant d'influence, surtout depuis leur union vers le milieu du dernier siècle jusqu'à l'époque de leur suppression.

On désirait depuis long-temps un ouvrage qui offrît dans un seul cadre historique leurs arrêtés, leurs remontrances les plus remarquables. Ces actes si importans, si peu connus, étaient épars dans une foule de recueils ou ensevelis dans les archives des anciennes cours souveraines. Les fameux *comptes rendus* sur l'histoire, les règlemens secrets et les doctrines des jésuites, ne se trouvaient que dans la bibliothèque des savans et des curieux. On n'a réimprimé récemment que les *comptes rendus* aux parlemens de Bretagne et de Provence. La troisième partie de celui du parlement de Dijon, rédigé sur un autre plan, offre le tableau le plus exact, le plus complet et le plus clair des doctrines antichrétiennes de cette association trop fameuse ; elle a été insérée dans l'ouvrage que nous annonçons. On remarquera, dans l'examen de cet institut au parlement de Toulouse, le réquisitoire de M. de Bonrepos, le seul peut-être qui ait signalé le véritable but de cette société, l'établissement d'une monarchie universelle, formée sur les débris de tous les cultes existans et de tous les gouvernemens légitimes.

La révolution opérée dans l'ordre judiciaire par le chancelier Maupeou a ramené l'attention publique sur l'origine et les prérogatives légales ou exagérées des parlemens, sur les immunités particulières des villes et des provinces, spécialement sur les pays d'états, et enfin sur les titres qui constituent notre droit public.

Dans le plan adopté par M. Dufey (de l'Yonne), les faits historiques marchent avec l'exposé des doctrines qui les ont déterminés et les actes qui en font apprécier la justice ou l'illégitimité. Son ouvrage est essentiellement historique. Les gens du monde, comme les magistrats et les jurisconsultes, le liront sans doute avec un égal intérêt.

Il ne nous reste qu'à en indiquer le plan. L'ouvrage se divise en quatre parties. La première comprend l'état des tribunaux en France avant l'établissement des parlemens sédentaires ; l'origine, l'organisation et les attributions de chaque cour souveraine, en suivant l'ordre chronologique ; les événemens généraux ou particuliers qui se rattachent à l'histoire de chacune de ces cours ;

La deuxième partie, l'histoire des actes et remontrances des cours souveraines, depuis 1461 (règne de Louis XI) jusqu'en 1755 ;

La troisième, depuis cette époque où Maupeou, alors premier président au parlement de Paris, soutint avec tant d'éloquence et de courage les libertés nationales contre le despotisme ministériel, jusques et compris l'époque où, devenu ministre, il attaqua et bouleversa, par les moyens les plus violens, les plus arbitraires, ces mêmes institutions dont il s'était auparavant montré le plus intrépide défenseur ;

La quatrième, depuis l'avénement de Louis XVI au trône et le rétablissement des parlemens jusqu'en 1790. Ces deux dernières époques sont fécondes en événemens et en remontrances du plus haut intérêt. L'histoire des parlemens devient alors celle de toute la France. Les états provinciaux et les cours souveraines, si long-temps divisés, se réunissent pour la défense de leurs droits également compromis. Une confédération s'établit entre la Bretagne, le Béarn et le Dauphiné ; et les états de cette dernière province, réunis à Grenoble, avaient déjà adopté une constitution, lorsque toutes les autres provinces n'exprimaient encore que des vœux pour la réformation des abus, le recouvrement de leurs droits, et le rétablissement d'une monarchie constitutionnelle.

Chaque acte, chaque remontrance, dans l'histoire des cours souveraines, est accompagné de notices historiques sur les causes et les résultats des événemens qui ont donné lieu à ces actes. L'auteur a suivi, pour chaque document qu'il a cité, l'orthographe des manuscrits originaux et de l'édition autographe.

Une table chronologique et sommaire termine chaque volume et facilitera les recherches. Nous n'avons adopté que le format de l'édition des *Mémoires pour servir à l'histoire de France*, dont l'histoire des parlemens est le complément indispensable; mais chacun de nos volumes contient au moins le double de composition. Les documens d'une grande étendue et les notes historiques, qui sont très-nombreuses, ont été imprimés en petit-texte. Nous n'avons cependant pas établi le prix de nos deux volumes dans la juste proportion de cet accroissement de dépenses; mais le prix restera invariablement fixé au taux indiqué par le prospectus.

Les nombreuses souscriptions qui nous ont été adressées ne laissent plus aucun doute sur le succès de notre modeste et utile entreprise. Nous avons senti qu'un ouvrage d'une utilité générale devait être d'un prix accessible à toutes les fortunes; et l'économie que nous avons dû apporter à l'exécution typographique n'en exclut pas l'élégance et la pureté. L'impression a été exécutée en beaux caractères et sur beau papier. Nous avons rempli avec la plus scrupuleuse exactitude toutes les conditions que nous nous étions imposées par le prospectus.

HISTOIRE,

ACTES

ET

REMONTRANCES

DES

PARLEMENS DE FRANCE.

PREMIÈRE PARTIE.

PRÉCIS SUR L'ORIGINE, LES PROGRÈS ET LES ATTRIBUTIONS DES ANCIENS PARLEMENS.

---

§ 1er. — *Des Tribunaux antérieurs à la création des Parlemens.*

Les divers peuples de la Germanie qui, dans les quatrième et cinquième siècles de l'ère chrétienne, envahirent les Gaules, et finirent par s'y fixer, y introduisirent l'usage des grandes assemblées périodiques, pour délibérer en commun sur les affaires d'un intérêt général.

Les Bourguignons, dont l'établissement est antérieur de plus d'un demi-siècle à celui des Francs, trouvèrent l'usage de ces assemblées établi dans le pays qu'ils venaient de conquérir. Les Éduens formaient une des plus puissantes républiques des Gaules. C'est à l'alliance qu'il avait contractée avec ce peuple que César dut ses succès dans les autres parties de la Gaule. Les capitaines francs et bourguignons, auxquels nos anciens historiens ont donné le nom de rois, ne jouissaient pas de toutes les prérogatives que nous attachons à ce titre : chefs de l'administration, ils ne réunissaient pas à ces attributions le commandement des armées.

Clovis fut le premier qui joignit aux fonctions du roi celles du généralat. Telle fut l'origine de notre gouvernement monarchique; mais la nation resta en possession du pouvoir législatif. Cet état de choses se maintint tant qu'il fallut combattre pour conquérir de nouvelles contrées ou conserver celles qui avaient été conquises. Depuis Clovis, les assemblées générales de printemps et d'automne ne se composèrent que de la nation armée, et exprimaient par acclamation et en frappant sur leurs pavois leur assentiment aux nouveaux projets de guerre annoncés par leurs chefs.

Tels sont ces *grands ordres du jour* solennellement proclamés à la tête de nos armées, à l'ouverture d'une campagne, ou la veille d'une grande bataille. Déjà les familles des peuples conquérans et des peuples conquis s'étaient confondues par des alliances. Le partage des terres les avait attachées au sol qu'elles cultivaient, et les assemblées annuelles n'avaient pour conseil délibérant que les chefs de l'armée, et pour témoins que l'armée elle-même.

Il est vrai que ces assemblées reprirent leurs institutions premières, et qu'elles prononcèrent sur toutes les affaires politiques, civiles et religieuses. Elles reçurent le nom de parlemens de la nation, que depuis on a appelés états-généraux. Mais il n'est pas exact de prétendre que ces parlemens étaient les mêmes que ceux qui furent ensuite établis par Philippe-le-Bel : la forme, les fonctions de ces nouveaux parlemens, n'avaient rien de commun avec les anciennes assemblées que le nom; ils n'en étaient pas même une suite. Jamais une cour de justice ne put être une seule et même chose que ces assemblées où les optimates, les grands-dignitaires, les prélats, délibéraient, sous la présidence du monarque, sur les grands intérêts de l'État, la paix, la guerre, les finances, et même sur les points de discipline ecclésiastique.

Si les nouveaux parlemens eussent été simplement substitués à toutes les attributions des anciennes assemblées générales, Philippe-le-Long aurait-il eu le droit de défendre aux prélats d'y assister? Mais ce prince ne les considérait que comme le premier ordre dans la hiérarchie judiciaire, où les prélats pouvaient avoir à débattre des intérêts personnels : il eût été tout-à-fait inconvenant qu'ils y fussent à la fois juges et parties.

Ils ne furent même admis dans les parlemens ou assemblées de la nation que sous le règne de Pepin. Ce chef de la race carlovingienne avait cru devoir se concilier par cette faveur les évêques, qui exerçaient une grande influence sur l'opinion des peuples.

La couronne n'avait jamais cessé d'être élective de droit; elle s'était depuis Clovis perpétuée dans la race régnante plutôt par l'assentiment tacite des peuples que par une disposition formelle de la loi fondamentale de l'État.

Pepin pouvait s'asseoir sur le trône sans avoir aucune opposition à redouter. Sous le titre de maires du palais, ses ancêtres avaient exercé l'autorité royale dans toute sa plénitude, et les descendans de Clovis n'avaient conservé de roi que le nom. Pepin crut se rendre plus puissant en substituant aux suffrages des chefs de la nation, qui lui étaient assurés, l'appareil imposant d'une cérémonie religieuse : il se fit sacrer par Boniface, qu'il avait nommé archevêque de Mayence, et par le pape Étienne, qui, de sa pleine autorité, prononça la déchéance du roi légitime.

Cette innovation plaça l'État dans l'Église. Les papes s'arrogèrent dès lors le privilége de faire et de déposer les rois.

A la nation seule appartenait le droit de créer une dynastie nouvelle. Les prélats furent admis dans les parlemens généraux, et s'y placèrent au premier rang. Ce nom de parlement ne désignait encore qu'une assemblée plus ou moins nombreuse d'hommes réunis pour parler entre eux de leurs communs intérêts.

Les grands vassaux eurent leurs parlemens. Le régime féodal, en subdivisant la France en une infinité de souverainetés, rompit tous les liens qui unissaient les différentes parties de la nation. Le droit de rendre la justice ne fut plus réservé aux rois que dans leurs propres domaines. La nation n'existait plus de fait. Les assemblées générales, auxquelles on donne encore le nom de parlemens, n'étaient plus composées que des princes, des grands et des prélats. C'était aussi en leur nom, et par des officiers de leur choix, que la justice était rendue dans chaque province, dans chaque ville, dans chaque bourg ou village, dont ils n'étaient dans l'origine que les chefs amovibles, et dont ils étaient devenus par l'usurpation les maîtres absolus et héréditaires.

Louis IX conçut l'heureuse idée d'une juridiction supérieure, qui, émanant immédiatement de l'autorité royale, assurât au monarque une suzeraineté réelle, et aux peuples un appui permanent, une puissante garantie contre les erreurs et les abus de pouvoir des premiers juges.

A son retour de la Palestine, ce prince établit les quatre grands-bailliages de Vermandois, de Sens, de Saint-Pierre-le-Moustier et de Mâcon.

Le recours à l'autorité du roi n'était pas un établissement nouveau. Les seigneurs s'y étaient soustraits sur la fin de la première race. Charlemagne l'avait rétabli, en renouvelant les assises de province, qu'inspectaient, chaque année, des commissaires appelés *missi dominici*, chargés spécialement de s'enquérir si les juges seigneuriaux avaient rempli le devoir de leurs charges.

Mais cet usage avait cessé d'exister sous les successeurs de Charlemagne, et fut rétabli sous Louis VI, dit *le Gros,* par les conseils de ses ministres, l'abbé Suger et les frères Garlandes : c'était le complément nécessaire de l'affranchissement des communes.

L'assemblée des barons devint cour judiciaire : ainsi se trouva rétabli l'usage de l'appel.

A l'exemple de ce prince, Louis VII, Philippe-Auguste et Louis VIII, continuèrent de maintenir l'envoi des *missi dominici,* qui furent appelés baillis dès qu'ils eurent une résidence fixe.

Mais, toujours prêts à ressaisir leurs prérogatives usurpées, les seigneurs laïques et ecclésiastiques ne reconnaissaient pas les appels à la justice du roi; leurs baillis particuliers et les baillis royaux eux-mêmes jugeaient souverainement et sans appel.

Si le recours au roi avait encore lieu à de rares intervalles, ce n'était que par forme de plainte : cette action était spécialement dirigée contre le juge, qui venait en personne défendre sa sentence.

C'est donc à la création des grands-bailliages par Louis IX qu'il convient d'attribuer l'origine de ce que nous avons depuis appelé parlemens.

Louis IX donna son palais. Les anciens parlemens étaient réellement l'assemblée de tous les hommes libres. Les nouveaux, institués comme cours judiciaires, et la découverte des Pandectes de Justinien, avaient amené une nouvelle révolution dans l'administration de la justice. Jusque alors les conseils ou assemblées des barons du roi, appelés aussi barons du royaume de Paris, jugeaient sans actes d'instruction, sans discussion de droit. La plupart ne savaient pas lire; et, dès qu'il fallut établir leur décision sur des lois écrites, l'intervention des plébéiens instruits devint nécessaire. Louis IX, en les admettant dans les nouveaux tribunaux, ne leur accorda que la faculté de rapporter les procès. Ces lettrés, appelés *mattres des requétes*, siégeaient en robes, et les conseillers jugeaient en épée. Mais bientôt les lettrés, ou conseillers rapporteurs, eurent une grande influence dans les tribunaux. Aux grands-bailliages établis par Louis IX succéda un autre ordre de choses sous le règne de Philippe IV, dit *le Bel*. Cette époque est doublement remarquable dans notre histoire par l'établissement des grands corps judiciaires permanens et par l'admission du tiers-état dans l'assemblée des états-généraux.

Tous les actes publics, et ceux même du Gouvernement, étaient alors en latin. La langue n'était pas encore formée : c'était un jargon informe, que l'on ne comprend plus maintenant.

En 1302, Philippe IV, dit *le Bel*, rendit cette ordonnance fameuse, dont l'art. 62 dispose :

« Pour l'utilité de nos sujets et l'expédition des affaires, « nous nous proposons de régler les choses de manière que « chaque année il sera tenu deux parlemens à Paris, deux « échiquiers à Rouen, et deux grands-jours à Troyes ; qu'il « sera tenu un parlement à Toulouse, ainsi qu'on le faisait il « y a quelques années, si les gens de cette province consen- « tent qu'il n'y ait point d'appel de ceux qui présideront ce « parlement. »

Le parlement de Paris fut rendu sédentaire par lettres patentes du même prince, de 1303. Cette perpétuité ne concernant que l'institution, le personnel pouvait être renouvelé chaque année. Les douze hauts-barons exceptés, les membres étaient nommés chaque année, et le choix était indiqué dans une liste annexée aux lettres patentes qui leur conféraient leurs pouvoirs pour un même espace de temps.

Ce parlement se composait de deux chambres, l'une de la *langue d'oil*, ou pays coutumier, l'autre de la *langue d'oc*, pour les provinces de droit écrit. Ce ne ne fut qu'en 1443, sous le règne de Charles VII, que le parlement de Toulouse fut définitivement établi.

Les grands-jours de Troyes étaient les mêmes que ceux déjà institués par les comtes de Champagne, aux droits desquels avait succédé Philippe-le-Bel, ou Jeanne sa femme, fille et unique héritière de Henri dit *le Gros*, dernier comte de Champagne. Ces grands-jours furent dès lors tenus par des membres du parlement de Paris.

L'échiquier était une cour souveraine militaire, établie par Raoul, premier duc de Normandie. Il y avait deux sessions chaque année, l'une au printemps, l'autre en automne. Chaque session durait trois mois; elle se tenait tantôt à Rouen, tantôt à Caen ou à Falaise.

L'échiquier fut érigé en cour souveraine, et rendu sédentaire à Rouen, par ordonnances de Louis XII, de 1499 et 1501, et conserva son nom originaire jusqu'en 1515, où le titre de parlement lui fut conféré par un édit de François Iᵉʳ. (Voyez ci-après l'article *Rouen*.)

Les grands-jours de Troyes avaient reçu de Philippe-le-Bel les mêmes attributions que le parlement de Paris; mais cette juridiction supérieure n'a point été depuis mise au nombre des parlemens de France.

§ 2. — *Époque de l'institution des Parlemens de France et de leurs attributions primitives.*

Dans les débats des grandes affaires d'État, l'histoire particulière de chaque parlement se rattachant à celle du parlement de Paris, j'ai cru devoir placer ici l'époque de l'institution de chacune de ces cours souveraines et de leurs attributions spéciales. Je terminerai ce précis par le tableau historique de tous les événemens dont celui de Paris a été le principal théâtre, et j'indiquerai pour chaque événement le rôle quelquefois conforme, quelquefois contraire, que se sont attribué les différens parlemens dans les mêmes circonstances.

TOULOUSE.

Ce parlement avait été établi par Philippe-le-Bel, sur la demande des états de la province. Sa fondation date de la même époque que celle du parlement de Paris. Le roi en fit lui-même l'ouverture, le 10 janvier 1302, avec une pompe vraiment extraordinaire. Peu de jours après, la nouvelle cour ouvrit ses séances dans le *Château Narbonnois.*

Les subsides toujours croissans que le même roi imposa à cette province sans le consentement des états excitèrent un soulèvement général. Philippe-le-Bel, irrité d'une opposition dont la cause était justifiée par les immunités de la province qu'il avait lui-même reconnues, supprima le parlement de Toulouse par un édit de 1312, et incorpora les principaux membres au parlement de Paris.

Cette cour ne fut rétablie qu'en 1419 (20 mars), par lettres patentes du dauphin, alors régent du royaume.

Ce parlement fut installé le 29 mai 1420. Il n'eut qu'une chambre, présidée par l'archevêque de Toulouse, et composée de onze conseillers et deux greffiers. Les lettres d'érection ne font nullement mention d'un procureur du roi.

En 1425, le parlement fut transféré à Béziers, pour rendre une nouvelle existence à cette malheureuse cité, ruinée et dépeuplée par le long siége qu'elle avait soutenu contre le comte de Clermont, qui l'avait livrée au pillage après s'en être rendu maître.

Le parlement ne resta pas long-temps à Béziers; il fut une seconde fois supprimé, et réuni à celui de Paris jusqu'en 1443, époque de son rétablissement à Toulouse, par édit de Charles VII (11 octobre). Cet édit ne fut même publié à Toulouse que le 4 juin 1444.

Un arrêt qu'il rendit contre Geoffroi de Chabanes, gouverneur du Languedoc, et quelques habitans de Montpellier, déplut au roi, qui frappa ce parlement d'interdiction, et le transféra à Montpellier, en octobre 1466. Il fut réintégré à Toulouse deux ans après.

Une déclaration de Charles VII, de 1454, dispose « que « les présidens et conseillers de chacun des parlemens de « Paris et de Toulouse doivent être tenus et réputés *uns* et « recueillis, et honorés les uns et les autres en commun, « faisant tous *un parlement,* sans souffrir, pour cause des « limites d'iceux parlemens, avoir entre eux aucune diffé- « rence ».

Cette même déclaration accordait aux conseillers de Paris le privilége d'avoir séance dans tous les autres parlemens de France, sans que ceux des autres parlemens eussent le même droit sur celui de Paris, à l'exception, y est-il dit, des conseillers de Toulouse, qui pouvaient y prendre séance suivant la date de leur réception.

L'interdiction du parlement de Toulouse, que je viens de rappeler, avait été levée par Louis XI, par un édit du 2 octobre 1461.

François Ier y tint un lit de justice le 4 août 1533.

Charles IX, dans le voyage qu'il fit dans les provinces, s'arrêta à Toulouse, et y tint un lit de justice le 5 février 1565. Lhospital lui avait conseillé ce voyage pour lui faire connaître les ressources et les besoins de l'État; mais Catherine de Médicis et les Guises en profitèrent pour organiser la Ligue contre les protestans, dont le massacre fut arrêté dans les conférences secrètes tenues à Avignon avec les agens du pape, et à Baïonne, avec Élisabeth, reine d'Espagne, et le duc d'Albe.

L'illustre chancelier, convaincu que le premier devoir des rois est de rendre la justice, saisissait toutes les occasions d'éclairer Charles IX sur l'état d'anarchie où se trouvaient

alors les tribunaux, surtout depuis le funeste abus de la
vénalité des charges, introduit sous François 1er. Il rappe-
lait dans ses harangues énergiques les magistrats aux sentimens de leur dignité et aux obligations sacrées de leur ministère.

Peu de parlemens ont subi plus de changemens de résidence que celui de Toulouse. Pendant les troubles de la
Ligue, il fut transféré à Narbonne et à Béziers. De retour à
Toulouse, il se soumit à Henri IV, contre lequel il avait partagé toutes les fureurs de la Ligue.

Louis XIII confirma ce parlement dans tous ses priviléges, par lettres patentes du 2 novembre 1610, et Louis XIV,
par un édit de janvier 1705, déclare « qu'il maintient dans
« toute son étendue l'ancienne juridiction de ce parlement,
« qui est le second tribunal de sa justice par son ancien-
« neté ».

Il était depuis sa réintégration composé de six chambres ;
il avait un premier président, neuf présidens à mortier,
cent huit conseillers, un procureur-général, et trois avocats-généraux. Les gouverneurs de Languedoc et de Guienne,
les trois lieutenans-généraux de Languedoc, les deux lieutenans-généraux de Guienne, y avaient entrée et séance.

L'archevêque de Toulouse, et l'abbé de Saint-Sernin, de
la même ville, en étaient conseillers nés. D'autres charges,
appelées épiscopales, ne pouvaient être remplies que par des
prélats du ressort de ce parlement, qui avaient aussi deux
chevaliers d'honneur qui prenaient séance avant le doyen.

GRENOBLE.

Le Dauphiné faisait partie de l'ancien royaume de Bourgogne ; il forma depuis une principauté particulière. C'est
dans ses anciens statuts que l'on retrouve cette maxime,
adoptée depuis dans presque toute la France, *Nulle terre*

sans seigneur. Une des dispositions de son antique législation criminelle ne prescrivait pour l'adultère qu'une amende de *cent sous.* On a remarqué qu'à l'époque où elle était en vigueur, les juridictions ecclésiastiques connaissaient seules de ce crime, et que ces amendes appartenaient au fisc épiscopal.

Le plus ancien tribunal supérieur s'appelait conseil delphinal. Il siégea successivement à Saint-Marcelin, et enfin à Grenoble, où il fut transféré le 1er août 1340. Il se composait d'un chancelier et de six conseillers. Ce tribunal avait été institué, le 22 février 1337, par le dernier dauphin Humbert II, qui disposa de ses états en faveur de la France, par les traités de 1343 et de 1344, à condition que les fils aînés des rois porteraient à perpétuité le titre et les armes de dauphin.

Louis XI, n'étant encore que dauphin, érigea, en 1431, le conseil delphinal en parlement, sous le titre de parlement du Dauphiné, séant à Grenoble, avec les mêmes attributions que les deux autres parlemens de France (Paris et Toulouse).

Charles VII confirma cet établissement par édit du 4 août 1454.

Le parlement de Bordeaux a contesté la priorité de rang, en prétendant que l'érection légale du parlement de Grenoble date de l'édit de confirmation de Charles VII, et non de l'acte de Louis XI, qui, n'étant alors que dauphin, n'avait pas eu le droit de créer un parlement. Mais l'usage de lui donner le troisième rang a prévalu, et le parlement de Grenoble a précédé celui de Bordeaux dans les assemblées des notables tenues à Paris, Moulins, Rouen, en 1557, 1566, 1617, et dans la chambre de justice de 1626; mais dans celles de 1661, les commissaires de ces deux parlemens alternèrent pour la préséance.

Ces vaines disputes de préséance ont eu souvent de funestes résultats, et l'usage a varié souvent sur ce point. J'en citerai un exemple en parlant du parlement de Dijon, qui primait ceux des autres provinces aux états-généraux.

Le parlement de Grenoble a montré un grand caractère et une énergique indépendance lors des événemens de 1788.

Ce parlement était composé d'un premier président, de neuf présidens à mortier, deux chevaliers d'honneur, cinquante-quatre conseillers, un procureur-général et trois avocats-généraux. La France lui doit l'un de ses plus doctes et de ses plus éloquens jurisconsultes, *Servan,* dont le discours sur l'administration de la justice est le meilleur ouvrage que nous ayons sur cette importante partie de notre législation.

Ainsi qu'au parlement de Toulouse, les prélats de la province avaient séance au parlement. Ils y prenaient rang après les présidens et avant le doyen des conseillers; mais le seul évêque de Grenoble y avait voix délibérative.

Le gouverneur et le lieutenant-général de la province étaient membres nés et chefs du parlement; ils précédaient même le premier président; et, par réciprocité, le premier président, en l'absence du gouverneur et du lieutenant-général, avait le commandement de la province. Ce singulier privilége, dont l'exercice devait être extrêmement rare, fut confirmé par lettres patentes de Louis xv, du 12 juillet 1716.

BORDEAUX.

Par la capitulation que firent les Bordelais avec Dunois, lieutenant-général du roi Charles VII, en 1451, il avait été convenu que le roi établirait un parlement à Bordeaux; il ne le fut néanmoins qu'en 1460, et siégea dans le château de l'Ombrière, ancienne résidence des ducs de Guienne. Son ressort fut composé d'un double démembrement des parlemens de Paris et de Toulouse.

Depuis le mariage d'Eléonore de Guienne avec un roi d'Angleterre, cette province avait passé sous la domination britannique; plusieurs générations s'étaient succédé depuis cette époque; les mœurs, les usages, les lois d'Angleterre, s'y étaient naturalisées. Il ne fut pas difficile au Gouvernement anglais de s'y conserver un fort parti; et cette faction livra bientôt cette importante cité et toute la province aux Anglais, que Dunois en avait chassés.

Le parlement fut cassé par ordonnance du roi, et sa juridiction fut réunie au parlement de Paris. Celui de Toulouse reprit également la partie qui avait été distraite de son ressort; mais, la ville étant rentrée sous la domination française, le parlement fut rétabli en 1462.

Louis XI, contraint d'assurer un apanage à son frère Charles, duc de Berri, lui donna la Guienne en 1469. Le parlement fut dès lors transféré à Poitiers, où il tint ses séances jusqu'en 1472, époque de la mort de Charles (1). La Guienne rentra sous la domination du roi, et le parlement revint à Bordeaux. Mais, dès l'année suivante, les ravages de la peste ayant dévoré une partie de la population, le parlement se retira à Libourne. Le même fléau le força à se réfugier dans la même ville en 1515, 1528, 1545, 1555, et à Agen et à la Réole, en 1653.

Une émeute populaire fut excitée, en 1549, sous le règne de Henri II, par l'imposition de la gabelle, à laquelle le parlement s'opposait avec raison, puisque, d'après les lois fondamentales du royaume, il ne pouvait y avoir d'impôt légal que d'après le vote des états-généraux. Le parlement fut in-

---

(1) Ce prince fut empoisonné par ordre du roi son frère. Il soupait avec sa maîtresse, la dame de Monsoreau, et son confesseur. Ce prêtre leur présenta une pêche d'une énorme grosseur, qu'ils mangèrent. La dame expira immédiatement après, et le prince, déchiré par de cruelles convulsions, mourut dans les angoisses d'une longue et douloureuse agonie.

terdit, et le roi, ou plutôt la faction des Guises, qui régnait sous son nom, envoya des membres des parlemens de Paris, de Toulouse et de Rouen, pour tenir les chambres de Bordeaux; mais cette suspension fut de courte durée : le parlement reprit bientôt ses fonctions.

Henri II décida, par un édit de 1553, que le parlement de Bordeaux précéderait celui de Dijon. Les Guises dominaient alors; ils avaient organisé une ligue de factieux qui bouleversèrent cette contrée. Les ligueurs de Guienne s'assemblèrent d'abord à Cadillac. Plus tard, on les vit s'opposer par violence aux ordonnances d'Orléans, votées par les états-généraux. Le parlement avait adressé au roi d'énergiques, mais inutiles remontrances. Bientôt l'audace des ligueurs ne connut point de bornes. Ils avaient un parti puissant dans le parlement même. Les gentilshommes, à la tête de bandes armées, parcouraient toute la province, et s'y livraient impunément aux plus criminels excès. Ils enlevaient les jeunes filles, forçaient les riches héritières à épouser leurs complices, et les parens à ratifier ces mariages. Vainement les victimes de ces violences et leurs familles réclamaient l'appui des lois et des magistrats : deux seulement avaient été condamnés par contumace.

A la tête de ces bandes d'assassins et de pillards figuraient le comte de Candole, l'évêque d'Aire son frère, le marquis de Trans son cousin, le sire de Merville, etc.

Tous ces faits avaient été déférés au roi et à la reine mère par Lagebaston, premier président. Ce courageux magistrat n'avait pas même obtenu de réponse.

Ce fut dans ces circonstances que Charles IX arriva à Bordeaux, le 7 avril 1565. Lhospital convoqua le parlement pour le 12. Le chancelier avait fait amener devant lui le marquis de Trans, à qui il reprocha ses crimes : Catherine de Médicis fit suspendre les poursuites.

Lhospital n'épargna ni les conseils ni les reproches, dans

la séance du 12, où Charles ix tint un lit de justice. (Voyez *OEuvres complètes* de Lhospital (1), t. ii, p. 99 et suivantes; la harangue du chancelier, et l'exposé des faits qui ont précédé cette séance mémorable.)

Une émeute, provoquée par l'établissement de nouveaux impôts illégalement ordonnés, irrita la cour. Le parlement fut successivement transféré à Condom, à Marmande et à la Réole, d'où il ne fut rappelé à Bordeaux qu'en 1790.

Ce parlement, qui, dans l'origine, n'était composé que d'un petit nombre de magistrats, s'était augmenté dans la suite. Il avait un premier président, neuf présidens à mortier, plusieurs conseillers et chevaliers d'honneur, quatre-vingt-six conseillers, deux avocats-généraux, un procureur-général, qui avait trois substituts.

L'archevêque et le gouverneur de la province en étaient conseillers d'honneur.

DIJON.

La Bourgogne était érigée en royaume plus d'un demi-siècle avant l'invasion des Francs, et l'origine de son parlement se rattache aux plus anciens corps judiciaires de la France. Elle avait un parlement dès le règne de Clotaire ii; mais cet ancien parlement finit avec le royaume de Bourgogne, vers le milieu du neuvième siècle.

La Bourgogne, donnée par le roi à Philippe-le-Hardi, eut aussi un parlement qui siégea successivement à Bellay et à Dijon. Cette province se composait alors de deux parties qui depuis ont été distinctes : le duché, qui est la Bourgogne proprement dite, et le comté, appelé depuis Franche-Comté.

(1) Paris, à la librairie de Bouland et compagnie, 1824.

Ce parlement, d'abord unique, fut divisé, sous les successeurs de Philippe-le-Hardi, en deux conseils appelés *grands-jours* ou *jours-généraux*, dont l'un siégeait à Beaune, et l'autre à Saint-Laurent. Ces deux tribunaux ressortissaient du parlement de Paris.

Les provinces soumises à la domination de Charles-le-Téméraire, tué devant Nanci le 5 juin 1477, devinrent le partage de Marie de Bourgogne, son unique héritière, et comprenaient, outre les deux Bourgognes, la Flandre, l'Artois, le Brabant, etc. Toutes ces provinces auraient pu dès lors être remises à la France, dont l'étendue eût été telle que nous l'avons vue après les conquêtes de nos armées en 1792 et 1793, si Louis XI eût consenti au mariage de cette princesse avec le dauphin, depuis, Charles VIII. La princesse désirait ne pas cesser d'être Française. La fausse politique de Louis XI en décida autrement, et ce riche héritage passa dans la maison d'Autriche, jusque alors confondue parmi les petites principautés électorales du nord.

Le duché de Bourgogne resta seul à la France. Louis XI, par un édit du mois de mars 1476, établit un parlement à Dijon, avec les mêmes attributions, les mêmes prérogatives que celui de Paris. Il confirma ses immunités et ses pouvoirs par une nouvelle déclaration du 9 août 1480.

J'ai retracé dans un autre ouvrage (*Résumé de l'histoire de Bourgogne*, t. II, p. 544 et suivantes) les principales circonstances de ce grand événement.

Supprimé en 1485, par Charles VIII, il fut rétabli l'année suivante; et, par une déclaration datée de Grenoble, le 29 août 1494, ce parlement fut établi sédentaire à Dijon. Louis XII augmenta ensuite le nombre de ses membres.

Il fut encore suspendu en 1657 et 1658; mais cette double suspension fut de quelques mois.

Ce parlement a joué un rôle plus actif qu'honorable sous la Ligue. Dijon était un des principaux foyers de cette faction vendue à l'étranger; cette ville resta en opposition avec le gouvernement de Henri IV, après l'occupation de Paris par ce prince.

Ce moment d'erreur a été effacé par sa magnanime résistance au despotisme turbulent du chancelier Maupeou, et par son zèle pour la défense des libertés de l'Église gallicane.

Ce parlement, comme tous ceux des pays d'états, se distingua par un patriotisme aussi pur qu'éclairé, et donna à la France de doctes et éloquens jurisconsultes.

Il avait un premier président, neuf présidens à mortier, trois conseillers d'honneur, soixante-dix-huit conseillers, dont six clercs, deux avocats-généraux, un procureur-général et huit substituts.

ROUEN.

J'ai déjà rappelé la date de sa formation sous le nom d'échiquier en 1302; mais, dans la chronologie de l'histoire judiciaire, il ne prend rang dans l'ordre des parlemens de France que de l'époque où il reçut le nom de parlement, en 1515.

Cependant, avant cette époque, l'échiquier avait été érigé en cour souveraine et rendu sédentaire à Rouen, par Louis XII, en 1499 et 1500

Charles VIII avait tenu un lit de justice à l'échiquier de Rouen en 1485; il y confirma les priviléges et immunités de la province.

Louis XII y siégea en grand appareil le 24 octobre 1508.

François 1er y tint un lit de justice le 2 août 1507. Il était accompagné du chancelier Duprat, qui, l'année précédente, avait surpris à François 1er ce fameux concordat qui n'a jamais été spontanément adopté par les parlemens ni par l'université de Paris. Le dauphin se présenta quelques jours après au parlement, en vertu des ordres du roi son père, et y reçut les mêmes honneurs.

En 1518, le parlement de Rouen obtint les mêmes priviléges, les mêmes prérogatives que celui de Paris. Un édit du mois de février l'exempta de l'arrière-ban. Cependant il fut interdit par François 1er en 1540, mais rétabli en 1542.

Henri II, accompagné des cardinaux, du roi de Navarre Antoine de Bourbon, des princes et des grands-officiers de la couronne, de Coligny, du chancelier Olivier, y tint un lit de justice le 8 octobre 1550.

Le 17 août 1563, le parlement, convoqué extraordinairement par le chancelier Lhospital, se réunit dans la grand'-chambre du plaidoyer, où bientôt arrivèrent le roi Charles IX, la reine sa mère et tous les grands de la cour. Le chancelier exposa dans un éloquent discours le motif de cette séance extraordinaire. Le roi commençait sa quatorzième année : il fut déclaré majeur. Le chancelier fit également enregistrer un nouvel édit qui permettait le libre exercice du culte protestant, et défendait le port d'armes. Cette déclaration de la majorité du roi et les autres édits enregistrés dans ce parlement ne le furent point à Paris, sous prétexte que le parlement de Paris avait seul le droit de connaître des actes relatifs aux minorités et aux régences, et que, Paris étant la capitale du royaume, ses habitans devaient rester armés.

Le cardinal de Châtillon, frère de l'amiral Coligny, et frappé d'interdiction par le pape, parut à ce lit de justice en costume de cardinal. Il s'était marié récemment, et sa femme était placée auprès de la reine mère et des princesses.

Par édit du mois de février 1589, Henri III transféra ce parlement à Caen. Henri IV, par un autre édit, du 8 avril 1594, le réintégra dans la capitale de la Normandie.

Une sédition, dont les auteurs reçurent le nom de *Va-nu-pieds*, troubla quelque temps la ville de Rouen. Le roi Louis XIII interdit le parlement, et des commissaires du parlement de Paris vinrent en remplir les fonctions; mais l'interdiction ne dura que quelques mois.

Ce parlement, qui avait une juridiction plus importante encore par le nombre de ses justiciables que par son étendue, se composait d'un premier président, neuf présidens à mortier, trois conseillers d'honneur, l'archevêque de Rouen, le marquis de Pont-Saint-Pierre, et l'abbé de Saint-Ouen, et d'autres conseillers d'honneur à brevet, quatre-vingt-quinze conseillers clercs ou laïcs, deux avocats-généraux, un procureur-général et neuf substituts.

L'évêque de Coutances Geoffroi Hebert est le plus ancien premier président, nommé en 1499; mais il fut révoqué en 1507 à cause de sa qualité d'évêque.

AIX.

La Provence avait fait partie du premier royaume de Bourgogne, et forma ensuite un royaume particulier, sous le nom de royaume d'Arles, qui dans la suite ne devint qu'une simple principauté.

Le comte de Provence Louis II institua cette cour, sous le titre de parlement, en 1415. Louis III substitua à ce titre, en 1424, celui de *conseil éminent*. Ce ne fut qu'après la réunion de cette province à la couronne de France que le roi Louis XII lui rendit, le 10 juillet 1501, le titre de parlement. Cet édit instituait le grand-sénéchal de Provence chef principal de ce parlement. François Ier, en 1535, ôta la présidence au grand-sénéchal, dont l'office fut ensuite supprimé en 1662.

Avant et après la réunion de la Provence à la France, le parlement d'Aix jouissait de ce qu'on appelle le droit d'annexe, que les autres parlemens tenaient également de la constitution de l'État. Cette prérogative se trouva maintenue par le droit commun de la France, et elle était établie

1.

en Provence par une ordonnance du *conseil éminent* de
1432, portant qu'aucunes lettres émanées d'une puissance
étrangère, même spirituelle, ne pourraient être exécutées en
Provence sans l'annexe de cette cour, à peine de saisie du
temporel. Cette disposition avait surtout pour objet de s'opposer aux envahissemens de l'autorité papale sur les libertés
de l'Église de Provence.

Ce parlement avait le commandement de la province, en
l'absence du gouverneur, qui venait le remettre entre les
mains de la grand'chambre lorsqu'il sortait de la province.
Il a exercé ce droit jusqu'en 1567, que le président d'Oppède obtint des lettres de commandement.

Ce parlement abusa bien cruellement de cette prérogative.
L'incendie, la dévastation des vallées vaudoises, le massacre
de leurs paisibles habitans, l'acharnement du parlement de
Provence contre les Vaudois, sa servile soumission au cardinal de Tournon, dont il ne fut que l'aveugle instrument,
ne peuvent être justifiés même par les ordres du roi, qui,
trompé par de faux rapports, avait ordonné ces sanglantes
exécutions, et qui du moins reconnut sa funeste erreur en
provoquant la juste punition des auteurs de tant de crimes.
Le président d'Oppède échappa au dernier supplice en ache-
tant, au prix d'une partie de ses biens, la protection des
Guises; mais il ne put échapper à la justice divine. Une maladie terrible, imprévue, déchira, brûla ses entrailles; il
mourut dans les plus horribles convulsions. (Voyez l'*Histoire universelle* de de Thou et les autres historiens.)

Le souvenir du massacre des Vaudois avait appris à ce
parlement que la raison, la religion, l'humanité, sont également outragées par les excès du fanatisme. Il sut se garantir des extravagances et des fureurs de la Ligue, et Henri IV
dut à cette heureuse influence sur la Provence la soumission
de cette riche contrée.

Il voulut consacrer sa reconnaissance par un acte authen-

tique, et publia en 1594 les lettres patentes ainsi con-
çues :

« Déclarons notre cour de parlement de Provence avoir
« été le principal instrument de la réduction de toutes les
« villes de notre royaume en notre obéissance, ayant véri-
« tablement témoigné en cette rencontre une entière re-
« connaissance de notre autorité, et montré une constance
« et une fidélité exemplaires à toute la France. »

Il est rare d'entendre un monarque parler de sa reconnaissance envers ses sujets. Presque tous les chefs de la
Ligue exigèrent, en faisant leur soumission, de grands emplois, des titres et de l'or; les autorités municipales des
villes se contentèrent de stipuler le maintien de leurs immunités, et surtout le droit de se garder elles-mêmes, et ce
sont les seules conditions dont les successeurs immédiats
de Henri IV négligèrent l'observation.

Le parlement d'Aix se composait d'un premier président,
de neuf présidens à mortier, cinquante-six conseillers laïcs
et un conseiller clerc, trois avocats-généraux et un procureur-général.

L'histoire particulière de ce parlement nous offre un
exemple moins rare que honteux de la versatilité des chefs
de parti.

Un des descendans de ce d'Oppède, juge et bourreau des
Vaudois, fut reçu premier président le 11 novembre 1655.
Il se déclara chef des Frondeurs en 1648 et 1649, se saisit
de la personne du comte d'Artois, gouverneur de Provence,
leva des troupes, et fit, au nom du parlement, une guerre
civile qui dura dix-huit mois. Mais, changeant de faction
et de bannière en 1659, il soutint avec plus d'opiniâtreté
encore le parti qu'il avait combattu. Mazarin n'eut point de
partisan plus ardent et plus dévoué. Le roi lui écrivit que
sa protection ne défaudrait jamais ni à lui ni aux siens.
Cet autre d'Oppède mourut en 1671.

Nous reverrons ce parlement marcher dans la ligne de ses devoirs et de sa dignité, dans la révolution qui bouleversa l'ordre judiciaire sous le fameux ministère de Maupeou.

RENNES.

La Bretagne, comme la Bourgogne et la Provence, formait un royaume indépendant avant d'être gouvernée par des ducs qui, à la formalité de foi et hommage près, avaient sur cette province une autorité qui n'était limitée que par les attributions de l'assemblée des états de la province.

L'origine de ce parlement, considéré comme cour souveraine, remonte à une époque fort ancienne. Un tribunal supérieur, sous le nom de *grands-jours*, prononçait sur tous les différends des sujets des comtes ou ducs de Bretagne, dès le onzième siècle.

Charles VIII, dont le mariage avec Anne de Bretagne donna lieu à tant de débats et de négociations, érigea les *grands-jours* de cette province en conseil souverain, d'où ressortissaient toutes les juridictions inférieures du pays.

Par édit donné à Fontainebleau en mars 1553, ce conseil fut érigé en cour souveraine sous le titre de parlement.

Lors de sa première organisation sous Henri VIII, il ne se composait que de quatre présidens et trente-deux conseillers. Les quatre présidens et seize conseillers pouvaient être choisis par le roi parmi des sujets non bretons ; mais les seize autres conseillers devaient être au moins originaires de Bretagne. Les membres du parquet étaient aussi moitié Français, moitié Bretons.

Dans l'origine de son institution, ce parlement alternait chaque trimestre, pour ses séances, entre Rennes et Nantes. Mais, par édit du 4 mars 1561, sous le ministère du chancelier Lhospital, le parlement fut rendu définitivement sédentaire à Rennes, sous la condition que cette ville indemniserait celle de Nantes de l'argent que celle-ci avait donné pour avoir le parlement dans ses murs.

Cette cour fut transférée à Vannes par déclaration du mois de septembre 1675, puis rétablie à Rennes par un édit d'octobre 1689.

La proscription de MM. Lachalotais, les contestations élevées entre le duc d'Aiguillon, gouverneur de la province, les états et le parlement de Bretagne, seront rappelés dans des notices annexées aux remontrances de ce parlement.

Il était composé d'un premier président, de neuf présidens à mortier, quatre-vingt-quatorze conseillers, douze conseillers commissaires aux requêtes, deux avocats-généraux et un procureur-général. Les évêques de Nantes, conseillers d'honneur nés, y avaient voix et opinion délibératives. Ces charges étaient pour la plupart mi-parties et distinguées en charges françaises et charges bretonnes, suivant l'ancien usage indiqué plus haut.

PAU.

Les anciens princes de Navarre jugeaient eux-mêmes les différends de leurs sujets, dans leur *cour majeure* composée de douze barons et des évêques de l'Escars et d'Oléron.

Philippe III, comte d'Évreux et roi de Navarre, substitua à cette cour majeure le *for de Navarre*. Henri II d'Albret fixa ce tribunal supérieur à Pau, sous le titre de *conseil souverain* en 1519. Il établit, en 1527, une chambre des comptes à Pau. Louis XIII lui conféra, en 1620, le nom de *parlement de Navarre séant à Pau*. Par son édit de 1624, le même roi réunit la chambre des comptes de Nérac à celle de Pau.

Ces deux chambres furent réunies au parlement de Pau par un autre édit de 1691. Ainsi ce parlement était à la fois chambre des comptes, cour des aides et des finances.

Le parlement de Pau n'avait qu'une juridiction de médiocre étendue ; il se composait, lors de sa suppression, d'un premier président, de sept présidens à mortier, de quarante-sept conseillers, de deux avocats-généraux et d'un procureur-général.

METZ.

Cette ancienne capitale du royaume d'Austrasie avait subi de fréquens changemens dans son administration religieuse, administrative et judiciaire. Les démembremens qu'avait subis cette partie de la France y avaient laissé subsister un conflit continuel de juridiction. Les prétentions de l'ancienne maison de Lorraine, les intrigues du cardinal de ce nom, les désordres de l'anarchie féodale, livraient l'État et les biens des citoyens de la Lorraine à des régimes opposés, et les privaient de la plus importante des garanties sociales, en les faisant dépendre, dans certains cas, de juridictions étrangères.

Les traités de Cateau-Cambresis de 1539, et de Vervins, de 1598, avaient confirmé le réunion de ce pays à la France, mais avec des réserves pour des princes et des seigneurs étrangers, qui leur conservaient, sur certaines contrées, des droits de juridiction et des prestations féodales. Henri IV avait projeté l'établissement d'un parlement à Metz ; il fut arrêté par les obstacles que présentait l'exécution de ce projet. Richelieu, pour ramener ce pays au même système d'administration que les autres provinces de France et faire cesser la scandaleuse influence d'une juridiction étrangère (le ressort de la chambre impériale de Spire), et supprimer les régales et justices des seigneurs, institua un parlement à Metz en 1635.

Au mois de septembre de la même année, il établit la gabelle, et assigna sur les fonds de cet impôt le paiement des *gages* (1) des membres du parlement. Cet impôt illégal, inusité, excita de violentes émeutes. Il n'entre point dans le plan que je me suis tracé de raconter ces déplorables événemens; qu'il me suffise de faire observer que, s'il fut juste de délivrer une province de France du joug d'une autorité étrangère, rien ne pouvait justifier Richelieu d'avoir dépouillé les corps municipaux de quelques villes du ressort de leurs légitimes et antiques attributions.

Le parlement de Metz, d'abord borné aux pays connus sous le nom des Trois-Evêchés, a reçu depuis un grand accroissement de territoire. L'édit de création avait nommé conseillers d'honneur les évêques de Metz, Toul et Verdun, l'abbé de Saint-Arnoul de Metz et le gouverneur de cette ville; cet édit conférait au nouveau parlement les mêmes prérogatives, les mêmes attributions qu'aux autres parlemens de France.

Des allégations de simple convenance avaient fait ordonner la translation de ce parlement à Toul, en 1636; mais des remontrances adressées au roi firent révoquer cet ordre, et cette cour continua de siéger à Metz. La cour des aides de Vienne en Dauphiné, transférée d'abord à Bourg en Bresse, et érigée en conseil souverain en 1658, fut réunie en 1663 au parlement de Metz.

Le personnel de ce parlement était en proportion de l'importance et de l'étendue son ressort : il avait un premier président, douze présidens à mortier, six conseillers d'honneur, quatre conseillers chevaliers, quatre-vingt-onze conseillers clercs ou laïques, deux avocats-généraux, un procureur-général et sept substituts.

---

(1) On n'appelait pas d'un autre nom le traitement des premiers fonctionnaires de l'Etat, même celui des grands-officiers de la couronne et des ministres.

DOUAI.

Le ressort de ce parlement comprenait presque tous les pays du gouvernement de Flandre. Indépendamment du droit romain, qui était la loi commune, chaque ville, et presque chaque bourg, avait une coutume particulière. Les corps municipaux y exerçaient aussi le pouvoir judiciaire; ils s'étaient adjoint comme rapporteurs d'anciens jurisconsultes, qu'ils appelaient *pensionnaires*, à cause du traitement annuel qui leur était affecté pour l'examen des procès. Ces offices ont été depuis rendus héréditaires, moyennant finances.

Un édit de Louis XIV, d'avril 1668, avait établi à Tournai un conseil souverain pour administrer la justice au pays nouvellement conquis, et, après la paix de Nimègue, un nouvel édit de 1679 ajouta à ce ressort toutes les villes et les juridictions cédées par ce traité.

Par un autre édit de 1686, ce prince érigea le conseil souverain de Tournai en parlement. Cette ville étant tombée au pouvoir des ennemis, le parlement fut transféré à Cambrai. Les charges de cette cour avaient été érigées en titres d'offices héréditaires en 1693. On ne pouvait se pourvoir en cassation contre ses arrêts; mais les parties pouvaient, suivant l'usage du pays, demander la révision des procès, en réclamant une adjonction de huit jours.

Ce parlement était composé d'un premier président, de cinq présidens à mortier, de huit chevaliers d'honneur, de deux conseillers clercs, de vingt-deux conseillers laïques, d'un avocat-général et d'un procureur-général.

BESANÇON.

La Franche-Comté était l'ancienne république des Séquaniens, avant que les Bourguignons en fissent la conquête. Au commencement du cinquième siècle, elle fit partie de l'ancien royaume de Bourgogne, et fut réunie avec le reste de ce royaume à la monarchie française, après l'assassinat du roi Gontran par les fils de la reine Clotilde, veuve de Clovis. Elle fut distraite de la France dans le neuvième siècle, pour être annexée au royaume d'Arles, et passa, neuf ans après, sous la domination de Rodolphe, roi de la Bourgogne Transjurane.

Elle fut érigée en comté souverain au commencement du onzième siècle, et échut enfin à la maison d'Autriche par le mariage de Marie de Bourgogne, fille et unique héritière de Charles-le-Téméraire, dernier duc propriétaire.

En 1548, Charles-Quint la fit aggréger à l'empire, et en 1668 elle fut conquise par Louis XIV, qui la céda par le traité d'Aix-la-Chapelle, conclu la même année. Il s'en empara de nouveau en 1674, et elle fut réunie à la France par le traité de Nimègue de 1678.

Le parlement de Besançon doit son origine à l'ancienne cour ou parlement des comtes de Bourgogne, qui l'avaient rendu ambulatoire, et qui le présidaient eux-mêmes. Au treizième siècle, il siégea successivement à Dôle, Salins, Gray, Arbois et Besançon. Philippe-le-Bon, duc et comte de Bourgogne, rendit ce parlement sédentaire à Dôle, en 1422, et s'en réserva la présidence.

On lit dans l'édit de ce prince à ce sujet ces clauses remarquables sur les attributions de ce parlement :

« Il lui donna toutes les puissances de la souveraineté,
« même de adviser sur les constitutions du prince, pour les
« homologuer, publier, surseoir, pour dispenser contre les

« édits, pour habiliter, proroger temps, donner restitutions
« en entier, et enfin commander ce que le prince comman-
« derait; sauf pour les deniers publics (1), légitimation de
« bâtards, grâces pour délits, dérogation à la coutume géné-
« rale. » (V. GOLLUT, *Mém. hist. de la Répub. séquan.*,
p. 147.)

Louis XIV confirma le parlement de Franche-Comté dans
tous ses droits et priviléges; et, par édit du 22 août 1676,
il le transféra à Besançon, qui paya cet avantage 500,000 fr.,
qui durent être employés aux fortifications.

Louis XV, par lettres patentes du 10 septembre 1715, lors
de son avénement au trône, confirma ce parlement dans
toutes ses immunités. Cet édit ne peut être considéré comme
l'ouvrage du roi, alors enfant : cette reconnaissance, d'ailleurs superflue, ne pouvait émaner que du régent et de son
conseil, et le régent faisait tout pour se concilier l'autorité
parlementaire, qui, sans égard pour le testament du feu roi,
lui avait remis le gouvernement de l'Etat.

Nul autre parlement de France n'avait une autorité aussi
étendue; le droit de grâce excepté, il réunissait toutes les
attributions du pouvoir souverain.

Le gouverneur de la province ne pouvait rien faire sans
son avis; tous ses ordres ne devenaient exécutoires que par
les lettres d'attache du parlement.

En cas d'absence, de maladie ou de mort du gouverneur,
ce parlement avait le droit d'établir un commandant par
interim. Il connaissait de toutes les parties de l'administration judiciaire, administrative, religieuse et militaire, de
la police intérieure, de la levée des troupes, de leur paiement, subsistances, etc.

Cette cour était composée d'une premier président.

---

(1) Il n'appartenait qu'aux états de la province de statuer sur ce point.

neuf présidens à mortier, trois chevaliers d'honneur, cin-
quante-huit conseillers en exercice, vingt-quatre conseillers
honoraires, huit avocats-généraux et un procureur-général.

DOMBES.

La suppression de ce parlement étant postérieure à la
révolution parlementaire de 1772, époque la plus féconde
en remontrances et en événemens importans dans l'ordre de
la magistrature, j'ai dû le comprendre dans ce précis, ainsi
que le parlement de Bresse, qui suit, mais dont l'établissement ne fut que projeté.

Le pays de Dombes dépendait de l'ancien royaume de
Bourgogne, et forma ensuite une principauté souveraine
et qui échut au duc Louis II de Bourbon, comte de Forêt
et de Clermont. Charles III, duc de Bourbon, connétable
de France, ayant été condamné pour avoir pris les armes
contre François Ier, ce roi s'empara de la souveraineté de
Dombes, par droit de conquête, en 1523.

Il établit à Lyon un conseil souverain, auquel il évoqua
toutes les causes et appels du pays et souveraineté de Dombes. On conservait encore le premier sceau de cette juridiction, portant l'effigie de François Ier, avec cette inscription : *Sigillum Domini nostri Francorum regis pro
supremo Dombarum parlamento.* Cette juridiction avait
donc le titre de parlement de Dombes, quoiqu'elle siégeât
à Lyon.

Cette principauté ayant été rendue, en 1560, par le roi
François II, à Louis de Bourbou-Montpensier, petit-neveu
du connétable, cette transaction, confirmée par Charles IX
le 11 novembre suivant, fut enregistrée au parlement de
Dombes le 20 mars suivant.

Ce parlement s'est transporté souvent de Lyon dans le
pays de Dombes, pour y tenir des grands-jours. Louis-

Auguste de Bourbon, duc du Maine, enfant naturel légi-
timé de Louis XIV, transféra en novembre 1696 le parlement à Trévoux, capitale de la souveraineté de Dombes.

Après l'échange de cette principauté contre le duché de
Gisors, en 1762, Louis XV la réunit au Gouvernement de
Bourgogne, et toutes les affaires litigieuses ont été portées
au parlement de Dijon depuis 1775.

Ainsi le parlement de Dombes n'a eu que cinquante-deux
ans d'existence, et dans cet espace de temps il a eu successivement vingt premiers présidens, dont le dernier, Jean-
Benoit Cachet, comte de Garncrans, avait été reçu en 174⁷.

BRESSE.

La Bresse, le Bugey et le pays de Gex, faisaient partie
du second royaume de Bourgogne, et après avoir été pendant long-temps sous la domination des ducs de Savoie, ce
pays fut échangé contre le marquisat de Saluces, par le traité
de Lyon du 27 janvier 1601.

Un parlement fut créé pour la Bresse, le Bugey et le
pays de Gex; le siége en fut fixé à Bourges. Pierre de Musy
en avait été nommé premier président; mais à peine l'organisation du personnel de ce parlement, qui devait avoir aussi
chambre des comptes, aides et finances, fut-elle arrêtée,
qu'il fut réuni à celui de Metz, où M. de Musy passa en
qualité de président à mortier. Le pays fut annexé au Gouvernement de Bourgogne et au ressort du parlement de la
chambre des comptes de la généralité de Dijon.

§ 3. — *Des Conseils supérieurs ou souverains.*

ALSACE. — Cette province fut réunie à la France par le
traité de Munster, en 1648.

Le conseil supérieur siégea d'abord à Ensisheim. Supprimé et immédiatement rétabli en 1661, il prit le titre de *conseil provincial*, dont les appels ressortissaient au parlement de Metz. Transféré à Brisach en avril 1674, le droit de juger en dernier ressort et sans appel lui fut conféré en novembre 1679.

En 1698, le siége fut établi à Colmar, et y resta jusqu'à l'époque de la suppression, en 1790. Il se composait d'un premier président, d'un président, de six conseillers d'honneur, dont deux ecclésiastiques et quatre hommes d'épée, de vingt-deux conseillers, deux avocats-généraux et un procureur-général.

Roussillon. — Le conseil souverain de cette province existait avant qu'elle eût été conquise et réunie à la France par le traité des Pyrénées. Il avait été réorganisé en 1642; il reçut un accroissement d'attribution en 1660. Il jugeait par appel et souverainement toutes les causes civiles et criminelles, et connaissait des affaires qui intéressaient le domaine royal, la police et les finances.

Le personnel était composé d'un premier président, deux présidens, d'un chevalier d'honneur, deux conseillers d'honneur, sept conseillers, deux avocats-généraux, un procureur-général. Le siége était à Perpignan.

Artois. — Ce conseil souverain avait remplacé l'ancien conseil provincial, érigé par Charles-Quint le 2 mai 1530. Cette province fut rendue à la France par le traité des Pyrénées et par celui de Nimègue, de 1678.

Ce conseil jugeait souverainement en dernier ressort, en toutes matières, les civiles exceptées; il y avait pour celles-ci appel au parlement de Paris.

Personnel. Un premier président, un président, deux chevaliers d'honneur, seize conseillers, un avocat-général, un procureur-général.

Corse. — Ce conseil supérieur, créé immédiatement après la conquête de cette île, fut établi par édit de juin 1768, et tint sa première audience à Bastia, le 24 décembre de la même année. Il jugeait en dernier ressort tous les appels des sentences des tribunaux inférieurs.

Personnel. Un premier président, un président, onze conseillers, un'procureur-général, un garde des sceaux, un secrétaire interprète.

D'autres conseils supérieurs étaient établis pour nos possessions dans les colonies.

Les chambres des comptes, les cours des aides et des monnaies, étaient encore des juridictions souveraines. Quelques unes siégeaient dans les mêmes villes que les parlemens, d'autres dans des villes différentes.

Je me bornerai à indiquer les attributions de ces cours, l'époque où elles furent fondées, et l'organisation de leur personnel.

§ 4. — *Chambres des Comptes.*

Attributions. — L'examen et l'apurement des comptes des comptables des deniers publics; la réception des aveux et dénombremens des terres et seigneuries qui relevaient du roi; l'enregistrement des lettres de noblesse, de naturalisation, des légitimations, des amortissemens, dons et gratifications, des lettres patentes d'érection des duchés, des pairies, et des autres concessions de titres accordés par le roi.

PARIS. — Cette juridiction était la plus ancienne et la plus importante par ses hautes attributions. L'époque de sa création n'est pas connue; il est du moins certain qu'elle existait avant le règne de Louis IX. Une ordonnance de ce prince, datée de 1256, prescrit aux mayeurs et prud'hommes de venir compter devant les gens des comptes de Paris. Quelques annalistes prétendent qu'elle n'a été rendue sédentaire à Paris qu'en 1329, sous le règne de Philippe de Valois. Ce prince, et ses successeurs, Charles v, Charles vi et Louis xii, vinrent la consulter sur les affaires les plus importantes de l'État.

Ce fut après une délibération de cette chambre que le traité de Bretigny (1349) fut rendu public.

Philippe de Valois fut le premier qui donna pouvoir à la chambre des comptes, par lettres patentes du 13 mars 1339, « d'octroyer, pendant le voyage qu'il allait faire en Flandre, toutes lettres de grâce, d'anoblissement, légitimations, amortissemens, etc., » et, par d'autres lettres du 31 janvier 1311, d'augmenter ou diminuer le prix des matières d'or et d'argent.

Des membres de cette chambre furent chargés de l'exécution des testamens de Charles v et Charles vi. Ils étaient exempts de toutes charges publiques, du ban, arrière-ban, logement de gens de guerre, corvée, etc.

Cette chambre était composée d'un premier président, douze présidens, soixante-dix-huit maîtres, trente-huit correcteurs, quatre-vingt-deux auditeurs, un avocat-général, un procureur-général, un substitut, deux greffiers en chef, trente huissiers, vingt-neuf procureurs, un garde des livres, etc.

Elle se divisait en deux bureaux, appelés le grand et le second bureau. Le service se faisait par semestre; celui du premier président, des gens du roi et des greffiers, était perpétuel.

La charge de premier président avait été confiée aux premiers dignitaires de l'État : Jacques de Bourbon, arrière-petit-fils de Louis ix; le connétable Gautier de Châtillon; les maréchaux de France Mathieu de Trie et Robert Bernard; les grands-boutcillers de France Henri de Sully, Guillaume de Melun, Enguerrand de Coucy, Valerand de Luxembourg, comte de Saint-Paul. Michel Lhospital fut reçu premier président de cette chambre le 12 février 1554. Ce fut lui qui refusa à Henri II vingt mille francs qu'il lui demandait pour Diane de Poitiers, sa maîtresse. « Songez, « dit-il à ce prince, que c'est le produit des contributions de « vingt villages. »

Les premières charges étaient en partie remplies par des prélats et de simples prêtres appelés conseillers clercs.

Dans l'origine, le premier huissier était en même temps concierge de la chambre, payeur des *gages*, commis à la recette des menues nécessités, buvetier et relieur. Les clercs formaient entre eux une juridiction appelée l'empire de Gallilée, que quelques historiens ont confondue avec la *bazoche*, qui n'était composée que de clercs du parlement.

La chambre des comptes de Paris fut long-temps l'unique juridiction de France dans cette partie de l'administration publique. D'autres, établies à Dijon, Grenoble, Aix, Nantes, avaient été créées par les ducs de Bourgogne, les dauphins du Viennois, les comtes de Provence et les ducs de Bretagne. Elles furent maintenues depuis la réunion de ces provinces à la France.

Deux autres avaient été instituées par François Ier à Montpellier et à Blois, en 1522 et 1525.

Ces six chambres furent supprimées par l'ordonnance de Moulins de février 1660. La chambre des comptes de Paris resta seule ; mais elles furent rétablies par un édit du mois d'août 1568 ; de nouvelles ont été instituées à des époques postérieures, que j'indiquerai en leur rang.

DIJON. — Cette chambre fut créée par les ducs de Bourgogne, conservée par Louis XI en 1476, et confirmée dans toutes ses attributions par Henri IV et Louis III.

Personnel. Un premier président, sept présidens, trois chevaliers d'honneur, vingt-huit conseillers maîtres, neuf conseillers correcteurs, treize conseillers auditeurs, deux avocats-généraux, un procureur-général.

NEVERS. — Cette chambre fut instituée par les anciens ducs de Nevers; Louis XV en 1745 lui assigna son rang après celle de Dijon. Elle reçut le titre de chambre ducale de Nevers. Cette chambre était peu nombreuse; le procureur-général y faisait fonctions d'avocat-général.

ROUEN. — Instituée par François Ier en octobre 1545, supprimée par Henri II en 1553, cette chambre fut rétablie par Henri III en 1580; elle se composait d'un premier président, huit présidens, soixante-trois conseillers maîtres, dix conseillers correcteurs, trente-quatre conseillers auditeurs, deux avocats-généraux, un procureur-général.

La cour des aides y fut réunie par un édit de Louis XIV, en 1705.

GRENOBLE. — La chambre des comptes faisait partie du *conseil delphinal* (voyez l'article *Parlement de Grenoble*) et du même parlement jusqu'en 1453; l'édit de juin 1633 en fit deux compagnies distinctes, qui devaient être régies comme celles de Paris.

Il n'y avait dans l'origine point de président en titre; un édit de 1434 créa une charge de président, sous le nom de *président unique*. Un autre édit de 1553 créa un second président : alors le président unique prit le titre de *premier président*. Le nombre des officiers augmenta dans la suite. Cette chambre était composée définitivement d'un premier président, de six présidens, vingt-deux conseillers maîtres, quatre conseillers correcteurs, sept conseillers auditeurs, d'un avocat-général et d'un procureur-général.

NANTES. — Instituée par les anciens ducs de Bretagne, cette chambre se trouve, avec celles de Dijon, Aix et Grenoble, nommée dans la déclaration de Charles IX du 18 octobre 1563, et se composait en dernier lieu d'un premier président, sept présidens, trente-trois conseillers maîtres,

huit conseillers correcteurs, trente-quatre conseillers auditeurs, deux avocats-généraux, un procureur-général.

AIX. — Cette chambre existait dès 1272. Conservée depuis la réunion de la Provence à la France, en 1482, elle
fut conservée dans toutes ses prérogatives par Louis XII, et
par lettres patentes du 17 janvier 1500.

Par son édit du mois d'août 1555, Henri II érigea cette
compagnie en chambre des comptes et cour des aides. Cette
érection fut confirmée par Henri III en décembre 1574.

Le magistrat qui la présidait avait porté jusqu'en 1555 le
titre de grand-président; il prit alors celui de premier président : elle était composée en outre de cinq autres présidens, trente-sept conseillers, deux avocats-généraux, et
d'un procureur-général.

BLOIS. — Instituée par les comtes de Blois, de la maison
de Champagne, pour connaître de la reddition des comptes
de tous leurs domaines : Louis XII, né à Blois, maintint
cette chambre dans toutes ses prérogatives par édit du 26
mars 1498.

Après la réunion du comté de Blois à la France, elle fut
supprimée en 1566, et rétablie deux ans après par Charles IX.
Elle avait, en 1401, une juridiction si étendue, que Paris
en était le centre, et Charles VI avait autorisé son frère
Louis d'Orléans à l'y faire siéger; mais sa circonscription
fut depuis très-limitée. Elle n'avait qu'un seul président,
que suppléait le doyen des conseillers, et en outre deux
chevaliers d'honneur, quatre conseillers maîtres, deux conseillers correcteurs, quatre conseillers auditeurs, deux avocats-généraux et un procureur-général.

MONTPELLIER. — Une cour des aides existait à Montpellier en 1390; l'édit du 20 avril 1437 l'institua sur les
mêmes bases que celle de Paris, avec permission aux officiers de tenir leur siège *partout où leur semblerait audit
pays.* Elle siégea successivement à Toulouse et à Mont-

pellier, où elle fut rendue sédentaire par l'édit du 12 décembre 1467. Cette ville possédait une cour des comptes depuis 1522; elle avait été fondée par François Ier.

Louis XIII réunit ces deux compagnies en une seule, en 1629, sous le titre de cour des comptes, aides et finances. Cette réunion subit une courte interruption en 1646. La cour des aides, transférée à Carcassonne, fut de nouveau réunie à la chambre des comptes à Montpellier en 1649.

Sa juridiction fut restreinte, en 1642, au Languedoc, et s'étendit au Roussillon en 1679; mais, dans cette dernière province, elle n'exerçait que comme chambre des comptes.

Cette cour, qui par sa date était la seconde de France, se composait d'un premier président, douze présidens, deux chevaliers d'honneur, soixante-quatre conseillers maîtres, dix-huit conseillers correcteurs, vingt-cinq conseillers auditeurs, deux avocats-généraux et un procureur-général.

Les gouverneurs du Languedoc étaient de droit premiers présidens de la cour des comptes, aides et finances de Montpellier.

PAU et NÉRAC. — Henri II, roi de Navarre, avait institué deux chambres des comptes, l'une à Pau, l'autre à Nérac. Louis XIII les remit en une seule en 1624, sous le titre de chambre des comptes de Navarre; un autre édit de 1691 la fondit dans le parlement de Pau. Le premier président et les deux présidens y furent reçus présidens à mortier.

DÔLE. — Cette chambre, instituée par l'archiduc Maximilien, devenu l'époux de Marie de Bourgogne, subit plusieurs changemens sous la domination de ce prince, et de Philippe II, roi d'Espagne. Louis XIV, après avoir conquis la Franche-Comté, maintint cette chambre à Dôle, avec le titre et les attributions de chambre des comptes et cour des aides et finances du comté de Bourgogne. Elle était composée d'un premier président, de sept présidens, cinq

chevaliers d'honneur, deux conseillers ecclésiastiques d'honneur, trente-quatre conseillers maîtres, neuf conseillers
correcteurs, trente conseillers auditeurs, deux avocats-
généraux, un procureur-général. Elle fut supprimée en
1771, sous le ministère du chancelier Maupeou.

NANCI. — L'origine de cette chambre remonte au onzième
siècle; elle était à la fois cour des aides et des monnaies, etc.
Il fallait pour y être admis faire preuve de noblesse. Les
conseillers maîtres étaient en même temps correcteurs et
auditeurs. Les charges ne s'achetaient point, et n'étaient
point héréditaires.

BAR. — Cette chambre fut instituée par les premiers comtes de Bar, dont elle était à la fois le conseil et le tribunal;
ses attributions ont été maintenues même depuis la réunion
de la Lorraine à la France. Elle n'eut un parquet que depuis 1697, et même le procureur-général n'exerça, jusqu'en 1737, que comme substitut du procureur-général de
la chambre des comptes de Lorraine, qui l'était en même
temps de celle de Bar.

§ 5. — Cour des Aides.

Ce mot aide, synonyme de subside ou secours, indique
assez que les contributions publiques ne devaient être considérées que comme une subvention volontaire et momentanée, librement consentie par les contribuables. Voici quel
était leur rang : 1° Paris, 2° Montpellier, 3° Bordeaux,
4° Clermont-Ferrand, 5° Montauban.

Huit autres étaient réunies soit aux parlemens, soit aux
chambres des comptes, savoir : Grenoble, Dijon, Rennes,
Pau, Metz, Rouen, Aix et Dôle.

D'autres ont été créées et supprimées à diverses époques :
celles de Périgueux, créée en mars 1553, supprimée en
1557; d'Agen, créée en décembre 1629, réunie à celle

de Bordeaux; de Lyon, créée en juin 1536, supprimée la même année, sans avoir même été installée (Le même édit créait une huitième chambre de la cour des aides de Paris.); de Montferrand, créée en 1551, transférée à Clermont; de Cahors, créée en 1542, transférée à Montauban en 1661.

Il ne me reste plus qu'à indiquer l'origine, les attributions et la composition des cours des aides distinctes des parlemens.

Paris. — Cette cour fut instituée par le roi Jean le 28 décembre 1355, pour surveiller la levée du huitième denier par livre sur le sel et autres marchandises, votée par l'assemblée des états-généraux. Cette cour était seule pour toute la France; d'autres ont été instituées depuis, soit comme faisant partie de la première, soit pour former des cours distinctes, d'abord avec les mêmes attributions, mais qui furent augmentées dans la suite.

Celle de Paris se composait d'un premier président, de neuf présidens, de cinquante-deux conseillers, de trois avocats-généraux et d'un procureur-général. Dans les cérémonies publiques, elle se plaçait après le parlement et la chambre des comptes. Ses plus anciens premiers présidens étaient abbés, évêques ou archevêques, et cet usage, si non inconvenant, du moins singulier, s'est maintenu depuis 1370 jusqu'en 1513.

Cette cour, supprimée en 1771 sous le ministère du chancelier Maupeou, fut rétablie avec le parlement en 1775. (Voyez ci-après les remontrances de cette époque.)

Bordeaux. — Cette cour a subi de fréquentes migrations: instituée par un édit de Louis XIII, de décembre 1629, elle fut transférée à Saintes, par un édit de Louis XIV, de novembre 1647, rétablie à Bordeaux en juillet 1659, transférée ensuite à Libourne en novembre 1675, et enfin rétablie à Bordeaux, par édit du mois de septembre 1690.

Elle se composait d'un premier président, de sept présidens, de deux chevaliers d'honneur, trente conseillers, deux avocats-généraux et un procureur-général.

CLERMONT-FERRAND. — Cette cour, établie par édit du mois d'août 1557, fut fixée à Montferrand, par édit de 1630, avec une augmentation de prérogatives et d'attributions. Cette compagnie se composait d'un premier président, trois présidens, vingt-deux conseillers, deux avocats-généraux et un procureur-général.

MONTAUBAN. — Cette cour, érigée par édit du mois de juillet 1642, siégea d'abord à Cahors, et fut transférée à Montauban, en vertu d'un édit d'octobre 1661. Les motifs de cette translation sont relatés dans un édit postérieur de 1666. Cette compagnie était composée d'un premier président, de quatre présidens, deux chevaliers d'honneur, deux avocats-généraux et un procureur-général.

§ 6 — *Des Premiers Présidens.*

Les règlemens généraux ou particuliers des cours souveraines ont précisé avec assez d'exactitude les fonctions spéciales des premiers présidens et des présidens. Le chef du parlement ne prit le titre de premier président qu'en 1344. Il fut déféré d'une manière précise et officielle, pour la première fois, à Simon de Bucy, nommé à cette haute fonction par ordonnance de Philippe de Valois, du 11 mars 1344. Ses quatre prédécesseurs, Jacques de Brulart, Bertrand de Cardaillac, Hugues de Courcy, étaient qualifiés *premiers maîtres du parlement,* et Guillaume Bertrand, *premier maître et souverain.*

Les premiers présidens et les anciens présidens à mortier présidaient la grand'chambre, les autres la tournelle.

§ 7. — *Des Avocats-Généraux.*

On nommait encore ainsi, au parlement de Paris, à la fin du seizième siècle, ceux qui se chargeaient des causes de tous les citoyens, pour les distinguer des avocats spécialement chargés de plaider dans les causes qui intéressaient le roi et la chose publique : ceux-ci étaient appelés avocats du roi, bien que le *procureur du roi au parlement* fût déjà appelé *procureur-général.*

Les registres du parlement de Paris prouvent que, dès 1300, Jean Vassoigne et Jean Dubois étaient avocats du roi. On remarque parmi leurs successeurs Pierre de la Forest, qui fut depuis chancelier de France, et le courageux et éloquent Pierre de Cugnières (1), qui, à une époque où l'autorité pontificale faisait trembler les rois, introduisit le salutaire usage des *appels comme d'abus.*

Les avocats-généraux ont été institués pour porter la parole pour le procureur-général ; ils composaient son conseil pour conférer sur les affaires présentées au parquet. Ils avaient dans le quatorzième siècle le titre de conseillers du roi.

Dans le premier âge de leur institution, les deux avocats-généraux au parlement de Paris étaient l'un clerc (ecclésiastique), l'autre laïque : c'était l'usage alors de composer les cours et les tribunaux moitié de gens d'église, moitié de citoyens.

Antoine Séguier, reçu en 1587, fut le premier qui prit le titre d'avocat-général. Il reçut sans doute, suivant l'usage alors établi, lors de sa réception, du corps municipal de Paris, un compliment et une écritoire d'argent.

Quelle autre cause donner à cet usage qu'un hommage au

_____

(1) Il exerçait en 1329.

magistrat chargé de veiller à l'exacte observation des lois, et de porter la parole dans toutes les causes qui intéressaient les communes? C'était, en effet, un des principaux devoirs de leurs charges de veiller aux droits de la couronne, au maintien des ordonnances, à l'ordre public, à celui des juridictions municipales, religieuses et judiciaires, et aux prérogatives du parlement.

Ils étaient spécialement chargés d'aller exécuter auprès du roi les commissions du parlement; de demander le jour, le lieu, l'heure, pour les députations; d'expliquer les demandes ou représentations dont la cour les chargeait quelquefois; de recevoir de la bouche du roi les réponses à ces demandes, et les ordres verbaux que le prince jugeait à propos de transmettre au parlement, qui ne connaissait d'autre intermédiaire que les gens du roi pour recevoir ses ordres.

Ils accompagnaient le parlement dans les cérémonies, et saluaient le roi après les députations. L'usage de ces complimens fut introduit sous Louis XIV. Ce compliment était court et plus que respectueux. Les avocats-généraux s'approchaient du prince, et disaient en s'inclinant : *Sire, ce sont vos gens.* C'était encore une marque de déférence non moins remarquable que cet autre usage, imposé aux avocats-généraux, de plier un genou sur le banc quand ils portaient la parole au parlement.

Dans les beaux jours de la magistrature, les magistrats chargés du ministère public étaient considérés comme les hommes de la loi, et souvent ils ont pris des conclusions contre les actes des ministres. Ils ne regardaient point ces actes comme émanés de la volonté du roi, quand ils étaient contraires aux maximes fondamentales de l'État, à l'ordre public et aux véritables intérêts de la nation.

Cette honorable opposition s'est manifestée lors des premières remontrances délibérées par le parlement de Paris contre la bulle d'abolition de la pragmatique sanction.

Dans leur hôtel, ou lorsqu'ils allaient ailleurs qu'au parlement, les avocats-généraux étaient toujours en simarre, comme le chancelier et le premier président.

§ 8. — *Du Procureur-Général.*

Le procureur-général est un magistrat spécialement chargé de veiller sur l'exacte observation des lois qui garantissent les intérêts et les droits du monarque et des citoyens. Le dépôt des archives de l'État était confié à sa garde.

Ce précieux dépôt, que les rois n'abandonnaient jamais, était transféré à leur suite, même aux armées. Il fut enlevé par les Anglais près de Belle-Forêt, dans le Blaisois, en 1194. Louis ix le fit placer dans son palais; mais cette sage précaution fut tellement négligée dans la suite, que les traités les plus importans et les titres les plus précieux étaient restés au pouvoir du chancelier Poyet ou des siens. On sait que ce chef suprême de la magistrature fut flétri et destitué par un arrêt de condamnation. Ce dépôt avait été heureusement recueilli par le chancelier Lhospital; et ce ne fut que dix ans après la mort de ce grand homme, qu'à la demande de sa veuve, le chancelier Chiverny vint retirer tous ces papiers, encore déposés dans la dernière et unique demeure de Lhospital, le château de Vignay, près d'Étampes.

Ce dépôt fut depuis placé au Palais-de-Justice, sous la surveillance du procureur-général du parlement de Paris.

Les avocats-généraux portaient la parole pour le procureur-général; mais ils n'étaient pas obligés de suivre son avis dans les affaires d'audience, et pouvaient prendre des conclusions contraires à celles qu'ils avaient prises dans l'instruction.

Le procureur-général ne parlait qu'en cas d'absence du premier avocat-général; il avait toujours le droit de parler au barreau de préférence au second et troisième avocat-général.

Lui seul était chargé de toutes les réquisitions, demandes, plaintes ou dénonciations qui se faisaient par écrit. Les ordres du roi pour les parlemens, les lettres patentes ou closes, les édits, les déclarations, étaient adressés au procureur-général. Il pouvait en tout temps suspendre les affaires, pour apporter à la cour les ordres qu'il avait à notifier de la part du prince. C'était pour cette raison que la porte qui communiquait du parquet à la grand'chambre restait toujours ouverte.

Les enregistremens des ordonnances, édits, déclarations et lettres patentes, n'avaient lieu qu'après avoir entendu le procureur-général, seul chargé par l'arrêt d'enregistrement d'en transmettre l'expédition aux tribunaux du ressort; mais s'il croyait que la religion du roi avait été surprise, si l'édit présenté à l'enregistrement lui paraissait contraire aux maximes fondamentales de l'État, il pouvait s'opposer à l'enregistrement. J'aurai occasion d'en citer plusieurs exemples au sujet des premières remontrances. Le procureur-général, sans être intimidé par les menaces d'un premier ministre, énonça, avec une courageuse franchise, son opinion; et, loin d'encourir la disgrâce du prince, il partagea les félicitations qu'il adressa au parlement sur sa généreuse résistance.

D'autres exemples s'offriront encore dans les autres parlemens de France. Ces appels du prince surpris au prince mieux éclairé et rendu à lui-même font à la fois l'éloge du monarque et des magistrats. Mais ces oppositions n'ont pas toujours eu ce salutaire résultat.

Les procureurs-généraux ne pouvaient avoir de clercs ou secrétaires qui fussent procureurs ou solliciteurs de procès. Il ne leur était point permis de s'absenter sans l'agrément du parlement.

Ils étaient spécialement chargés de faire exécuter les arrêts. Les procureurs du roi près les tribunaux inférieurs du ressort n'étaient que les substituts du procureur-général.

Aux rentrées des chambres, à l'ouverture solennelle de l'année judiciaire, le procureur-général alternait avec l'avocat-général pour les mercuriales. Cet usage a été conservé.

Le procureur-général n'exerçait pas toujours des fonctions rigoureuses. La loi confiait à sa philanthropie le soin d'inspecter les prisons, de s'assurer par de fréquentes visites de l'état des prisonniers, de tout ce qui pouvait intéresser leur santé. Mais une de ses attributions les plus importantes était d'empêcher que jamais aucune contribution, soit locale, soit générale, pût être imposée sans une autorisation légale.

L'instruction publique, placée sous la protection et les lumières des cours souveraines, ne pouvait être étrangère aux procureurs-généraux. Il me suffira de citer l'éloquent mémoire présenté au parlement de Bretagne par le courageux et infortuné Lachalotais, et celui qu'à une époque très-rapprochée présenta au parlement de Dijon l'avocat-général Guython Morveau. Ces deux mémoires ont été publiés; ils présentent le tableau le plus vrai et le plus complet de notre ancienne législation sur les établissemens d'instruction publique. Les parlemens et les chefs du ministère public mettaient au rang de leurs prérogatives et de leurs devoirs les plus sacrés l'exercice légal de leur autorité sur les corps enseignans de toutes les villes de leur ressort, et ils ont toujours exercé ce droit dans toute sa plénitude.

Je ne suis qu'historien; il n'entre point dans mon plan d'examiner si les procureurs-généraux ont repris ou dû reprendre cette partie si importante des attributions de leurs prédécesseurs. Je ne discute point : je raconte ce qu'étaient dans les anciennes cours souveraines les premiers organes du ministère public.

§ 9. — *Grand-Conseil et autres Conseils du Roi.*

Les débats des parlemens et des autres cours souveraines ne peuvent être appréciés dans leur cause et dans leurs résultats sans une connaissance exacte de l'origine et des attributions de ce grand-conseil, dont l'intervention, rarement légale et presque toujours imprévue, substituait l'arbitraire ministériel à l'autorité des lois. Les rois mêmes qu'un heureux hasard avait rapprochés de la vie privée avant de monter sur le trône, ou dont l'éducation avait été confiée à des maîtres habiles, n'ont pu échapper à l'ivresse du pouvoir et à la contagieuse influence des courtisans. Comment les rois pourraient-ils connaître les besoins des peuples qu'ils sont appelés à gouverner et l'économie des lois qu'ils doivent faire exécuter ? On ne les entretient que de leurs droits, que l'inévitable adulation exagère toujours, et jamais des devoirs que leur imposent la constitution fondamentale de l'État, la religion, l'honneur, leurs véritables intérêts et leur serment.

Un homme qui eût fait de l'administration publique l'étude de tous ses instans pouvait-il suffire seul à la diriger. C'est une de ces vérités qui n'a pas besoin de démonstration : les malheurs de tous les peuples et de tous les temps en offrent d'innombrables et d'incontestables preuves.

Aussi les rois se sont-ils choisis un conseil pour les aider à supporter un fardeau trop au-dessus de leurs forces. Ce conseil se trouve tout naturellement établi dans le gouvernement représentatif. Tel devait être, de temps immémorial, celui de la France ; mais il n'existait que de droit, et non de fait. De là cette instabilité que l'on remarque dans nos anciennes institutions. Ainsi, les parlemens, qui, dans l'origine, n'étaient institués que pour juger les contestations privées, ont été transformés en corps politique ; ils étaient à la fois législateurs et juges. Mais l'autorité souveraine attribuée à ce qu'on appelait le grand-conseil présente encore une anomalie plus inconvenante et plus inconcevable.

Pharamond, chef d'une nation libre et guerrière, eut, si l'on doit en croire quelques historiens, quatre conseillers qui auraient rédigé la loi salique. On sait maintenant que cette assertion, long-temps accréditée, n'eut pour fondement qu'une équivoque grossière de quelques annalistes, qui prirent pour des noms d'hommes ceux des lieux où ces lois, dont l'origine n'est pas même bien connue, avaient été délibérées.

Mais il paraît certain que Mérovée eut réellement un conseil plus nombreux, et dont il appela le chef *référendaire* ou *chancelier*. Les historiens ne donnent à Charlemagne que trois ou quatre conseillers, dont un était toujours de permanence pour être prêt à recevoir ses ordres. N'est-ce pas encore là une nouvelle erreur? Ne prend-on pas les ministres de ce prince pour de simples conseillers?

L'existence d'un conseil du roi n'est bien démontrée que depuis le règne de Louis XI. Avant lui, on indique bien, sous les noms de conseil étroit, petit conseil ou conseil privé, une réunion de cinq grands-officiers de la couronne, dont trois appartenaient à la haute domesticité de la maison du prince, le sénéchal, le bouteiller, le chambrier; les deux autres étaient le connétable et le chancelier.

Louis XI divisa son conseil en trois *séances* ou sections; mais tout indique que ce conseil n'était encore qu'une commission consultative, sans attributions de juridiction. Cependant l'un de nos historiens, Villaret (*Hist. de France*, t. XIV, p. 234), qualifie ce conseil, alors appelé conseil royal, de tribunal suprême, à moins cependant qu'il n'ait confondu ce conseil avec le parlement alors ambulatoire et établi à la suite du roi, qui le présidait lui-même, et qui, en son absence, était présidé par le chancelier. Il est au moins vraisemblable que, lorsque le parlement eut été déclaré sédentaire, le roi garda près de lui quelques personnes de son choix, qui formèrent son conseil particulier. Mais il y eut cette différence que, comme les membres du parlement ambulatoire, ils n'étaient convoqués que pour un temps déterminé et pour une ou plusieurs affaires urgentes, et que leur commission cessait avec la cause qui avait provoqué leur convocation, tandis que les membres du parlement, élus par leurs pairs, exerçaient des fonctions fixes et une juridiction permanente.

Tout concourt à démontrer que le grand-conseil n'eut pas d'autre origine. Charles VIII lui donna une existence politique et de juridiction supérieure dont les attributions s'étaient depuis considérablement agrandies.

La division originaire de ce conseil sous Louis XI eut trois *séances* ou sections, et ne dura que jusqu'en 1526, époque où François Ier les réunit en une seule. Henri II, son successeur, les divisa en deux *séances,* Louis XIII en cinq. Il donna à chacune de ces séances un titre qui indiquait les attributions spéciales de chacune :

1° Le conseil des affaires étrangères, ou d'état proprement dit ; 2° le conseil des dépêches ; 3° le conseil royal des finances ; 4° le conseil royal de commerce ; 5° le conseil d'état privé ou des parties. Ce dernier se subdivisait en plusieurs directions.

Le grand-conseil, qui, dans son origine et dans ses formes, avait fait partie de celui dont je viens de rappeler les divisions, ne fut plus considéré que comme une juridiction à part : c'était la cour suprême des privilégiés. C'était à ce conseil que les rois évoquaient les causes attribuées par la loi commune aux cours de justice ordinaires. L'action légale de la justice se trouvait ainsi entravée ; l'arbitraire était substitué à l'autorité de la loi. Malheur au plébéien dont un privilégié convoitait la propriété ou refusait d'acquitter la

créance ! Malheur aux villes, aux provinces, qui avaient à
se plaindre des vexations, des concussions même d'un gouverneur ou d'un intendant : les tribunaux leur étaient fermés
en vertu d'une évocation au conseil.

Nul doute que, dans tous les temps, les dépositaires de
l'autorité ont dû être garantis, par la loi même, des attaques
injustes des simples citoyens; mais, si les plaintes sont fondées, le magistrat prévaricateur doit être puni d'autant plus
sévèrement qu'il exerçait un pouvoir plus étendu. Le simple citoyen doit aussi trouver une garantie contre les erreurs
ou les passions des juges; mais ce n'est que dans notre législ-
lation nouvelle que ces garanties existent.

Le grand-conseil n'avait sans doute pas été institué en
corps judiciaire souverain pour une autre destination, puisque le droit de le présider n'appartenait qu'au chancelier,
chef suprême de la magistrature; et ce fut par un chancelier que la magistrature fut bouleversée en 1770.

Le grand-conseil était composé du chancelier, du garde
des sceaux, de six présidens, et de conseillers qui se divi-
saient en deux sessions (la durée de chaque session était de
six mois), de conseillers honoraires, de deux avocats-généraux, d'un procureur-général, de sept substituts du procureur-général, de deux substituts honoraires.

Le grand-conseil tenait ses audiences au Louvre. Le mode
de procédure avait été réglé par les édits de janvier 1768
et novembre 1774.

§ 10. *Du Parlement de Paris, et des autres Parlemens
et Cours souveraines de France, jusqu'au règne de
François Ier.*

L'histoire de chaque parlement étant intimement liée à
celle du parlement de Paris, quant aux motifs des remontrances et aux événemens qui en ont précédé, accompagné

I.

4

et suivi la présentation, j'ai cru devoir ne placer qu'après l'exposé de l'institution de chacune de ces cours la partie historique de celle de Paris.

J'ai rappelé à son ordre de date l'origine de ce parlement : il ne me reste plus qu'à reprendre le récit des événemens qui ont signalé son existence souvent honorable, et presque toujours orageuse.

Les membres de cette nouvelle cour, qui succéda aux parloirs du roi, recevaient cinq sols parisis par jour ; le chancelier lui-même n'en recevait que sept, et lorsqu'en voyage il logeait dans les couvens, ou chez les bourgeois, ces jours étaient déduits de son traitement.

Le roi avait conservé son grand-conseil et son conseil privé. Le parlement ne connut, pendant long-temps, que des causes purement civiles ; il ne partagea point la honte de la condamnation des Templiers, qui n'eurent pour juges que des commissaires du pape Clément V ; et lorsqu'il fallut procéder à l'allocation de leurs biens, ce fut dans une assemblée du haut clergé et de la noblesse que cette allocation fut réglée (1). Les barons qui faisaient partie du parlement de Paris, et qui ne purent assister à cette assemblée, s'y firent représenter par des fondés de pouvoir.

La conduite du parlement de Paris, sous le règne de Charles VI, fut plus que scandaleuse : elle fut criminelle ! Un roi, privé de sa raison, de sa liberté, oublié dans un

(1) Le concile réuni à Vienne, composé de vingt archevêques, trois cents évêques et six cents abbés ou prieurs, décida, après deux années de recherches et d'informations, que les Templiers devaient être entendus dans leur défense. Les archevêques de Reims, de Sens et de Rouen, et un évêque d'Italie, émirent une opinion contraire. Le pape Clément V assembla un consistoire dans lequel ne furent admis que les cardinaux et les prélats qui s'étaient opposés à la décision de la très-grande majorité des PP. du concile de Vienne. L'ordre fut aboli par une sentence provisoire. Le pape se réservait de prononcer sur la disposition des biens et des personnes des Templiers.

réduit infect, couvert des haillons de la misère, périssait de faim et de douleur; sa femme prodiguait, dans des fêtes fastueuses, au milieu d'une cour avide d'or et de plaisirs, la dernière ressource de l'Etat, et le parlement gardait un lâche silence. Isabeau de Bavière, traînant à sa suite son époux, livre à l'Anglais et le trône et sa fille, et frappe d'exhérédation son fils. Le parlement, non content d'applaudir à l'infâme traité de Troyes, déclare le dauphin, l'héritier légitime du trône, déchu de ses droits, et va se prosterner aux pieds de l'étranger usurpateur. Il le proclame roi de France. L'université, les docteurs de la faculté de théologie, consacrent pas leur décision l'œuvre du crime et de la plus insigne lâcheté. Comment l'exemple des premiers magistrats, des prélats, des grands de la cour, n'eût-il pas entraîné la la multitude! Eux seuls furent coupables!

On prétendrait en vain, pour justifier le parlement de Paris, que, borné, par son institution au jugement des procès ordinaires, il ne participait nullement aux actes du gouvernement? Que ne restait-il dans les limites de ses attributions? Il ne se croyait pas assez puissant pour défendre le père, et il n'hésite pas à proscrire le fils; il ne s'occupe des droits du trône que pour le livrer à un étranger.

Mais il ne serait pas exact de prétendre qu'avant le règne de Charles VI, le parlement de Paris avait été étranger aux actes les plus importans de l'autorité royale. A une époque antérieure, et lorsqu'il n'avait pas encore le droit de juger les causes criminelles, n'avait-il pas été assemblé au Louvre, par ordre du roi Philippe de Valois, pour y juger, avec le roi lui-même, le roi de Hongrie et les hauts barons, Robert, comte d'Artois. Le procureur-général avait proposé et soutenu l'accusation (1). Lorsqu'une reine dont le moindre crime était

_____

(1) Ainsi le premier procès criminel dont se fût occupé le parlement était dirigé contre un prince de la famille royale.

l'habitude de l'adultère compromet, par la plus infâme trahison, l'existence même de la France, aucune voix ne s'élève dans le parlement, si non pour l'accuser et la punir, du moins pour l'empêcher de consommer son crime.

Ces magistrats, qui devaient être ses juges, devinrent ses complices; mais tout le parlement ne partagea pas ce honteux vertige : une minorité des membres s'était rendue à l'appel du dauphin, que la majorité avait proscrit, et réunis à d'autres magistrats restés fidèles à leur serment, ils formèrent à Poitiers le véritable parlement de Paris.

Charles VII, comme l'a judicieusement remarqué le président Hénault, ne fut que le spectateur des grands événemens de son règne : Dunois, Lahire, Saintrailles, le connétable de Richemont, chassèrent les Anglais loin de nos frontières. Charles VII eut le rare bonheur d'avoir à la fois et les plus braves et les plus grands capitaines de l'époque; et pour ministre des finances, ce Jacques Cœur, qui suppléa par ses propres fonds à la pénurie du trésor public : il pourvut ainsi à toutes les dépenses de la campagne de Normandie.

Délivrée de la domination étrangère, la France vit s'ouvrir un avenir prospère. Charles VII réunit le parlement de Poitiers au parlement de Paris. Il n'avait eu à juger jusque alors que des causes civiles. La chambre de la tournelle fut instituée pour prononcer sur les procès criminels; mais quand les délits entraînaient la peine capitale, la cause était portée à la grand'chambre, composée à cette époque de trente conseillers, dont quinze ecclésiastiques et quatre laïques.

Celles des enquêtes furent portées à quarante membres. Un traitement fixe fut assigné aux officiers de la cour, sous le titre modeste de gages. Déjà s'était introduit, de la part des plaideurs, l'usage d'offrir aux juges des dragées, ou quelques présens d'épicerie... Ces dons volontaires devinrent bientôt un tribut obligé, et l'aliment de la plus funeste et de la plus honteuse corruption; il subsista même après l'établissement du droit de vacation, au profit des juges délégués pour l'instruction des procès. Le vertueux Lhospital tonna contre ces abus. Il put faire rougir les juges; mais l'abus s'est perpétué jusqu'à la réorganisation entière de l'ordre judiciaire, et ce fut un des premiers bienfaits de la révolution.

Le recueil précieux de Montluc, qui avait réuni en corps de lois les édits, les ordonnances, et qu'on appela depuis les *Olim*, a sans doute suggéré l'idée de déposer au parlement les actes ultérieurs de l'autorité royale, et d'en constater le dépôt. Telle fut l'origine de la formalité de l'enregistrement. Il est impossible de préciser l'époque du premier enregistrement, tous les registres du parlement ayant été brûlés par un incendie en 1618.

Mais on est parfaitement fixé sur l'époque des premières remontrances : elles furent adressées à Louis XI, en 1461, pour réclamer le maintien de la pragmatique-sanction, ouvrage de Louis IX, et qui depuis avait été promulguée par Charles VI, et le clergé de France, assemblé à Bourges. L'appel comme d'abus avait donné aux libertés de l'Eglise gallicane une autre garantie, et l'introduction de cette nouvelle procédure a immortalisé, dans nos annales religieuses, l'année 1329 et le nom de l'avocat-général Pierre de Cugnières.

L'appel comme d'abus est pour la France ce qu'est pour l'Angleterre la loi *prœmunire*. Cet appel est la première arme opposée aux usurpations de la puissance pontificale.

Ce fut aussi sous le règne de Louis XI que le parlement de Paris ajouta à ses titres celui de cour des pairs. Déjà, dans un premier procès contre le duc d'Alençon, le roi Charles VII avait consulté le parlement de Paris sur les formalités à observer dans l'instruction d'un procès criminel contre un

pair de France. Le roi devait tenir à cet effet un lit de justice à Montargis; mais une maladie contagieuse rendait le
séjour de cette ville dangereux : le tribunal suprême s'assembla à Vendôme. Le parlement de Paris n'y fut point appelé en corps, mais par députés.

Cette assemblée fut « composée d'aucuns princes du sang,
« de cinq pairs d'Église, du comte Dunois, du chancelier de
« France, et d'autres personnes du conseil du roi, de plu-
« sieurs comtes et barons, *de vingt-deux conseillers du*
« *parlement, seize laïques et six clercs*, et de quelques maî-
« tres des requêtes ». (*Mém. mss de* MARILLAC, fol. 52.)

L'accusé fut condamné à mort. Le roi lui fit grâce de la
vie, et commua sa peine en un emprisonnement perpétuel à
Aigues-Mortes.

Louis XI, parvenu au trône, lui rendit ses biens et ses
prérogatives; mais, informé que ce prince, qui déjà avait
été l'un des chefs de la Ligue si improprement appelée *du*
Bien public, conspirait encore avec les ennemis de l'État,
il l'avait fait arrêter en 1472, et conduire à Paris pour être
jugé par *le parlement.*

Charles VII n'avait fait que consulter le parlement sur les
formalités à suivre dans le premier procès, et n'avait admis
au nombre des juges que vingt-deux conseillers au parlement; mais, dans le second procès contre le même prince
d'Alençon, Louis commit le parlement en corps pour le
juger. Il y convoqua en même temps les pairs, et en créa
trois nouveaux, les comtes de Foix, de la Marche et d'Eu,
pour leur conférer le droit d'opiner dans cette grande
cause.

Le parlement et la cour des pairs ainsi réunis en une seule
cour de justice furent présidés par le chancelier, qui, le
18 juillet, prononça l'arrêt qui condamnait le duc d'Alençon à la peine de mort. Louis XI lui fit grâce.

Ce procès fameux offre le premier exemple de la réunion

du parlement de Paris à la cour des pairs; ce fut aussi pour la première fois que furent employées les expressions que l'usage a consacrées, *la cour de parlement, suffisamment garnie de pairs*. Il est cependant certain que, depuis cette époque, d'autres procès ont été jugés par la cour des pairs, sans que le parlement y eût assisté.

Le parlement, dont le plus honorable succès avait justifié la présentation de ses premières remontrances, en adressa d'autres à Louis XI sur l'aliénation des domaines de la couronne et sur la cherté des blés; mais il ne s'était pas encore cru en droit de s'immiscer dans les affaires d'administration publique et des finances.

Le duc d'Orléans disputait à Anne de Beaujeu, fille de Louis XI, la régence, pendant la minorité de Charles VIII. Le parlement de Paris ne prit aucune part à ces débats; il ne demanda pas même à se trouver à l'assemblée des états-généraux, qui adjugèrent la régence à la dame de Beaujeu. Le duc d'Orléans tenta vainement de se former un parti dans le parlement, en le faisant intervenir dans cette discussion, qui, d'après nos lois fondamentales, n'avait pu être portée que devant les états-généraux.

Le premier président, Jean de la Vacquerie, répondit au prince ces mots si souvent cités depuis : « Le parlement est « pour rendre justice aux peuples; les finances, la guerre, « le gouvernement du roi, ne sont point de son ressort. »

Le parlement fit plus : il exhorta le prince à ne point déchirer par la guerre civile l'empire dont il était héritier présomptif. Le duc d'Orléans insista, et laissa ses demandes par écrit. Le parlement ne crut pas même devoir y répondre.

Nous verrons, sous les règnes des Valois, cette cour franchir les limites de ses attributions primitives; mais elle ne fut qu'entraînée, et complice d'une autre usurpation sur les droits de la nation.

Sous le règne de Charles VIII, le parlement ne se mêla nullement des finances; il respecta sur ce point les attributions de la chambre des comptes, spécialement instituée pour régler cette partie importante de l'administration publique.

Par un orgueil mal entendu, la noblesse perdit la plus honorable de ses prérogatives, celle de concourir à l'administration de la justice.

Les baillis et les prévôts avaient sur ce point, succédé aux comtes et aux vicomtes. Les quatre grands-baillis, institués par Louis IX, étaient les grands-juges du royaume. Louis XII ordonna que ces prévôts et ces baillis ne pussent juger, s'ils n'étaient lettrés et gradués.

Les nobles auraient cru déroger en se livrant à l'étude comme de simples clercs; ils se bornaient à combattre, et s'honoraient de ne savoir ni lire ni écrire. Ils gardèrent leurs prérogatives et leur ignorance, et virent sans regret les avocats s'emparer de la magistrature. Louis XII, par son édit de 1499, soumit à de sages règlemens l'administration de la justice; il recommandait surtout aux magistrats le plus religieux respect pour la loi. Il ordonne « que l'on « suive toujours la loi, malgré les ordres contraires que « l'importunité pourrait arracher au monarque ».

Il avait rendu vénales les charges de receveurs généraux des finances : il ne paraissait pas inconvenant de soumettre à une rétribution, qui pouvait même n'être considérée que comme un cautionnement, les fonctionnaires préposés à la recette des deniers de l'État.

Mais ce premier exemple de la vénalité des charges devint contagieux sous le règne du prodigue et imprévoyant François 1er. Son chancelier Duprat mit en vente les charges de judicature. Les riches plébéiens s'empressèrent d'acquérir ces offices; mais les examens préalables auxquels ils étaient assujettis garantissaient du moins les justiciables des erreurs souvent irréparables d'une orgueilleuse ignorance.

Les parlemens opposèrent la plus énergique résistance à l'enregistrement du concordat entre François et Léon x. François 1er n'avait point le droit de changer la pragmatique-sanction ordonnée par Louis IX et Charles VI, et que les états-généraux, par leurs suffrages, avaient convertie en loi fondamentale de l'État.

Le chancelier, vendu à Léon x, prétendit faire réussir par la corruption l'œuvre de l'audace et de la félonie. Il créa et vendit vingt nouvelles charges de conseillers au parlement de Paris, et en plaça dix dans chacune des deux chambres de ce parlement. Il imposa les mêmes aggrégations aux autres parlemens.

Duprat, soutenu par la duchesse d'Angoulême et par Anne de Pisseleu, bravait les cris de l'indignation publique et les remontrances des parlemens. Il redoublait d'audace et d'intrigue, et les parlemens, seuls organes de l'opinion dans l'absence des états-généraux, ou n'enregistrèrent que par force le concordat, ou refusèrent courageusement de faire la moindre concession à l'opiniâtreté criminelle et despotique du chancelier, et quelques enregistremens ne furent obtenus qu'avec des protestations.

Jusque alors les parlemens s'étaient abstenus de s'immiscer dans l'administration des finances de l'État. Duprat multipliait les édits bursaux, que rien ne pouvait justifier; les prodigalités de la cour, les guerres entreprises sans justice et sans nécessité, étaient l'unique cause de la pénurie du trésor.

Le parlement de Paris fit des remontrances au sujet des aliénations du domaine de la couronne en faveur de l'Hôtel-de-Ville de Paris, qui, dans un moment de détresse, avait fait les avances d'un impôt qui avait été dévoré avant qu'il fût perçu. Le parlement empiétait, il est vrai, sur les attri-

butions des états-généraux ; mais lui seul pouvait encore
faire parvenir la vérité au pied du trône. Le premier ministre disposait de tout; le roi ne voyait que par ses yeux,
et le nom de Duprat se rattache à toutes les calamités de ce
règne, dont les calamités des règnes suivans ne furent que
les funestes et inévitables conséquences.

§ 11. — *Des Parlemens et autres Cours souveraines de
France depuis le règne de François 1er jusqu'à celui de
Charles IX.*

Le chancelier Duprat devint bientôt le servile instrument
de la jalousie d'une princesse impatiente de se venger du
connétable de Bourbon, dont tout le crime était de n'avoir
point partagé l'amour qu'elle avait conçu pour lui.

Accablé d'injustices et d'humiliations, le connétable déses-
péré se jeta dans les bras des ennemis de la France, et vint
attaquer nos frontières, que l'honneur et ses sermens l'obligeaient de défendre. Rien ne pouvait justifier sa défection.
Sa retraite pouvait n'être qu'une faute; sa félonie était un
crime. Le parlement fut commis pour le juger, et le condamna.

François 1er, irrité que le parlement n'eût pas frappé de
la même condamnation tous les complices du connétable (1),
nomma une commission extraordinaire pour instruire leur
procès. Il nomma un président et cinq conseillers du parlement de Toulouse, deux présidens et quatre conseillers de

_____

(1) Au nombre de ces proscrits était Jean Lhospital, médecin du connétable, et qui l'avait suivi en Italie. Son fils, Michel Lhospital, qui fut
depuis chancelier, étudiait alors à Toulouse. Il fut arrêté et emprisonné.
Il obtint enfin sa liberté, et partit de Vienne pour aller partager l'exil de
son père; il se déguisa en muletier, et traversa ainsi l'armée de François 1er,
pour entrer dans Milan, où se trouvait son père. (Voyez mon *Essai sur la
vie et les ouvrages de Lhospital*, t. 1, p. 63.)

celui de Bordeaux, un président de celui de Bretagne, et deux conseillers du grand-conseil, qu'il adjoignit au parlement de Paris pour juger ceux qui n'avaient pas été compris dans la première procédure.

Quels furent les résultats de tant de désordres? L'invasion de nos frontières, le siége de Marseille, la catastrophe de Pavie, la captivité du roi, le honteux traité de Madrid. La France allait perdre une de ses plus belles provinces, si, à l'assemblée des notables de Cognac, en présence de l'ambassadeur de Charles-Quint, les députés de Bourgogne n'eussent protesté contre ce traité, et refusé de se soumettre à un prince étranger.

Le connétable et tous les Français qui l'avaient suivi avaient été solennellement amnistiés; et lorsque ce prince fut tué sous les murs de Rome, François Ier, violant la foi jurée, fit condamner sa mémoire. Ce n'était point contre la France que le connétable combattait alors.

Le chancelier Duprat prononça lui-même l'arrêt qui le « condamnait et abolissait sa renommée à perpétuité ».

François Ier rendit à la famille du feu connétable une partie des biens confisqués en vertu de cet arrêt. Mais ce procès fait à un mort n'en est pas moins un outrage à la religion, à la raison, à l'humanité, une insulte à la justice divine.

Le règne de François Ier est encore remarquable par un autre procès qui du moins ne fut qu'absurde. Ce prince, qui ne se distinguait que par une valeur plus brillante que réfléchie, cédait toujours à sa première inspiration sans en calculer les conséquences. Il fit ajourner l'empereur Charles-Quint au parlement de Paris, comme son vassal pour les comtés de Flandre et d'Artois. François aurait dû se rappeler que par le traité de Madrid il avait renoncé à son droit de suzeraineté sur ces fiefs. Il vint lui-même au parlement. L'avocat-général fit un réquisitoire contre Charles-Quint.

Un premier arrêt prescrivit le mode de sommation pour comparaître. Cité à son de trompe sur la frontière, l'assigné ne comparut point, et les comtés d'Artois, de Flandre et de Charolais furent confisqués par arrêt. Charles-Quint n'en resta pas moins paisible possesseur des trois comtés.

Le parlement de Paris n'avait fait que se prêter officieusement à une fantaisie du monarque pour une procédure qui ne pouvait avoir aucun résultat sérieux. Mais comment justifier cette cour de s'être rendue complice des fureurs de ce monarque contre les Français qui avaient embrassé la religion réformée ? Ce fut par ordre et sous les yeux de François 1er que s'élevèrent les premiers bûchers qui dévorèrent tant de victimes. En vain la religion, l'humanité, la raison, proclamaient cette vérité, que la conscience de l'homme ne peut avoir d'autre juge que Dieu même.

Le parlement de Provence se rendit plus coupable encore. Les habitans de vingt-deux bourgs situés dans les vallées vaudoises suivaient la foi de leurs ancêtres. Chrétiens pieux et zélés, sujets fidèles, ils remplissaient avec la plus scrupuleuse exactitude leurs devoirs envers la patrie et le prince; ils avaient fondé les villes, les bourgs, les villages qu'ils habitaient, et fécondé les champs défrichés par leurs aïeux.

Le pontife romain leur impose l'alternative de l'abjuration ou de la mort. Ils n'opposent d'abord à d'injustes prétentions que de respectueuses représentations ; bientôt ils sont contraints d'opposer la force à la force. Des flots de sang coulent à Mérindol, à Cabrières. Des bandes de bourreaux, le glaive ou la torche à la main, portent partout l'incendie et la mort. En vain la reine de Navarre sollicite le roi son frère de suspendre le cours de tant d'assassinats commis au nom de l'Église et des lois. François, qui voulait se concilier le Saint-Siége dans son projet sur le Milanais, autorisait par ses ordres la continuation de ces sanglantes exécutions; et cependant, tandis qu'il proscrivait avec un redoublement de fureur les religionnaires français, il permettait aux Turcs d'avoir une mosquée à Marseille, et se liguait avec les protestans d'Allemagne contre Charles-Quint.

Il donnait au parlement d'Aix les ordres les plus sévères pour exterminer les Vaudois de la Provence. Le premier président de cette cour, le baron d'Oppède, marcha contre ces innocentes peuplades, à la tête d'une armée. L'avocat-général Guérin l'accompagnait en qualité de major, et formait, avec le président Lafond et les conseillers Tributi et Babet, un tribunal ambulant d'extermination.

Les cris de douleur et d'effroi de la France indignée avertirent enfin de tant de crimes commis en son nom. François révoqua les ordres qu'il avait donnés; le sang cessa de couler. Mais Mérindol, Cabrières et les autres communes vaudoises n'étaient plus que des monceaux de ruines; les restes de la population échappés aux juges bourreaux du parlement d'Aix erraient sans pain et sans asyle.

Toute la France accusait d'Oppède et ses complices, et demandait le châtiment de leurs crimes. François 1er n'était plus. La vérité, que la foule de ses courtisans avait éloignée de son trône, lui apparut au chevet de son lit de mort. Il s'aperçut alors de l'abyme où la faction des Guises voulait précipiter sa famille et la France; il pressa son fils de les éloigner du pouvoir. Ses dernières paroles ne furent point entendues.

Cependant les seigneurs, dont les exécutions de d'Oppède avaient converti les domaines en déserts, présentèrent des requêtes au nouveau roi contre le premier président d'Aix, le président Lafond, les conseillers Tributi et Babet, et l'avocat-général Guérin. La cause fut portée au grand-conseil, qui l'évoqua, et elle fut renvoyée au parlement de Paris, qui se trouva ainsi juge criminel d'un autre parlement.

Les débats se prolongèrent pendant cinquante audiences. L'avocat-général Guérin, qui seul n'avait point acheté la protection des Guises, fut condamné à mort, et subit son arrêt le 13 février 1552.

J'ai dit ailleurs quelle fut la fin du premier président d'Oppède et des autres coupables, qui, échappés à la justice humaine, ne purent échapper à la justice divine. Le parlement de Paris montra du moins une noble indépendance en rejetant l'intervention du vice-légat d'Avignon, qui avait fait demander par son avocat que le parlement s'abstînt de juger les meurtres commis sur le territoire papal. Le parlement le débouta de sa requête.

Les guerres désastreuses du règne de François Ier, le luxe effréné de sa cour, les prodigalités de tout genre, avaient multiplié les impôts. Les parlemens de Paris et de Bordeaux, et à leur exemple les autres parlemens de France, se firent les interprètes de la nation, et adressèrent à Henri II d'énergiques et respectueuses remontrances. Leurs voix généreuses ne furent point entendues. Le génie de Duprat animait encore le ministère, et le roi ne répondit aux justes plaintes des parlemens qu'en créant soixante-dix charges nouvelles dans la magistrature. Cette promotion, d'ailleurs fort inutile à l'administration de la justice, jeta quelques sommes dans le trésor royal.

En 1555, Henri II tint une assemblée de notables dans la chambre du parlement de Paris. Les pairs y assistèrent avec toutes les chambres. Le parlement n'y fut point confondu avec les membres du tiers-état. Henri II en fit l'ouverture par une harangue. Il s'agissait d'obtenir un subside de trois millions d'écus d'or. Le clergé en promit un; le tiers-état offrit et paya les deux autres.

La faction ultramontaine, dirigée par les Guises, faisait d'effrayans progrès. Les magistrats les plus sages prévoyaient quel avenir déplorable préparait à la France cette audacieuse intolérance.

Le cardinal de Lorraine poursuivait, sous le nom d'héré-

tiques, tous ceux que redoutait son ambition ou qui refusaient de la servir. Le parlement de Paris s'aperçut enfin
qu'il n'était que l'instrument de ses fureurs.

Les Guises sont informés que quelques membres du parlement avaient proposé de faire des remontrances au roi
pour mettre un terme aux proscriptions.

On délibérait en même temps, dans le conseil du roi,
sur les moyens d'extirper l'hérésie. Le cardinal n'admettait
d'autre expédient, pour la *conversion* des religionnaires,
que les supplices. Il insistait pour que le roi tînt un lit de
justice dans le couvent des Grands-Augustins, où le parlement siégeait à cette époque ; il voulait qu'il y ordonnât des
mesures encore plus rigoureuses, une proscription en masse.

« Quand cela ne servirait, disait-il, qu'à faire paraître au
« roi d'Espagne que vous êtes ferme en la foi, et que vous
« ne voulez tolérer en votre royaume chose quelconque qui
« puisse apporter aucune tache à votre excellent titre de roi
« très-chrétien, encore y devez-vous aller franchement et
« de grand courage, afin de *donner curée* à tous ces princes
« et seigneurs d'Espagne qui ont accompagné le duc d'Albe,
« pour solenniser et honorer le mariage de leur roi avec
« *Madame* votre fille (1) de la mort d'une demi-douzaine
« de conseillers pour le moins, qu'il faut brûler en place
« publique, comme hérétiques, luthériens qu'ils sont, et
« qui gâtent ce très-sacré corps de parlement. Que si vous
« n'y pourvoyez par ce moyen, bientôt toute la cour sera
« infectée et contaminée jusque aux huissiers, procureurs
« et clercs du palais.... » (*Mss de la Bibliothèque royale.*)

Le lendemain 10 juin 1559, quelques seigneurs sincèrement dévoués au roi parvinrent, après le conseil, à lui faire
entendre qu'il compromettait sa dignité par une pareille dé-

---

(1) Élisabeth de France, fille de Henri II et de Catherine de Médicis.

marche; qu'il ne lui convenait point d'aller faire l'office de théologien : on lui citait l'exemple de Louis XI et du cardinal La Balue.

Le cardinal de Lorraine avait prévu ces représentations; et le lendemain de très-bonne heure, il se présenta au lever du roi, avec les cardinaux de Bourbon, de Guise et de Pelvé, les archevêques de Sens et de Bourges, quatre docteurs de Sorbonne, et l'inquisiteur de la foi, Démocharès.

Ils menacèrent le faible Henri de la colère de Dieu. Il obéit; et, accompagné des officiers de sa maison, de cent gentilshommes armés, et des Suisses marchant tambour battant et enseignes déployées, il monte à la grand'chambre.

Le parlement délibérait alors sur les remontrances qu'il devait adresser au roi contre la sanguinaire déclaration du 14 mars, que le cardinal de Lorraine avait fait rendre, et qui attribuait aux seuls inquisiteurs de la foi la connaissance de ce qu'on appelait *crime d'hérésie.*

Le roi commanda au procureur-général de faire la mercuriale. Ce prince reprocha ensuite au parlement de s'être occupé de matières de religion sans sa permission; cependant il ordonna que la délibération fût continuée en sa présence, et avec la plus grande indépendance d'opinion.

Arnoul du Ferrier, président aux enquêtes; Christophe de Thou, André Fumée, Viole, Paul de Foix, Louis Faure, Nicolas Duval, Eustache de la Porte et Anne Dubourg, parlèrent contre les prétentions de la cour de Rome, ses dépravations, et les abus qu'elle avait introduits. Tous les orateurs conclurent à ce que les peines prescrites contre les religionnaires, par les nouveaux édits, fussent modérées, et qu'il fût sursis aux procédures de ce genre, jusqu'à ce qu'un concile œcuménique eût réformé la discipline de l'Eglise.

Anne Dubourg, après avoir rappelé que les crimes les plus horribles contre la religion, l'État et les citoyens, restaient impunis, tandis qu'on inventait chaque jour de nouveaux supplices contre des malheureux à qui on ne pouvait reprocher aucun crime.

« .....Peut-on, s'écriait-il, imputer le crime de lèse-« majesté à ceux qui ne font mention du prince que dans « leurs prières ? Peut-on dire qu'ils violent les lois de l'État, « qu'ils tâchent d'ébranler la fidélité des villes, qu'ils por-« tent les provinces à la révolte ? Quelque peine qu'on se « soit donnée jusque ici, on n'a pu faire dire à des té-« moins, même choisis, qu'ils aient eu seulement cette « pensée.

« Ce qui fait qu'on les regarde comme des hommes sédi-« tieux, n'est-ce pas parce qu'à la faveur de l'Écriture, ils « ont découvert et révélé la turpitude de la puissance ro-« maine, qui penche vers sa ruine, et qu'ils demandent une « salutaire réformation. »

L'orateur, parmi les crimes dont l'impunité était avérée, avait cité l'adultère ; Faure avait rappelé Achab. Le roi, qui vivait publiquement avec Diane de Poitiers, qui avait été maîtresse de son père, regarda l'assertion de Dubourg comme dirigée contre lui. Il se leva furieux en s'écriant qu'*il le ver-* *rait brûler tout vif, de ses propres yeux, auparavant qu'il* *fût dix jours.*

Il ordonna sur-le-champ au connétable de Montmorency de l'arrêter et de le conduire à la Bastille. Henri ne vit point brûler sa victime, qui lui survécut, et Dubourg aurait pu échapper à la mort dont le roi l'avait menacé.

Tout ce que le parlement avait d'hommes respectables éludait pour ne pas concourir à un assassinat juridique dont l'iniquité était évidente ; mais un incident imprévu hâta la conclusion de cette monstrueuse procédure.

Le président Minard, qui n'avait pas rougi de prostituer son ministère aux Guises, fut tué d'un coup de pistolet en traversant la place de Grève.

Toute la faction cria vengeance ; l'infortuné Dubourg fut

appelé sur l'infâme sellette, condamné à être pendu et jeté dans un bûcher. Il subit son arrêt.

Les autres conseillers, Paul de Foix, André Fumée, Eustache de Laporte, arrêtés le même jour, furent mis en liberté. Duferrier, Duval et Viole, et les autres proscrits, s'étaient soustraits par la fuite aux poursuites des Guises.

La vengeance appelle la vengeance. L'assassinat du président Minard hâta le supplice d'Anne Dubourg, et le supplice d'Anne Dubourg provoqua la conjuration d'Amboise. Ce conseiller avait inutilement demandé à être jugé par le parlement, chambres réunies : il ne put l'obtenir.

La même demande, faite par le prince de Condé, sous le règne suivant, lui fut également refusée. Les Guises n'appelaient leurs victimes que devant des commissions qu'ils composaient à leur gré.

§ 12. — *Des Parlemens et autres Cours souveraines de France depuis le règne de Charles IX.*

L'ultramontanisme marchait à front découvert; et sous le règne suivant, Tanquerel soutint, dans une thèse publique en Sorbonne, cette proposition, «que le pape, souverain monarque de l'Église, peut dépouiller de leur royaume « les princes rebelles à ses décrets ».

Lhospital venait d'être nommé chancelier. Tanquerel fut déféré au parlement; mais il ne put être arrêté. L'arrêt ordonna une rétractation publique par les chefs de la faculté de théologie, qui s'engagèrent à ne plus souffrir qu'une aussi scandaleuse proposition se renouvelât.

Cependant telle était la puissance des Guises et leur influence sur les parlemens, qu'ils étaient parvenus à dominer en les divisant, que les ordonnances rendues d'après les décisions des états-généraux d'Orléans éprouvaient les plus grandes difficultés pour l'enregistrement. Lhospital vint lui-même au parlement de Paris, non pas avec l'appareil menaçant du pouvoir, mais sans autre force que celle de la raison et de l'éloquence. Il parvint enfin à mettre fin à de scandaleux débats. La faction ultramontaine, souvent ébranlée, jamais abattue, signala par de nouveaux excès son empire sur les cours souveraines du royaume, surtout à Paris, Toulouse et Bordeaux.

Pendant le mois de juillet 1562, plusieurs arrêts proscrivirent les religionnaires. Il fut ordonné aux cités catholiques de prendre les armes contre eux, de massacrer sans exception tous ceux qui prieraient Dieu en français. Tous les hommes en état de porter les armes se réunirent pour leur commune défense. La guerre civile apparut avec toutes ses horreurs : l'assassinat, le viol, l'incendie, le pillage, signalaient partout la fureur des partis, par d'horribles représailles.

Lhospital avait fait rendre un édit qui prescrivait l'oubli du passé, la concorde et la paix. L'assassinat de Guise par Poltrot fournit à la faction ultramontaine un nouveau prétexte à de plus effrayantes proscriptions, et Coligny fut accusé d'un crime auquel il était absolument étranger.

Le parlement avait condamné Poltrot au supplice réservé aux régicides : l'orgueil et la vengeance des Guises devaient être satisfaits.

Lhospital, pour faire cesser les troubles que perpétuaient l'incertitude et la faiblesse du gouvernement, fit déclarer Charles IX majeur au parlement de Rouen, et publier un nouvel édit pour rendre quelque repos à la France, si long-temps tourmentée par les dissensions des partis. Cet édit fut promulgué dans le même parlement.

Celui de Paris refusa de l'enregistrer, alléguant qu'aucun édit ne devait être porté en aucun autre parlement que celui de Paris; que cet édit accordait la liberté de conscience, et qu'il ne devait y avoir en France qu'une seule religion. Il motivait encore le refus de l'enregistrement sur ce que ce même édit imposait à tout le monde l'obligation de déposer les armes, et que la ville de Paris, étant la capitale et comme *la forteresse* du royaume, devait toujours rester armée. Enregistré ou non, cet édit était sans force contre la faction ultramontaine, assez puissante pour en braver impunément les dispositions.

À Paris, à Toulouse, à Bordeaux, et dans les principales villes de France, se montraient déjà, à front découvert, les disciples de l'Espagnol Ignace de Loyola. Lainez, leur général, avait paru, sans y être appelé, au colloque de Poissy; et, trop faible pour soutenir l'épreuve d'une discussion publique, il opposa aux armes de la vraie religion de vaines doctrines, la violence et l'intrigue; et, sous les yeux du Roi même, il osa appeler la proscription et la mort sur les hommes les plus recommandables par leur piété, leur patriotisme et leurs talens; et au moment où tout semblait annoncer un heureux rapprochement, lorsqu'un comité nommé par l'assemblée, et composé des hommes les plus distingués dans les deux opinions, allait, par un décret conciliateur, faire cesser un schisme encore plus funeste que scandaleux, les cardinaux de Tournon et de Lorraine, et le général des jésuites, firent rompre les conférences par le plus indécent éclat.

Cependant cette congrégation, depuis si riche et si puissante, n'avait point encore d'établissement fixe pour l'éducation, dont elle ambitionnait le monopole, lorsque l'évêque de Clermont, fils de ce cardinal Duprat dont le nom se rattache à tous les malheurs du règne de François 1er, donna aux jésuites une vaste maison qu'il avait à Paris, et leur légua trente-six mille francs. Telle fut l'origine de ce collège de Clermont où les jésuites prétendirent à la direction suprême de l'instruction publique, et se déclarèrent indépendans de l'autorité de l'université.

Cependant le parlement n'accorda à ce nouvel établissement qu'une autorisation provisoire, se réservant de statuer
ultérieurement sur les formes et les principes de ce nouvel
institut religieux.

Le chancelier Lhospital, le législateur de cette époque,
et à qui la France doit les plus sages lois qui l'ont régie
jusqu'à la fin du siècle dernier, avait pressenti les dangers
de cette foule de confréries dont les jésuites encourageaient
et multipliaient la fondation. Il fit proscrire par une disposition formelle de l'ordonnance de Moulins ces confréries,
qui offraient aux factieux un moyen facile et permanent de
rassembler des millions d'hommes exaltés par le fanatisme le
plus délirant.

Les décrets du pontife romain n'étaient plus que des
tables de proscriptions.

Pie V, Guisleri, dominicain farouche et intolérant, avait
porté sur le trône papal toute la fureur d'un inquisiteur;
il autorisa, par une bulle, le faible Charles IX à aliéner
pour cinquante mille écus de biens ecclésiastiques, sous la
condition d'exterminer tous les protestans de France.

Dans le conseil du roi, Lhospital s'opposa de toute la
puissance de sa raison et de son éloquence à l'acceptation
d'une bulle qui, pour un peu d'or, mettait la vie d'un citoyen à la merci du premier fanatique.

Les Guises, tout-puissans dans le conseil, l'emportèrent,
et Lhospital resta pauvre et vertueux; après avoir régi les
finances de l'Etat pendant sept ans, et dirigé l'administration
de la justice pendant un égal espace de temps, il se retira dans
sa maison de campagne de Vignay, et ne reparut plus à la
cour.

Je ne retracerai point le déplorable tableau de nos guerres
civiles, qu'alimentait la faction des Guises; je ne rappellerai
point ces traités si solennellement jurés par le roi lui-même,
et presque aussitôt violés que conclus.

Au milieu de tant de déception, d'intrigue et de férocité, se montrent toujours nobles, toujours beaux, les caractères de Jeanne d'Albret, de Coligny et de son digne frère Dandelot.

La retraite de Lhospital fut une calamité publique. Il eut pour successeur Morvillier, évêque d'Orléans, son ami, et qui n'accepta les sceaux que par *interim*. Il conservait l'espérance de les rendre à Lhospital; mais les Guises les destinaient à Birague, l'un de ces aventuriers italiens venus en France à la suite de Catherine de Médicis. Rien ne s'opposa plus à leurs sinistres projets.

Birague prépara ce vaste assassinat de la Saint-Barthélemy; des milliers de Français furent égorgés; les massacres se prolongèrent à Paris pendant plus de quinze jours. C'était peu pour la fureur des Guises d'avoir fait égorger Coligny: ils voulurent flétrir la mémoire de leur victime, et le parlement de Paris n'eut pas honte de se rendre l'instrument de cette basse vengeance.

Coligny n'était plus. Henri de Guise avait outragé son cadavre palpitant....... Ses restes sanglans avaient été suspendus par des chaînes aux fourches patibulaires de Montfaucon. Plus d'un mois s'était écoulé depuis cette horrible exécution, et cependant le parlement, toutes les chambres assemblées, rendit, le 27 septembre 1572, un arrêt qui condamnait Coligny, Coligny mort, et dont les restes sanglans n'étaient plus au pouvoir de ses accusateurs, de ses juges et de ses bourreaux, à être pendu et porté aux fourches de Montfaucon. Cet arrêt dégradait de noblesse les enfans de Coligny, les derniers descendans de ces Châtillon que leur loyauté et leur bravoure avaient élevés aux premières charges de l'État.

Un arrêt ordonna que chaque année il serait fait *une procession en mémoire de ces massacres, pour en rendre grâce à Dieu.* L'opinion fit justice de cet acte de bassesse et de prostitution. Cette procession impie n'eut jamais lieu.

Nul Français qui n'applaudisse à la magnanimité de Molé, à sa réponse courageuse aux ligueurs ameutés contre le parlement de Paris; mais toute la France reprochera à la mémoire des parlemens de ne s'être pas opposés aux projets de la Ligue, de l'avoir au contraire secondée, de s'en être rendus complices par une lâche condescendance pour les Guises. Les projets de ces factieux leur étaient assez connus. Tant de crimes conçus et exécutés avaient révélé leurs sinistres complots; le cardinal de Lorraine aspirait au trône pontifical, et voulait placer sa famille sur le trône des Valois.

Les conférences de ce cardinal et du duc de Guise avec le cardinal de Granvelle, à Perronne; celles de Catherine de Médicis, à Avignon, avec les agens du pape; avec Élisabeth sa fille, épouse du Tibère de l'Espagne, à Baïonne; les massacres d'Amboise et de Vassy; les tentatives d'assassinat contre Coligny, par un gentilhomme et d'autres sicaires attachés à la maison de Lorraine; les efforts de ces chefs des factieux pour éloigner Lhospital des conseils du roi; le choix de l'Italien Birague pour la place de chancelier: tant de faits d'une si évidente notoriété auraient dû apprendre au parlement que les Guises étaient l'unique cause de tous les maux qui affligeaient la France depuis vingt ans, et le parlement de Paris, placé au centre de toutes ces intrigues, semblait ne pas s'apercevoir des projets et des ruses de cette Ligue impie, qui proclamait hautement ses projets, qui chaque jour en multipliait les preuves en trait de sang.

Le parlement de Paris ne rompit le silence que quand il se vit lui-même outragé par ces factieux, dont sa coupable insouciance avait encouragé l'audace, quand il vit cinquante de ses membres enlevés du sanctuaire de la justice par les ligueurs, et jetés dans les cachots de la Bastille.

Les Guises n'étaient plus! Henri III n'avait pu s'en délivrer que par un assassinat. Il convenait à la dignité royale, à la justice , de les faire juger. Le guet-apens de Blois fut un crime. Les Guises méritaient la mort; mais ils ne devaient la recevoir que sur un échafaud.

§ 13. — *Des Parlemens et autres Cours souveraines de France, depuis Charles IX jusqu'à Henri IV.*

D'autres chefs non moins habiles, non moins audacieux, leur avaient succédé. La Sorbonne et les jésuites mirent le comble à leurs attentats, en attisant partout le feu de la guerre civile. Alors parut ce décret de la Sorbonne qui déliait les Français du serment de fidélité à Henri III.

Après le guet-apens de Blois, le parlement de Paris n'avait-il pas accueilli la requête d'Anne d'Est, mère des Guises assassinés, et de Catherine de Clèves, mère du feu duc, chef de cette famille ? ne les avait-il pas reçues appelantes de la commission expédiée à Blois, par Henri III, pour faire le procès à la mémoire des Guises ? n'avait-il pas fait par le même arrêt *défense aux commissaires et à tous autres de passer outre ?*

Pourquoi ce parlement avait-il tenu une conduite toute opposée après l'assassinat de Coligny, qu'il avait sanctionné par un arrêt qui a couvert de honte et d'infamie la haute magistrature de cette époque ? Ces reproches peuvent aussi s'adresser aux parlemens de Bordeaux, de Dijon. Cette dernière ville n'était plus qu'une des places d'armes de la Ligue. Le parlement s'étant emparé de tous les pouvoirs, il avait proscrit Henri IV; il s'était imposé lui-même pour l'entretien des troupes qu'il avait armées. Le sanctuaire de la justice avait été transformé en quartier-général; le parlement ne s'occupait que d'opérations militaires, et donnait ses ordres du jour en forme d'arrêts. Il ne reconnaissait que Mayenne pour chef de l'armée, et que Charles X pour roi.

Ce funeste vertige n'avait pas du moins atteint toute la

magistrature: les membres les plus sages, les plus éclairés, restés fidèles à leur devoir et à leur serment, s'étaient retirés auprès du prince de Béarn. L'honneur de l'ordre judiciaire résidait tout entier dans ce parlement si peu nombreux, mais si puissant par son dévouement et son énergie. Ce parlement siégeait auprès de Henri IV, tantôt à Tours et tantôt à Châlons. Ce fut ce parlement qui décréta de prise de corps le nonce Landriano, pour avoir osé entrer sur le territoire français sans la permission du roi; il le fit citer à son de trompe pendant huit jours de marche, et promit une récompense de dix mille francs à quiconque le livrerait à la justice.

Il défendit aux prélats français de publier des bulles sous peine d'être déclarés criminels de lèse-majesté, et appela au futur concile de l'élection de Benoît XIV.

Le premier président Achille du Harlay, parvenu à s'échapper de Paris, vint se joindre aux membres des parlemens de Tours et de Châlons. Le premier il conçut le projet de donner un patriarche à l'Église de France, et de la soustraire pour toujours à l'influence ultramontaine; il fut soutenu par de Beaune, archevêque de Bourges, et le cardinal de Lenoncourt.

Il fut arrêté « que toutes les nominations aux évêchés et « aux abbayes devaient être confirmées par l'archevêque « métropolitain, sans recourir à une bulle du pape; que « tout le clergé conserverait ses droits, indépendamment de « la cour de Rome; qu'enfin les évêques accorderaient les « mêmes dispenses que le pape ».

Toutes ces dispositions étaient conformes à la pragmatique-sanction. Cette conduite ferme et généreuse des parlemens de Tours et de Châlons, qu'on appelait le petit parlement, rappela le parlement de Paris au sentiment de ses devoirs et de sa dignité.

Philippe II, du fond de son palais de l'Escurial, avait convoqué à Paris de prétendus états-généraux. Il ne voulait rien moins que faire prononcer la déchéance de la branche des Valois, et faire passer la couronne de France dans sa famille. Mais le parlement de Paris, malgré Philippe II et son or corrupteur, le pape et son légat, la Ligue et ses fureurs, maintint la loi salique.

Le 29 juin 1593, toutes les chambres assemblées, un arrêt solennel déclara la loi salique inviolable. Le parlement protesta contre l'élection de tout prince étranger.

Le premier président fut chargé de porter cet arrêt au duc de Mayenne, qui, à son insçu peut-être, n'était que l'instrument de la faction de Rome et de Madrid. Les ligueurs, le légat et les agens du roi d'Espagne redoublent d'efforts, d'intrigues et de fureur; mais déjà on était las de la guerre civile. Henri IV était aux portes de Paris; il avait abjuré à Saint-Denis.

Ce ne fut point cette abjuration cependant qui lui ouvrit les portes de la capitale, ni même la bataille d'Ivry, mais la défection de Brissac, gouverneur de Paris pour la Ligue, et tout-puissant dans Paris en l'absence du duc de Mayenne.

Le 22 mai 1594, l'armée de Henri IV fut introduite dans Paris par Brissac, et bientôt il y entra lui-même. A la tête du cortége qui l'accompagnait était le premier président Lemaître, le procureur-général Molé, les conseillers Pierre d'Amour et Guillaume Duvair.

Le 28 mai de la même année, le chancelier Chiverny, accompagné des ducs et pairs, des grands-officiers de la couronne, des conseillers d'État et des maîtres des requêtes, vint au parlement de Paris pour exécuter l'ordre du roi d'arracher et de déchirer dans les registres du greffe toutes les délibérations contre l'autorité de Henri III et de Henri IV; il était porteur de l'édit qui pardonnait au parlement les fautes qu'il avait commises.

Les magistrats qui avaient siégé au parlement de Tours

et de Châlons reprirent leurs fonctions au parlement de Paris; cependant ceux qui étaient restés à Paris s'arrogèrent le droit de prendre le pas sur eux, et il eût été juste qu'ils eussent fait tout le contraire.

Le même jour le parlement annula tous les arrêts, toutes les délibérations, pris contre Henri III et Henri IV, et par un nouvel arrêt il cassa les états de la Ligue, ordonna au duc de Mayenne de prêter serment à Henri IV, de mettre bas les armes sous peine d'être déclaré criminel de lèse-majesté, et institua à perpétuité une procession, à laquelle il assista depuis, chaque année, en robe rouge, le 22 mai.

Bientôt après il rendit un arrêt qui chassait les jésuites du royaume; mais cet arrêt ne fut exécuté que dans son ressort et dans ceux des parlemens de Rouen et de Dijon.

Le calme renaissait. Henri IV avait traité avec les chefs de la Ligue, qui firent chèrement payer leur soumission, et avec les villes qui ne demandèrent que la continuation de leurs immunités. Henri eût pu s'épargner l'inutile et humiliante absolution qu'il sollicita du Saint-Siége. Il reçut à Rome, dans la personne de son ambassadeur, des coups de baguette sur les épaules pendant qu'on chantait le *Miserere.*

Cependant le trésor était appauvri par les guerres, et surtout par les sommes que le roi s'était engagé de donner aux seigneurs de la Ligue; il fallut, malgré la sévère économie de Sully, recourir à de nouveaux subsides.

Henri vint lui-même au parlement pour y faire enregistrer de nouveaux édits bursaux. Ainsi le peuple, qui avait supporté tous les frais des guerres et qui n'en avait connu que les dangers, était obligé d'épuiser ses dernières ressources pour satisfaire la cupidité des chefs qui l'avaient égaré et contraint de combattre pour leurs seuls intérêts.

Ces considérations aussi puissantes que justes avaient frappé le parlement. Le premier président Achilles du Harlay repoussait d'iniques prétentions. « Nous sommes obligés, dit-il,

« d'écouter la justice. Dieu nous l'a baillée en main. — C'est
« à moi qu'il l'a baillée, et non à vous, » reprit brusquement
Henri IV, que le souvenir des services récens que lui avait
rendus ce même du-Harlay, et les égards qu'il devait au premier corps de la magistrature, et surtout la justice des représentations qui lui étaient respectueusement adressées, auraient dû rendre moins exigeant.

Si, dans l'assemblée des notables, réunis à Rouen en 1596,
il s'exprima en termes mesurés et presque soumis, on l'entendit bientôt après répondre à des courtisans étonnés qu'il
eût dit qu'il se mettait sous la tutelle de l'assemblée : « Je l'ai
« dit, mais j'avais mon épée. »

On désirerait pouvoir effacer de pareils discours de l'histoire d'un prince qui fut l'ami de Sully; on désirerait surtout
effacer ces ordonnances des chasses qui depuis ont conduit
dans les bagnes tant de malheureux paysans pour une pièce
de gibier.

Le parlement, par une courageuse opposition à l'enregistrement de pareils édits, aurait éclairé le prince sur les funestes conséquences de leur exécution, et Henri les eût sans
doute révoqués.

La postérité doit un juste tribut de reconnaissance et d'ad-
miration à ce même parlement, qui retrouva tout son courage
et toute sa dignité en refusant avec une inébranlable vigueur
d'accepter le concile de Trente.

Vingt-quatre décrets de ce concile si lentement organisé,
si brusquement rompu, et dont les débats n'intéressent pas
moins les droits des nations que la discipline de l'Église;
vingt-quatre, décrets dis-je, étaient évidemment contraires
aux prérogatives de la couronne de France et aux lois fondamentales de l'État.

Pour entretenir l'erreur des peuples abusés, le clergé eut
recours à un de ces honteux prestiges dont l'ignorance des
temps ne permettait pas de sentir toute l'absurdité.

Un docteur en Sorbonne promena de ville en ville une jeune fille qu'il disait être possédée du démon et qui prophétisait. Un évêque de Clermont voulait la conduire à Rome. Le parlement fit justice de cette jonglerie injurieuse pour la religion et funeste à l'ordre public.

Un arrêt sévit contre les fauteurs de cette parade impie et contre celle qui y jouait le principal rôle. Les capucins s'étaient faits les satellites et les prôneurs de la prétendue prophétesse; la Sorbonne les appuyait de toute son autorité; et pour comble de scandale, on entendit la Sorbonne et les capucins refuser de reconnaître les ordres du parlement, et répondre que la bulle *In cœna Domini* leur défendait d'obéir aux juges du royaume.

Le parlement fit brûler la réponse, et condamna la bulle *In cœna Domini*, et défendit la prédication aux capucins.

Philippe II n'était plus; la Ligue, vaincue, mais non soumise, avait perdu son principal appui. Henri crut pouvoir se montrer tolérant, et permit à *Madame* Catherine sa sœur de tenir un prêche dans son palais. Les fanatiques crièrent au scandale, les gens sages applaudirent en silence à la tolérance du prince, d'autres chansonnèrent les opposans.

Une cinquantaine de dévotes, armées de crucifix, se présentèrent chez le premier président du Harlay, et le sommèrent de faire le *devoir de sa charge.* « Je le remplirai, « leur dit-il: envoyez-moi vos maris, je leur ordonnerai de « vous faire enfermer. »

Convaincu que Dieu veut être honoré sans contrainte, et que lui seul est juge des consciences, Henri IV prépara le fameux édit de Nantes. Cet édit fut signé le 15 avril 1598. Le parlement éludait l'enregistrement. Henri ne voulut employer que la persuasion pour faire cesser ces scandaleux délais.

Il manda au Louvre deux députés de chaque chambre. Ce ne fut pas un lit de justice, mais une simple conférence.

Henri, qu'irritaient les moindres résistances, s'exprima avec vivacité, mais sans emportement : «On dit que je veux favo-« riser ceux de la religion (1), et l'on veut entrer en quelque « méfiance de moi. Si j'avais envie de ruiner la religion ca-« tholique, je ne me conduirais pas de la façon : je ferais « venir vingt mille hommes; je chasserais d'ici ceux qu'il me « plairait; je dirais : Messieurs les juges, il faut vérifier l'é-« dit, ou je vous ferai mourir. Mais alors je serais un tyran.

« ....J'aime mon parlement de Paris par-dessus tous les « autres. Il faut que je reconnaisse la vérité, que c'est le seul « lieu où la justice se rend dans mon royaume; il n'est point « corrompu par argent. En la plupart des autres, la justice « s'y vend, je le sais, parce que j'ai aidé autrefois à bour-« siller; mais cela servait à mes desseins particuliers.

« Vos langueurs et vos difficultés donnent sujet de remue-« mens étranges dans les villes. Empêchez que de telles cho-« ses n'arrivent plus, je vous prie, que je n'aie plus à parler « de cette affaire, et que ce soit pour la dernière fois; faites-« le, je vous le commande et vous en prie. »

Le parlement paraissait encore hésiter, par un reste d'atta-chement à ce système alors trop accrédité, et peut-être aussi par crainte du protestantisme et de ses chefs.

Henri laissa au parlement la plus entière indépendance d'opinion. Auguste de Thou, le premier de nos historiens, parla en faveur de l'édit avec cette force, cette éloquence du cœur, que peuvent seules inspirer une conviction intime et une raison éclairée. Le conseiller Coqueley, qui s'était si-gnalé dans le parti des ligueurs par la plus audacieuse exal-tation, fit le tableau le plus vrai, le plus frappant, de tous les maux qu'entraînent les guerres civiles et religieuses. Enfin, après une mûre délibération, *l'édit fut enregistré tout d'une voix.*

_____

(1) Les protestans.

Tous les autres parlemens suivirent l'exemple de celui de la capitale, quoiqu'il régnât entre eux à cette époque une assez forte opposition de vœux et d'opinions.

Cependant Rome n'avait point renoncé à ses projets. Telle est sa politique : les obstacles ne lassent point sa persévérance ; habile à saisir les occasions favorables à ses prétentions, et surtout à les faire naître, elle temporise quand elle n'a pas la certitude de vaincre.

Elle tenait surtout au rappel des jésuites et à l'acceptation du concile de Trente. Elle n'insistait pas sur ce dernier point : le succès paraissait impossible. Elle s'empara des entours du roi, et l'environna de piéges d'autant plus sûrs qu'ils paraissaient moins imposans.

Le sage Sully, à la fois le meilleur ministre et le plus sincère ami du roi, n'avait qu'à rappeler des faits récens pour le convaincre de la *perfidie* des jésuites et de leur haine si implacable, si vindicative.

Henri était convaincu sur le premier point. « Je ne doute « pas, écrivait-il à Sully (1), que vous ne puissiez faire ré- « plique à cette première raison ; mais je n'estime pas que « vous en voulussiez seulement chercher à cette seconde, « qui est que, par nécessité, il me faut faire à présent de « deux choses l'une, à savoir, d'admettre les jésuites pure- « ment et simplement, les décharger des opprobres desquels « ils ont été flétris, et les mettre à l'épreuve de leurs tant « beaux sermens et promesses excellentes ; ou bien les re- « jeter plus absolument que jamais, et user de toutes « les rigueurs et duretés dont l'on se pourra adviser, afin « qu'ils n'approchent jamais ni de moi ni de mes Etats : au- « quel cas il n'y a point de doute que ce soit les jeter dans le « dernier désespoir, et par icelui dans des desseins d'attenter « à ma vie, ce qui la rendrait si misérable et langoureuse,

(1) Mém. de Sully, t. 2, chap. 5.

« demeurant ainsi toujours dans les défiances d'être empoi-
« sonné ou bien assassiné, car ces gens ont des intelligences
« et des correspondances partout, et grande dextérité à dis-
« poser les esprits ainsi qu'il leur plaît, qu'il me vaudrait
« déjà mieux être mort, étant en cela de l'opinion de César,
« que la mort la plus douce est la moins prévue et atten-
« tendue..... »

Tels furent les motifs qui déterminèrent Henri à rappeler
les jésuites. On sait quelles en furent les suites. Mais comment ce prince, qui avait si bien prévu le danger de les approcher de sa personne, pût-il s'oublier jusqu'à leur confier
les secrets de sa conscience? Était-ce pour écarter d'eux les
soupçons d'un grand crime qu'ils prévoyaient, que les jésuites firent insinuer à Henri IV l'idée de léguer son cœur
à leur église de la Flèche?

Henri fut assassiné le 14 mai 1610 : c'était le troisième attentat connu contre la vie de ce prince. Les jésuites avaient
armé du poignard parricide les mains de Pierre Barrière en
1593, et de Jean Châtel en 1594. Il n'est pas moins certain
que Ravaillac était imbu des maximes jésuitiques.

Aussi les jésuites furent-ils plus généralement accusés de
cet assassinat que la reine, le duc d'Épernon, le conseil d'Espagne et le comte de Fuentes.

§ 14. — *Des Parlemens et autres Cours souveraines de
France sous les règnes de Louis XIII et Louis XIV, et
la régence du duc d'Orléans.*

Le parlement n'avait consenti qu'à regret l'édit de rappel
des jésuites; et, dès la cérémonie des funérailles de Henri IV,
une nouvelle opposition du clergé et de la cour se manifesta.
Lors de la translation du corps à Notre-Dame, et de cette
église à Saint-Denis, l'évêque de Paris et le grand-aumônier
affectèrent d'humilier le parlement. Les deux prélats pous-

sèrent un à tel point l'oubli de leurs devoirs, qu'ils s'abstinrent de faire les prières d'usage, et qu'un officier de la maison du roi fut obligé de faire aux moines de Saint-Denis la déclaration usitée, lors de la présentation du corps. La conduite de la cour, qui, dans cette circonstance, se prononça contre le parlement, et en faveur des prétentions des chefs du clergé, ne fut dans ces jours de deuil qu'un scandale de plus.

De nouveaux débats s'ouvrirent au sujet du duc d'Épernon; des remontrances furent faites sur l'administration des finances. Le procès du maréchal d'Ancre et de sa femme Galigaï occupèrent le parlement.

Le trésor, fruit du désintéressement et de l'économie de Sully, avait été dissipé par Marie de Médicis et sa cour. De nouveaux impôts furent demandés. Le jeune Louis XIII fut amené au parlement, et on lui fit tenir un lit de justice.

Le prince fut harangué par l'avocat-général Servin, qui, après avoir prononcé ces mots : « Vous acquérez, Sire, une « gloire plus solide en gagnant le cœur de vos sujets qu'en « domptant vos ennemis. », tomba frappé d'apoplexie, et expira aux pieds du jeune monarque.

Les débats sur le droit que s'arrogeaient les papes de déposer les rois agitaient encore les esprits; les jésuites entretenaient de vieux fermens de discorde. Le parlement ne pouvait sans crime garder le silence : il força les jésuites à signer quatre propositions, par lesquelles ils reconnaissaient les libertés de l'Église gallicane.

Bientôt éclatèrent les divisions entre Gaston, frère de Louis XIII, l'évêque de Luçon, depuis cardinal de Richelieu, et Marie de Médicis. Gaston et Marie s'adressèrent successivement au parlement de Paris, qui, dans cette lutte, succomba sous les efforts de la cour et le génie de Richelieu.

Le parlement avait éludé de répondre à la requête de la

I. 6

reine-mère, et refusa de se rendre complice de Richelieu en condamnant ceux que le despotisme haineux de ce premier ministre avait proscrits.

Richelieu nomma une commission pour les juger. Le parlement défendit à cette commission de s'assembler. La cour cassa cet arrêt. La commission tint ses séances, et le parlement eut ordre de venir demander pardon au roi de n'avoir pas trahi ses devoirs, et n'avoir pas compromis l'honneur et l'autorité du roi.

Cependant l'ennemi avait franchi nos frontières en :636. La Picardie et la Bourgogne étaient ravagées. L'héroïque résistance des citoyens de Saint-Jean-de-Lône avait seule arrêté les progrès des troupes étrangères. Dans cette crise effrayante, les grands corps de l'État s'imposèrent une taxe volontaire. Le parlement de Paris offrit de lever et d'entretenir à ses frais deux mille cinq cents soldats; il avait nommé douze conseillers pour prendre des mesures pour la sûreté de la capitale.

Débarrassé de la crainte de l'invasion des troupes étrangères, le parlement eut une nouvelle lutte à soutenir contre le ministère, qui avait dépouillé les rentiers des trois quarts de leurs arrérages. Le parlement n'était que l'organe de toute la France indignée d'une aussi scandaleuse spoliation; il fut contraint d'abandonner la cause sacrée du malheureux. Richelieu régnait alors, et son autorité ne rencontrait d'obstacles que pour les vaincre.

Toutes ses prérogatives paraissaient anéanties sans retour, quand la mort de Richelieu, et de Louis XIII, qui n'était que le premier sujet de son premier ministre, rendit au parlement ces hautes attributions qu'il ne tenait d'aucune loi, mais de l'absence de la seule autorité compétente, des états-généraux.

Le parlement de Paris, appelé à prononcer sur le testament de Louis XIII, l'annula, et donna la régence du royaume à Anne d'Autriche : c'était livrer l'empire à un étranger. Mazarin régna sous le nom de cette princesse.

Richelieu marchait à front découvert dans la carrière du pouvoir absolu. Mazarin suppléait au génie par la ruse, et marchait au même but par des moyens différens. Il osa plus que Richelieu contre le parlement : il fit enfermer le président Barrillon ; d'autres magistrats furent exilés. Les chambres des enquêtes, indignées que le ministre eût refusé la mise en liberté de ces magistrats, cessèrent pendant quatre mois de rendre la justice. Ainsi les justiciables seuls eurent à souffrir du despotisme ministériel et de l'opposition d'une partie du parlement.

De ridicules disputes sur la préséance, plaies inévitables du régime des priviléges, divisèrent le parlement et les pairs. Ceux-ci étaient irrités de ce que le parlement refusait de consentir que, dans les lits de justice, le chancelier, en allant aux opinions, prît l'avis des pairs avant de prendre celui des chambres; et, dans une cérémonie publique, le parlement avait pris le pas sur le prince de Condé.

La pénurie du trésor et le désordre des finances rendirent bientôt l'intervention du parlement nécessaire. Mazarin, osant braver les progrès toujours croissans de la haine publique, conseilla à la reine non pas d'accorder réellement, mais de paraître accorder au parlement deux demandes sur lesquelles cette cour insistait : 1° le renvoi du surintendant d'Emeri, Italien, impudent concussionnaire, et le servile complaisant du premier ministre; 2° la suppression des intendans de province, créés par Richelieu pour les opposer aux grands corps de magistrature.

La cour révoqua bientôt des concessions qu'elle n'avait faites qu'aux nécessités du moment. La victoire de Lens avait relevé les prétentions du ministre. Les partis ne songèrent plus à discuter, mais à combattre. Alors commencèrent les hostilités de la Fronde, qui, heureusement, ne furent que

I. 6.

ridicules. Cinq arrêts du parlement furent rendus contre Mazarin; le troisième mettait sa tête à prix. Mazarin, après avoir paru céder un moment à l'orage, rentra triomphant dans cette capitale qui l'avait proscrit et chansonné. Il exploitait le ministère en spéculateur, et ne s'occupait que de sa fortune et de l'élévation de sa famille. Il ne respectait rien pour arriver à son but. Il attendait tout du temps et de sa tactique, et tout lui réussissait. Il ne tenait nullement à la grandeur des moyens, mais beaucoup à leur succès; et lorsqu'il eut signé le traité des Pyrénées, et arrêté le mariage de Louis XIV, il fut complimenté par ce même parlement qui naguère avait mis sa tête à prix.

Louis XIV, en prenant les rênes du gouvernement, avait annoncé qu'il voulait gouverner en maître, et en maître absolu. Il fit présenter à l'enregistrement un édit sur les monnaies. Le parlement de Paris arrêta des remontrances.

Le ministère prétendit qu'à la cour des monnaies seule appartenait le droit d'en connaître. Louis XIV, irrité de ces délais, part de Vincennes, arrive au parlement en bottes et le fouet à la main, et s'adressant au premier président : « On « sait, lui dit-il, les malheurs qu'ont produits vos assem- « blées. J'ordonne que l'on cesse celles que l'on a commen- « cées sur mes édits. Monsieur le premier président, je vous « défends de les souffrir. Et vous, ajouta-t-il en se tournant « vers les conseillers des enquêtes, je vous défends de les « demander. »

Mais de quels malheurs entendait-il parler? Des troubles de sa minorité? Ce n'était pas les parlemens qu'il fallait en accuser, mais bien la reine sa mère, mais Mazarin et cette bande d'avides étrangers qui avaient toute l'insolence et l'insatiable cupidité de traitans parvenus.

Anne d'Autriche avait, en 1644, accordé au parlement les priviléges de la noblesse. Louis XIV révoqua cet édit en 1667 et en 1673. C'était de sa part injustice et ingratitude;

c'est aux méditations des chefs du parlement qu'il devait ces codes qui ont illustré son règne, et quand il fallait récompenser, il ne songe qu'à punir.

Il ordonna en outre que les remontrances ne pourraient avoir lieu qu'après l'enregistrement, et dans le délai de huit jours à compter de la présentation de l'édit qui en serait l'objet. L'usage a prévalu contre les volontés de Louis xiv. Le parlement n'en resta pas moins fidèle aux maximes de nos lois fondamentales.

Rome insistait toujours dans ses mêmes prétentions. C'était peu d'avoir le clergé de France pour tributaire : le pape Innocent xi prétendait disposer à son gré des prélatures et des abbayes. Le parlement lui opposa une généreuse résistance.

L'avocat-général Talon et le procureur-général du Harlay renouvelèrent l'ancien projet de rester unis avec Rome quant au dogme, mais de s'en déclarer indépendans dans tout ce qui n'intéressait que la discipline et l'administration.

Le clergé se réunit au parlement contre le cardinal Duperron, qui, en prenant la pourpre romaine, avait oublié qu'il devait son élévation et sa fortune aux bienfaits de Henri iv. Mais l'Église gallicane trouva dans Bossuet le plus éloquent et le plus fidèle défenseur; et le clergé, alors assemblé, signa les quatre fameuses propositions qui font tant d'honneur au courage, à la piété et aux lumières de l'assemblée du clergé de 1682.

1re *proposition.* — « Dieu n'a donné à Pierre et à ses successeurs aucune puissance directe ni indirecte sur les choses temporelles. »

2e *Proposition.* — « L'Église gallicane approuve le concile de Constance, qui déclare les conciles généraux supérieurs au pape dans le spirituel. »

3e *Proposition.* — « Les règles, les usages, les pratiques

« reçues dans le royaume et dans l'Église gallicane, doivent
« demeurer inébranlables. »

4° *Proposition.* — « Les décisions du pape, en matière de
« foi, ne sont suivies qu'après que l'Église les a acceptées. »

Les parlemens firent transcrire sur leurs registres ces
quatre propositions, pour leur servir de règle contre les
prétentions de la cour de Rome; mais Louis xiv, que les
scandales de sa vie privée obligeaient à une condescendance
forcée envers le clergé, et qui, au milieu de ses désordres,
observait une dévotion plus minutieuse que réelle, fit faire
par le chef du clergé de France des excuses au pape Innocent xii, et lui fit demander pardon d'avoir promulgué et
accepté ces propositions.

Les parlemens ne partagèrent pas sa faiblesse, et si quelques cours, entre autres celle de Paris, enregistrèrent la
fameuse bulle *Unigenitus,* ce ne fut qu'avec des restrictions
qui avaient tout l'effet d'un refus humiliant.

Louis xiv avait voulu se survivre à lui-même dans l'exercice du pouvoir; il avait nommé un conseil de régence, dont
le duc d'Orléans, son neveu, et premier prince du sang,
n'était que le chef honoraire; et il avait légué, sans nul partage au duc du Maine, l'un de ses enfans naturels, la garde
du futur roi mineur, la surintendance de sa maison, et la
garde de sa personne.

Dès le lendemain de la mort de Louis xiv, le 2 septembre
1715, le parlement s'assembla sans en avoir reçu l'ordre; le
duc d'Orléans y vint siéger avec les princes et les pairs; le
testament du feu roi fut lu à voix basse.

Ce testament fut cassé, par un arrêt du parlement ainsi
conçu :

« La cour, toutes les chambres assemblées, la matière
« mise en délibération, a déclaré et déclare Monsieur le duc
« d'Orléans régent en France, pour avoir soin de l'ad-

« ministration du royaume pendant la minorité du
« roi;

« Ordonne que le duc de Bourbon sera dès à présent chef
« du conseil de régence, sous l'autorité de Monsieur le duc
« d'Orléans, et y présidera en son absence; que les princes
« du sang royal auront entrée audit conseil lorsqu'ils auront
« atteint l'âge de vingt-trois ans accomplis; et après la dé-
« claration faite par Monsieur le duc d'Orléans qu'il entend
« se conformer à la pluralité des suffrages dudit conseil de
« la régence dans toutes les affaires, à l'exception des charges,
« emplois, bénéfices, qu'il pourra accorder à qui bon lui
« semblera, après avoir consulté le conseil de régence, sans
« être néanmoins assujetti à suivre la pluralité des voix à
« cet égard;

« Ordonne qu'il pourra former le conseil de régence,
« même tels conseils qu'il jugera à propos, et y admettre les
« personnes qu'il en jugera les plus dignes, le tout suivant
« le projet que Monsieur le duc d'Orléans a déclaré qu'il com-
« muniquera à la cour; que le duc du Maine sera surinten-
« dant de l'éducation du roi;

« L'autorité entière et le commandement sur les troupes
« de la maison dudit seigneur roi, même sur celles qui sont
« employées à la garde de sa personne, demeurant à Mon-
« sieur le duc d'Orléans, et sans aucune supériorité du duc
« du Maine sur le duc de Bourbon, grand-maître de la mai-
« son du roi. »

Ainsi, le parlement de Paris disposait souverainement de
l'administration suprême de l'Etat. Il avait déjà disposé de
la régence à la mort de Louis XIII; il était assisté des pairs;
mais même dans ce cas il excédait l'étendue de ses attributions: ce droit n'appartenait qu'aux états-généraux.

Catherine de Médicis et les Guises eux-mêmes avaient reconnu ce droit; et les états, alors assemblés à Orléans, lui
avaient refusé le titre de régente. Elle n'en exerça l'au-

torité que par l'abandon que lui en fit Antoine de Bourbon, roi de Navarre. Nul doute que, d'après non une loi positive, mais nos anciens usages, le duc d'Orléans n'eût droit à la régence en sa qualité de plus proche parent du roi mineur; mais le parlement n'invoqua pas même cet usage; il donna la régence à ce prince de sa pleine autorité.

Louis XIV, au mépris des mœurs et de toutes les convenances, avait déclaré princes légitimes, et habiles à succéder au trône, ses enfans naturels, dans le cas d'extinction des princes du sang royal et qui dussent véritablement ce titre à leur naissance. Louis s'était conduit moins en roi qu'en père.

C'est une maxime de notre droit public, qu'en cas d'extinction de la dynastie légitime, la nation reprend le droit d'élection d'une autre dynastie.

L'édit par lequel Louis XIV avait disposé du trône en faveur de ses enfans naturels avait été qualifié par ce prince édit perpétuel; il avait cessé de l'être, et heureusement il n'a pu recevoir son exécution.

Cependant cet édit, contraire aux maximes de notre droit public, avait été, sans difficulté, sans nulle observation, enregistré dans les parlemens. Les deux fils naturels de Louis XIV avaient joui des honneurs des princes du sang. Bientôt les trois princes légitimes, le duc de Bourbon, le comte de Charolais, le prince de Conti, s'adressèrent au parlement, et demandèrent que l'édit *irrévocable* de Louis XIV, en faveur de ses fils naturels, fût annulé dans un nouveau lit de justice.

Mais le parlement n'avait point le droit de régler la successibilité au trône. Une partie de la noblesse intervint dans ces importans débats, et soutint que cette grande question ne pouvait être décidée que par la nation assemblée, demanda en conséquence la convocation des états-généraux,

et, le 17 juin 1717, fit signifier sa protestation au procureur-général et au greffier en chef.

Le parlement n'était nullement disposé à reconnaître la
nécessité de convoquer les états-généranx, dont il s'était
arrogé l'autorité. Il croyait avoir habitué la nation à s'en
passer, et à le regarder comme le seul corps qui dût la représenter. L'huissier, qui avait signifié la protestation, fut
interdit pour six mois. Les princes légitimes ne se découra-
gèrent pas, et s'adressèrent à la grand'chambre, qui résolut
de différer sa décision autant qu'il lui serait possible.

Mais le régent fit cesser son embarras en présentant, le
8 juillet suivant, un édit qui annulait tout ce que Louis XIV
avait fait pour ses enfans naturels, et ne leur laissait que
les honneurs qui n'avaient rien de commun avec la succession au trône.

Le régent, séduit par le nouveau système de finances de
Law, dont il était d'ailleurs si facile de prévoir les funestes
conséquences, n'y vit qu'un moyen d'éteindre les dettes de
l'État sans banqueroute avouée. Il fit plus: il déclara la
banque de Law nationale, et affecta à son service tous les
revenus publics.

Le 20 juin 1718, le parlement défendit d'obéir à cet édit.
Son arrêt fut cassé; mais il avait reçu la sanction de l'opinion publique. Le 12 août suivant, un nouvel arrêt défendit aux receveurs des contributions de porter leurs fonds à la
banque de Law.

Le parlement et le régent se trouvaient aux prises; le régent eut recours à un lit de justice; il y fit recevoir un édit
qui défendait au parlement « de jamais se mêler d'aucune
« affaire d'État, ni des monnaies, ni des paiemens des ren-
« tes, ni d'aucune finance ».

Mais dès le lendemain le parlement déclara, par un nouvel arrêt, à la nation, qu'il n'avait pu ni dû avoir l'intention
de prendre part à ce qui avait été fait dans ce lit de justice.

Trois membres du parlement furent enlevés. Nouvelles remontrances contre cet abus de pouvoir.

Le gouverneur refuse de mettre ces magistrats en liberté. Le parlement cesse spontanément ses fonctions; enfin les membres arrêtés sont rendus à la liberté. Le régent avait senti qu'en persistant dans ce coup d'Etat il pouvait rendre son autorité odieuse.

Une longue lutte s'engagea entre le parlement et le ministère. Toute la France était pour les parlemens, qui ne voyaient dans ce fameux système de Law que le bouleversement de toutes les fortunes particulières et une inévitable banqueroute ministérielle. Law s'était fait catholique pour parvenir à la place de contrôleur général.

Le régent ne savait plus par quel moyen se tirer du labyrinthe où il s'était engagé. Law essaya quelque temps de faire tête à l'orage; son excessive opulence ne fut qu'un rêve de quelques instans. Il avait vu toute la cour dans son antichambre; mais au premier symptôme de sa chute, il se trouva seul, sans appui, et s'échappa furtivement de la France, plus pauvre qu'il n'y était entré.

Le parlement demandait d'indispensables réformes dans l'administration de l'État, le rétablissement et le retour de l'ordre, le règne des lois si long-temps, si scandaleusement outragées. Les orgies de Saint-Cloud et du Luxembourg insultaient à la morale publique. L'impudique et ambitieux abbé Dubois aspirait aux plus hautes dignités ecclésiastiques, et il était marié, son épouse vivait dans le Limousin dans la plus profonde obscurité. Un officieux intendant s'empara des registres de l'état civil; le curé fut sa dupe ou son complice, et la feuille où était inscrite la célébration de mariage de Dubois fut lacérée.

Au milieu de ce débordement de tous les vices les plus honteux, des hommes sans mœurs, sans probité, sans talens, et qui s'honoraient du nom de *roués*, partageaient le pouvoir et les débauches du régent. L'intérieur de son palais offrait le hideux et continuel tableau de la plus licencieuse dépravation.

Les parlemens tentèrent de s'opposer à tant de désordres. Celui de Paris hasarda d'énergiques remontrances : il fut exilé à Pontoise. Cet exil était le premier qu'il subît depuis sa création. Le pape, qui eût dû diriger ses censures contre les destructeurs de la morale publique, ne songeait qu'à profiter des troubles et de la confusion, pour faire enregistrer cette bulle *Unigenitus* que Louis XIV lui-même n'avait pu faire enregistrer sans d'humiliantes restrictions.

Dubois gouvernait le régent, son élève dans plus d'un genre ; Dubois, archevêque improvisé, aspirait au chapeau de cardinal. Rome acheta ce premier ministre au même prix que Birague et Duperron, et Dubois ne se montra pas moins dévoué aux doctrines ultramontaines. La bulle *Unigenitus* fut enregistrée au grand-conseil comme *loi de l'Etat et de l'Eglise*. Mais le Saint-Siége même n'attachait aucune importance à cet enregistrement : c'était celui du parlement qu'il exigeait. Le cardinal Dubois imposa cette condition aux exilés. Le parlement de Paris reprit ses fonctions de la capitale ; mais ce second enregistrement de la bulle ne fut pas plus concluant que le premier, et il n'eut lieu qu'avec les mêmes réserves que sous Louis XIV, ou avec cette clause, qui frappait la bulle même d'improbation : *Conformément aux règles de l'Eglise et aux maximes du royaume sur les appels au futur concile.*

Nous verrons la cour de Rome revenir encore à la charge sur l'acceptation pure et simple de cette bulle. Les parlemens protestaient ; les gens du monde chansonnaient la bulle et les appelans. Ces épigrammes, ces couplets satyriques qui volaient de bouche en bouche, étaient en même temps un outrage et un malheur pour la religion, en affaiblissant le respect dont ses ministres devraient toujours être

environnés. Mais cet outrage, ce malheur, étaient provoqués
par le pape, qui, en prétendant à une suprématie temporelle sur les gouvernemens du monde chrétien, compromettait la dignité et l'existence même de sa suprématie spirituelle.

§ 15. — *Des Parlemens et autres Cours souveraines de
France sous le règne de Louis XV et au commencement
du règne de Louis XVI.*

Les hostilités parlementaires et ministérielles furent quelque temps suspendues ; et jusqu'à la fin de cette orageuse
régence, et pendant le court ministère du duc de Bourbon,
le parlement n'eut à refuser que l'enregistrement de quelques édits bursaux, imaginés par l'un des frères Paris, la
plus forte tête de cette famille financière. La cour avait eu
recours à l'appareil d'un lit de justice, qui ne fit que rendre
plus éclatante et plus légitime l'opposition du parlement. Le
chancelier d'Aguesseau fut exilé à Fresnes. Le garde des
sceaux d'Armenonville lui fut substitué pour faire exécuter
les ordres du ministre de Louis XV.

L'influence des femmes dans le gouvernement, introduite
par François 1er, s'était perpétuée sous les règnes suivans.
A cette influence déjà dangereuse se mêla souvent, comme
moyen, celle des prélats : à l'altier Richelieu avait succédé l'as-
tucieux Mazarin ; à Mazarin, le cynique Dubois ; à Dubois,
le cauteleux et non moins despote cardinal de Fleury. Dans
cette longue période, l'histoire ne peut signaler à l'estime et
à la reconnaissance de la postérité que deux ministres d'un
grand talent, sincèrement dévoués à l'honneur, aux intérêts
du roi, à ceux de la nation, qu'on ne peut jamais séparer
sans crime et sans danger, Sully et Colbert.

La cour de Rome, que l'opposition du parlement avait si
souvent humiliée, sans pouvoir l'abattre, reproduisait sans

cesse et sans succès, depuis un demi-siècle, sa bulle *Uni-genitus*.

Toutes ces discussions, soutenues avec force et dignité dans les parlemens, et sujets éternels d'épigrammes et de plaisanteries bonnes ou mauvaises dans les salons, furent enfin évoquées au conseil.

Les parlemens firent de nouvelles remontrances; le ministère répondit par des exils et des emprisonnemens. Au milieu de ces débats ridicules ou sérieux naquirent la secte des convulsionnaires et les spectacles mystiques du cimetière de Saint-Médard. L'autorité parlementaire fut chargée de réprimer ces farces impies. La guerre étrangère fit succéder des craintes réelles, de nouveaux besoins, de nouveaux vœux, de nouveaux intérêts, à cette lutte de vaudevilles et de pamphlets, à ce vertige ascétique que la milice permanente de la cour de Rome (les jésuites) entretenait dans toutes les classes de la société.

Une arme plus redoutable, plus puissante que les arrêts du parlement, le ridicule, fit cesser la coterie frénétique des convulsionnaires. L'archevêque de Paris, Christophe de Beaumont, qui crut écraser par un mandement dont tout le monde a lu l'éloquente et facile réfutation, se crut aussi assez fort pour lutter contre le parlement de Paris. Il fit tous ses efforts pour se créer un parti : il voulait devenir célèbre, et ne fut que fameux.

Les parlemens ne pouvaient se dissimuler les dangers de leur position. Seuls contre Rome et le ministère, frappés d'exil et d'emprisonnement, menacés d'outrages et de périls plus grands encore, ils sentirent le besoin de s'unir. En 1756, tous les parlemens de France ne formèrent plus qu'un seul corps distingué par classes, dont le parlement de Paris fut la première.

Le chancelier de Lamoignon fit d'inutiles efforts pour rompre cette confédération, qui faisait de tous les grands corps judiciaires de France une puissance forte et permanente, qui pouvait en tout et partout suppléer les états-généraux.

A cette époque le parlement de Paris avait invité la cour des pairs à se réunir aux chambres, pour délibérer sur les affaires d'État. La cour défendit aux pairs de s'y rendre. Le parlement soutint avec plus de force que de raison son droit d'invitation, que la cour persistait à ne point reconnaître.

De nouveaux impôts étaient présentés à l'enregistrement, et le parlement refusait d'enregistrer. Deux édits menaçans le contraignirent de céder ; un troisième édit supprima les troisième et quatrième chambres des enquêtes.

Dès le lendemain, cent quatre-vingts membres du parlement donnèrent leur démission. La faction de l'archevêque de Beaumont triomphait. Le parlement allait cesser d'exister; mais bientôt l'archevêque lui même fut exilé. Un événement extraordinaire vint distraire les esprits, dont ces débats scandaleux absorbaient toute l'attention.

Un autre Ravaillac osa attenter aux jours du roi, dont la blessure ne fut heureusement pas dangereuse. La fin de ce long règne fut signalée par un malheur d'un autre genre , cette guerre si honteusement commencée en 1757 et terminée par un traité plus honteux encore.

A cette époque se rattache le souvenir de deux procès fameux, celui de Lalli, qui fut sacrifié à la basse jalousie d'une puissance étrangère, dont le parlement se rendit l'instrument, peut-être à son insçu ; et la condamnation non moins scandaleuse du chevalier de Labarre, et cette autre condamnation de Calas, qui attesta la funeste influence du parti fanatique sur le parlement de Toulouse.

L'autorité parlementaire se présentait plus forte, plus imposante que jamais; cette confédération de toutes les cours souveraines de France effrayait le ministère; une révolution paraissait inévitable dans l'ordre judiciaire ou dans le gouvernement même. Le chancelier Maupeou prépara cette révolution, dans l'intérêt du trône : l'événement a prouvé qu'il n'avait violé toutes les lois que pour obtenir le succès d'un moment.

Ces grands corps de magistrature, dont l'autorité s'était si prodigieusement accrue pendant plus de cinq siècles, allaient subir une réformation aussi terrible qu'imprévue.

Le chancelier, issu d'une famille parlementaire, et qui lui même avait occupé une des premières places dans le parlement de Paris, pour écraser plus sûrement le colosse qu'il voulait abattre, dirigea ses premiers coups contre le parlement de Paris, qu'il regardait avec raison comme l'âme de la confédération.

Le 27 décembre 1770, un lit de justice fut tenu à Versailles avec un appareil extraordinaire ; les princes, les pairs, tous les grands-officiers de la couronne, y assistèrent. Là il fut ordonné au parlement de Paris « de ne plus se servir « des mots d'*unité*, d'indivisibilité, de classe ; de ne jamais « envoyer aux autres parlemens d'autres mémoires que ceux « que les ordonnances permettraient de leur adresser, de ne « jamais cesser le service ni donner leur démission en corps, « enfin de ne rendre jamais d'arrêt qui pût retarder l'enre- « gistrement ».

A ces ordres si rigoureux succéda la menace de casser le parlement entier, s'il osait enfreindre les articles de cet édit. Le parlement cessa de rendre la justice ; des lettres de jussion lui furent adressées deux fois, et deux fois le parlement persista dans sa résolution.

Maupeou, le duc d'Aiguillon, l'abbé Terray, le premier au ministère de la justice, le second aux affaires étrangères, le troisième aux finances, renouvelèrent le triumvirat de Guise, du maréchal de Saint-André et du connétable de Montmonrency sous Henri II. Ils venaient de frapper un coup hardi ; ils croyaient voir le parlement à leurs pieds ; et il se présentait encore debout, et son attitude toujours fière, toujours imposante, irritait Maupeou, impatienté de remplir sa promesse de *mettre le roi hors de page*.

Il avait été défendu au parlement de connaître de la scandaleuse affaire des billets de confession; mais cet échec ne l'avait point abattu. Vainement le parlement écrivit au roi et lui envoya des députations : ses messages, ses commissaires, n'avaient pas été reçus. La suppression du parlement était décidée; et, le 20 janvier 1771, un mousquetaire se présente chez chacun des membres du parlement, et lui présente à signer un papier. Il y avait ordre exprès de ne recevoir qu'une réponse par *oui* ou par *non*, et de ne permettre aucune observation. Quarante signèrent oui; les autres refusèrent de signer. Mais, dès le lendemain, ceux qui avaient signé *oui* en demandèrent pardon, et sur leur dernier refus d'obéir, tous furent exilés.

Dès la nuit suivante, des mousquetaires portèrent aux proscrits des lettres de cachet, indicatives du lieu de leur exil, et la vengeance la plus passionnée en avait dicté le choix. Chaque mousquetaire avait l'ordre exprès de n'accorder aucun délai, et de ne quitter le membre du parlement auprès duquel il avait été envoyé qu'après s'être assuré de son départ vers le lieu de son exil.

Le jeudi 24 janvier, le chancelier Maupeou se rendit au palais avec un appareil menaçant. Le duc de Biron avait refusé les gardes françaises, sous le prétexte que ces régimens ne marchaient que pour le roi. A leur défaut, le chancelier avait mandé le guet, les archers de robe courte, et trois cents gardes de la ville. Toutes les boutiques qui garnissaient alors le vaste espace qu'on appelle les Pas-Perdus étaient fermées. Les ordres les plus sévères avaient été donnés pour ne laisser pénétrer personne dans l'intérieur du palais; mais ces ordres furent éludés, et des personnes distinguées s'y rendirent incognito.

A dix heures et demie, le chancelier arriva, entouré de la prévôté de l'Hôtel (1), tenant l'épée nue à la main; tout le conseil et les ministres le suivaient. On y remarquait deux ecclésiastiques, l'abbé Terray, contrôleur général, et l'évêque de Senlis.

Arrivé à l'escalier de la Sainte-Chapelle, le chancelier cria à son escorte: *Serrez-moi!* Informé qu'il y avait, malgré ses défenses, beaucoup de monde dans la grand'chambre. Il attendit qu'elle fût évacuée, ce qui ne put se faire sans tumulte; il fallut employer la force.

Enfin le chancelier entra dans la grand'chambre; et, quand il eût prononcé sa harangue d'installation, en présence des membres du conseil qui l'accompagnaient pour remplir les fonctions du parlement, il ne se trouva de greffier que celui des présentations, qui ne se décida à tenir la plume qu'après en avoir reçu l'ordre par écrit du chancelier.

On fit appeler les causes. Un seul procureur se présenta, et dit que celle appelée était arrangée, et refusa son ministère pour les autres.

Le barreau était désert. Nul avocat ne se présenta à cette audience et aux suivantes.

Les autres parlemens de France avaient été frappés de la même interdiction. A Paris, le conseil ne remplaçait que provisoirement les membres du parlement, en attendant que d'autres acceptassent les nouvelles places; mais à Paris, et partout ailleurs, tout ce qu'il y avait d'hommes éclairés et vertueux refusa d'accepter.

Les nouveaux conseils, qu'on appela parlemens Maupeou, furent en général composés d'hommes sans talens et sans considération. Un débordement de libelles, de placards, de pamphlets, inonda la France. Au milieu de cette foule

_____

(1) Remplacée maintenant par la gendarmerie des chasses.

I.

d'écrits satyriques, parurent quelques ouvrages vraiment estimables, et la France dut à cette révolution la connaissance des véritables élémens de ses droits politiques.

Cette lacune que Montesquieu avait laissée dans son *Esprit des lois* n'exista plus.

Les cours des aides se firent un honneur de partager le sort des parlemens, qui tant de fois les avaient humiliés par une affectation de supériorité.

La noblesse oublia ses griefs contre la magistrature; les pairs se constituèrent les défenseurs des compagnies proscrites; les princes du sang se prononcèrent pour la même cause.

La nation entière murmurait hautement, et ces *nouveaux parlemens* ne furent partout accueillis qu'avec une répugnance et même un mépris très-prononcés. Les parlemens tenaient à tout, par la nature même de leurs attributions et l'étendue de leur juridiction.

Des germes d'insubordination se manifestèrent dans l'armée même. Le roi lui-même en fut effrayé. « Maupeou a « été trop loin, dit-il; je ne sais comment l'arrêter... » Toutes les parties de l'administration furent atteintes du même désordre. La France, naguère l'arbitre de l'Europe, était impunément insultée dans les cours étrangères. Les Anglais insultaient, sans pudeur comme sans danger, le pavillon français.

Quelques hommes qui avaient conservé le sentiment de l'honneur national osèrent en vain exprimer au roi leur douleur et leur indignation. « L'Angleterre me joue, répondit « le roi; mais je veux vivre en paix. »

Que l'on se rappelle quelle femme gouvernait le roi, et quels hommes gouvernaient cette femme, et l'on sera plus affligé que surpris de cette réponse du roi.

Il laissa en mourant l'administration dans le plus effrayant désordre. J'emprunterai les expressions de l'éloquent évêque de Senez (l'abbé de Beauvais) pour retracer le tableau de ses derniers instans :

« Vous frémissez encore, Messieurs, au souvenir de ces « affreux momens : le roi expirant au milieu des horreurs de « cette maladie (1) cruelle; son corps frappé de la corrup- « tion anticipée du tombeau, privé dans les premiers in- « stans, comme celui du malheureux Osias, des honneurs « funèbres, et emporté précipitamment sans pompe, sans « appareil, à travers les ombres de la nuit; les tendres et « courageuses princesses qui ont recueilli ses derniers sou- « pirs atteintes de la même contagion; l'effroi qui se joint « encore à la douleur de la famille royale, obligée de fuir la « mort de palais en palais... (2) »

Louis XVI, parvenu au trône à l'âge de vingt ans, mani- festa la résolution bien déterminée de cicatriser les plaies des règnes précédens, et d'en réparer toutes les fautes. Son premier acte annonça ses sages intentions. Il sentit la néces- sité d'appeler à la tête de son ministère un homme qui à une grande expérience dans les affaires réunît de grands ta- lens et des vertus plus rares encore. Machault avait fait ses preuves sous le règne précédent comme un homme d'État très-habile, très-laborieux, et de la plus rigide probité; il avait été éconduit du ministère par le triumvirat vendu à la favorite. Tel fut le digne maître que Louis XVI choisit pour éclairer son inexpérience. L'ordre était donné, lorsque les tantes du jeune roi insistèrent pour un autre choix, et pro- posèrent le vieux Maurepas. Une circonstance imprévue avait

---

(1) La petite vérole, que lui avait inoculée la fille du jardinier de Tria- non, qui avait reçu ses dernières caresses.

(2) Pour éviter les outrages d'une foule exaspérée, le corps de Louis XV fut placé dans un carrosse de chasse, qui marcha avec une extrême rapi- dité. Quelques valets fidèles escortèrent cette espèce de fuite nocturne jus- qu'à Saint-Denis.

retenu le courrier expédié par le jeune roi, et l'ordre destiné à Machault fut envoyé à Maurepas, homme insouciant et frivole, courtisan habile et nullement homme d'État.

Ce fut un malheur pour la France, pour le roi lui-même, qu'il n'eût pas suivi sa première inspiration. Il fut du moins plus heureux dans d'autres choix ; et, en entendant appeler aux autres ministères Turgot, de Muy, Malesherbes, Vergennes, on oublia les préventions qui s'élevaient contre Maurepas, Lenoir, qui avait présidé la commission nommée pour l'inique procès intenté aux deux Lachalotais; et Hue de Miromesnil, dont l'unique mérite était d'avoir égaré l'exil du comte de Maurepas.

Les premiers actes du règne Louis XVI annonçaient l'intention de satisfaire à tous les vœux que son avénement au trône avait fait naître. On ne doutait point qu'il ne rappelât les parlemens. Le clergé se hâta de présenter un mémoire accusateur contre ces parlemens. Monsieur (1) présenta au roi son frère un mémoire dans le même sens.

Cependant le conseil des ministres s'occupait activement de cette importante affaire. Le chancelier de Miromesnil eut de violens débats à ce sujet avec le principal ministre, le comte de Maurepas. Le roi décida la question en déclarant qu'il voulait être aimé, et ne rien faire contre le vœu général de la nation.

Le rétablissement des parlemens n'eut cependant lieu que le 12 novembre, six mois après la mort de Louis XV. Les gouverneurs eurent ordre de procéder à l'installation des parlemens de province. Le roi tint un lit de justice à Paris pour l'ouverture des séances du parlement réintégré.

Il partit à sept heures du matin du château de la Muette; ses deux frères l'accompagnaient. Il entra à Paris avec toute

---

(1) Depuis, Louis XVIII.

sa garde. Les ducs et pairs étaient déjà en place au lit de justice. Le roi se plaça sur son trône à neuf heures.

Il annonça dans un premier discours son intention de rétablir le parlement. Le grand-maître des cérémonies et le greffier en chef ont été, par ordre du roi, avertir Messieurs, qui attendaient dans la salle Saint-Louis, que le roi les appelait auprès de sa personne.

Le premier président, les présidens à mortier (le fils du chancelier Maupeou excepté), ont traversé le parquet, et sont venus saluer le roi en bas de son trône. Les chambres des enquêtes et des requêtes vinrent rendre au roi les mêmes hommages.

Le roi, après un second discours, annonça qu'il avait nommé chancelier le garde des sceaux M. Miromesnil, premier président M. Daligre, avocats-généraux MM. Séguier et Barantin, procureur-général M. Joly de Fleury.

Neuf édits furent ensuite lus, le premier relatif au rétablissement du parlement, la suppression des deux chambres des requêtes.

Le second portait nomination de M. de Miromesnil aux fonctions de chancelier et de garde des sceaux.

Le troisième abolissait les conseils supérieurs de Blois, Poitiers, Clermont, Lyon, Châlons, Rouen et Bayeux.

Le quatrième supprimait cent avocats du parlement, et les renvoyait à leurs fonctions de procureurs au parlement, supprimés, rétablis, et réduits au nombre de deux cents, à mesure des extinctions d'offices par mort, démission ou autrement.

Le cinquième était un règlement sous le titre d'ordonnance de discipline. C'était la reproduction des nouvelles règles introduites dans les préambules, les édits proposés par le chancelier Maupeou, et qui tendait à rendre le premier président maître absolu des chambres. Cet édit établissait une cour plénière pour juger le parlement lui-même ; elle lui était substituée pour les enregistremens.

L'avocat-général Séguier conclut à l'enregistrement, mais avec une répugnance marquée. Le chancelier Miromesnil, prévoyant une opposition, en prévint l'explosion en déclarant que le roi était disposé à recevoir les remontrances qui lui devaient être faites à ce sujet.

Le sixième rétablissait le grand-conseil, avec la faculté de faire les fonctions du parlement, quand celui-ci cesserait de les remplir.

L'avocat-général ne crut pas devoir prendre de conclusions pour l'enregistrement de cet édit.

Les suivans rétablissaient les cours des aides de Paris et de Clermont-Ferrand, convertissaient de nouveau le conseil supérieur d'Arras en conseil supérieur d'Artois.

Le dernier édit élevait à un taux plus fort les sommes sur lesquelles les présidiaux pourraient juger.

Le roi n'a quitté le palais qu'à deux heures ; il n'y avait point d'exemple d'une séance royale aussi longue. Le roi parla trois fois. Les deux frères du roi avaient en même temps procédé à l'installation du grand-conseil et de la cour des aides.

On avait pu remarquer dès cette première séance les germes certains d'une opposition entre le parlement et le ministère.

Les parlemens étaient rétablis, mais avec toutes les restrictions, toutes les modifications qu'avait prétendu leur imposer le chancelier Maupeou.

Telle est l'inévitable conséquence du défaut de légalité dans les grandes corporations. Institués par le roi seul, les parlemens pouvaient être révoqués par lui. L'autorité des états-généraux aurait pu seule déterminer d'une manière certaine et invariable leurs attributions, en fixer les limites, leur donner une existence constitutionnelle.

Les parlemens n'étaient, dans leur origine et dans l'objet spécial de leur établissement, que le premier corps dans la hiérarchie judiciaire. Si les édits étaient présentés à l'enregistrement, c'était comme moyen de publication, et non comme faculté de sanction.

Leurs attributions avaient été, comme cour judiciaire, fixées par les états-généraux d'Orléans. C'était là le seul acte légal de leur existence comme corps de l'État, et ils ne l'ont jamais invoqué. Ils avaient fait plus: la plupart avaient refusé d'enregistrer les actes délibérés par les trois ordres et revêtus de la sanction du roi, fait incontestable et établi par le texte même et l'ordonnance d'exécution donnée par le roi.

Il est bien certain que, dans ces ordonnances célèbres, que les parlemens observaient pour l'administration de la justice, on ne trouve pas un mot qui puisse faire soupçonner qu'ils eussent le moindre droit de s'immiscer dans les affaires du gouvernement.

Ce droit, ils le faisaient résulter de quelques usages. Il est juste de convenir que ce sont les rois eux-mêmes qui leur ont conféré d'aussi hautes prérogatives, en les établissant arbitres des régences, et le droit de disposer de l'administration de l'État supposait nécessairement celui d'en contrôler les actes.

Les ministres et les parlemens étaient d'accord sur ce point, de s'opposer à la convocation des états-généraux; ils paraissaient d'abord s'en partager l'autorité, et finirent par se la disputer.

Ce ne fut qu'alors qu'ils se virent privés sans espoir de retour de cette portion importante du pouvoir législatif, que les parlemens en appelèrent à la nation, et lui révélèrent les titres constitutifs de ses droits, dont ils lui avaient caché l'existence pendant plus de quatre siècles.

Cette révélation ne fut point l'effet de la générosité, mais de la nécessité, après quatre années d'une lutte orageuse.

§ 16. — *Exil et rappel des Parlemens; Assemblées des notables; Cour plénière; Convocation des états-généraux.*

La clé du trésor public ne fut que trop long-temps, en France surtout, le sceptre du pouvoir. Calonne, parvenu de l'intendance de Lille au ministère, et au plus important de tous, par son influence, celui des finances, ne fut qu'un spéculateur hardi, plus fécond que scrupuleux dans le choix de ses expédiens, et qui oublia bientôt la leçon qu'il reçut du président de la chambre des comptes, Nicolaï. « Vous « entrez, lui dit ce vénérable vieillard, dans le ministère « contre le vœu des magistrats et contre la voix publique; « vous avez contre vous la prévention générale : c'est une « grande et belle tâche que d'avoir à la calmer par des opé- « rations de sagesse et de bienveillance. »

Calonne ne fut ni sage ni bienveillant, et ne put se maintenir dans le ministère. Les débats des parlemens avant leur suspension, les nombreux écrits publiés avant leur rétablissement, avaient ramené l'attention générale sur les grandes questions de droit public: une foule d'écrits révélaient et discutaient les moindres opérations du ministère.

Un publiciste, qui avait puisé, non dans les livres, mais dans la direction des affaires les plus importantes de l'État, une connaissance approfondie de l'art de gouverner les peuples, et qui savait parfaitement quels étaient les vœux de la France et de son roi, avait proposé dans le conseil l'établissement des assemblées provinciales. Le roi l'avait approuvé; le roi voulait franchement le bonheur des peuples, mais il n'avait pas le sentiment de ses forces; il n'avait point cette inflexibilité de caractère sans laquelle on ne peut exécuter les plus utiles innovations.

Un autre ministre, véritablement homme d'Etat, M. de Vergennes, proposa une assemblée de notables, semblable à celle que Henri IV avait convoquée à Rouen.

Toute la France applaudit à ce nouvel acte de prudence et de bonté. Le nouveau ministre des finances Calonne n'y vit qu'une occasion de faire briller son éloquence; mais trop étourdi pour calculer l'étendue et l'importance du travail qu'il devait soumettre à cette assemblée, il fut surpris par le temps.

Les parlemens, malgré leur opposition constante aux actes du gouvernement, n'avaient pas été oubliés dans l'organisation de cette assemblée.

Elle était composée de sept archevêques, trente-six gentilshommes, huit conseillers d'Etat, quatre maîtres des requêtes, un premier président, trois présidens à mortier, du procureur-général du parlement de Paris, des premiers présidens et procureurs-généraux des autres parlemens et autres cours souveraines, des premiers présidens et procureurs-généraux de la chambre des comptes et cours des aides du parlement de Paris, trois députés de chaque pays d'états, des prévôts des marchands de Paris et de Lyon, des lieutenans civils de Paris, du préfet de Strasbourg, de vingt-huit maires des principales villes de France.

L'assemblée se réunit à Versailles, le 22 février 1787. La séance solennelle d'ouverture offrit un constraste singulier entre le discours du monarque et celui du ministre.

« Messieurs, dit le roi, je vous ai choisis dans les différens
« ordres de l'Etat, et je vous ai rassemblés autour de moi pour
« vous faire part de mes projets. C'est ainsi qu'en ont usé plu-
« sieurs de mes prédécesseurs, et notamment le chef de ma

« branche, dont le nom est resté cher à tous les Français, et
« dont je me ferai gloire de suivre toujours les exemples. »

L'assemblée attendait, de la part du ministre, un rapport exact et détaillé de la situation du trésor et des ressources de l'Etat. Le ministre n'avait rien préparé sur l'unique objet dont il avait à s'occuper. Après avoir esquissé l'aperçu de quelques brillantes théories, il fit avec plus de talent que de succès le parallèle de son administration et de celle de M. Necker.

Les notables furent distribués en sept bureaux, présidés par les princes. Les personnalités que s'était permises le ministre Calonne contre M. Necker autorisaient celui-ci à se justifier devant l'assemblée. Cette querelle particulière provoqua des irritations nouvelles.

Le contrôleur général rencontra une foule d'obstacles au moment qu'il proposa, pour combler le *déficit* et pourvoir aux besoins de l'Etat, un impôt sur le timbre et un impôt territorial. Ce dernier devait porter sur tous les immeubles sans distinction; les apanages des princes, les domaines du roi, n'étaient pas même exceptés.

Rien n'était plus juste sans doute. Les deux premiers ordres de l'Etat ne virent dans cet impôt, d'une évidente équité, qu'une violation de leurs priviléges. Le roi comptait beaucoup sur les talens et le zèle de M. de Vergennes pour soutenir la discussion. Ce ministre jouissait d'une considération aussi étendue que méritée; mais sa mort, survenue du 12 au 13 février, laissa M. de Calonne seul chargé d'un fardeau au-dessus de ses forces, et dont une forte prévention affaiblissait encore les moyens.

Les membres de la noblesse et du clergé se prévalurent de son embarras; et, pour prolonger une discussion qu'ils craignaient d'approfondir, ils demandèrent qu'il leur fût rendu compte de l'état des finances.

Mais cette question n'était que subsidiaire, elle ne se rattachait qu'à la quotité de l'impôt et au mode de répartition, et devenait inutile sans l'adoption préalable de l'impôt.

Les notables n'en persistèrent pas moins à demander le tableau des retranchemens et des économies que le roi se proposait d'ordonner, et les états circonstanciés de la recette et de la dépense annuelles, qui seules pouvaient faire connaître :

1° Si un accroissement d'impôts serait absolument nécessaire;

2° A quelle somme il devait être porté;

3° Jusqu'à quelle époque on pouvait fixer sa durée.

Le contrôleur général et le chancelier succombèrent dans cette lutte. Le premier eut pour successeur l'archevêque de Toulouse, Brienne; le second, le président à mortier au parlement de Paris, Lamoignon.

Ce prélat se présentait précédé d'une brillante réputation qu'il ne justifia point. Le judicieux et loyal Malesherbes ne partagea point l'engouement général; il disait du nouveau ministre : « Rendez-moi raison de l'archevêque de Tou-« louse. Il n'y a pas un mariage, une tracasserie, une affaire, « soit générale, soit particulière, où il ne se trouve. Il faut « que cet homme-là ait plusieurs corps pour y suffire. »

Le cardinal de Brienne reçut le titre de chef du conseil royal des finances.

Cette assemblée des notables finit sans rien décider. Une seconde assemblée fut bientôt convoquée; on demanda la convocation des états-généraux. C'était le cri des parlemens, le vœu de toute la France. Les besoins du trésor devenaient chaque jour plus urgens. Le roi envoya l'édit sur l'établissement de l'impôt sur le timbre et la subvention territoriale au parlement de Paris, qui refusa l'enregistrement.

Ses remontrances, ses débats intérieurs, n'offraient qu'une répétition des paradoxes allégués dans l'assemblée des notables.

« Il y a huit cents ans, dit un orateur devant les cham-
« bres assemblées, qu'à pareil jour Hugues Capet est monté
« sur le trône. La longue dynastie dont il est le chef ne doit
« son éclat, sa grandeur et sa durée qu'aux lois sages, et nées
« avec la monarchie, que nos rois ont toujours respectées,
« et dont il ne faut jamais se départir. »

Le roi, pour mettre fin à ces débats, résolut de tenir un
lit de justice à Versailles. Les lits de justice n'étaient, dans
l'origine, qu'une assemblée solennelle des grands du royaume, des premiers dignitaires, présidée par le roi, et tout
s'y décidait librement et à la majorité des suffrages.

On ignorait, avant 1413, les enregistremens forcés, et
c'est à cette époque que la liberté des opinions parlementaires fut violée pour la première fois, par la faction des
Bourguignons; mais tout rentra bientôt dans l'ordre usité,
et, dès la même année, les *édits publiés sans être advisés
par la cour de parlement* furent révoqués et déchirés dans
un second lit de justice.

Depuis cette époque, les lits de justice n'ont presque
jamais eu lieu que pour obtenir des enregistremens forcés,
et presque toujours les parlemens ont protesté contre cet
abus de la force, et les enregistremens ont été sans effet.
Louis XIII se plaignit, dans son édit de février 1641, *de
ce que le parlement avait souvent arrêté l'exécution des
édits et déclarations vérifiés en sa présence et séant en
son lit de justice.*

C'était un point de législation et de jurisprudence devenu
certain, que les enregistremens forcés étaient nuls. (Voyez
Maximes du droit public français, chap. VI, Rép. aux
objections.)

Si l'enregistrement forcé équivalait, dans le fait, à un
enregistrement nul, l'usage du lit de justice tenu dans cet
objet n'était propre qu'à faire déconsidérer l'autorité royale.

Le discours de Louis XVI, dans cette crise si orageuse,

respirait du moins la franchise et la dignité. « Messieurs,
« dit-il, il n'appartient pas à mon parlement de douter de
« mon pouvoir, ni d'abuser de celui que je lui ai confié.
« C'est toujours avec peine que je me décide à faire usage
« de la plénitude de mon autorité et à m'écarter des formes
« ordinaires; mais mon parlement m'y contraint aujour-
« d'hui, et le salut de l'État, qui est la première des lois,
« m'en fait un devoir. »

Le parlement protesta contre tout ce qui s'était passé
dans cette séance du lit de justice; il déclara les édits rendus dans cette assemblée « arbitraires, et dès lors incapa-
« bles de priver la nation d'aucun de ses droits, et d'auto-
« riser une perception qui serait contraire à tous les prin-
« cipes, maximes et usages du royaume ».

Le parlement fut exilé à Troyes. Tous les autres parlemens partagèrent sa résistance, et adressèrent au roi d'énergiques remontrances.

Les deux frères du Roi, *Monsieur* et le comte d'Artois,
n'obtinrent à la chambre des comptes et à la cour des aides
qu'un enregistrement forcé, qui fut suivi de remontrances
non moins fortes et de protestations.

Cependant les nouveaux impôts ne produisaient rien;
l'opposition des parlemens en arrêtait partout la perception.
Les protestations, les remontrances, étaient publiées et
répandues avec profusion. Une foule d'autres écrits pour
et contre les plans du ministère circulaient avec une entière
liberté. On ne peut citer qu'un seul arrêt du parlement de
Paris contre quelques éditeurs et distributeurs des écrits
ministériels, et les condamnés ne furent frappés que de lé-
gères peines.

L'exaltation des esprits était portée au plus haut degré
d'effervescence.

Le principal ministre, effrayé, négocia avec les exilés de
Troyes. Le parlement fut rappelé, sous la seule condition d'en-

registrer les impôts en fixant à leur perception une courte durée, mais avec cette déclaration solennelle, « qu'ils regar-
« daient comme hors de leur pouvoir d'enregistrer désormais
« aucun impôt, quel qu'il fut, dont les états-généraux n'a-
« vaient pas reconnu la nécessité ni fixé invariablement
« la quotité, la durée et l'emploi ».

Le principal ministre résolut d'établir cinq emprunts successifs, qui devaient produire, dans l'espace de cinq années, quatre cent vingt millions. Le parlement lui opposa un opiniâtre refus. Le mot de lit de justice n'avait plus qu'une acception ridicule : on y substitua celui de séance royale.

Le roi vint à Paris, et siégea au parlement au milieu de ses frères, des princes du sang et des ducs et pairs. Les débats durèrent sept heures. Les orateurs remontèrent à l'origine du déficit; ils signalèrent sans ménagemens les auteurs de l'épuisement du trésor public, les désordres de l'administration des finances, et s'élevèrent avec plus de force que de décence contre les formes employées pour faire violence à la liberté des suffrages du parlement.

Le conseiller Freteau osa dire : « La différence qu'il y a
« entre un lit de justice et une séance royale, c'est que l'un
« à la franchise du despotisme et que l'autre n'en a que la
« duplicité. » Le conseiller-clerc Sabattier de Cabres ne se montra pas plus réservé : la présence du roi et des princes semblait lui inspirer une nouvelle énergie.

Avec autant d'audace, mais avec plus d'art et de ménagement, le jeune Despremenil, les yeux fixé sur le roi, calculait les impressions que faisait sur ce prince son discours à la fois énergique et mesuré; il insistait sur la nécessité de convoquer les états-généraux. « Sire, s'écriait-il avec l'ac-
« cent de l'espérance et du bonheur, sire, je le vois, ce mot
« désiré, prêt à s'échapper de vos lèvres; prononcez-le, et
« votre parlement souscrit à vos édits. »

Louis XVI, entraîné, allait céder à son émotion; mais il se rappela cette exhortation de son principal ministre : « Que « Votre Majesté ne s'écarte, sous aucun prétexte, du prin- « cipe ancien et généralement adopté : Partout où le roi est « présent, sa volonté fait la loi. »

Sa réponse fut ferme et précise.

« J'ai entendu vos opinions; je persiste dans mon senti- « ment; j'ordonne que mes édits soient enregistrés ».

Deux édits étaient proposés pour l'enregistrement : l'un relatif aux emprunts, qui sont toujours considérés comme un impôt, parce que ce n'est que par un impôt qu'ils peuvent être remboursés; l'autre concernait les protestans et leur rendait l'état civil, mais en les excluant des charges et emplois publics. C'était les traiter comme l'étaient les catholiques de la Grande-Bretagne. Le parlement n'eût pu sans blesser l'opinion publique, son plus puissant et unique appui, refuser son assentiment au dernier édit.

Le chancelier allait recueillir les voix, quand le duc d'Orléans demanda la parole. «Sire, dit-il, je demande à « Votre Majesté la permission de déposer à ses pieds et dans « le sein de la cour ma déclaration que je regarde cet en- « registrement (1) comme illégal, et qu'il serait nécessaire, « pour la décharge des personnes qui seront censées avoir « délibéré, d'ajouter qu'il est fait de très-exprès commande- « ment de Votre Majesté. »

Le roi parut aussi surpris qu'affligé de cette déclaration de son cousin.

Le lendemain on apprit que le duc d'Orléans était exilé à Villers-Cotterets, le conseiller Freteau enfermé au château de Dourlens, l'abbé Sabattier de Cabres à Saint-Michel.

---

(1) Celui de l'édit des emprunts, sans doute.

Le parlement députa au roi le premier président, pour lui demander la révocation de ses ordres. «Tous trois, di-«sait l'organe du parlement, souffrent pour avoir dit libre-«ment ce que leur avaient dicté, en présence de Sa Majesté. «leur devoir et leur conscience, dans une séance où elle «avait dit qu'elle venait recueillir de libres suffrages. »

Le roi montra dans cette circonstance la même fermeté que dans la séance royale de la veille. «Lorsque j'éloigne de «ma personne, répliqua-t-il, un prince de mon sang, mon «parlement doit croire que j'ai de fortes raisons : j'ai puni «deux magistrats dont j'ai dû être mécontent. »

L'orage, qui semblait apaisé, éclata avec un redoublement de violence. Le cardinal ministre (Brienne), non moins hardi, mais comprimé par des circonstances plus difficiles, proposa le renvoi du parlement de Paris, et le rétablissement d'une cour plénière, devant laquelle devaient être portés les appels définitifs et qui seule aurait le droit d'enregistrer.

D'accord avec lui sur le renvoi du parlement, le chancelier Lamoignon admettait le projet d'une cour plénière; il lui paraissait impossible, ou du moins téméraire, de détruire les parlemens, mais on pourrait affaiblir leur influence, leur autorité, et pour atteindre ce but il proposa de créer de grands-bailliages qui diminueraient l'étendue du ressort du parlement.

Le conseil se décida pour le projet de cour plénière, et le chancelier s'occupa de la rédaction d'un édit de réformation dans l'administration de la justice.

Le conseil tâchait d'envelopper ses délibérations du plus profond mystère; mais le secret fut mal gardé, et le départ spontané des commandans de provinces pour les villes parlementaires annonça qu'un coup terrible allait être porté à la haute magistrature.

Trois jours avant celui qui avait été désigné pour la tenue du lit de justice où l'édit devait être publié, le parlement de Paris s'assembla extraordinairement; on protesta d'avance contre l'édit qui devait être présenté, et tous les magistrats s'engagèrent par un serment solennel à ne reprendre leurs fonctions que dans le même lieu, et à ne jamais souffrir qu'aucun d'eux en fût éloigné.

Le cardinal ministre dénonça les conseillers Despremesnil et Goeslard comme les auteurs de ce soulèvement contre l'autorité royale. Avertis du danger qui les menaçait, les deux magistrats coururent se réfugier au parlement.

Le marquis d'Agou, aide-major des gardes françaises, vint arrêter les deux conseillers au milieu des chambres assemblées. Cependant on craignait une émeute; la foule encombrait la place du palais : on fit passer les deux conseillers par des corridors secrets, et ils furent conduits à leurs voitures par des issues peu connues.

Tandis que le lit de justice s'ouvrait à Versailles, les commandans réunissaient en séance extraordinaire les parlemens de province. L'opposition fut égale partout. Le cardinal ministre proposa au roi de déclarer le parlement de Paris en vacance, et le maréchal de Biron reçut et exécuta l'ordre de faire apporter les clefs des salles du palais.

Mais le ministre ne put soutenir la hardiesse de ces coups d'état. Les membres du parlement de Bretagne avaient été arrêtés et enfermés à la Bastille : une députation de vingt-quatre de leurs collègues pénétra jusqu'au roi, réclama leur mise en liberté et l'obtint.

La commotion fut encore plus orageuse en Dauphiné. Le commandant M. de Clermont-Tonnerre, après avoir exécuté avec sévérité les ordres de la cour, fut contraint de céder au mouvement populaire, et d'inviter même le parlement à reprendre ses fonctions. Vainement il voulut employer la force : la troupe refusa de faire feu; le commandant n'avait sans doute voulu qu'effrayer les attroupés.

Il fut remplacé par le maréchal Devaux, qui ne craignit

pas de déplaire à la cour en se conduisant avec plus de prudence que de sévérité.

Mais dès ce moment la révolution fut faite dans le Dauphiné, et la liberté y fut proclamée avant même que Paris
eût préludé aux événemens de juillet.

Les événemens se pressaient avec une étonnante rapidité.
La dernière assemblée des notables avait voté la convocation
des états-généraux. Le bureau de *Monsieur* décida par ses
suffrages la double représentation du tiers-état.

Le cardinal Lomenil (Brienne) fut révoqué; les sceaux
furent de même ôtés au chancelier Lamoignon; Necker avait
été rappelé au contrôle général des finances.

Un arrêt du conseil d'État, du 8 août 1788, fixa au 1er mai
suivant la tenue des états généraux, et suspendit jusqu'à cette
époque le rétablissement de la cour plenière.

Les parlemens espéraient former la majorité des états-généraux; ils furent déçus dans leur espérance, et le barreau
fournit un plus grand nombre de députés que la haute magistrature.

Depuis l'ouverture de l'assemblée jusqu'à la promulgation
des lois qui supprimaient les parlemens, des remontrances,
des protestations, furent adressées à l'assemblée et au roi.

J'ai dû me borner dans cette esquisse rapide à rappeler les
principaux traits de l'histoire générale et particulière des
parlemens et des autres cours souveraines. Les circonstances
qui se rattachent spécialement aux actes et autres remontrances seront l'objet d'une courte notice en tête ou à la
suite de chacun de ces actes.

DEUXIÈME PARTIE.

NOTICE PRÉLIMINAIRE.

Les papes doivent leur existence politique et religieuse aux rois de France. Ils n'étaient avant les premiers Carlovingiens que les évêques de Rome, et le titre de pape, devenu exclusif pour eux, fut long-temps le titre commun de tous les prélats de la chrétienté. Il est prouvé pas les documens historiques les plus certains, les plus dignes de foi, que l'élection des papes n'était valide que par l'approbation des monarques français. Devenus puissans par leurs bienfaits, ils se sont crus leurs maîtres, et le fameux Grégoire VII conçut le hardi projet de ne faire de tout le monde chrétien qu'une seule monarchie dont les papes seraient les souverains, disposeraient de toutes les dignités ecclésiastiques, de leurs revenus, et déposeraient à leur gré les rois et délieraient les peuples de leurs sermens.

Tous les princes, et surtout les rois de France, se sont opposés aux envahissemens de cette souveraineté universelle, aussi contraire aux saintes maximes de l'Église qu'à l'ordre des sociétés.

Louis IX publia un règlement sur cette matière importante, auquel il donna le nom de Pragmatique-Sanction. Je joins ici le texte et la traduction littérale. Philippe-le-Bel et quelques uns de ses successeurs ont soutenu cette première loi, ce premier monument des libertés de l'Église gallicane.

Mais les papes n'en persistèrent pas moins dans leurs injustes prétentions. Ils citaient à leur tribunal suprême les peuples et les rois, déposaient les monarques, frappaient leurs royaumes d'interdit, ordonnaient ou défendaient les répudiations, et rendaient tributaires du Saint-Siége les prélats et tous les dignitaires ecclésiastiques, et s'immisçaient souvent en arbitres souverains dans l'administration civile des États.

Les princes firent d'inutiles efforts pour comprimer cette turbulente ambition. Les excès furent portés à un tel point que toute la chrétienté réclama l'autorité d'un concile pour la réforme de l'Église, de son chef et de ses membres.

Le concile de Constance s'assembla et remplit dignement sa mission. Le concile de Bâle, convoqué quatorze ans après (en 1431), acheva l'ouvrage si heureusement commencé par le concile précédent.

Les décrets de ces deux conciles ont toujours été invoqués par la France. C'est d'après les principes qu'ils avaient posés que fut rédigé, sous Charles VII, le règlement fait à Bourges dans une assemblée solennelle., en 1438 (1).

On donna aussi à ce règlement le nom de Pragmatique-Sanction, que Louis IX avait donné à celui qu'il avait publié.

Cette nouvelle Pragmatique-Sanction ordonnait la convocation d'un concile tous les dix ans; il rétablissait l'ancien mode des élections pour toutes les dignités ecclésiastiques, proscrivait comme insolites et simoniaques les annates, les expectatives et les réserves.

Cette Pragmatique réglait aussi la forme des élections qui devaient être faites par le clergé; elle établissait les prébendes théologales, et attribuait le tiers des bénéfices aux gradués, etc.

La cour de Rome avait fait d'inutiles efforts pour faire

.

---

(1) V. le Recueil de Dutillet. (*Lib. de l'Egl. gall.*)

abroger les règlemens qui n'étaient que l'application des principes établis par les conciles de Constance et de Bâle.

Louis XI, dès les premiers actes de son règne, annonça la résolution de détruire ou de changer tout ce qu'avait fait son père.

Pie II occupait le saint-siége : il crut l'occasion favorable pour obtenir l'abrogation de la Pragmatique-Sanction.

Louis XI rappela d'anciennes prétentions sur quelques États d'Italie : le pape promit de le seconder de tous ses moyens.

Cette mystérieuse négociation fut confiée par Louis XI à Jouffroi, que Philippe-le-Bon, duc de Bourgogne, avait tiré de l'obscurité du monastère de Luxeuil, pour le placer sur le siége épiscopal d'Arras. Jouffroi avait trahi son bienfaiteur pour Louis XI; il trahit Louis XI pour le pape. Il parvint à s'emparer de l'original de la Pragmatique-Sanction, et partit pour Rome. Il reçut en route le chapeau de cardinal.

Louis XI envoya au parlement le cardinal Labalue, alors son ministre favori, pour en requérir l'enregistrement. Le cardinal ministre ne croyait pas éprouver le plus léger obstacle dans l'exécution de cette formalité.

Le parlement n'avait protesté que contre les tentatives du pape déjà faites sous le règne précédent pour l'abolition de ce règlement.

Mais le cardinal Labalue ne pensait pas que le parlement oserait résister aux ordres d'un prince aussi redouté que Louis XI, qui, en abolissant la Pragmatique-Sanction, avait fait des réserves et des distinctions qu'il croyait propres à concilier tous les intérêts et toutes les convenances.

Il avait été convenu qu'un légat résiderait en France pour conférer les provisions des bénéfices, et que les Français ne seraient plus obligés d'envoyer de l'argent *delà les monts*.

Le pape n'avait tenu aucune de ses promesses. Labalue,

pour mieux réussir dans son projet, qu'il avait fait adopter au roi, prit le temps des vacances du parlement et de l'université pour faire enregistrer l'abolition de la Pragmatique-Sanction. Il fit d'abord publier les lettres patentes au Châtelet; il se présenta ensuite au parlement.

Mais le procureur-général, Jean de Saint-Romain (1), s'opposa à l'enregistrement des lettres patentes, « attendu qu'elles « étoient subreptices; que le roi avoit été mal informé et « surpris; qu'étant seul et indépendant souverain, comme « aussi protecteur et fondateur des églises de son royaume, « il feroit bresche à sa couronne de souffrir que ses subjets « fussent tenus de reconnoistre autre que lui pour quelque « chose temporelle que ce fust, ou que les prérogatives, droits « et franchises de son clergé, fussent aussi superbement fou- « lés aux pieds, sans qu'il en revinst aucun avantage à la ré- « publique chrestienne.

« Labalue, s'aigrissant à cette piquante response, le prend à « partie, le menace de la colère du roy, lui dict qu'il s'en re- « pentira, et qu'on lui apprendra bien à ne pas controoler les « volontés de son souverain.

« Sur cela Saint-Romain, embrassant plus estroictement la « deffense de sa patrie, répart qu'on ne peut s'en séparer que « par la mort; qu'il n'est point procureur du pape, mais du « roy, et plus encore du royaume et de la couronne; enfin « qu'on peut lui oster son office, mais non pas sa conscience.

« Le cardinal insiste et bégaye quelques mauvaises rai- « sons pour la justice de ses lettres.

« Saint-Romain réplique sagement que par les saincts ca- « nons les bénéfices électifs estoient en la disposition des « électeurs, selon certain ordre légitime qu'on avoit observé

---

(1) Jean de Saint-Romain exerçait cette charge en 1461. Il vivait encore en 1483.

« de tout temps en France, que les collectifs estoient en celle
« des ordinaires et des patrons, partant qu'il n'estoit pas be-
« soin de tant de bulles et d'expectatives, et moins encore de
« payer les annates, exaction contraire à la simplicité de
« l'Église, à la sainteté des canons et à la grâce du Saint-Es-
« prit, dont les dons doivent être purement gratuits.

« Après il déduisit comme la France, fust-elle toute plei-
« ne de veines d'or et d'argent, seroit bientôt épuisée, si pour
« du plomb et de la cire il falloit envoyer nos escus à Rome ;
« et pour preuve de cela il montra que depuis l'an 64 (1)
« jusques à l'année présente, qui estoit 67, les coffres du pape
« avoient absorbé deux millions de nostre or, ce qui n'estoit
« rien en comparaison de ce qui eust été porté, si tous les
« François eussent obéi.

« Ainsi s'eschauffant pour l'amour de la vérité, il dit har-
« diment au cardinal qu'il s'estonnoit comme estant Fran-
« çois et évesque il avoit oublié son pays et son devoir pour
« une dignité étrangère, et comment la honte ne lui avoit pas
« couvert le visage et fermé la bouche plustôt que de pro-
« poser et de poursuivre le déshonneur de son prince et la
« perte de la France. » (MÉZERAY, *Hist. de France*, t. 2,
p. 129 et 130.)

Le recteur de l'université interjeta appel de ces lettres et
de leur exécution au futur concile, et fit enregistrer cet appel au Châtelet.

L'opinion du parlement de Paris n'était pas douteuse. Le
premier président de La Vacquerie (2) se rendit auprès du

---

(1) 1464.

(2) Jean de la Vacquerie avait été nommé premier président au parlement de Paris par Louis XI. Il exerça cette charge jusqu'à l'époque de son
décès en 1497. Il s'en était acquitté avec tant de désintéressement qu'il ne
laissa pas même de quoi établir ses trois filles. Louis XI leur assigna une
dot convenable à l'état qu'avait exercé leur père, et pourvut à leur établissement.

roi à la tête de toutes les chambres, et lui dit: « Sire, nous
« venons remettre nos charges entre vos mains et souffrir
« tout ce qu'il vous plaira plutôt que d'offenser nos conscien-
« ces. »

Louis XI révoqua, bientôt après, son édit, et recommanda
même l'exécution de la Pragmatique-Sanction, qui continua
sans obstacle d'être exécutée comme loi de l'État jusqu'au
règne de François 1er ; et, lors de la présentation du concordat, les parlemens n'oublièrent pas le généreux exemple de
leurs prédécesseurs.

REMONSTRANCES

FAICTES AU ROY LOYS ONZIÈME DE CE NOM

PAR SA COUR DE PARLEMENT, EN L'AN 1461.

En obeissant, comme raison est, au bon plaisir du Roy nostre sire, qui, voulant tousjours és grands affaires du royaume proceder en grande et meure deliberation, a mandé puis n'agueres à sa cour de parlement l'advertir des plaintes et doleances que raisonnablement on pourroit faire de la cassation que l'on dict avoir esté des decrets, constitutions et ordonnances appellées la Pragmatique-Sanction, et aussi de l'adnullation de certaines ordonnances par lui faictes, conformes ausdits decrets, ladite cour a cy recueilly lesdites plaintes et doleances avec les remedes convenables, le Roy tousjours demourant en bonne obeissance telle qu'un vray catholique, roy tres-chrestien, doit au Sainct-Siege apostolique. Pour lesquelles plaintes et doleances remonstrer, et dudit remède advertir le Roy et son conseil ainsi qu'il mande, icelle cour a baillé charge à maistre Jean Loselier et Jean Henry, conseillers dudit seigneur, et presidens en la chambre des enquestes.

I. — Et premierement, pour entendre lesdits griefs et plaintes, est à supposer qu'au royaume de France, sur tous les royaumes chrestiens, la foy catholique depuis la susception d'icelle et mesmement dès le temps de Clovis, premier roy chrestien, a tousjours flory et prosperé, sans quelconque erreur et deviation, et a esté le nom de Dieu exaucé, et son

Eglise entretenue en sa liberté, et le service divin augmenté par la fervente devotion et bonne protection et garde des roys. Et tellement qu'iceux roys tres-catholiques, qui ont tousjours de plus en plus en icelle foy catholique persevere par fervente devotion en l'honneur et reverence de Dieu, ont tresliberalement et tres-largement donné de leurs biens, aumosné et distribué pour la construction et edification des tressompueux edifices d'eglises, dotations et fondations d'icelles ; et aussi ont labouré à la protection et defense de la foy catholique, et ont par ce moyen acquis par excellence ce tresglorieux et excellent nom de roy tres-chrestien, en quoy ils excellent sur tous les autres roys catholiques.

II. — Item, est aussi à considerer qu'il n'y a royaume qui tant abonde en notables abbayes et eglises, ne où elles soyent de si sompueux edifices en si grand nombre, ne où il y ait si grande multitude de personnes ecclesiastiques, où les benefices soyent aussi grandement fondés et doués comme ils sont en ce royaume tres-chrestien, le tout procedant de la liberalité des roys et princes d'icelluy royaume, et devotion du tres-devot peuple à eux sujet.

III. — Item, au Roy nostre souverain seigneur, qui est le principal fondateur, protecteur, gardien et defenseur des libertez d'icelle Eglise quand elle seuffre en ses libertez, appartient assembler et convoquer les prelats et autres gens d'Eglise, tant du royaume que du Dauphiné, et icelle assemblée et appellée congregation de l'Eglise gallicane faite, et presider aux entreprises lesquelles peuvent estre prejudiciables ausdites libertez, remedier, comme dict sera cy apres.

IV. — Item, qu'à icelles assemblées de l'authorité que dessus, par grande deliberation de messeigneurs du sang, des gens d'Eglise, et autres sujets du Roy, des grands travaux molestes, inquietations et occupations que leur faisoyent ceux de cour de Rome (par quoy le royaume estoit tres-fort appauvry), ont esté faites plusieurs belles et notables ordonnances de grande authorité, qui ont esté, le temps passé, gardées et observées le plus qu'on a peu.

V.—Item, et entre les autres, l'an mil deux cens soixante huit, par le roy Sainct-Loys fut faite une ordonnance et edict general, par lequel il veut et ordonna qu'on pourveust par elections aux prelatures et dignitez electives, et par collations et presentations des collateurs et patrons aux benefices non electifs, et que toutes exactions et charges, importunitez de pecunes imposées ou à imposer par cour de Rome, en ce royaume, cessassent, ne fussent aucunement levées et exigées, comme ces choses et autres plus à plein apparent par les ordonnances du roy Sainct-Loys, qui fut de telle renommée que chacun sçait.

VI.—Item, que lesdites ordonnances ont esté long-temps observées et gardées ; et pour ce que par laps de temps ceux de cour de Rome s'efforçoyent de faire plusieurs entreprises et usurpations contre lesdites libertez de l'Eglise gallicane, le roy Charles sixiesme, par deliberation de messeigneurs du sang, et de plusieurs prelats, chapitres, abbez, convens, colleges, universitez, et autres gens du royaume et du Dauphiné, en l'an 1406, ordonna que ladite Eglise de France seroit reduite, et la reduisit à ses libertez anciennes et franchises, et qu'en ladite liberté elle seroit perpetuellement maintenue et gardée, laquelle ordonnance fut publiée et enregistrée en ladite cour, l'an 1407.

VII.—Item, et avec ce, vray est qu'audit an 1407, pour ce que le pape Benedict, ses gens et officiers, avoyent fait et faisoyent en ce royaume plusieurs grandes exactions de pecunes, les prelats de ce royaume en firent plainte au roi, et fut ceste matiere ventilée en ladite cour du parlement, en laquelle comparut l'université de Paris, et proposa grandement et notablement en ladite matiere. Et le samedy septiesme jour de novembre requist que substraction fust faite audit pape Benedict, et que l'on fist cesser lesdites exactions. Pareillement le requist le procureur-general du Roy. Et outre requist que les pecunes receuës fussent restituées, et que doresnavant inhibition et deffense fust faite qu'on ne fist telles exactions en ce royaume.

VIII. — Item, est à noter que lesdites requestes et conclusions furent prinses par le procureur-general du Roy, et l'université de Paris, à ce presens les officiers de la chambre apostolique du pape, qui requirent ce que bon leur sembla.

IX. — Item, que, parties ouyes, elles furent appointées en arrest, et tout veu par ladite cour, fut dict par arrest d'icelle que telles exactions d'annates et vacans, et aussi decimes que ledit pape Benedict s'efforçoit faire lever sur lesdits sujets du royaume, cesseroyent, et que deffense seroit faite que desdits arrerages on ne payast aucune chose, et que ceux qu'on auroit excommuniez à cette cause en seroyent relaxez : comme ces choses et autres peuvent plus à plein apparoir par ledit arrest, prononcé audit an mil quatre cens sept, l'unziesme jour de septembre.

X. — Item, que le Roy depuis fist une ordonnance conforme audit arrest, et voulut que ledit arrest fust gardé comme loy et ordonnance perpetuelle : comme plus à plein appert par ladite ordonnance, qui fut publiée en ladite cour le quinziesme jour du mois de may, l'an mil quatre cens huict.

XI. — Item, et consequemment en l'an 1418, au mois de mars, *de consilio prælatorum, gentium ecclesiasticarum regni propter hoc congregatarum,* fut faite une ordonnance pour entretenir ladite Eglise de France en sesdites libertez et franchises, par laquelle fut ordonné que toutes reservations et graces apostoliques, et aussi toutes exactions

de cour de Rome, cesseroyent, comme appert par ladite ordonnance.

XII. — Item, et pour ce qu'audit an 1418, aucuns s'efforçoyent d'obtenir lettres en la chancellerie pour faire revoquer ladite ordonnance, le procureur du Roy s'opposa
formellement en ladite cour de parlement. à ce qu'aucune
lettres revocatoires desdites ordonnances fussent octroyées.

XIII. — Item, et lesquelles choses demonstrent que les
roys, messeigneurs du sang, les prelats et gens d'Eglise de
ce royaume, le procureur-general, et conseil du Roy de ladite cour de parlement, ont tousjours tendu, pour le bien du
Roy et du royaume, de faire entretenir ladite Eglise de France
en sesdites libertez, et qu'aucune chose ne fust faite contre
lesdites libertez.

XIV. — Item, qu'en ensuyvant lesdites ordonnances anciennes et deliberations dessusdites, et aussi plusieurs notables decrets faits par l'Eglise universelle és saincts conciles
de Constance et Basle, conformes aux decrets anciens et
ausdites ordonnances, le feu roy Charles septiesme (à qui
Dieu pardoint), le roy lors dauphin present, et plusieurs de
messeigneurs du sang et de la plus part des prelats de ce
royaume et du Dauphiné, et des universitez, chapitres et
colleges, mesme ouys sur ce les ambassadeurs de nostre Sainct-
Pere, et aussi les ambassadeurs du sainct concile, en tout ce
qu'ils voulurent dire, accepta lesdits decrets anciens, et modifications sur ce faites par le Roy et ladite Eglise de France,
et manda les garder et observer comme loy et ordonnance.
Et fut ladite loy faite à Bourges l'an 1438.

XV. — Item, et laquelle loy print son essence, force, et
authorité sur lesdits decrets faits és saincts conciles où pre-
sidoit le pape, ou son legat pour luy, qui fut lors, a esté,
et est reputé grand'chose ; attendu que les roys qui ont esté

le temps passé n'eurent oncques, ne n'avoyent eu aucunes loix ou ordonnances faites en semblables matieres, qui eussent ou ayent prins authorité de l'Eglise universelle que celle qui fut faicte dernierement à Bourges l'an 1438.

XVI. — Item, et que depuis celuy temps le royaume, graces à Dieu, a tousjours prosperé de bien en mieux, en grande gloire et authorité, craint et douté de ses ennemis, et iceux ennemis expulsez des pays de Normandie et Guyenne, a en tous biens abondé jusques au temps present, et encore fera se Dieu plaist.

XVII. — Item, et laquelle loy ou ordonnance a esté gardée jusques puis quatre ans, et par le temps de vingt deux et vingt trois ans a duré. Et ce pendant ont esté pourveus notables prelats, et autres gens d'Eglise, qui ont jouy et usé de leurs benefices paisiblement, et sans inquietations, et dont les aucuns pour leur saincteté, *post obitum suum claruerunt miraculis,* comme le feu evesque d'Angiers Michel, l'archevesque d'Arle, et autres plusieurs prelats.

XVIII. — Item, que ces choses presupposées, pour particulierement monstrer le mal qui se peut ensuyr, et la plainte que raisonnablement on peut faire de la cassation desdites constitutions, et de soy departir de l'authorité desdits saincts decrets, et de l'ordonnance du Roy, conforme à iceux, est à considerer que de ladite cassation, et de soy departir d'iceux saincts decrets, quatre maux ou inconveniens irreparables s'en peuvent clairement ensuyr, pour obvier et remedier ausquels lesdites constitutions et decrets furent establis et ordonnés.

XIX. — *Primum est, totius ordinis ecclesiastici confusio. Secundum est, subditorum regni depopulatio. Tertium est, pecuniarum regni evacuatio. Quartum est, ecclesiarum ruina, et totalis désolatio.*

XX. — Item, et avant que proceder outre, proteste ladite cour que, par chose qui dicte sera cy apres, n'entend deroguer à l'excellente saincteté, dignité, honneur et authorité de nostre Sainct-Pere le pape, et Sainct-Siege apostolique, ainçois tout honneur et reverence, et obeyssance que bons et loyaux catholiques doyvent au souverain pasteur de l'Eglise, luy voulant comme vrays enfans de l'Eglise rendre et exhiber, protestant que, s'il y a chose qui ayt besoin de correction, de le submettre du tout à la determination de l'Eglise, *quæ errare non potest, juxta. ca. recta. 24. q. 1.*

XXI. — Item, et pour descendre *ad primum inconveniens,* il est certain que, *electionibus et collationibus ordinariorum sublatis, reservationibusque et gratiis expectativis locum habentibus, ac causis in primá instantiá ad curiam romanam vel præter appellationem devolutis annatis, et vacantibus sine ordine et mensurá perceptis et beneficiis in curia Romana offerentibus collatis, nihil aliud restat in regno nisi totius ordinis ecclesiastici confusio. Totus enim ordo ecclesiasticus confunditur, cum sua unicuique jurisdictio non servatur,* 11. q. 1. c. *pervenit.*

XXII. — Item, et pour obvier à icelle confusion, et à un chacun garder et observer ce qui est sien, c'est à sçavoir aux chapitres le droit d'eslire, aux patrons le droit de presenter, et aux ordinaires de conferer, et des causes, *nisi sint majores,* en premiere instance cognoistre et decider, et autres causes des susdites. Furent icelles constitutions et decrets par sentence establis et ordonnez de par le Roy, et de par l'Eglise universelle, esdits conciles de Constance et de Basle.

XXIII. — Item, et n'est point à douter que le Roy, qui est principal fondateur, protecteur, gardien et deffenseur des eglises de son royaume, licitement peut, *imo* est tenu de labourer de tout son pouvoir à l'entretenement desdites constitutions et decrets , par lesquels est pourveu aux quatre inconveniens dessusdits. Et quand les sujets du Roy, par faute de l'entretenement d'iceux decrets et constitutions, ou par cassation d'icelles, escherroyent és maux et inconveniens dessusdits , auroyent matiere de recourir au Roy, pour luy supplier d'y donner provision et remede convenable.

XXIV. — Item, et pour monstrer qu'aux colleges appartient eslire aux prelatures, et par consequent qu'à tenir la main à icelles n'est derogué à l'authorité du Sainct-Siege apostolique, est à sçavoir que, *sicut ad contrahendum matrimonium corporale requiritur consensus , sic ad matrimonium spirituale.* Or il est ainsi que *episcopus est sponsus Ecclesiæ.* Ainsi, en terme de raison, faut que *consensus sponsæ,* qui est *Ecclesia , per electionem accedat.*

XXV. — Item , et n'est point à douter que par ceux du college qui cognoissent les merites des personnes et la qualité de la prelature sera mieux pourveu au benefice par election que ne seroit en cour de Rome.

XXVI. — Item, et mesmement que quand les elections sont faites, l'on fait information *de vita et moribus electi, sunt admissi omnes se opponere volentes ad confirmationem.* Par quoy est mieux approuvée la personne de l'esleu que ne seroit par promotion en cour de Rome , où l'on ne cognoist pas si bien les merites des personnes que l'on fait au lieu du benefice.

XXVII. — Item, et de tant que l'evesque est approuvé par les eslecteurs et confirmé par le metropolitain , apres les edits et informations faites, le peuple l'a en plus grande estimation et reverence; sa doctrine, sa vie peut estre de plus grande edification et exemple, et plus grande union et amour *inter sponsam et sponsum, quam si invitæ Ecclesiæ daretur sponsus in curia.*

XXVIII. — Item, et à ceste cause, combien que sainct Pierre *esset vicarius Christi et caput Ecclesiæ*, toutefois, apres la mort Judas, l'un des apostres, les autres procederent par election, et *sors cecidit supra Matthiam, ut in Actis apostolorum.*

XXIX. — Item, depuis, pape Pius, premier de ce nom, qui fut sainct et martyr, et presida en saincte Eglise l'an 154 aprcs la nativité Nostre Seigneur, fist le decret qui s'ensuyt : *Nullus in ecclesiâ ubi duo vel res in congregatione fuerint, nisi eorum electione canonicâ, præsbyter eligatur. Si vero aliter quis Ecclesiam adeptus fuerit, eo quod per cupiditatem illam acquisierit, atque aliter quam secundum canonicæ regulæ disciplinam egerit, expellatur. de elect. c. 1. in antiquis.*

XXX. — Apres, pape Leon, premier de ce nom, qui fust sainct et confesseur, fist un autre decret qui est tel : *Nulla ratio sinit ut inter episcopos habeantur qui nec à clericis sunt electi nec à pluribus expetiti, nec à comprovincialibus episcopis cum metropolitani judicio consecrati. c. nulla. 72. dist.*

XXXI. — Item, les saincts canons faits à Antioche par l'Eglise universelle, l'an 340, ordonnerent ce qui s'ensuyt : *Servetur autem jus ecclesiasticum id continens, non aliter oportere fieri, nisi cum synodo et judicio episcoporum, et electione clericorum, qui post obitum quiescentis potestatem habent eum qui dignus extiterit, eligere et promoverte. 8. q. 1. c. episcopo. 1.*

XXXII. — Item, par autres saincts canons faits par ladite Eglise à Carthage, fut ordonné ce qui s'ensuyt : *Sed nec ille*

I·

deinceps sacerdos erit, quem nec clerus nec populus pro-priæ civitatis elegit, vel autoritas metropolitani, vel quem provincialium sacerdotum assensus non exquisivit. 51. *distin. c. qui in aliquo.*

XXXIII. — Item, ladite Eglise, par autres decrets faits à Constantinople, apres la nativite Nostre Seigneur, l'an 867, fit entre autres choses le decret qui s'ensuyt : *Promotiones et consecrationes episcoporum concordans prioribus conciliis, clericorum electione ac de certo episcoporum collegio fieri hæc sancta synodus universalis diffinit et statuit, atque jure promulgavit.*

XXXIV. — Item, et par autres saincts canons faits à Rome à Sainct-Jean-de-Latran ; par pape Innocent tiers, l'an mil deux cens cinq, où qu'il avoit 1336 prelats, fut ordonné en ensuivant les saincts canons dessusdits, certaine forme de proceder és elections ; et se les eslisans estoyent negligens de ce faire par trois mois, que la puissance d'y pourvoir fust devolue au souverain immediat, *ut habetur in c. quia propter. et c. ne pro defectu. de electi. in ant.*

XXXV. — Item, les roys anciens, desirant que les eglises de leur royaume fussent bien ordonnées, sçachant que la voye d'election estoit la plus convenable et utile voye que l'on peut tenir à pourvoir aux prelatures, ont tousjours labouré pour le bien de leur royaume à ce que les elections eussent lieu, comme on lit *in Vincent. specu. hist. lib.* 22 et 25 de Clovis, premier roy de France chrestien, qui, l'an 400, appellez plusieurs prelats de son royaume en la ville d'Orleans (entre lesquels estoit sainct Melaine), ordonna les elections et confirmations des prelatures et autres dignitez de son royaume estre faites selon les anciens canons.

XXXVI. — Item, pareillement ordonna Justinien l'empereur, zelateur du bien de l'Eglise, *ut scribitur l. si quem-*

quam. c. de epi. et cler. modo qui sequitur : Si quemquam in hac urbe regia, vel in ceteris provinciis quæ toto orbe diffusè sunt, ad episcopatus gradum provehi, Deo auctore, contigerit, puris hominum mentibus, nuda electionis conscientia, sincero omnium judicio proferatur.

XXXVII. — Item, pareillement le roy Charlemaigne fit l'ordonnance qui s'ensuyt : *Sacrorum canonum non ignari, ut in nomine Dei sancta Ecclesia suo liberius potiatur honore, assensum ordini ecclesiastico præbemus, ut scilicet per electionem cleri et populi secundum statuta canonum de propriâ diocesi, remota personarum et munerum acceptione, ob vitæ meritum et sapientiæ donum eligant, ut exemplo vel verbo sibi subjectis usquequaque prodesse valeant.* Laquelle ordonnance ont les Saincts-Peres de mot à mot canonisée, et en ont faict decrets incorporés *in volumine decretorum, 63 dist. c. sacrorum.*

XXXVIII. — Item, le roy Philippe Dieudonné, ayeul de Monsieur S.-Loys (autrement dit le Conquérant, pour ce qu'en son vivant il reduisit en son obeissance et de la couronne la duché de Normandie et de Guyenne, les comtés d'Anjou et de Poictou, du Maine et de Touraine, et de Ponthieu, et pour lequel fist Dieu miracles evidens, comme on treuve en escrit), par son testament et ordonnance faits par avant le voyage qu'il fist outre mer pour le secours de la Terre-Saincte, voult et ordonna que les chanoines des eglises cathedrales et les religieux des abbayes de ce royaume procedassent par election, et à leur pouvoir eleussent personnes qui à Dieu pleussent, et fussent profitables à l'Eglise et au royaume.

XXXIX. — Item, aussi on trouve plusieurs chartres anciennes, que plusieurs fondeurs ont expressement ordonné, qu'apres le decés des prelats d'icelles eglises, fust pourveu à icelles par election, lesquelles fondations ont esté depuis confirmées par les Saincts-Pères de Rome.

XL. — Item, et que depuis le commencement de l'Eglise jusques aux temps de monsieur Sainct-Loys l'on ne trouve point que des benefices electifs les Saincts-Peres se soyent entremis, ne qu'ils ayent en quelque maniere empesché ne molesté les eliseurs en leur liberté d'elire; *imo* ont de tout leur pouvoir labouré par constitutions notables à donner forme et ordre à icelles elections et postulations, à ce que fust pourveu de personnes idoines, comme en plusieurs parts du decret, *et per totum titulum de elec. in anti. imo* en matiere de postulations, *postulatione cassatâ, remittebant ad eligentes negotium, ut iterùm eligerent. C. bona. d. postu. præla.* Et lors l'Eglise florissoit; religions, fondations se multiplioyent, la foy catholique exaltoit, et tous les biens spirituels et temporels abondoyent en ce royaume.

XLI. — Item, et pour ce qu'au temps de monsieur Sainct-Loys ceux de Rome commencerent à vouloir empescher les elections, donner cours aux dessusdits inconveniens, monsieur Sainct-Loys, comme prince catholique, zelateur de la religion chrestienne, protecteur, gardien, defenseur des libertez des eglises de son royaume, et par bon advis et conseil, fit un edict et ordonnance; et entre les autres choses ordonna les elections avoir cours en sondit royaume qui avoyent eu cours des le temps dessusdit, et obvia au mal confusion dessusdite. En quoy sondit royaume fut encouru, si le droict de et inconvenient de la liberté d'élire n'eust esté gardé et conservé.

XLII. — Item, et consequemment le roy Loys-Hutin, l'an 1315, confirma ladite ordonnance du roy Sainct-Loys et celle du roy Philippes-le-Bel, qui par avant avait fait semblable ordonnance. Et depuis, le roy Jean, en l'an mil

trois cens cinquante un, conferma ladite ordonnance de sondit grand-ayeul Philippes.

XLIII.—Item, depuis ont ceux de Rome de tout leur
pouvoir tasché à rompre lesdites elections : par quoy les
roys tres-chrestiens par notables congregations et assemblées
y ont obvié et remedié, comme dict a esté cy-dessus. Ainsi
appert bien que les roys ont interests qu'il ne soit procedé
par election, car si les elections n'ont lieu, le Roy pert ceste
belle prerogative qu'il a de donner puissance d'eslire.

XLIV.—Item, l'authorité, preeminence, et aussi prerogative, est fondée *in C. ego Ludovicus. 63. di.*, auquel chapitre est recité que comme à Charlemaigne eust esté donné
privilege *eligendi summum pontificem. C. Adrianus*, iceluy roy Loys-Debonnaire se departir d'iceluy droict, toutes fois luy estoit reservé et concordé *quod si à clero et
populo quis eligatur, nisi à rege investiatur et laudetur,
non consacretur.* Au lieu de laquelle investiture est succedé
le droict de la regale, et la licence et congé que le roy donne
de proceder à l'election aux eveschés.

XLV.—Item, mais nonobstant lesdites ordonnances, tousjours ceux de Rome s'efforçoyent usurper et entreprendre
sur lesdites ordonnances, et confondre toute la hierarchie
de l'Eglise par reservations et graces expectatives, tellement
que, par la grande difformité et confusion *in Ecclesia Dei*,
convint que l'Eglise, *dignè saltem in Spiritu Sancto legi-
timè congregata*, par generale reformation *capitis et mem-
brorum*, abolist toutes reservations et graces expectatives,
et donna *liberum cursum* aux elections et collations, à laquelle generale reformation *quicumque cujuscumque di-
gnitatis, etiam papalis, super præmissis obedire contuma-
citer contempserit, nisi resipuerit, condignæ pænitentiæ
subjiciatur : quod est valdè notandum.*

XLVI.—Item, quant à la disposition des benefices collatifs, clerement aux ordinaires appartient la collation, *c.*
regenda. C. noverit. c. x. q. 1. et de officio or. per totum.
Aussi quand le pape baille une expectative ou mandement
de providendo, adressant à un evesque, dict tousjours en sa
bulle : *Cujus collatio jure ordinario ad te spectat.* Et par
ainsi de leur oster ladite collation en tout ou partie n'est
point à douter qui seroyent grevez, et auroyent matiere d'eux
plaindre, et en auroyent recours au roy leur protecteur ,
garde et defenseur.

XLVII.—Item, encores attendu la maniere d'y pourvoir,
c'est à sçavoir par reservations et graces expectatives, *a b-*
horreret. Car c'est *dare materiam machinandi in mortem*
alterius, quod jura valdè detestantur. Cum enim in ipsis
etiam legibus gentilium inveniatur inhibitum. c. de pact.
l. fi. turpe est, et divini plenum animadversione judicii ,
si locum in Ecclesia Dei futuræ successionis expectatio ha-
beat, quam ipsi etiam gentiles condemnare curaverunt
in consilio lateranensi , extrà , de concessio. præben. et
ec. non vac. c. nulla.

XLVIII.—Item, mais aussi par experience, et depuis ladite rompture, on a peu voir et cognoistre la grande confusion qui est és graces expectatives, tant par multiplication
d'icelles qu'aussi par les prerogatives, cavillations et autres choses derogatives que l'on appose ausdites bulles,
qui le plus souvent, pour obscurité des choses, font des
procés infinis. Et combien que pape Pius dernier trespassé
eust declaré que ne seroyent expediées que deux bulles à
une collation , toutesfois on en a veu aucunes fois expedier
plus de dix, voire plus de douze.

XLIX.—Item, et veritablement avant les decrets y avoit
si grande confusion, qu'au diocese d'Angiers furent trouvés

en un an, comme l'on dit, six cens graces expectatives, et en plusieurs autres dioceses pareillement.

L.—Item, et toutes fois au temps d'icelles se le pape fust decedé, eussent esté inutiles, parce que le pape à sa nouvelle assomption peut revoquer toutes graces expectatives, et par ainsi d'un diocese seulement estoit levé à vingt escus chacune bulle, en contant les fraiz d'impetrer, et eust eu perte de xij cens escus, et encores pourroit le cas advenir.

LI. — Item, *etiam tempore Martini*, estoit ladite confusion. Et pour obvier à icelle furent faictes lesdites constitutions et decrets, en laquelle somme escheus incontinent apres la cassation, ou departement d'iceux decrets.

LII.—Item, et pour autre raison doit estre pourveu aux benefices : car n'est point à douter que l'ordinaire qui est sur le lieu, et a cognoissance des merites des personnes et qualitez des benefices, y pourvoira mieux que l'on ne fera en cour de Rome.

LIII. — Item, et selon dict que les ordinaires pourvoyent aucuns non idoines, il y a remede baillé par lesdits decrets, *juxtà. c. grave. de præben. et subjiciuntur correctioni et graviter puniuntur.* Mais, se le pape pourvoit indignes, *aut minùs idoneos*, qui lui dira *cur ità facis? Nemini subest.* Comme il dit aussi, seront par le pape pourveus estrangers du royaume, et non des pays où sont les benefices, qui ne seront des mœurs et conditions des pays. Par quoy s'ensuyroit differences et questions entre les gens d'Eglise ou seculiers, au grand detriment du salut des ames, et irreverence des saincts sacremens.

LIV.—Item, et aussi par les decrets est pourveu *graduatis et viris litteratis.* Et s'il y a aucune obscurité *in decreto, fiat ejus declaratio ad utilitatem regni et subditorum, non discedendo ab auctoritate decreti.*

LV. — Item, et avecques ce quand sera le bon plaisir du roy, *stantibus decretis,* pourroit estre donné tel ordre *in distributionibus beneficiorum per ordinarios conferendorum;* que les serviteurs du roy seroyent legerement pourveus et à moindres frais qu'en cour de Rome, et les supposts des universitez bien pourveus en declarant *per menses turnum debitum gratuatis,* comme avoit intention de faire le roy trespassé. Et à ceste fin auroit conclu assembler l'Eglise gallicane.

LVI. — Item, et aussi auroit le roy mieux à pourvoir ses serviteurs à prelatures par elections, en recommandant notables personnes aux elisans, que voulentiers (comme est à croire) compleroyent au Roy nostre sire.

LVII. — Item, et se on vouloit dire qu'il est convenable que nostre Sainct-Pere ait la disposition d'aucuns benefices collatifs, pour pourvoir ses familiers, et aucuns grands gens, dont d'aucuns a besoin *in arduis,* semble assez estre pourveu par lesdits decrets, qui lui laissent *omnia beneficia reservata reservatione in corpore juris clausa.* Aussi avecques ce *ubi sunt decem beneficia, unum ad vitam, et ubi quinquaginta duo, juxta. c. mandatum.* Par quoi pourroit pourvoir à grand nombre de personnes et sans confusion, et sans usurper *jura ordinariorum.*

LVIII. — Item, et quant aux causes, *exceptis majoribus,* il est clair que, *pro bono regni et subditorum, debeant tractari coram ordinariis,* et de leur oster leur jurisdiction auroyent cause d'eux plaindre. Or il est ainsi que pour obviey à ce que lesdites causes ne fussent traictées en cours de Rome, ainsi que paravant estoient, lesdites constitutions et decrets furent faits : *quare sequitur* que soy en departir serait ouvrir l'huis, et donner entrée ausdits inconveniens.

LIX. — Item, aussi les Saincts-Peres successeurs de sainct

Pierre doivent laisser aux evesques leur jurisdiction ordinaire, comme fit monseigneur sainct Pierre que jaçoit ce qu'il fust present en Jerusalem; sainct Jacques *episcopus loci protulit diffinitivam sententiam super quæstione legalium.* Et dict l'histoire, *quia quæstio erat mota, non poterat ad alium transferri, nisi per appellationem : ideo protulit sententiam. Hæc Vincentius specul. hist. ca.* 9.

LX. — Item, et à la verité, n'estoyent lesdites constitutions, n'y auroit personne d'Eglise seur en son estat; et par experience l'on a peu cognoistre comme ceux de cour de Rome en ont usé depuis la cassation faite par le roy : car non pas seulement entreprenoyent la cognoissance des causes ecclesiastiques, *imo etiam* des causes possessoires, dont la cognoissance appartient au Roy, et aussi des regales, dont la cognoissance appartient au Roy, et à sa cour de parlement, comme l'on a veu en plusieurs cas particuliers, pour lesquels la cour envoya par-devers le Roy, lors estant à Guyenne, et y pourveust le Roy par notables ordonnances enregistrées et publiées en ladite cour.

LXI. — Item, et non pas seulement estoyent molestez les gens d'Eglise par citations en cour de Rome, mais estoyent les seculiers, comme fut le barbier de devant Sainct-Denys de la Chartre, qui perdit son fils en cour de Rome par peste, et depuis fut le pere cité en cour de Rome *pro debitis filii,* et aussi maistre Jean Dargonges, advocat du Roy.

LXII. — Item, quant au second mal qui fut cause desdits decrets, et auquel on escherroit qui se départiroit d'iceux, c'est *subditorum regni depopulatio.* En quoy le roy a tres-grands interests, *quia in latâ gente gloria regis est, in diminutione plebis contrarium. ut prov.* 14. c. *canitur, in multitudine populi, dignitas regni ; et in paucitate plebis, ignominia principis.*

LXIII.—Item, et pour ce monstrer, il est vray que para-vant lesdits decrets et constitutions, à l'occasion de ce que les reservations et graces expectatives avoyent cours, et que les causes estoyent traictées en cour de Rome, les subjets du royaume en grand nombre delaisserent le royaume, al-lerent en cour de Rome, les uns servir cardinaux, les autres officiers, les aucuns sans servir y despendirent la substance de leurs parens pour obtenir aucune grace, et les autres en grand nombre pour vexer et travailler ceux qui estoyent de-mourans par de çà pour avoir leurs benefices; et tellement que, tant par la fatigation du chemin et peril du chemin que par la peste qui est souvent à Rome, la plus part de ceux qui y allerent decedoyent, et ceux qui eschapoyent des-dits perils tellement molestoyent par citations les anciens, impotens, ou non puissans d'eux defendre qui residoyent sur leurs benefices, qu'à cause desdits molestes en abre-geoyent leurs jours, et mouroyent avant le commun cours de nature.

LXIV.— Item, les autres ambicieux des benefices, si es-puisoyent les bourses de leurs parens et amis, tellement qu'ils demouroyent en grande mendicité et misere, qu'aucunes fois estoyent cause de l'abreviation de leurs jours, et tout le fruit qu'ils emportoyent, c'estoit pour or du plomb. Et quand cuidoyent par leurs graces estre pourveus, venoit un autre qui apportoit une annullation, et aucunes fois se trouvoyent dix ou douze acceptans un benefice. Et sur le debat qui s'en mouvoit, il convenoit retourner, pour plaider à Rome, tousjours à la vexation des subjets du Roy, et à *la depopula-tion* du royaume.

LXV.—Item, et qui pis est, estoyent les universitez depo-pulées de gens, car tout alloit à Rome. Pour obvier à laquelle depopulation furent faites lesdites constitutions et decrets. Et n'est point à douter que soi departir d'iceux seroit renchoir ausdits inconveniens, ausquels, par si grand labeur, nos predecesseurs, par lesdits decrets, et par constitutions faites en grandes et notables assemblées, ont voulu obvier et remedier.

LXVI. — Item, que soy departir desdits decrets seroit rencheoir ausdits inconveniens, on l'a veu et cogneu par la cassation que cuydoient faire de la Pragmatique, par la grande affluence des sujets qui alloyent en cour de Rome, combien qu'encores ladite rompture ne fust publiée en ladite cour. Et par ce on peut juger et cognoistre que, si elle eust esté cassée, authorisée et publiée en ladite cour, que multitude infinie des subjets du Roy eussent vuidé le royaume.

LXVII. — Item, et quant au tiers, qui concerne l'evacuation des pecunes de ce royaume, pour obvier à laquelle evacuation lesdites constitutions furent faites, c'est un article en quoy le Roy et tous ses subjets ont tres-grand interest, et leur touche *visceraliter*. Car, comme dit le pape Philippe : *Numisma est mensura omnium rerum, et fidejussor proqualibet re quâ indigemus.* Et sans deniers il est impossible que ce royaume fust defendu, ne les gens de guerre souldoyez, ne justice entretenue.

LXVIII. — Item, et si lesdits decrets n'avoyent lieu, encores s'en iroyent par an plus d'un million. Car, à considérer le grand nombre des eveschez, archeveschez, abbayes et autres benefices qui sont en ce royaume sans nombre, faut, et si convient dire, qu'infiny argent s'en iroit à Rome, tant pour les vacans qu'autres taxes et imposts, graces expectatives, procés, comme pour le voyage d'aller, ou envoyer, sejourner, et mesmement qu'il n'y a si petit benefice qui ne chée sous grace, et aussi sur une petite collation. Et si nous voyons par experience dix ou douze bulles expediées, et n'y aura nul qui ait de quoy, qui ne se mette en avant pour cuider avancer son fils, ou son parent, et souvent leur parent et leur argent.

LXIX. —Item, et aussi s'en iroit argent, pour ce que les cardinaux acceptent toutes les notables abbayes et benefices jusqu'aux eglises parrochiales, et archidiaconez inclusifs ; et s'en vont les revenus desdits benefices en cour de Rome, sans jamais en retourner : car le Pape leur succede.

LXX. — Item, mais de la vexation desdits vacans, outre ledit mal d'evacuation de pecunes, depend autre mal tresprejudiciable à tout le royaume. Car aux prelatures ne seront pourveus sinon ceux qui auront de l'argent, et seront delaissez les vertueux, *et benè meriti, quod est valdè notandum*. Et à quoy les empereurs catholiques ont voulu obvier, et par loy et constitution civile, *ut Justianus dicta l. si quemquam, præallegata, in quâ sic inquit : Nemo gradum sacerdotii pretii venalitate mercetur ; quantum quisque mereatur, non quantum dare sufficiat, estimetur, profectò enim quis locus tutus, et quæ caussa esse poterit excusata, si veneranda Dei templa pretiis expugnantur? Quem murum integritatis, aut vallum fidei providebimus, si auri sacra fames in penetralia veneranda proserpat? Quid deinde cautum esse poterit, aut securumi, si sanctitas incorrupta corrumpatur. Cesset altaribus imminere prophanus ardor avaritiæ, et à sacris adytis expellatur piaculare flagitium. Itaque castus et humilis nostris temporibus elegatur episcopus, ut quocumque locorum pervenerit, omnia vitæ integritate purificet ; non pretio, sed precibus, ordinetur antistes. In tantum ab ambitu debet esse sepositus, ut queratur cogendus, rogatus recedat, invitatus effugiat ; sola illi suffragetur necessitas excusandi. Profectò enim indignus est sacerdotio, nisi fuerit ordinatus invitus. Cum sanè si quis hanc sanctam et venerandam antistis sedem pecuniæ interventu subisse,*

*aut si quis ut alterum ordineret, vel eligeret, aliquid ac-
cepisse detegitur, ad instar publici criminis, et læsæ ma-
jestatis accusatione propositá`, à gradu sacerdotii re-
trahatur, nec hoc solum deinceps honore privari, sed
perpetuæ quoque infamiæ damnari decernimus.*

LXXI. — Item, et de ce depend autre inconvenient : car
tous ceux qui payent annates ou vacans encourent *pœnam à canone contentam in decreto de annatis*, qui est
que leur provision *est ipso jure nulla : si quis autem contra dictum decretum de annatis et vacantibus non sol-
vendis, promittendo, exigendo vel dicendo contra ire præ-
sumpserit, pœnam incurrit adversus simoniacos afflictam,
ac in ipsis dignitatibus et beneficiis taliter obtentis nullum
jus ac titulum acquirit. Hæc sunt verba decreti confor-
mis legi civili et divinæ.* Soit considéré quel inconvenient
s'ensuyt. Car ils administrent sans titre : et par consequent
ce qu'ils font est nul, qui est peril pour le salut des ames
et de ceux qui reçoivent ordre *ab eis.*

LXXII. — Item, et pour obvier aux autres inconveniens
des susdits, furent advisées les constitutions et decrets ; et
iceux casser n'est autre chose que donner cours à ladite evacuation de pecune, et par experience, *quæ est rerum ma-
gistra,* soit advisé et consideré à l'évacuation qui a esté si
excessive depuis la cassation de ladite Pragmatique; que par
experience l'on cognoisse et appare comment ce royaume
est presque tary, d'or principalement, et ce peut estre assez cogneu en ce que par avant ladite rompture n'y avoit
estal de changes sur le Pont-des-Changeurs, à Paris, qui ne
fust hanté de changeurs, et tous trouvoyent assez à gaigner
à bailler la monnoye pour l'or. Mais depuis ce, que la banque
a tiré et succé des bourses des subjets l'or, tellement qu'il
n'est demouré que monnoye, pour ce est ce que l'on ne va
comme point au change demander la monnoye pour de l'or,

et és lieux sur ledit pont où souloyent les changeurs habiter, n'habite que chapeliers et faiseurs de poupées.

LXXIII. — Item, et pour particulierement monstrer ladite evacuation qui a esté esdites trois années, est à considerer que du temps dudit pape Pius ont vaqué plus de vingt archeveschez et eveschez de ce royaume, pour le vacant desquelles, et aussi pour les propines et autres frais, a esté porté en cour de Rome pour chacune bulle, l'une portant l'autre, six mil escus : somme six vingts mil escus.

LXXIV. — Item, aussi ont vacqué cependant plusieurs grosses abbayes de ce royaume, jusqu'au nombre de soixante ou plus, pour chacune desquelles, l'une portant l'autre, a esté payé et porté hors de ce royaume en cour de Rome, comprins les frais, deux mil escus : somme six vingts mil escus.

LXXV. — Item, et pareillement durant le temps dessusdit, ont vacqué plusieurs gros prieurez, doyennez, prevostez, commanderies et autres dignitez electives sans crosse, jusqu'au nombre de deux cens et plus, pour chacun desquels ont esté portés en cour de Rome cinq cens escus, l'un portant l'autre : somme cent mil escus.

LXXVI. — Item, touchant les benefices collatifs, on trouve qu'au royaume a pour le moins cent mil parroisses habitées, et durant ledit temps n'y a eu celle, l'une portant l'autre, dont il n'y ait eu une personne qui n'ayt levé une grace expectative à quelque benefice, laquelle grace a cousté, l'une portant l'autre, vingt-cinq escus, tant pour le voyage de ceux qui ont esté ou envoyé à Rome pour l'expedition desdites bulles ou graces, les nonobstantes prerogatives, cancellations et autres clauses especiales y comprinses, que pour les procés executiaux faits sur icelles : somme deux millions et cinq cens mil escus.

LXXVII.—Item, et est à considerer que combien que
les exactions fussent grandes, tant en vacans qu'autrement, au temps que lesdites constitutions furent faites,
toutesfois depuis la cassation d'icelles, *tempore Pii*, et de
present sont plus excessives de la moitié. Car lors les
vacans ne se payoient que *ad valorem taxæ*, reduite *ad
mediam taxæ*. Et toutesfois depuis ladite cassation communement les vacans ont esté exigés plus grans que toute la
taxe, voire que la valeur d'une année, voire de deux des
benefices ; et tellement que d'aucuns, comme l'abbaye de
Bernay, furent laissées les bulles à la banque, pour ce qu'on
demandoit deux cens ducats, et l'Abbaye n'en vaut pas deux
cens ; Saint Pharon de Maux à neuf cens, et aussi des graces
expectatives prenoit les deux parts ou le tiers, et plus
qu'on ne souloit.

LXXVIII. — Item, et ne pourra dire notre Sainct-
Pere que, cessans lesdites reservations et graces expectatives, il n'ait pour chacun an grand profit et émolument du
royaume de France plus que de deux autres meilleurs des
chrestiens, car sans ce qui dict est, il prend tant à cause
des vacations des archevechez, eveschez, abbayes, et autres
dignitez et benefices electifs à luy subjets nuement et sans
moyen, dont il y en a grand nombre et des meilleurs, que
des devolutions des autres prelatures, et dignitez, des pre-
ventions des benefices qu'il baille en commande, ou à pen-
sion, de ceux qui sont vacans en cour à Rome par mort,
resignation ou autrement, et qui decedent à deux journées
de ladite cour, des dispenses à deux ou trois bénéfices, ou
quatre incompatibles, des graces à visiter par le procureur,
des legitimations et dispenses sur le defaut d'age et d'estre
bien né, du faict de la penancerie des privileges, des exemp-
tions, des autels portatifs, d'eslire confesseur, de graces de
si neutri et perinde valere, des dispenses sur vices corporels,
de toutes irregularitez, de contracts de mariage en cas deffen-

dus, d'infractions de vœux de pelerinages, de vœux de religion, d'absolutions des cas réservez au pape, protonotariats,
et de promotions de chappelains, et de leurs semblables, et
de l'octroy de pardons et indulgences, et autres plusieurs,
qui montent trop plus de deux cens mil escus par an.

LXXIX. — Item, outre ce que dit est, sont portez en cour
de Rome des deniers de ce royaume, tant d'archeveschez,
eveschez, abbayes, grosses prieurez, et autres benefices de
ce royaume, aux residens en cour de Rome, qui montent bien
chacun an cent mil escus.

LXXX.—Item, somme de l'evacuation qui a esté de l'or du
royaume, comprins lesdits trois cens mil escus qui y vont,
cessant lesdites exactions et reservations, deux millions et
huit cens mil escus.

LXXXI. — Item, et quant au quart inconvenient qui est
de la desolation et ruine des eglises, il s'ensuyt des articles precedens. Car clairement quand les benefices seront
absens comme dict est, l'argent qui se devroit convertir és
reparations sera porté hors du royaume et les residens auront assez à faire à eux rembourser des vacans qu'ils auront
payés. Ainsi demeurent les maisons des eglises en ruine, et
les revenus en non valoir. Et par consequent le service divin
demeura, ou grand detriment du salut des ames des vivans
et des defuncts, et aussi le menu peuple qui a accoustumé
de vivre sous les gens d'Eglise, sera par pauvreté contraint
de laisser le pays, et tout abandonner.

LXXXII.—Item, aussi au moyen desdites reservations pul-
lulent commandes, qui sont l'extreme desolation des eglises.
Et pour ce, fut statué et ordonné dés long-temps que nul,
de quelque estat qu'il fust, ne peut tenir abbaye ou autre benefice eslectif en commande; et l'on voit de present et depuis
ladite cassation, qu'il n'y a gueres notables benefices, abbaye
ou prieuré, qu'il ne soit en commande; comme en l'evesché

de Paris, la plus notable abbaye, et où est la sepulture des rois tres-chrestiens, baillé en commande, et l'argent à Rome porté ; aussi l'abbaye de Sainct-Magloire, de Sainct-Martin-des-Champs, le prieuré de Sainct-Eloy et autres plusieurs.

LXXXIII.—Item, en la province de Rouen, la plus notable abbaye de Sainct-Ouen en commande, le mont Sainct-Michel, Jumiges, Montebourg, Fescamp, Lyre, Sainct-Sauveur d'Yve, Saincte-Catherine, le prieuré de Grammont et autres plusieurs eveschez de ce royaume, et qui plus est indifferemment, quasi de present, ont baillé benefices reguliers, qui est grand esclandre *in Ecclesia Dei.*

LXXXIV.—Item, l'evesché d'Angiers, les abbayes de S.-Aubin, Sainct-Nicolas, Sainct-George, Sainct-Florent, Ferriere, Bourgiel, le prieuré Muault, et de plusieurs autres ; et ailleurs l'abbaye de Clugny, la Chaise-Dieu, Yssoire, Compiegne, L'Isle-Barbe, Sainct-Bartins, Sainct-Jean de Lan, Vendosme et plusieurs autres abbayes, Sainct-Jean d'Angely, Sainct-Supplice de Bourges, Sainct-Vincent, et la Costure pres le Mans, Sainct-Martin d'Autun, et plusieurs autres abbayes, prieurez, archidiaconez, et eglises parrochiales.

LXXXV.—Item, et à cause desdites commandes, mesmement des cardinaux, iceux notables benefices sont perpetuellement affectez en cour de Rome ; pour ce qu'ils vaquent communement en cour de Rome, les revenus des benefices portez hors le royaume, les benefices vont à ruine, cesse toute discipline reguliere és monasteres, le service divin maint deuëment fait, et sans devotion ; qui au prejudice des fondeurs, et substraction des suffrages qu'esperent les ames des bienfaicteurs desdits monasteres et les edifices materiels vont à ruine, aussi vont les edifices spirituels qui sont communs des religieux, qui, par faute de discipline et de pasteur, desmarchent chacun jour de la discipline reguliere, et s'habituent *in latiorem regulam,* et souvent apostatent par faute de pasteur et de conduite, *et sunt sicut oves errantes sine pastore,* tellement que, quand les benefices reviendront à pasteur regulier, il seroit comme impossible de reduire et relever la ruine spirituelle de l'edifice regulier, et aussi la ruine materielle de l'edifice materiel. Et est aujourd'hui la confusion telle, que *non differt regularis à seculari; omnia sunt irregularia.* Et semble aujourd'hui (dont est pitié) que tenir un abbaye est comme tenir une seigneurie prophane à vie, pour ouyr le compte d'un receveur, et prendre le relicqua s'il y en a, et qu'on en peut autant tenir comme on en peut demander.

LXXXVI. — Item, et combien que, quand les decrets furent faits à Constances, *etiam tempore Martini,* y eust grand desordre, toutesfois n'estoit si excessive que de present et se contentoit un cardinal d'une abbaye, et à autre n'estoit baillé commande, mais aujourd'hui *etiam* à simples gens et personnes qui n'ont prelatures ne dignitez sont baillées abbayes regulieres en commande, et prieurez conventuels de Sainct-Benoist, *etiam* hospitaux de Sainct-Antoine à seculiers.

LXXXVII. — Item, et par ce que dict est appert clairement qu'en gardant les decrets et constitutions dessusdites est donné remede et obvié ausdits inconveniens; et qu'en soy departant desdits saincts decrets et constitutions reales, est ouvrir la voye et le chemin aux maux et inconveniens irreparables cy dessus touchez, dont se pourroit ensuyvir la totale destruction du royaume. Car, se une fois l'ordre de hierarchie de l'Eglise est confondu, l'on peut juger clairement de la ruine totale de l'Eglise de Dieu.

LXXXVIII. — Item, et par ce que dict est, semble à la cour que le Roy nostre sire, en observant les saincts decrets et constitutions des saincts conciles et Saincts-Peres dessus-dits, tant en elections, collations, qu'autres choses contenues en iceux, ne peut estre notté de desobeyssance, quelconque scrupule de conscience. *Imo* faire le contraire (sous correction) seroit grand'charge de conscience, attendu l'authorité et saincteté de ceux qui les saincts decrets ont ordonné, et qui, le temps passé, en grand' tranquillité et prosperité de l'Eglise en ont usé, comme le sainct college des apostres, les saincts conciles *in Spiritu Sancto* assemblez, c'est à sçavoir Antioche, Carthage, Constantinople, Sainct-Jean de Latran, et autres plusieurs; et les Saincts-Peres qui les ont approuvez, comme Pius, Martin, *Leo confessor, beatus Gregorius*, et autres plusieurs.

LXXXIX. — Item, et ainsi le Roy nostre sire, en faisant edicts et ordonnances conformes à iceux decrets, et par icelles ordonnances empescher le cours de toutes reservations et graces qui seroyent prejudiciables à iceux decrets, ne peut estre argué de desobeyssance, consideré que si vertueuses et sainctes personnes les rois tres-chrestiens et leurs predecesseurs en ont usé, comme Clovis premier roy tres-chrestien, S. Charlemaigne, Philippes Dieudonné dict Conquerant, S.-Loys, Philippes-le-Bel, Loys-Hutin, et autres roys tres-chrestiens, sous lesquels le royaume a fleury et prosperé.

N. B. Le texte original de la Pragmatique de Louis IX a été souvent altéré, mutilé, dans les écrits des historiens, et notamment dans l'ancienne compilation intitulée *Bibliotheca SS. Patrum.*

J'ai suivi le texte inséré dans le Traité de Dutillet sur les libertés de l'Eglise gallicane, et transcrit par lui des registres du parlement, et tel qu'il fut publié dans les plus *vieils styles* du parlement de l'an 1515.

Je me suis assuré que ce texte est parfaitement conforme

avec les manuscrits les plus authentiques de la Bibliothéque royale.

Sancti Ludovici VIIII Francorum regis christianissimi Pragmatica Sanctio.

LUDOVICUS, Dei gratiâ Francorum rex, ad perpetuam rei memoriam. Pro salubri et tranquillo statu Ecclesiæ regni nostri, necnon pro divini cultus augmento, et Christi fidelium animarum salute utque gratiam et auxilium omnipotentis Dei (cujus solius ditioni ac protectioni regnum nostrum semper subjectum extitit, et nunc esse volumus) consequi valeamus, quæ sequuntur, hoc edicto consultissimo in perpetuum valituro statuimus et ordinamus :

1. Primò, ut ecclesiarum regni nostri prælati, patroni et beneficiorum collatores ordinarii, jus suum plenariè habeant, et unicuique sua jurisdictio servetur.

2. Item, ecclesiæ cathedrales, et aliæ regni nostri, liberas electiones et earum effectum integraliter habeant.

3. Item, simoniæ crimen pestiferum Ecclesiam labefactans, à regno nostro penitus eliminandum volumus et jubemus.

4. Item, promotiones, collationes, provisiones et dispositiones prælaturarum, dignitatum, et aliorum quorumcumque beneficiorum et officiorum ecclesiasticorum regni nostri, secundum dispositionem, ordinationem et determinationem juris communis, sacrorum conciliorum Ecclesiæ Dei, atque institutorum antiquorum sanctorum patrum fieri volumus et ordinamus.

5. Item exactiones et onera, gravissima pecuniarum per curiam romanam, Ecclesiæ regni nostri impositas vel imposita, quibus regnum nostrum miseraliter depauperatum extitit, sive etiam imponendas vel imponenda levari aut colligi nullatenus volumus, nisi duntaxat pro rationabili,

piâ et urgentissimâ causâ, vel inevitabili necessitate ac de spontaneo et expresso consensu nostro et ipsius Ecclesiæ regni nostri.

6. Item, libertatem, francisias, immunitates, prerogativas, jura et privilegia per inclitæ recordationis Francorum reges prædecessores nostros, et successivè per nos, ecclesiis et monasteriis, atque locis piis religiosis, necnon personis ecclesiasticis regni nostri, concessas et concessa innovamus, laudamus, approbamus et confirmamus per præsentes, eorum tenore universis justitiariis, officiariis et subditis nostris ac loca tenentibus præsentibus et futuris, et eorum cuilibet, prout ad eum pertinuerit, distinctè præcipiendo mandamus, quatenus omnia et singula prædicta diligenter et attentè servent, teneant et custodiant, utque servari, teneri et custodiri inviolabiliter faciant; nec aliquid in contrarium quovis modo faciant vel attentent, seu fieri vel attentari permittant transgressores aut contrà facientes, juxta casus exigentia, tali pœnâ plectendo, quod ceteris deinceps cedat in exemplum. In quorum omnium et singulorum testimonium, præsentes litteras sigilli nostri apprensione muniri fecimus. Datum Parisiis, anno Domini millesimo ducentesimo sexagesimo octavo, mense martio.

A la suite de ce texte de la Pragmatique-Sanction de Louis IX, Dutillet, dans son *Traité sur les Libertés de l'Eglise gallicane*, a publié:

1° Les lettres patentes de Louis XI, adressées au parlement de Paris, datées du Plessis du Parc-lés-Tours, le 8 janvier 1475, enregistrées au parlement le 25 du même mois, pour enjoindre aux prélats et abbés absens du royaume d'avoir à rentrer dans leurs diocèses ou abbayes, dans le délai de cinq mois, sous peine d'être privés de leur temporel. (*Traité sur les Libertés de l'Eglise gallicane*, pag. 158 et 159.)

2° Lettres patentes adressées aux parlemens pour appeler au concile convoqué à Lyon les archevêques, évêques, abbés, etc., datées du Plessis du Parc-lés-Tours, le 8 janvier 1475 (*Idem*, p. 157 et 158), enregistrées au parlement le 25 janvier même année.

3° Autres lettres patentes, datées de Seloines, le 4° jour de septembre 1576, portant défense aux prélats et abbés de se rendre aux chapitres généraux ou provinciaux tenus hors du royaume, et sous peine de ne pouvoir posséder aucun bénéfice en France, et d'en être bannis à perpétuité, la même peine applicable aux moines mendians, enregistrées au parlement le 7 septembre 1476. (*Voy. id.*, pag. 159 et 160.)

4° Lettres patentes adressées au conseiller et chambellan le sire de Gaucourt, donnant pouvoir et mandement de contraindre toutes les personnes venant de la cour de Rome et portant lettres closes ou patentes, bulles ou autres écritures, à les montrer et exhiber, et ordre de les visiter pour s'assurer si elles contiennent quelque chose de contraire aux libertés de l'Eglise gallicane, arrêter les porteurs et les constituer prisonniers, et adresser directement au roi les papiers saisis, etc., datées du Plessis du Parc-lés-Tours, le 8 janvier 1475.

Ces lettres patentes, n'étant qu'un ordre spécial adressé au sire de Gaucourt, n'avaient pas besoin d'être présentées à l'enregistrement du parlement. (*Voy. id.*, pag. 160 et 161.)

5° Protestation du même prince contre les événemens de Florence et l'assassinat de Julien de Médicis et de François Norry, et contre la cour de Rome et l'emploi qu'elle fait des deniers de l'Église pour acquérir des principautés, etc. Cet acte peut être considéré comme un manifeste contre la cour de Rome, et rappelle de nombreux griefs. Il est daté de Seloines, le 10 août 1476, avec mention des membres du conseil qui ont assisté au conseil où ce manifeste a été délibéré, savoir, l'évêque d'Alby, les comtes de Dunois (1), de Castres, le protonotaire de Clugny, l'abbé de la Grâce, le sieur de Bressuyre, le sieur de Clerieu, Antoine de la Met, capitaine de la tour de Bourges, etc. (Voy. *id.*, pag. 161 et suivantes.)

NOTICE PRÉLIMINAIRE.

Le comte de Charolois, fils de Philippe-le-Bon, duc de Bourgogne; le duc de Bretagne; Charles, duc de Berry, frère du roi; Dunois, etc, d'autres princes et grands seigneurs, s'étaient ligués contre Louis XI. Cette ligue, formée, imaginée, par l'ambition des chefs et dans leur seul intérêt, fut improprement appelée *Ligue du bien public.*

Après la bataille de Montlhery, des négociations s'ouvrirent à Conflans. Louis XI, décidé à ne tenir aucun de ses engagemens, et qui d'avance avait déposé une protestation au parlement de Paris, accepta toutes les propositions des princes confédérés.

Nos lois fondamentales défendent aux rois d'aliéner le domaine de l'État. C'était une disposition formelle du serment qu'ils prêtaient à leur sacre, et néanmoins Louis XI avait fait, par le traité de Conflans, aux princes confédérés, des aliénations de territoires considérables.

La chambre des comptes protesta contre le traité. Cet acte appartient à l'histoire de notre droit public.

---

(1) Jean, bâtard d'Orléans, si célèbre sous le nom de Dunois, était décédé en 1468. Celui dont il s'agit ici était son fils, gendre de Louis XI, et chef de la branche Longueville-d'Orléans.

Protestation de la chambre des comptes contre le traité de Conflans.

Le quatorzième jour d'octobre mil quatre cent soixante cinq, le procureur du Roi nostre sire, en sa chambre des comptes, s'opposa à ce que deux paires de lettres royaux obtenues par monsieur le comte de Charolois, les unes données à Paris le cinquième jour dudit mois, par lesquelles le Roi nostredit seigneur lui baille et transporte Amiens, Saint-Quentin, le comté de Ponthieu et autres terres, villes et places naguère par le Roi dégagées de monsieur de Bourgogne, avec les comtés de Bourgogne et de Guignes, ensemble et les villes et chatellenies de Perronne, Montdidier et Roye, et les autres données aussi à Paris le treizième jour d'icelui mois d'octobre, audit an mil quatre cent soixante cinq, par lesquelles le Roi nostredit seigneur a semblablement baillé et transporté à mondit seigneur de Charolois les prévostés de Vimeu, de Beauvoisis et de Foulloy, ainsi que plus à plein est contenu èsdites deux paires de lettres, ne fussent aucunement vérifiées, entérinées, ni expédiées par mesdits seigneurs des comptes pour certaines causes qu'il entend à dire et déclarer en temps et lieu et jusqu'à ce qu'il ait été préalablement loy sur ce.

Signé BOURLIER.

(Extr. des Mss de la Biblioth. roy. Recueil de l'abbé Legrand.)

NOTICE PRÉLIMINAIRE.

Les grands biens dont l'Église était dotée étaient devenus un sujet de scandale à la religion, et de querelles continuelles entre le sacerdoce et l'empire. Les rois et les papes prétendaient également avoir des droits directs sur les biens ecclésiastiques; les papes défendaient sans nulle apparence de justice à tous princes de donner l'investiture d'aucun bénéfice, et à tous ecclésiastiques d'en faire hommage. Ils renversèrent l'ordre des élections, pour s'en rendre les maîtres. La crainte des censures comprima la résistance des princes dès le douzième siècle. Les élections se maintinrent, non par la volonté prononcée des monarques, mais par l'ambition des chapitres et des moines.

Il en résulta des débats, des scissions, dont les papes se constituèrent arbitres, et sous le prétexte de mettre les parties d'accord, ils se réservèrent le droit de pourvoir à l'évêché ou à l'abbaye en litige. Cet usage une fois introduit, les papes prétendirent nommer de plein droit à tous les bénéfices et disposer des biens qui y étaient attachés.

Dès lors s'établirent les réserves, les expectatives, les annates et droits de provisions, et d'autres taxes non moins arbitraires qui rendirent la France tributaire du Saint-Siége. (Voy. ci-dessus le réquisitoire du procureur-général Saint-Romain.)

Les rois voulurent arrêter le cours de ces scandaleux abus, Louis IX, Philippe-le-Bel rendirent plusieurs ordonnances. Charles VII avait publié aussi sa Pragmatique-Sanction en 1438. Louis XI avait d'abord consenti à son abolition, mais avec des restrictions; et bientôt après, il l'avait rétablie, et rendit plusieurs édits sévères pour en garantir l'entière exécution.

Les papes ne cessèrent d'attaquer ce pieux et authentique monument des libertés de l'Église gallicane. Jules II avait déclaré excommuniés tous ceux qui s'y conformeraient. Léon X pressait le concile de Latran de l'abolir entièrement. Il parvint à séduire François Ier, dans l'entrevue qu'il eut avec ce prince à Milan; il flatta l'orgueil de ce prince en lui réservant exclusivement le droit de nomination à tous les bénéfices, dont le pape n'aurait que le droit d'investiture.

Léon x ne parut pas même attacher une grande importance à cette affaire, et ne s'occupa que des fêtes brillantes qu'il donnait à François 1er. Il fut convenu entre eux qu'ils s'en rapporteraient, le roi à son chancelier Duprat, le Saint-Père aux cardinaux d'Ancône et de Santi-Quatro. Duprat était vendu au Saint-Siége, et le concordat fut bientôt signé. Il ne fut nullement question de la supériorité du concile sur le pape, ni de l'obligation d'en assembler souvent pour le bien de la discipline ecclésiastique. Les réserves et les expectatives furent formellement supprimées. On n'y parla nullement des annates ni des autres rétributions que s'arrogeait le fisc pontifical. Le silence du concordat sur ce point laissait subsister dans toute leur force les décisions des conciles de Constance et de Bâle, et des deux Pragmatiques-Sanctions de Louis ix et de Charles vii.

« Il faut noter, » dit Brantome en parlant des élections dans les chapitres et les couvens, et de la vie licencieuse des prêtres et des moines, « qu'il y a eu des abus en ces « élections et créations monacales; il y en a bien eu au- « tant des canonicales et celles des évesques, qui, pour « avoir les voix des chanoines et de ceux qui en tenoient « les premières dignités, on les gagnoit et achetoit à purs « deniers; les autres, on les corrompoit par présens et force « promesse de biens pour l'advenir : de sorte que cela s'ap- « pelloit plustost une vraye simonie qu'une légitime et « saincte élection, prenant exemple sur plusieurs papes « de ce temps-là et qui gagnoient les voix et les suffrages « des cardinaux.

« Bien souvent aussi faisoient-ils en leur chapitre des « tumultes, des séditions, ligues et brigues, jusqu'à s'entre

« battre, se frapper, s'entreblesser, se tuer comme cela s'est
« fait autrefois en Allemagne, que j'ai ouï dire. Car les
« chanoines estoient mauvais garçons, comme encore ils
« sont, et s'aidoient aussi bien de l'épée que du bréviaire.
« Les évesques élevés et parvenus à ces grandes dignités,
« Dieu sçait quelle vie ils menoient. J'en dirois d'advan-
« tage, mais je ne veux pas scandaliser. » (BRANT., *Hom. ill.*,
t. 1er.)

Il était facile de remédier à ces abus; ils tenaient à l'ordre public, et les rois que j'ai cités avaient prévu par
leurs ordonnances ce qu'il convenait de faire à cet égard
pour maintenir la discipline : il ne s'agissait que de faire
exécuter leurs ordres.

Mais en abandonnant au roi le droit d'élection, c'était
s'exposer à voir prodiguer à la faveur ce qui n'était dû
qu'aux vertus chrétiennes et aux talens, et c'est ce qui
arriva.

François 1er, dont les finances étaient épuisées par des
longues guerres et les dépenses de sa fastueuse cour, ne vit
dans le droit de disposer des prélatures et des riches bé-
fices qu'un moyen de récompenser ses guerriers et d'enri-
chir ses courtisans; et l'on vit bientôt des capitaines titu-
laires d'évêchés, d'abbayes.

« Tout courut au Louvre après le concordat, dit un de
« nos plus judicieux historiens, pour les évêchés et pour
« les abbayes, et on les vit incontinent distribués selon
« les inclinations non seulement de ceux, mais de celles
« qui gouvernoient, car les maîtresses des rois en dispo-
« soient aussi absolument que des autres graces, *et les*
« *livreés de leurs faveurs étoient les chapeaux et les mi-*
« *tres*, qu'on vit répandus en grand nombre sur les pa-
« rens et amis de la duchesse d'Étampes, *qui en avoit son*
« *antichambre parée comme une boutique fameuse*, où
« les parens amenoient les enfans pour les essayer.

« Il est vrai qu'on en partagea à quelques savans, parce
« que les lettres étoient en crédit. Ce n'étoient plus les
« bonnes, mais les belles lettres ; c'étoit un savoir doux et
« accommodant, non austère, *qui flattoit l'oreille et qui*
« *ne troubloit pas la conscience*, qui fit un agréable mé-
« lange de la théologie avec la politique, et qui fut indul-
« gent aux délices de toute la maison royale, aux alliances
« avec les Turcs et avec la protection des hérétiques. »
(Gal., phil. du 16ᵉ sciècle, t. 1ᵉʳ, p. 32 et 53.)

Le parlement de Paris refusa d'abord d'enregistrer le
concordat, et ne le fit ensuite qu'après plusieurs lettres de
jussion, et en y ajoutant cette formule qui équivalait à un
refus formel, *du très-exprès commandement du Roi réi-*
téré.

L'université protesta aussi contre l'admission du concordat.

Le procès verbal de ces remontrances est extrêmement
rare ; il en existe des copies dans les manuscrits de la Bibliothéque royale, et dans un recueil in-12 imprimé, et
portant le nº 4426, intitulé Mélanges de divers traités politiques, même Bibliothéque.

François 1ᵉʳ, moins prudent et moins juste que Louis
XI, ne se contenta point de blâmer hautement la résistance
du parlement de Paris : il défendit à cette cour de connaître des affaires ecclésiastiques, qu'il évoqua à son conseil.

L'exemple du parlement de Paris n'en fut pas moins
suivi par les autres parlemens de France, dont quelques uns
refusèrent formellement d'enregistrer, et dont d'autres n'enregistrèrent qu'avec protestation.

La cour de Rome ne s'en tint pas long-temps à la lettre du
concordat, et s'arrogea bientôt les annates, les droits d'expectatives et de réserves, que le concordat ne lui accordait
point.

Le cardinal de Tournon, très-puissant à la cour de François Ier, conserva la même influence sous son successeur, et les libertés de l'Eglise gallicane furent sacrifiées au Saint-Siége par d'autres prélats français.

Le cardinal Duprat ne s'était montré aussi docile aux volontés de Léon x que parce qu'il espérait lui succéder, et les cardinaux de Tournon et de Lorraine avaient la même ambition.

Si l'on en excepte de rares intervalles, le ministère de nos rois fut presque toujours dirigé par un cardinal depuis François Ier jusqu'au règne de Louis XVI, dont le dernier et principal ministre avant la révolution fut le cardinal de Loménie (Brienne).

Procès verbal des remontrances faictes en la cour de parlement, au mois de mars 1517, sur la publication des concordats d'entre le pape Léon x et le roy François Ier.

Comme ainsi soit que le roy, nostre souverain seigneur, au mois de febvrier 1516, estant en ceste ville de Paris, en la grand'chambre des plaidoieries du Palais, faict convoquer et assembler grand nombre d'évesques, archévesques, et autres prélats, présidens et conseillers de la cour, chanoines de l'église Nostre-Dame, docteurs en théologie, et suppôts de l'université de Paris, et en sa présence par le chancellier faict exposer, comme le pape Jules, dernier décédé, sans cause ni occasion pour ce que le roy son prédécesseur favorisoit aucuns princes et potentats d'Italie ses alliés et confédérés, aussi pour le chasser d'Italie et de son duché de Milan, et autres causes notoires, soy déclarant son ennemy et du royaume, auroit faict procéder par censures contre luy, et mettre le sez et interdict en sondict duché de Milan, déclarant publiquement qu'il le chasseroit non seulement hors d'Italie, mais aussi du royaume ; et, pour y

parvenir, l'auroit déclaré et faict déclarer, ensemble sondict
royaume, par l'assemblée qu'il disoit estre le concile de Latran, de faict sans garder ordre de justice, hérétique, et
schismatique; contre luy faict alliance et ligues avec les
empereur, roys catholiques d'Angleterre et Suisse, et leur
auroit donné à partir entre eux ce royaume *in prœdam*. Et
luy estant en armes à la Mirandolle auroit tellement faict à
l'aide des dessusdicts, principalement des Suisses, qu'il auroit faict perdre audict feu Roy non seulement le duché de
Milan, seigneurie de Gênes, mais aussi le comté d'Ast, tellement sollicité qu'à puissance et en armes lesdicts empereur, roys et Suisses, auroyent invadé le royaume en Bourgogne, Guyenne et Picardie. Et après le trespas dudit Jules,
pape Léon moderne, perseverant en l'alliance, ligue et ini-
mitié susdicte contre le roy et royaume, se seroit en armes
mis au-devant du roy et de son armée, qui vouloit recou-
vrer sondict duché de Milan et estat d'Italie, et l'auroit con-
stitué en tel et si grand péril et danger que chacun sçait.
Et après plusieurs briefs et citations faites au roy, l'auroit
faict citer péremptoirement, ensemble les prélats du royaume,
pour voir casser et annuller la Pragmatique-Sanction, ou dire
causes en la congrégation de Latran pour quoy faire ne se
deust. Quoy voyant le roy, et que délay expiroit, mist en
concile sçavoir s'il devoit envoyer défenseurs, ou soy laisser contumacer; et fut advisé que plus expédient et convenable estoit de non y envoyer. Car estoit bien adverti que
quelques causes, tant justes et raisonnables qu'elles peussent
estre, qu'il eust peu dire, ou remonstrer, n'eussent de rien
profité, considéré que ladicte congrégation n'estoit qu'une
assemblée de gens courtisans, et fréquentans ordinairement
la cour de Rome, qui avoyent tousjours eu la Pragmatique
en haine et opprobre, pour leur grande cupidité et avarice,
et qu'aussi bien l'eussent-il cassée et annulée; et estoit moins
préjudiciable que ce fust *inauditâ parte*, et par contu-

maces. Et considérant le roy n'y pouvoir par aucun moyen obvier à l'annullation d'icelles : car si on y obéissoit, estoit renchoir à la grande confusion et désordre auquel on estoit auparavant les conciles de Constance et de Basle, sçavoir est des réservations, grâces expectatives, et autres grands et innumérables inconvéniens; et si on n'y obtempéroit, le pape et prétendu concile procéderoyent par censures et interdicts contre le roy, royaume et subjcts d'iceluy ; et s'ils soustenoyent par an et jour ledict interdict, les déclareroit hérétiques, schismatiques, et hors de la religion chrétienne, persévéreroit le pape en ladicte ligue, et donneroit le royaume en prède, tout ainsi qu'auroit fait le pape Jules son prédécesseur. Pour et à quoy obvier, et à ce que seurement peust retirer sa personne et les princes de son royaume de là où ils estoyent, auroit esté contraict pour dissoudre ladicte ligue et considération contre luy faicte, et seureté de sondict estat d'Italie, faire paix avec le pape, ce qui ne peut faire, quelque diligence qu'il y peust mettre, si n'est en faisant les concordats avec luy, qu'il promist faire ratifier par l'Église gallicane, et publier en sa cour du parlement. A ceste cause, et pour obvier aux inconvéniens susdicts, bien de paix, seureté de luy, de sondict royaume et estats d'Italie, vouloit et commandoit qu'on publiast et ratifiast lesdicts concordats. Après lesquelles choses ainsi proposées, lesdicts prélats, chanoines, docteurs, et supposts de l'université, se retirèrent à part, pareillement lesdicts présidens et conseillers, pour délibérer ce qu'estoit à faire, puis retournèrent devers le Roy ; et pour les gens d'Église, par la bouche du cardinal de Boysi fut respondu que la matière touchoit l'estat de l'universelle Église gallicane, et que sans icelle assembler ne pourroyent accorder et ratifier lesdicts concordats. Auquel le Roy, en grand déplaisir et indignation, fist response qu'il lui feroit bien faire, ou les envoyeroit à Rome pour disputer lesdicts concordats avec le pape.

Et, par lesdicts présidens et conseillers, fut dict, par l'organe du président Baillet, qu'ils en feroyent rapport à la cour, et se conduiroyent en sorte et manière que Dieu et le Roy en devroyent estre contens. Lors, ledict chancelier dict au Roy que ceux de sa cour l'entendoyent bien, qui respondit telles paroles (parlant des présidens et conseillers) : A ceux-là je leur feray bien faire. Et le jour de may ensuivant, les duc de Bourbon, connestable de France, messieurs d'Albret, sieur d'Orval et chancelier, viendrent en ladicte cour; et, par ledict chancelier fut présenté à icelle, les chambres assemblées, les lettres patentes du Roy, contenans les concordats faicts à Boulongne-la-Grosse, entre Nostre Sainct-Père le pape et ledict seigneur. Et après ce qu'il eust déclaré, comme autrefois avoit faict, en la présence du Roy, les causes et raisons pour lesquelles ledict seigneur avoit esté men faire, lesdicts concordats fussent leus, publiés et enregistrés, ainsi qu'il avoit promis au pape, à qui fut respondu par ledict président Baillet que la cour verroit lesdicts concordats, et y feroit ce qu'elle verroit estre à faire par raison. Et fut ordonné par ladicte cour que lesdicts concordats seroyent monstrés et communiqués aux gens du Roy; et le cinquiesme jour de juin ensuivant, ledict chancelier bailla à ladicte cour deux lettres en parchemin *sub plumbo* : l'une contenant la cassation et abrogation de la Pragmatique-Sanction, et l'autre lesdicts concordats, toutes deux de semblable date; et fut ordonné semblablement qu'elles seroyent monstrées et communiquées aux gens du Roy, ce qui auroit esté faict. Et ledict jour, toutes les chambres assemblées, où estoit ledict chancelier, par le Laure, avocat, et Royer, procureur du Roy, fut recité à la cour lesdicts concordats et contenu en iceux, qui leur avoyent esté baillés, et remonstrèrent les inconvéniens qui pouvoyent advenir, s'ils estoyent vérifiés et entérinés. A ceste cause supplièrent que ladicte cour commist

aucuns des conseillers d'icelle, pour remonstrer au Roy lesdicts inconvéniens, et autres qui seroyent par eux récités,
et le supplier ne permettre, qu'au moyen desdicts concordats, la liberté de l'Église gallicane fust énervée et abolie,
et qu'au moyen des annates permises par lesdicts concordats, le royaume ne soit évacué d'argent. Et le lendemain
ladicte cour, toutes les chambres assemblées, commist
maistre André Verius, Nicole le Maistre, François de
Loynes, et Pierre Preudhomme, conseillers, pour visiter
et voir lesdicts concordats, et en faire leur rapport. Et
le 26e jour dudict mois, lesdites chambres assemblées, vint
à la cour le bastard de Savoye, oncle du Roy, lequel présenta lettres missives dudict seigneur, données à Amiens
le 21e jour dudict mois, par lesquelles il vouloit et mandoit à ladicte cour qu'on procédast à la publication, lecture et expédition desdicts concordats, et que sondict
oncle fust présent et assistast à la délibération de ladicte matière, tout ainsi qu'il eust peu sçavoir, et bien entendre à
la vérité comme la matière auroit esté despeschée, et les difficultés qu'on y trouveroit, tant en général qu'en particulier. Et après la lecture d'icelles, ledict bastard de Savoye
déclara que le Roy lui mandoit dire à ladicte cour qu'il
estoit mal content de ce qu'on n'avoit publié lesdicts concordats, et qu'il vouloit qu'on y procédast, toutes choses
laissées, et qu'il y assistast comme contiennent sesdictes
lettres. Et parce que ladicte cour trouva estrange qu'aucun
assistast aux délibérations d'icelle, qui ne fust du corps de
ladicte cour, auroit éleu, pour envoyer devers le Roy,
maistres Jehan de la Haye et Nicole d'Origny, conseillers
en icelle, pour excuser ladicte cour du délay de la publication desdicts concordats, et luy supplier et requérir que ledict bastard de Savoye, n'autre non estant du serment de
ladicte cour, n'assistassent aux délibérations d'icelle, pour
la mauvaise et périlleuse conséquence qui en pourroit adve-

nir ; et seroit espèce de violence vouloir intimider les juges, et non leur permettre franche et libérale opinion contre le devoir et honnesteté de justice. Lesquels, retournés, auroyent dict à la cour que ledict seigneur auroit assez bien pris l'excuse de la cour touchant la dilation ; et leur dict qu'en sadicte cour avoit aucuns gens de bien, aussi y en avoit d'autres qui n'estoyent que fols, et qu'il sçavoit bien qu'il y en avoit une bande de fols, qu'il les cognoissoit bien, et qu'ils tenoyent leurs caquets de luy, et de la despense de la maison ; qu'il estoit Roy aussi bien que ses prédécesseurs, et qu'il se feroit obéir ; et que, du temps du feu Roy, il y avoit eu des gens envoyés hors du royaume, parce qu'ils n'avoyent obéy, c'est, à sçavoir, un de ladicte cour pour l'abbaye S.-Denis, et deux pour un évesché de Normandie, dont l'un estoit d'icelle cour. Et si on ne luy obéyssoit, il envoyroit à Bourdeaux et à Tholose, et qu'il en avoit de tout prests plus gens de bien que ceux qui y estoyent qu'il mettroit en leur lieu, et qu'il vouloit que ledict bastard de Savoye, son oncle, assistast tout du long à la délibération, à la matière desdicts concordats, pour lui rapporter en général et en particulier les opinions ; et vouloit que lesdicts concordats fussent leus, publiés en ladicte cour ; et qu'ils le seroyent, et pareillement ledict bastard y assisteroit aux opinions. Et en ensuivant son vouloir, auroit esté en sa présence par ladicte cour commencé à opiner, les chambres assemblées sur le faict desdits concordats, dès le 13e jour de juillet, et continué jusques au 24e jour de juillet, et fut, par ladicte cour, concordablement et unanimement conclu et ordonné que la cour ne pouvoit et ne devoit faire publier ne enregistrer lesdicts concordats, mais tousjours garder et observer la Pragmatique, comme on a faict par cy devant, et mieux qui pourroit, et donner audience à l'université de Paris, qui avoit requis estre ouye, et pareillement aux autres universités qui le requéroyent, et que l'on devoit appeller de la cassation et révocation de ladicte Pragmatique; et que là où il plairoit au Roy passer outre, et faire entretenir lesdicts concordats, qu'il seroit requis et nécessaire garder telle solennité à les recevoir; que le feu roi Charles VII aida à la réception de ladicte Pragmatique : c'est à sçavoir assembler l'Église gallicane, ainsi que lesdicts concordats le portent; et fut prié et requis audit bastard de Savoye d'en faire bon et loyal rapport au Roy, en luy remonstrant les grands maux qui pouvoyent advenir de la publication desdicts concordats. Et depuis, parce que le Roy avoit escrit à la cour deux lettres missives pour envoyer par-devers luy aucuns personnages instruits des causes et raisons pour lesquelles on avoit procédé à la publication et expédition desdicts concordats, furent commis, pour aller devers ledict seigneur, maistres André Verius et François de Loynes, conseillers, pour faire lesdictes remontrances. Lesquels arrivèrent à Amboise, où estoit le Roy, le 13e jour de janvier, et eux, retournés, firent leur rapport à la cour, sçavoir est que le lendemain au matin, 14e jour de janvier, ils avoyent présenté les lettres de ladicte cour audict chancelier, lequel leur avoit dict, entre autres choses, qu'ils avoyent lettres adressantes au grand-maistre, et qu'ils s'adressassent à luy et qu'ils les luy présentassent. Et de là s'en allèrent au chasteau, et présentèrent lesdictes lettres audict grand-maistre, lequel, après lesdictes lettres leues, leur dict qu'il avoit esté adverty de leur venue dès le jour précédent, et qu'il en avoit parlé au Roy, qui lui avoit dict qu'il les feroit autant trayner après luy qu'ils l'avoyent fait attendre; néantmoins qu'ils parleroit au Roy, et leur feroit response et les advertiroit de la volonté dudict seigneur. Et le lendemain leur dict que le Roy lui avoit dict que la matière pour laquelle ils estoyent venus estoit grande, et la vouloit communiquer à aucuns personnages de ses autres parlemens; et pour ce faict,

qu'ils baillassent par escrit les raisons qui auroyent meu ladicte cour de non publier lesdicts concordats, et néantmoins que le Roy les oyroit : ce qu'ils feirent pour obéir,
et les baillèrent audict grand-maistre pour les présenter
au Roy, en luy suppliant qui leur donnast accès pour
présenter au Roy les lettres de ladicte cour. Et depuis,
sollicitèrent leur dépesche, attendant que le Roy les
ouïst, ainsi qu'on leur avoit plusieurs fois promis; mais
quelque diligence qu'ils feissent, ne peurent parler
au roy, ne lui presenter les lettres de ladicte cour jusques
au dernier jour de febvrier, qu'après le disner du roy ils se
trouvèrent en la chambre dudict seigneur, ainsi qu'on leur
avoit commandé. Et tost après, le Roy, retiré en sa garde-
robe, les feist appeller, et luy présentèrent les lettres de ladicte cour; et après qu'il les eust leues, leur demanda s'ils
avoyent à luy dire de par ladicte cour autres raisons que
celles qu'ils avoyent baillées par escrit, lesquelles il avoit
veues et bien entendues, et aussi les raisons que son chancelier avoit faictes au contraire par son commandement. Auquel respondirent que, si son bon plaisir estoit, verroyent
volontiers ce que ledict chancelier avoit faict. A quoy ledict
seigneur respondit que ce seroit faire au procès verbal ce
qu'il vouloit, et avoit bien veu et entendu ce qu'ils luy
avoyent baillé par escrit. Et de rechef leur demanda s'ils
avoyent autres raisons ou remonstrances. A quoy respondirent que les principales raisons qui avoyent meu la cour
avoyent par eux esté baillées par escrit ; et néantmoins (si
son bon plaisir estoit) les luy diroyent verbalement, et
aussi que la raison vouloit (si son bon plaisir estoit) qu'ils
veissent ce que ledict chancelier avoit escrit, attendu qu'il
avoit veu les raisons par eux baillées, pour respondre si
besoin estoit, et alléguer autres raisons. Et lors ledict seigneur respondit qu'ils estoyent en la cour cent testes qui
avoyent pensé ceste affaire sept mois et plus, et que sondict

chancelier, en brief temps, y avoit respondu, en réiterant qu'il ne vouloit faire procès verbal. Et après cè, s'esmeut et colera aigrement, disant qu'il n'y auroit qu'un roy en France, qu'il avoit bien travaillé à mettre son royaume en paix, et que ce qui avoit esté faict en Italie ne seroit deffaict en France, et garderoit bien qu'il n'y auroit en France un sénat comme à Venise, et qu'ils se devoyent mesler de la justice, et non pas d'autre chose, et que ladicte cour ne mettroit son estat en danger, comme du temps du feu roy, et qu'à eux n'appartenoit se mesler des choses concernant son Estat; vouloit que les concordats fussent publiés, autrement il les feroit les plus marris qu'ils furent oncques, disant outre : Meslez-vous de la justice; elle est aussi mal administrée qu'elle fut cent ans a, et qu'il les feroit trotter après luy comme ceux du grand-conseil. Leur dict outre qu'il avoit pourveu de trois offices de la cour à aucuns qu'ils n'avoyent voulu recevoir, vouloit qu'ils fussent receus, et que jamais n'y mettroit gens d'Eglise, pour trois raisons : la première, parce qu'il semble à ceux d'Eglise qu'ils ne sont plus subjects à luy, et qu'il ne leur oseroit faire trancher les testes; la seconde, parce qu'ils taschent avoir des éveschés et bénéfices qui vallent beaucoup plus que les trois ou quatre cens francs qu'ils ont de luy; la tierce, qu'ils sont occupés à dire leurs heures et office, et ne peuvent vacquer à l'exercice de leur office. A quoy respondirent que l'ancienne institution de la cour estoit au contraire, dont ne fut content, et, en se courroussant comme devant, dict que les roys l'avoyent ainsi ordonné, qu'il estoit roy, et qu'il avoit la puissance de deffaire ce que ses prédécesseurs roys avoyent faict, en leur disant bien rudement : Allez, partez demain, et qu'il n'y ait faute. Se leva, et en se partant d'avec eux, luy dirent que les conseillers de sadicte cour en avoyent opiné selon Dieu et leurs consciences. Et ledict seigneur, en perseverant, leur dict : Allez, partez demain de grand ma-

tin. Et incontinent qu'ils furent en leur logis, aucuns grands
personnages d'auprès du roy leur mandèrent qu'ils ne faillissent point de partir : car ils seroyent marris s'ils tom-
boyent en inconvenient. Et pour la difficulté des chemins et
inondations des eaux, envoyèrent devers ledict grand-maistre
pour impétrer quelque délay de partir, lequel leur manda
qu'ils ne faillissent point de partir, et que le roy lui avoit
dict que, s'ils ne partoyent le lendemain matin avant six
heures, qu'il leur envoyroit douze archers, et les feroit
mettre en un fond de fosse, les y tiendroit six mois, puis
verroit qui lui en parleroit. Et, le 15ᵉ jour de mars 1517,
le seigneur de la Tremoille, chevalier de l'ordre, premier
chambellan de France, vint devers ladicte cour, présenta
lettres de créance, laquelle créance déclaira en la manière
qui s'ensuit : c'est à sçavoir que le roy l'avoit envoyé devers la cour pour le fait des concordats, et que le roy estant
en ladicte cour, il avoit faict dire et déclarer par son chancelier les causes et raisons pour lesquelles il luy avoit convenu faire lesdicts concordats avec nostre S.-Père le pape,
et a récité les grands et urgens affaires qui avoyent esté en
ce royaume depuis quatre ou cinq ans, tant du temps du
feu roy, à cause de la descente des Suisses en Bourgongne,
et aussi des Anglois tant en Picardie que pareillement en
Guienne, où ils estoyent avec les Espagnols, contre lesquels
fut le roy qui à présent est, et au moyen de la bonne diligence qui y fut faicte et de la bonne conduicte, ils furent
repoussés. Et depuis que le roy est venu à la couronne, par
ce qu'il fut adverti des alliances qui estoyent entre le pape
et plusieurs princes chrestiens pour invader et grever ce
royaume, il se délibéra par tous les moyens possibles d'obvier et remédier à leurs entreprises, et alla à l'encontre des
Suisses, qui estoyent délibérés de descendre en ce royaume,
tellement que (moyennant la grace de Dieu) il les vainquit,
et depuis regarda qu'il ne pourroit mieux empescher les

entreprises faictes par lesdicts princes à l'encontre de son royaume que de gaiguer le pape ; et essaya, par tous les moyens qu'il peut, à avoir accord avec luy. Et finablement, pour le bien de son royaume et conservation de son Estat, et que nostre Sainct-Père autrement ne se vouloit accorder à luy, par le conseil de plusieurs princes de son sang et autres grands seigneurs de son royaume, et les gens de son grand conseil, il a faict lesdicts concordats avec nostre dict S.-Père, lesquels depuis ont esté approuvés et omologués par le concile de Latran, et depuis les a faict apporter en la cour de céans. Et combien qu'il eust commandé à la cour les faire lire, publier et enregistrer, ce néantmoins la cour a dissimulé de ce faire, et depuis en a escrit par plusieurs fois à la cour, comme de deux en deux mois; ce néantmoins la cour a longuement dissimulé, et jusques à ce qu'elle a envoyé devers lui lesdicts Verius et de Loynes, pour lui dire les causes et raisons pour lesquelles elle n'avoit voulu lire, publier et enregistrer lesdicts concordats. Ausquels il avoit faict dire qu'ils baillassent par escrit lesdites causes et raisons, ce qu'ils ont faict. Et y a le chancelier respondu par escrit, et que depuis il a veu ce qui luy a esté baillé d'un costé et d'autre, et l'a bien veu et considéré : car il l'a veu par trois jours, et a trouvé les raisons baillées par ledict chancelier beaucoup meilleures pour le bien et utilité de son royaume et de la chose publicque que celles qui ont esté baillées par lesdicts Verius et de Loynes. Et au regard de l'évacuation de l'argent, dont leurs raisons font principalement mention, il dict que trop plus cousteroit une guerre à mener, et seroit plus dommageable. Par quoy il a commandé ausdicts Verius et de Loynes dire à la cour qu'il vouloit que lesdicts concordats fussent leus, publiés et enregistrés sans plus en disputer, délibérer et opiner, ne dire et alléguer raison au contraire, et qu'il luy appartient de commander à ladicte cour comme à ses sujets, et à eux à y obéir; et que pour la moitié de son

royaume il ne voudroit estre réputé faulseur de foy, et que
la chose du monde qu'il désire plus, c'est d'entretenir sa parolle, et d'avoir telle renommée et réputation. Et a dict qu'il
luy a répété lesdictes paroles plus de dix fois en un quart
d'heure. Et quand il ne feroit entretenir lesdicts concordats,
l'alliance qu'il a avec le pape seroit rompuë, par quoy seroit
en la guerre comme il estoit auparavant. Et luy a chargé de
dire à ladicte cour que là où ils ne le feront, qu'il fera chose
dont ledict seigneur se repentiroit, et ladicte cour aussi.
Et a dict qu'il y a des gens qui ont présenté à ladicte cour
pour estre receus en office de conseillers clercs; et que le
roy, nonobstant qu'ils ne soyent *in sacris*, veut qu'ils soyent
receus, et dict qu'il est aussi bien roy que ses prédécesseurs,
et qu'il a autant de puissance d'y en mettre de laizon de clercs
qu'ils ont eu. A quoy luy a esté respondu par maistre Jacques
Olivier, premier président, que la cour mettroit demain la
matière en délibération, et ce faict on luy donneroit response, et qu'elle espéroit faire en sorte que le roy auroit
cause de se contenter. Et le vendredy ensuivant, 19ᵉ jour
dudict mois, ladicte cour envoya quérir ledict seigneur de
la Tremoille, et par l'organe dudict premier président luy a
esté requis de par ladicte cour escrire au roy qu'il luy pleust
envoier en ladicte cour quelque gros personnage d'authorité, et que, si bon plaisir estoit, ledict chancelier
y seroit plus convenable qu'autre pour assister à la publication que le roy recommandoit faire desdicts concordats, pour la grandeur et bien de la matière : car le pape
auroit cause de s'en contenter, d'autant qu'elle auroit plus
solennellement esté faicte, et ne seroit chose nouvelle : car
autrefois en pareille matière, le roy l'auroit ainsi faict, et y
auroit envoyé les chanceliers comte de Sainct-Paul, qui
depuis fut connestable, et le seigneur de Montbron. Lequel
seigneur de la Tremoille respondit que, s'il escrivoit, attendu l'aigreur en laquelle le roy estoit pour ceste matière,

il nuiroit plus qu'il ne profiteroit, à son advis; et estoit à
craindre que le roy ne feist chose, ainsi qu'autres fois avoit
dict à ladicte cour, dont ledict seigneur et ladicte cour se re-
pentiroient, estimant parce que l'on voulsist encores délayer
en ceste matière, ce qu'il ne vouloit et n'entendoit. Et a monstré une lettre dudict seigneur que depuis sa venue avoit re-
ceue, qu'il a faict lire en ladicte cour, par laquelle le roy luy
commandoit qu'il feist et exécutast entièrement ce qu'il luy
avoit commandé et donné en charge, sans y faillir, autrement jamais ne seroit content de luy. D'avantage dict qu'il
avoit autre charge et créance à dire, selon et après la response que ladicte cour luy feroit. Lors ledict premier président luy pria et requist exposer à ladicte cour sadicte
seconde charge et créance, qui respondit qu'il ne l'oseroit
faire, et qu'il avoit commandement de non la faire, si non
après qu'il auroit ouy la response de ladicte cour, et seroit
bien marri, et desplaisant qu'il eust occasion de la dire et
exécuter, en exhortant et priant ladicte cour qu'ils voulsis-
sent faire ce que le roy leur commandoit, pour obvier aux
grands inconvéniens qui estoient apparens, mesmement
qu'ils avoient faict toutes les choses à eux possibles pour
obvier à ladicte publication, et dont, comme ami et servi-
teur de ladicte cour, il seroit desplaisant, car disoit qu'il
estoit bien tenu et obligé à elle priant et conseillant que l'on
ne feist plus delay en ceste matière. A ceste cause, la cour,
toutes les chambres assemblées, voiant et considérant les
grandes menaces et impressions dessus déclarées, et persé-
vérences en icelles, craignant reversion et dissolution apparente de ladicte cour, qui seroit par trait de temps la destruction, subversion et désolation du royaume, justice et
subjects d'iceluy, tant en commun qu'en particulier, aussi
les dangers et périls éminens de leurs personnes; pareillement
que, si aucunes guerres et dissensions venoyent à cause du
délay de la publication desdicts concordats, l'on voulsist à

icelle dicte cour imputer et estre la cause, attendu que le
Roy (comme il avoit faict plusieurs fois remonstrer à ladicte
cour) disoit l'Estat et seureté de sondict royaume con-
sister à ladicte publication; craignant aussi que les alliances
faictes ou à faire par le roy avec les autres princes chrestiens
fussent empeschées à cause de ce. Et après avoir faict par
ladicte cour toutes choses à elle possibles pour obvier à ladicte publication, par-devant et en la présence de l'évesque,
duc de Langres, pair de France, comme authentique personne, a protesté et proteste encore, tant en général qu'en
particulier, et tant conjoinctement que divisement, qu'ils
n'estoyent et ne sont en leur liberté et franchise, et que, si
aucune lecture ou publication se faisoit desdicts concordats,
ce n'estoit de l'ordonnance, delibération, vouloir et consentement de ladicte cour, mais par le commandement du
roy, forces et impressions dessus déclarées; n'entendoit aucunement iceux approuver, n'avoir agréables en lesdicts concordats, et publications d'iceux sortir aucun effect; et n'estoit l'intention de la cour juger ne décider les causes et procès
alors iceux concordats, et n'estre jugez ou décidez par les juges
ordinaires et autres du royaume. Ainsi ou contraire estoit et
est le vouloir et intention de ladicte cour, garder et observer entièrement les saincts décrets et Pragmatique-Sanction
en la forme et manière qu'elle faisoit auparavant lesdicts
concordats et publication d'iceux. Vouloit et entendoit, et
ordonnoit que ledict arrêt, du 24 de juillet dernier passé
sortist son plein et entier effect, sans aucunement y déroger
au moyen de ladicte publication ny autrement. Et pour ce
que ladicte cour a été deument avertie que l'assemblée qu'on
dict le concordat de Latran s'est efforcée de casser et annuller ladicte Pragmatique-Sanction et décrets contenus en
icelle, dont le procureur-général dudict seigneur auroit appellé tant pour et au nom de ladicte cour que de tous les
subjets du royaume, incontinent que ladicte cassation estoit

venue à la notice et cognoissance de ladicte cour, d'abondant
en adhérant à ladicte appellation, et persistant en icelle, en
a appelé, et en tant besoin seroit en appeler de nouvel, pour
les causes et raisons amplement déclarées en l'instrument de
ladicte appellation, *ad papam melius consultum, et fu-*
turum concilium generale legitime congregandum, et ad
illum, vel illos, ad quem, seu quos, petendo apostolos
instanter, instantius et instantissime, à messires Michel
Boudet, évesque, duc de Langres, pair de France, estant
en ladicte cour, *quos quidem apostolos dictus episcopus Lin-*
gonensis, ad honorem Dei omnipotentis pro Ecclesiæ gal-
licanæ, regni ac reipublicæ præsidio et conservatione con-
cessit reverentiales, et quales de jure pro remedio oppor-
tuno secundum temporis necessitatem concedere potest et
dobet. Et d'abondant a ladicte cour demandé et demande
acte et instrument authentique des choses dessusdictes à
maistre Nicole Pichon, greffier criminel, Jehan Beldon, greffier des présentations, Jehan le Camus, Jehan Parent, Jehan
de Bagnolle, Gaillard Bardelot, notaires de ladicte cour à ce
présens, et spécialement convoquez; et déclaré qu'elle n'entend que pour quelques actes qu'elle feroit, ou pourroit faire
cy après, soy départir desdictes protestations et appellations, ains qu'en chacun acte particulier qui se fera elles
soyent tenues pour répétées. — Nous, greffier et notaires cy
dessus nommez, certifions les choses dessusdictes avoir esté
récitées et déclarées, et les protestations et appellations
faictes et interjettées en nos présences par ladicte cour, toutes
les chambres assemblées, et par icelle cour mis en nos mains
l'escrit d'icelles, tel que contenu est cy dessus, ledict jour
19 mars 1517, et que, pour acte et instrument de ce, nous
avons signé ces présentes de nos seings manuels cy mis et
apposés ledict jour 19 mars 1517. Ainsi signé : Parent, Robert, Beldon, de Bagnolle, Bardelot. — Et pour ce que
lundy dernier, qui estoit le 22ᵉ jour dudict mois de mars

audict an 1517, les dicts concordats ont esté leus et publiez en ladicte cour et la présence dudict sieur de la Tremoille. Derechef ladicte cour, toutes les chambres assemblées, le 24ᵉ jour dudict mois, audict an 1517, avant Pasques, a faict protestations és présences lesdicts maistres Nicole Pichon, greffier civil, Jehan Le Camus, Jehan Parent, et Jehan de Bagnolle, notaires des susdicts, que quelque lecture et publication qui ayent esté faictes desdicts concordats, qu'elle ne les auctorisoit, ne approuvoit. Et a faict et réitiré les autres protestations dessus déclarées ; et de rechef appelé en adhérant aux dessusdictes appellations, *petendo apostolos* audict évesque duc de Langres, pair de France, estant en ladicte cour, qui les a accordez semblables que les dessusdictes, et encores a déclaré ladicte cour qu'elle n'entend pour quelques actes qu'elle feroit, ou pourroit faire cy après, soy departir desdictes protestations et appellations, ains qu'en chacun acte particulier qui se fera, elles soyent tenues pour répétées. Et desdictes protestations, appellations et déclarations, ladicte cour a demandé acte et instrument ausdicts Pichon, le Camus, Parent et Bagnolle. Faict en parlement, le 24ᵉ jour de mars 1517, avant Pasques; et nous, greffier et notaires dessusdicts, certifions les choses dessusdictes avoir esté dictes et déclarées, et les protestations et appellations faictes et intérinées en nos présences par ladicte cour, toutes les chambres d'icelles assemblées, ledict 24 dudict mois de mars, audict an 1517, avant Pasques, et que pour acte et instrumens de ce que nous avons signé ces présentes de nos seings manuels cy mis et apposez, ledict 24ᵉ jour de mars, audict an 1517, avant Pasques. Ainsi signé, Parent de Bagnolles.—Les dessusdicts maistres Nicole Pichon, greffier civil, et Jehan le Camus, notaires et secrétaires du roy, et l'un des quatre notaires de ladicte cour, n'ont soubscrit et signé ces présentes, parce qu'ils ont esté prévenus de mort. Ainsi signé : de Bagnolles, Robert, Parent, Bardelot, Beldon.

NOTICE PRÉLIMINAIRE.

Le chancelier Jean Bertrand (1) avait, par ordre de Henri II, rédigé un édit qui ordonnait à tous juges de faire exécuter sans délai, et sans avoir égard à l'appel, tous ceux qui seraient condamnés par les tribunaux ecclésiastiques et les inquisiteurs de la foi.

Cet édit fut envoyé au parlement de Paris pour y être enregistré. Un des articles défendait expressément d'avoir aucun égard à la demande des condamnés qui réclameraient l'assistance d'un prêtre dans leurs derniers instans. Cette opposition impie à la miséricorde divine était un outrage à la religion, à la raison et à l'humanité.

Le roi ni son conseil n'eurent aucun égard à ces remontrances, et cependant les cardinaux de Lorraine et de Tournon, et d'autres prélats, étaient alors à Rome, sous prétexte d'y défendre les libertés de l'Eglise gallicane. Mais tous leurs efforts ne tendaient au contraire qu'à faire prévaloir les doctrines ultamontaines, et à contrarier les efforts d'Amyot, de Duferrier, de Lhospital, que le roi y avait envoyés successivement, et qui remplirent leur mission avec autant de loyauté que de talens, mais sans succès.

---

(1) Jean Bertrand avait été premier président au parlement de Paris, puis évêque de Cominges, archevêque de Sens et cardinal. Il reçut les sceaux en 1550, après la première retraite du chancelier Olivier. Ce fut à cette époque que la dignité de chancelier fut érigée par Henri II en titre d'office. Elle avait été considérée jusque alors comme une magistrature nationale.

Une assemblée des principaux membres des cours souveraines, réunie au Louvre sous la présidence du roi, qui n'avait pas même voix délibérative, élisait au scrutin et à la majorité des suffrages le nouveau chancelier.

Depuis l'édit de Henri II, cette dignité n'a plus été considérée que comme un simple ministère.

L'absence de cardinaux si puissans dans le conseil du roi faisait espérer au parlement que ses remontrances éprouveraient moins de contradictions. Son espoir fut déçu. Le conseil, sans avoir égard aux remontrances, envoya l'édit à toutes les juridictions de France, et, sous le règne de Henri II et les suivans, le conseil suivit la même marche, et toutes les fois qu'il prévoyoit quelque opposition de la part des parlemens, il adressait directement les édits aux bailliages présidiaux, par l'intermédiaire des gouverneurs et commandans des provinces.

Ces remontrances ont été publiées dans l'histoire de la Popelinière, t. 1, liv. 3, p. 150 et 151.

Remontrances du Parlement de Paris, présentées au roi Henri II, le 26 octobre 1555.

Par vostre edict, Sire, y a quatre ans, vous avez reservé à vous et à vos juges l'entiere connoissance et punition de l'heresie lutherienne, sans aucune exception sinon que l'heresie requist aucune declaration, où qu'il fallust bailler sentence de ceux qui estoient aux saintes ordres.

A present, l'edit dont est question ordonne tout le contraire. Car il assujettit vostre peuple au jugement des eclesiastiques et des inquisiteurs. En quoy il diminue vostre dignité, par laquelle vous surpassez tous autres princes, et donne juste occasion au peuple de se douloir pour se voir abandonné de vous, et sousmis à la puissance d'autruy. Mais encore sera le desplaisir plus grand, quand sans le secours d'appel tout leur bien, leur vie et leur honneur seront en la puissance desdits ecclesiastiques. Car sans doute l'appellation est le refuge et sauvegarde de l'innocence. Vous estes le tuteur et protecteur tant de l'appellation que des innocens. Et mesme il n'y a autre que vous qui aye puissance sur le peuple.

Maintenant si on donne l'authorité de juger aux inquisiteurs et officiaux des evesques sans appellation, ce sera ouvrir la fenestre et tracer le chemin pour condamner les innocens et leur faire perdre corps et biens. Joint que ces juges des eglises se voyans en telle authorité et credit royal, oublieront leur devoir et ne garderont mesure, voyans tous estat à eux suiets et se manians à leur poste sans aucun excepter, non seulement quand au vulgaire, ainçois quand aux princes.

Mais vous pourrez s'il vous plaist ainsi moyenner les choses. C'est que vos juges connoissent les causes, et y donnent sentence, et s'il se trouve article où opinion douteuse, que les ecclesiastiques en baillent la resolution. Aussi que ceux qui ont les ordres soient jugez par leurs juges. Quand aux appellations, qu'on obtienne mandement du pape, par lequel cela soit permis à vos juges. Et où le cas escherra, qu'il faudra donner sentence de ceux qui seront appellans, qu'on y prenne quelques uns de vos conseillers eclesiastiques qui seront choisis, où en deffaut d'iceux, quelques gens notables et suffisans.

Au regard de l'inquisition, cela soit observé, que l'inquisiteur papal delegue sous soy, par les provinces, gens de bonne renommée et vie entiere. Et que l'evesque face les frais, et non les accusez, sous conditions toutesfois que, le procez vuidé, les despens soient repetez de ceux qui appartient. Ces choses sont propres à borner et enfermer tel procez dedans certains limites. Au reste pour ce qu'il apert que par les punitions des heretiques, quelque necessaires qu'elles soient, on ne les a amendés iusques à present : ains seulement on a monstré combien la chose est detestable, davantage pource qu'il vaut mieux aller au devant de la malladie, que luy donner loisir de se rengreger, et puis apres appliquer le remede. Il vous faut en cela, Prince tres-humain, suivre la coustume et les traces de la primitive et ancienne Eglise. Car elle n'a esté establye par glaive, ne par feu; mais la diligence des evesques a tousjours resisté aux heretiques, par ce qu'ils insistoient à prescher la parolle de Dieu et à monstrer bonne exemple en leur vie. Veu donques que l'Eglise a esté confermée par ce moyen, il n'y a doute qu'elle se pourroit entretenir et contre garder si vous y vouliez user de vostre puissance, faisant que les evesques et pasteurs gouvernent eux-mêmes leurs eglises et quand et quand les ministres inferieurs, qu'ils vivent saintement, et enseignent la parolle de Dieu ou la facent enseigner par gens idoines, et qu'à l'avenir on ne baille la charge des eglises, sinon à gens qui puissent eux mesmes enseigner sans substituer vicaires en leurs places.

C'est icy la racine où il y faut mettre la main, c'est le fondement sur lequel il faut ediflier. Car par ce moyen il faut esperer que peu à peu les heresies s'esvanouiront. Mais si on ne fait conte de suyvre ce train, il y a danger que les heresies ne prennent accroissement de plus en plus, quelques edits qu'on puisse faire et quelques remedes dont on puisse user.

NOTICE PRÉLIMINAIRE.

Le chancelier Lhospital (1) avait fait rendre à Fontainebleau, le 19 avril 1561, un édit qui faisait défense de s'injurier pour fait de religion. Le fort parti que les Guises avaient dans le parlement de Paris lui faisait craindre que cet édit, d'ailleurs très-juste dans ses dispositions et très-

---

(1) Tous ou presque tous les historiens se sont obstinés à ajouter au nom Lhospital la particule *de.* J'ai examiné toutes les lettres, tous les actes autographes et le testament de ce grand homme : il n'a jamais signé autrement que M. Lhospital.

sage dans son but, n'y fut pas enregistré, ou ne le fut qu'après un long délai, et il était urgent de mettre un terme aux querelles toujours orageuses et souvent sanglantes que faisaient naître les injures, les provocations des catholiques et des huguenots.

Cette mesure était d'ordre public, et son exécution appartenait spécialement aux autorités chargées de la police administrative. Le chancelier l'avait fait adresser directement aux baillifs, aux sénéchaux du royaume et au prévôt de Paris.

Ce prévôt avait cru pouvoir en suspendre la publication jusqu'à ce que le parlement eût délibéré. Il y avait sans doute connivence avec les *ligueurs* du parlement, dont l'influence était telle que cette cour avait refusé d'enregistrer les ordonnances d'Orléans rédigées d'après les décisions des états-généraux.

Les remontrances dont le texte suit avaient été délibérées le 25 du mois d'avril; on avait nommé, pour les porter au Roi, MM. René Baillet, président, et Eustache Chambon et Barthélemy Faye, conseillers.

Le parlement, par délibération du 9 mai 1561, avait chargé le même président René Baillet de porter d'autres remontrances au Roi, et de se faire accompagner par un des conseillers et un des avocats-généraux. Ces secondes remontrances étaient dirigées contre l'édit du même jour, qui défendait aux membres des parlemens et des autres juridictions de recevoir des pensions des dames et seigneurs, autres que du Roi.

C'était un puissant moyen de corruption, et Lhospital, considérant la magistrature comme une sorte de sacerdoce, voulait que les juges fussent absolument indépendans et désintéressés. L'opposition à un édit aussi sage, aussi juste, était un véritable acte d'impudeur et de folie. On comptait encore alors au conseil du Roi et dans le parlement des hommes éclairés et vertueux; mais ils étaient dans une affligeante minorité.

Les remontrances qui suivent ne se trouvent point dans les registres du parlement; elles ont été copiées sur les manuscrits de Dupuy, cote 322, à la Bibliothéque du Roi.

Sur les lettres patentes du roy données à Fontainebleau le dix-neufvieme jour d'avril, la court (1), toutes les chambres assemblées, a advisé faire les remonstrances au Roy qui s'ensuivent :

Premierement, que pareilles lettres ont estées adressées aux baillifs et senechaulx de ce royaume, meme au prevost de Paris; ont esté publiées partout, hormis en ceste ville de Paris, en laquelle ledict prevost a differé faire la publication, jusques à ce que ladicte court eust deliberé sur icelles, ainsy qu'est accoustumé de faire.

Plaira au Roy entendre que toutes lettres en forme de edict signamment scellées, commandées pour le reglement de la justice, ont accoustumées estre presentées en court de parlement, pour, après avoir deliberé sur icelles, estre leues, publiées et enregistrées, s'il se trouve qu'elles doibvent passer sans aulcune difficulté, si non pour en faire remonstrances auparavant la lecture et publication.

Est chose insolite et non accoustumée de presenter telles lettres, et icelles envoyer aux baillifs et senechaulx, que premierement elles n'ayent passé par la court de parlement.

Quand quelques lettres ont esté expediées sans l'adresse à ladicte court, dict qu'on les a revoquées en doubte; l'on

---

(1) On a copié textuellement l'orthographe des Mss originaux; il deviendra inutile de renouveler cette observation.

y (1) a aucun esgard, et n'ont esté teneues pour loy ni ordonnance.

Le Roy, s'il lui plaist, ordonnera, suivant ce que jusques
icy a esté gardé et comme de tout temps y a esté faict, que
toutes lettres pareilles à celles dont est question soyent au
prealable adressées à ladicte court que aux baillifs et senechaulx, lesquelles font souvent (2) desquelles lesdites ordonnances leues et enregistrées en ladicte court.

On peut connoistre l'inconvenient qui peut advenir, l'a-
dresse estant faicte aux baillifs et senechaulx, et la publication faicte par eux, parce que ils pourroient faire remonstrances qui seroient trouvées sainctes et raisonnables, et,
par ce moyen, l'on revoquera ce qui auroit esté publié et
enregistré par lesdicts baillifs et senechaulx.

Que appel pourroit être interjecté des jugemens desdicts
baillifs et senechaulx qui auroient fondé leurs jugemens
sur lesdictes lettres, lesquels pourroient estre revoquées en
doubte, pour n'avoir esté lesdictes lettres leues, publiées et
enregistrées en ladicte court, selon l'usage et commune observance de tout temps gardés.

Passant oultre, lesdictes lettres portent ces mots :

« Avons derechef inhibé et deffendu, inhibons et deffen-
« dons par ces présentes à tous nos subjects, de quelque
« qualité qu'ils soient, de s'entrejurier ny provoquer pour
« le faict de la religion, et ne faire, procurer ni favoriser
« aulcune sedition, ny tenir propos en publicq ny en privé,
« donnans et invitans à blasme pour le regard de la reli-
« gion. »

Encore que toutes seditions se doibvent cohiber et rigoureusement punir, toutesfois semble par ces mots que l'on
voulsist approuver diversité de religion en ce royaume, ce

---

(1) Il faudrait n'y.
(2) Le texte ici paraît altéré.

I.   12.

qui n'a jamais esté faict depuis Clovis premier jusques aujourdhuy : car combien que l'on trouve par les histoires et annales que les empereurs et roys, et même les papes, soient tombés en quelques erreurs, et se seroient separés de l'union de l'Eglise catholique, jusques à avoir esté declarés heretiques et schismatiques, toutesfois, par la grace de Dieu, ne se trouva aulcun des rois de France estre tombé en cet inconvenient; et quand quelques erreurs se sont eslevées en quelque partie de ce royaulme, comme du temps des Albigeois, y a esté resisté en telle sorte, que tout le mal a esté entierement extirpé, tellement que les roys de France ont continué le nom de roy tres-chrestien, lequel ils ont retenu et ils sont honnorés et reverés par toute la chretienté.

Ce seroit chose pernicieuse et de mauvais exemple, si ceux qui ont esté baptisé en la foy de leurs predecesseurs et qui ont vescu voyant aulcuns se fourvoir et se separer de la religion vraye et ancienne, ne leur pourroit estre improperé (1) pour blasme; afin de les inviter par ce moyen de eulx retirer en vivre en la foy en laquelle ils ont esté baptisés et semble que l'impunité et licence que vouldroient prendre ceulx qui interpretent lesdictes lettres à leur sens donneront occasion de faindre nouvelles religions et autant de religions que de fantaisies, et de se separer de l'unité de la religion ancienne, sans jugement de l'Eglise, chose qui a esté damnée et reprouvée par toutes les loix et constitutions anciennes, et par le moyen de laquelle sont adveneues les subversions des royaulmes et empires.

Le motif desdictes lettres est que, quand on ne pourra aulcune chose de reproches pour le faict de la religion, l'on estime que les seditions commenceront à cesser. Mais est à craindre que pensant esteindre le feu, comme l'on a

_____

(1) Reproché.

bonne volonté, que l'on ne l'allume d'advantage, et que les
esmeutes et seditions soyent trop plus que civiles et intestines, quand on verra que sans crainte à aucune peine l'on
se pourra separer de l'unité de la religion et vivre à son
liberal arbitre ensemble , ny avoir meilleur moyen d'appaiser les seditions sinon d'en oster la cause et d'en coup-
per la racine, qui est la division de la religion ; et quand
il plaira au Roy faire dire et declarer partout qu'il veut
vivre et mourir en la foy en laquelle il a esté baptisé et
en laquelle ses predecesseurs roys ont vescu, et qu'il entend
que ses subjects facent pareille profession et declaration,
sur telles peines qu'il sçaura trop mieulx adviser, y a grande
esperance, moyennant la grace de Dieu, que tout ses subjects
vivront en ce royaume en grande paix et tranquillité.

Lesquelles lettres portent que l'on entend seditieux ceulx
qui par ces mots de papistes et de huguenots, etc.

Par là semble que l'on vueille faire une secte de *papistes
et huguenots*, et que l'on oppose les papistes aux huguenots,
qui est un nom nouvellement inventé que l'on donne à
ceulx qui se sont separés de l'ancienne religion.

On pourra trouver estrange que l'on voulsist opposer
le mot de *papistes* aux huguenots, et ces noms inusités
en France qui n'a accoustumé estre mis en lettres patentes ny aultres.

Et par le nom *papistes* on a tousjours estimé ceulx qui
vivoient catholiquement et selon l'Eglise catholique, dont
l'on a tousjours teneu le pape pour chef et vicaire de Dieu
en terre pour le regard de la spiritualité.

Par lesquelles lettres l'on deffend aux privés (1) d'aller
faire assemblées pour endommager ceulx qui se trouveront
és maisons et les empeschans de l'honeste liberté qu'ils peu-

_____

(1) Particuliers.

vent avoir, delaissant aux magistrats la cohertiou (1) de ce que se trouveroit mal faict ésdictes maisons.

On admire merveilleusement bon que la force et connoissance de cause soyt ostée aux privés, tres-raisonnable de ne molester ceulx qui se trouveront és maisons soubs pretexte de quelques conventicules, et que ceulx qui feroient le contraire doibvent estre grievement punis.

Mais il semble que l'on n'a assez suffisamment exprimé par lesdictes lettres ce que par les edicts precedens a esté statué et ordonné et aussi par toutes les loix et constitutions anciennes; et qu'il seroit bon que par lesdictes lettres fussent faictes deffenses à toutes personnes de quelque qualité qu'elles soyent de faire aulcunes assemblées ou conventicules, soit de jour ou de nuit, et de ne se trouver à aulcun presche privé et ailleurs que aux Eglises et lieux que l'on a accoustumé prescher par ceulx qui seroient approuvés par les evesques diocesains, et que les maisons fussent confisquées suivant les edicts precedens, et que les juges tiennent la main à ce que telles conventicules cessent; et pour donner occasion aux peuples de ne s'eslever aulcunement, que l'on propose prix à ceulx qui denonceront et trouveront les conventicules et presches privés, sur peine d'estre declarés calomniateurs et d'estre punis du dernier supplice, sans aulcune esperance de grace et misericorde, s'ils ne prouvent ce qu'ils auront annoncé à la justice.

Par lesdictes lettres est permis à ceulx qui se seroient absentés pour faict de la religion de pouvoir retourner, pourveu que cy apres ils vivent catholiquement et sans scandale, et leur est permis faire proffict de leurs biens.

L'on ne peut trouver maulvais que ceux qui vouldront retourner à penitence n'y soyent recens, pourveu qu'il n'y

---

(1) Répression.

ayt fantaisie ny simulation, et que ce ne soyt pour le recouvrement de leurs biens et craincte de la perte d'iceux.

Trois choses sont grandement à considerer sur ceste chose.

La premiere, le grand scandale et perturbation que pourroit advenir en ce royaume, car se pourroit trouver des prestres, moynes et moniales (1), qui se seroient mariés à *Geneve* ou ailleurs, retournant en ce royaume avec leurs enfans et famille, et seroit chose prodigieuse et monstrueuse de voir ce que l'on ne vit jamais, et pourroient mettre en proces et faire querelle à leurs parens, affin d'emporter quelque bien.

La seconde, sur le mot *catholiquement*, qui pourra engendrer grandes difficultés, car ceulx qui vivent selon la religion nouvelle vouldront dire aujourd'huy qu'ils vivent catholiquement. Ceulx qui ont vescu selon la religion ancienne soustiendront le contraire.

Pour ce, seroit bien declarer et ordonner que le Roy a entendeu de ceulx qui vivent selon la religion ancienne, en obeissance de l'Eglise unique saincte, catholique et apostolique, en laquelle il entend vivre comme ses predecesseurs y ont vescu.

La troisieme consideration, que, si ceulx qui ne veulent vivre *catholiquement* peuvent vendre leurs biens et les emporter hors de ce royaume, sera contre les ordonnances qui prohibent le transport des deniers hors le royaume, mesme pour en ayder aux ennemis du Roy et de la couronne.

Par edict nagueres publié en la cour, de ce qu'il a pleu au Roy user de sa clemence et grace, ordonner que les prisons seroient ouvertes à ceulx qui estoient preveneus de faict de la religion, dans tel temps qui lui seroit prefix,

---

(1) Religieuses.

sur peine de la hart, et toutesfois aulcuns sont encore resi-
dans en ce royaume, combien que l'intention du Roy leur
ayt esté declairée et prononcée.

Supplient tres-humblement le Roy commander l'entretenement et execution de ses edicts et ordonnances, d'autant qu'il n'y a rien que tant appartienne à l'estat dudict
sieur, que la conservation desdictes ordonnances; en ce
faisant, commander aux juges de les faire vendre hors de ce
royaume, par la peine contenue audict edict.

D'advantage, pour faire cesser toutes seditions et troubles,
n'est moins utile que necessaire qu'il plaise au Roy pour-
veoir à la reformation des ministres de l'Eglise, mesme à
la provision des benefices à personnes dignes et capables.
Car, depuis la publication des concordats, et que les elections ont esté ostées, le desordre et diminution de l'estat
eclesiastique de jour en jour est augmenté.

Faict en parlement, le 11 may 1561.

Signé LEMAISTRE, ANJORRANT.

N. B. Par des remontrances du 12 février précédent,
le même parlement avait énoncé les mêmes doctrines. La
lettre que Catherine de Médicis écrivit au parlement
ne put vaincre sa résistance. Le chancelier Lhospital ne
fut pas plus heureux. Sa lettre du 15 février était ainsi
conçue :

« Messieurs, vous entendrez, par Messieurs les presi-
« dens de Thou et Viole (1) la resolution qui a esté
« prise en ce conseil (2) sur l'affaire pour laquelle ils
« etoient venus par de çà. Je vous prie suyvre et executer

---

(1) Commissaires du parlement pour présenter les remontrances. Le président Viole avait été impliqué dans l'affaire du conseiller Anne Dubourg.
(2) Le conseil du roi.

« la volunté du Roy, afin de contenir son peuple en paix
« et repos, à quoi je vous tiendray la main et assisteray en
« toutes choses qui y seront requis, comme mesdicts sieurs
« de Thou et Viole vous pourront faire plus certains,
« qui sera l'endroict où je prieray Dieu, Messieurs, vous
« maintenir et conserver en sa saincte garde.

« Votre bon frerre et amy,

« M. Lhospital. »

Les débats entre la cour et le parlement se prolongèrent jusqu'au 6 mai, et l'édit ne fut enregistré qu'après
des lettres de jussion et *per modum provisionis.*

Ces remontrances ne se trouvent point dans les registres
du parlement. Elles ont été imprimées dans un recueil du
temps, et dans les *Mémoires de Condé*, 5ᵉ vol., p. 45 et
suivantes.

Le 17 février de la même année, le parlement de Bordeaux avait, par un arrêt, défendu d'enterrer les huguenots
dans les cimetières. Il écrivit encore, le 7 mars suivant,
une lettre au Roi pour s'opposer aux commissaires qu'il avait
nommés pour poursuivre les auteurs des désordres commis
par les bandes armées qui désolaient la Guienne, sous prétexte de religion.

Ces pièces se trouvent dans les manuscrits de la Bibliothèque royale, dépôt de Béthune, n° 86.

NOTICE PRÉLIMINAIRE.

Tous les monumens historiques les plus dignes de foi, les
actes les plus authentiques, attestent, avec la plus irrésis-
tible évidence, que les Guises en créant la faction de la Ligue
n'avaient d'autre but que d'exterminer la race des Valois et
des Bourbons, appelés à leur succéder.

C'est une vérité qui n'a plus besoin de démonstration , Catherine de Médicis fut la complice des Guises; elle leur sacrifia ses propres enfans.

La faction épuisa tous les moyens pour faire assassiner Coligni , même dans le cours des guerres où il commandait les troupes du Roi. Coligni était le mentor et le plus puissant appui des princes de Bourbon, les princes de Béarn (depuis, Henri IV) et de Condé.

Pour appeler sur leur illustre victime la mort et l'infamie, il leur avait suffi de le faire dénoncer au parlement de Paris comme *crimineux* de lèse-majesté; et cette cour, déjà subjuguée par les Guises, rendit contre Coligni un arrêt de mort; ses biens furent confisqués, ses enfans déclarés vilains et infâmes.

Ce procès s'instruisit par contumace. Une des dispositions mettait sa tête prix.

Extrait de l'arrêt rendu contre l'amiral Coligni (1).

Après les dispositions relatives à la confiscation, à la séparation et à la mort, on lit :

« En oustre, ladicte cour a declaré et declare les enfans « dudict de Coligny, ignobles, vilains, roturiers, intes- « tables et infâmes, indignes et incapables de leurs estats, « offices, dignitez et biens dans ce royaume, lesquels biens, « si aucuns en ont, ladicte cour a declaré et declare acquis « au Roy.

« Faict icelle court inhibition et deffenses à toutes per- « sonnes de quelque estat, qualité et condition *qu'ils* soyent, « de recepvoir, retirer ledict de Coligny, luy bailler con-

---

(1) L'amiral n'a signé du nom de Coligni que son testament; il ne prenait dans tous ses actes et dans toutes les circonstances de sa vie que le nom de Châtillon.

« fort, ayde, faveur, alimens, eau ny feu. Ains (1) leur
« enjoinct le desuoncer et mestre és mains de justice, sur
« peine d'estre declarez fauteurs et complices dudict de
« Coligny, rebelles au Roy et *crimineux* de majesté.

« A ordonné et ordonne, ladicte court, que à celuy ou à
« ceux qui representeront ledict de Coligny, et le met-
« tront és mains du Roy et de sa justice, sera donné et de-
« livré la somme de cinquante mil escus d'or soleil, à
« prendre sur l'hostel de cette ville de Paris et autres villes
« de ce royaume, et encores que celuy ou ceux qui repre-
« senteront ledict de Coligny fussent adherens et com-
« plices de la rebellion ou conspiration contre l'estat du
« Roy et son royaume; neantmoins, outre le don de cin-
« quante mil escus, leur sera l'offence par eux commise
« pardonnée, quittée et remise, sans qu'ils en puissent
« estre aucunement poursuivis, ny eux ny leur posterité.

« Prononcé et executé le 13 septembre 1569.

« *Signé* MALON. »

N. B. Peu de temps après, cet arrêt fut exécuté, *ledict admiral pendu en figure devant l'Hostel-de-Ville, en une effigie en bosse, faicte au naturel, portée en Mont-faucon.*

Le 27 du même mois de septembre, en défendant au parlement de faire le procès à la reine de Navarre, à son fils, au prince de Condé, ni à la duchesse de Ferrare, le Roi « trouva bon l'arrêt donné contre l'admiral Gaspard « de Coligny, et fut excepté que il falloit adjouster à l'ar-« rest *mort ou vif.....* »

On sait que cet arrêt fut ensuite révoqué; que Coligni revint à la cour et qu'il y fut très bien accueilli; que ses

---

(1) Mais.

biens lui furent rendus, mais dans le plus triste état de dévastation. Le Roi (Charles IX) le comblait de caresses. Et, le 22 août 1572, il fut assassiné par Montrevel, gentilhomme attaché à la maison des Guises. Ses blessures saignaient encore quand il fut frappé le surlendemain; ce fut la première victime du vaste massacre de la Saint-Barthélemy.

Ses ennemis le poursuivirent au delà du tombeau. Le 27 octobre suivant, et après deux mois d'informations sans avoir pu recueillir aucun indice accusateur contre Coligni, il fut condamné comme criminel de lèse-majesté.

Les dispositions de cet arrêt, horriblement absurde, font frémir! Condamner un cadavre, flétrir la mémoire de sa victime, et décerner des médailles triomphales aux assassins! quels temps! quelles mœurs! Cette époque des annales du parlement de Paris fut une époque d'asservissement et de frénésie. On pourrait croire que ce parlement n'existait plus dans la capitale, mais dans cette minorité qui se forma en parlement auprès du successeur de Charles IX.

La mémoire de Coligni fut réhabilitée par lettres patentes données à Malesherbes, le 10 juin 1759, à la sollicitation de sa fille, devenue princesse d'Orange.

NOTICE PRÉLIMINAIRE.

Le cardinal Pellevé (1), le plus ardent, le plus servile partisan des Guises, avait sollicité et obtenu de Sixte V un

---

(1) Né au château de Jouy, en Normandie, nommé évêque d'Amiens par Henri II, archevêque de Sens par François II, combattit avec acharnement les libertés de l'Eglise gallicane au concile de Trente, et fut nommé cardinal par Pie V; fut aussi l'un des vingt-cinq cardinaux qui signèrent la bulle d'excommunication contre Henri IV et le prince de Condé. Il était à Paris lorsque Henri IV y fit sa première entrée. Ce prince le fit assurer de sa protection; mais le vieux cardinal devint furieux, et mourut fou en 1594.

bref d'excommunication contre Henri IV et le prince de Condé, chefs des deux branches de la maison de Bourbon, et qui déclarait ces deux princes déchus de tout droit à quelque principauté que ce fût, et spécialement au trône de France.

Henri IV s'opposa à cette bulle, déclarant... « que, si par « le passé les princes et rois ses prédécesseurs ont bien su « châtier la témérité de tels galans, comme est ce prétendu « pape Sixte, lesquels se sont oubliés de leur devoir, et « passé les bornes de leur vocation, confondant le temporel « avec le spirituel, ledit roi de Navarre, qui n'est en rien « inférieur à eux, espère que Dieu lui fera la grâce de « venger l'injure faite à son Roi (1), à sa maison, à son sang « et à toutes les cours de parlement de France, sur lui, ses « successeurs, implorant à cet effet l'aide et secours de tous « les princes, rois, villes et communautés vraiment chré- « tiennes, auxquels ce fait touche aussi; prie tous alliés « et confédérés de cette couronne de France de s'opposer « avec lui contre la tyrannie et usurpation du pape et des « ligués conjurateurs en France, ennemis de Dieu, de l'État « et de leur rois, et du repos général de toute la chrétienté. » (*Mém. de la Lig.*, t. 1ᵉʳ, p. 243.)

Jacques Bougars, rédacteur de cette protestation, eut le courage de l'afficher à Rome, à la porte du Vatican, le 6 novembre 1584.

Une partie des parlemens répondit à l'appel du roi de Navarre; celui de Paris lui adressa immédiatement des remontrances. On y remarque avec peine que cette cour blâme le système de tolérance et de modération adopté par Henri IV; mais on la voit unanime dans sa courageuse résistance contre la bulle de Sixte v.

---

(1) Henri III, assassiné par le moine Jacques Clément en 1589.

...... Quant à la bulle sainte, la cour en trouve le style nouveau, et si éloigné de la modestie des avant-papes, qu'elle ne reconnaît aucunement la voix du successeur des apôtres. Et d'autant que nous ne trouvons point par nos registres, ni par toute l'antiquité, que les princes de France eussent jamais été sujets à la justice du pape, ni que les sujets ayent pris connaissance de la religion de leur prince; qu'elle ne pouvait délibérer en ce fait

« Que 1° le pape ne fit apparoir du droit qu'il préten-
« doit avoir en la translation des royaumes, établis et or-
« donnés de Dieu avant que le nom du pape fût au monde;
« qu'il n'ait déclaré à quel titre il s'entremêle de la succes-
« sion d'un prince plein de jeunesse et de vigueur...; qu'il
« n'ait instruit notre religion avec quelle apparence de jus-
« tice ou d'équité il dénie le droit des gens aux prévenus
« d'hérésie, contre la disposition des saints canons et anciens
« décrets, *lesquels ne permettent qu'aucun soit tenu pour*
« *hérétique qu'il n'ait été librement ouï en ses raisons, et*
« *qu'il n'ait été admonesté par plusieurs synodes, et jugé*
« *par un concile légitimement assemblé.* Il faut qu'il en-
« seigne avec quelle espèce de justice et sainteté il donne ce
« qui n'est pas sien, il ôte à autrui ce qui lui appartient si
« légitimement, il mutine les vassaux et les sujets contre
« leurs seigneurs et princes souverains, et renverse les fon-
« demens de toute justice et ordre politique. Bref, il doit
« montrer en quelle autorité, Sire, il entreprend de con-
« damner votre sang au feu..... La cour ne peut délibérer
« plus longuement l'homologation d'une telle bulle, si per-
« nicieuse au bien de toute la chrétienté et à la souveraineté
« de votre couronne, jugeant dès-à-présent qu'elle ne mérite
« aucune récompense que celle qu'un de vos prédécesseurs
« nous fit faire à une pareille bulle (Charles VII, en 1408)
« qu'un prédécesseur de ce pape leur avoit envoyée, à sça-
« voir, de la jetter au feu en présence de toute l'Église gal-

« licane; et enjoignit à votre procureur-général de faire di-
« ligente perquisition de ceux qui en ont poursuivi l'expé-
« dition en cour de Rome, pour en faire si bonne et briève
« justice qu'elle serve d'exemple à toute la postérité. »

« ..... Car qui ne connaît que tous ces artifices sont appos-
« tés par tous les ennemis de cet Etat, lesquels, sous le nom
« de vos hoirs, s'adressent directement à votre propre per-
« sonne, s'imaginant de plus être parvenus par leurs prati-
« ques au-dessus de leurs attentes, ne leur restant plus rien à
« faire que vous tirer par la cappe hors de votre place pour
« prendre pleinement possession de ce qu'ils abboient (1) et
« poursuivent depuis si long-temps, etc...... » (V. *Mém.*
de la Lig., t. 1er, p. 222 et suivantes.)

NOTICE PRÉLIMINAIRE.

Les membres les plus distingués du parlement de Paris
par leurs lumières, leurs talens et leurs vertus, effrayés
des crimes et des progrès de la Ligue, avaient abandonné
leur siége et la capitale. Tous les partisans des Guises, après
avoir appris la mort du chef de la faction pendant la tenue
des états de Blois (2), se réunirent en audience extraordinaire. Tel fut le sujet de la déclaration suivante.

Extrait des registres du parlement.

Cejourd'huy, toutes les chambres assemblées, en la presence des princes, pairs de France, prelats, maistres des
requestes, procureurs et avocats-generaux, greffiers et notaires en la cour de parlement, au nombre de trois cent
vingt-six, a esté levée la presente declaration, en forme de

---

(1) Vieux mot, pour *convoiter, désirer ardemment.*
(2) Les 23 et 24 décembre 1588.

serment, pour l'entretenement, qui fut hier arrestée, laquelle tous lesdits seigneurs ont jurée sur le tableau et signée aucuns de leur sang.

DÉCLARATION.

Nous, soussignez, princes, presidens, pairs de France, prelats, maistres des requestes, conseillers, avocats et procureurs-generaux, greffiers et notaires de la cour de parlement, jurons et promettons à Dieu, sa glorieuse mere, anges, saincts et sainctes du Paradis, vivre et mourir en la religion catholique, apostolique et romaine; employer nos vies et biens pour la conservation d'icelle, sans en rien espargner jusques à la derniere goutte de notre sang, esperant que Dieu seul, scrutateur de nos cœurs et voluntez, nous assistera en une si saincte entreprise et resolution, en laquelle nous protestons n'avoir autre but que le maintien et exaltation de son sainct nom, deffense et protection de son Eglise à l'encontre de ceux qui, ouvertement et par moyens occultes, s'efforcent de l'aneantir et maintenir l'heresie en ce royaume.

Jurons aussi d'entendre de tout notre pouvoir et puissance à la garde et conservation de ceste ville de Paris, establissement d'un repos assuré en icelle et aussi des autres villes et communautez alliées, à la decharge et soulagement du pauvre peuple.

Jurons pareillement et promettons de deffendre et conserver envers et contre tous, sans aucun excepter et sans aucun respect d'aucune dignité et qualité de personnes, les princes, seigneurs, prelats, gentilshommes, habitans de cette ville, et autres, qui sont unis et s'uniront cy apres pour un si bon et sainct subjet; maintenir les privileges et libertez des trois ordres des estats de ce royaume, et ne permettre qu'il soit fait aucun tort à leurs personnes et biens, et resister de toutes nos puissances contre l'effort et intention de ceux qui ont violé la foi publique, rompu l'edit d'union, franchises et libertez des estats de ce royaume, par le massacre et empoisonnement commis en la ville de Blois les 23 et 24 décembre dernier, et en poursuivre la justice par toutes les voyes, tant contre les auteurs, coupables et adherens, que ceux qui les assisteront et favoriseront cy apres; et generalement ne nous abandonner jamais les uns les autres, et n'entendre à aucuns traitez, sinon du consentement de tous les princes, prelats, villes et communautez unies.

En temoins de quoi nous avons signé de notre propre main la presente declaration.

Fait en parlement, le 30 janvier 1589.

(*Mém. de la Ligue*, t. 3, p. 174 et 175.)

N. B. Le lendemain, cette déclaration fut signée par les avocats et les procureurs. Le roi Henri III croyait avoir détruit la Ligue par la mort des Guises; mais ces chefs d'une faction impie n'étaient eux-mêmes, à leur insçu, que les instrumens des cours de Rome et de Madrid. La Ligue se montra plus audacieuse et plus puissante que jamais.

Henri III fut assassiné six mois après cette déclaration, et Henri IV n'entra dans la capitale qu'après deux ans de guerres, et finit lui-même ses jours sous le poignard d'un ligueur.

NOTICE PRÉLIMINAIRE.

Ce vertige de rébellion du parlement de Paris avait été contagieux pour les parlemens de Bordeaux, Toulouse et Rouen.

Jacques Gayon, commandant à Bordeaux, voyait à regret le parlement de cette ville et les autres magistrats persister dans le parti de la Ligue, après la mort de Henri III; ses négociations avec le parlement, ses efforts, ne purent obtenir qu'un arrêt inutile, puisqu'en ordonnant aux ligueurs armés de se retirer et de poser les armes, il les exhortait à rester fidèles à la sainte union. Ordonner de rester fidèles à la Ligue, et de cesser de la défendre, c'était évidemment vouloir ordonner les contraires. Il est vrai que cet arrêt ordonnait de prier pour le feu roi Henri III. C'était encore préparer les esprits à reconnaître son successeur.

Extrait de l'arrêt.

..... Enjoint à tout baillifs, senechaulx, etc., de prendre soigneusement et diligemment garde que innovation ou alteration aucune n'advienne edicts lieux en ce qui touche l'honneur de Dieu et leur commun repos, faire observer inviolablement les edicts du mois de juillet 1588, et du mois d'octobre suivant, faicts aux estats tenus à Blois, et lettres du 26 avril dernier, verifiées en ladicte cour, et empecher de tout leur pouvoir qu'il ne soit faict acte contraire et derogeant à iceux; informer diligemment des contraventions, et proceder contre les coupables, suivant iceux edicts et arrets de ladicte cour sur ce donnés, sur peine de privation de leurs charges et offices.

Et oultre enjoinct à tous sieurs gentilshommes, capitaines, villes, communautez et autres subjects qui se sont elevés du vivant du feu seigneur roi, de poser les armes, se retirer et contenir en leurs maisons, et y vivre paisiblement sous l'observation d'iceux edicts et arrests de ladicte cour, en attendant qu'il ait plu à Dieu impartir sa grace et misericorde à ce royaume, pour la conduicte et direction d'icelui à son honneur et gloire, exaltation et conservation de sa saincte foi, et religion catholique, apostolique et romaine.

Et afin que personne n'en pretende cause d'ignorance, ordonne, etc.

Faict à Bordeaux, en parlement et chambres.

Extrait des registres du Parlement de Toulouse, d'icelle assemblée du 19ᵉ jour d'août 1589.

La cour........ a ordonné et ordonne que tous les ans, le premier jour d'août (1), l'on fera les processions et prieres publiques, en reconnoissance des benefices qu'ils nous a faicts ledict jour.

A deffendu et deffend tres-expressement à toutes personnes, de quelque estat et condition qu'ils soient, sans nul excepter, de reconnoistre pour roi Henri de Bourbon, pretendu roi de Navarre, le favoriser ou donner ayde en quelque sorte et maniere que ce soit, à peine d'estre punis de mort, comme heretiques et perturbateurs du repos public.

Et enjoinct ladicte cour à tous lesdicts eveques et parlemens de faire de rechef publier, garder et observer de poinct en poinct la bulle de notre Sainct-Pere le pape Sixte v, justement donnée contre ledict Henri de Bourbon, en vertu ou par autorité de laquelle ladicte cour l'a declaré et declare incapable de jamais succeder à la couronne de France, pour les crimes notoires et manifestes amplement contenus en icelle.

Enjoint aux baillifs, prevosts et senechaulx de ce ressort de faire publier, garder et observer de poinct en poinct le contenu du present arrest, à peine d'estre punis et chastiés comme fauteurs des heretiques.

Faict à Toulouse en parlement, lesdictes chambres assemblées, le 22ᵉ jour d'août 1589. *Signé* DUTORNER.

A Rouen comme à Paris, le parlement s'était divisé. Dans le premier, les magistrats les plus sages et les plus attachés à leur devoir s'étaient retirés à Caen, et successivement dans

_____

(1) Jour de l'assassinat de Henri III par le moine Jacques Clément.

I.   13.

d'autres villes du ressort, s'y étaient réunis au parlement, et rendaient des arrêts conformes aux lois de l'État, et au nom du légitime successeur de Henri III.

Le prétendu parlement, séant à Rouen, après avoir proscrit les dissidens, et protesté contre l'amnistie générale accordée par l'édit du 5 août précédent, rendit un arrêt où, comme dans le précédent, on trouve toute la délirante exaltation du fanatisme politique et religieux.

Extrait des registres du Parlement de Rouen.

La cour..... casse et annulle tous lesdicts pretendus arrests et jugemens rendus sous le nom *faux* de cour, de parlement, cour des aydes, chambres des requestes, etc., etc......; a faict et faict inhibitions et deffense à toutes personnes de les executer, et à iceux d'obeir, sous peine d'etre declarés perturbateurs du repos public et perfides à leur patrie. Et ladicte cour a declare et declaré tous lesdicts officiers ayant exercé lesdictes commissions et les executions cy apres, ceux qui ont favorisé et adheré aux heretiques, et porté les armes pour eux, les refugiés ez villes, maisons, places et armées ennemies, et contraire à ladicte union, ne s'estant retirés dudict parti, villes et armées, pour le temps limité par l'edict du 5 août (1) dernier, et n'ayant satisfaict aux soumissions portées par icelui, criminels de leze-majesté divine et humaine, ennemis de Dieu, de l'Etat et couronne de France, eux et leur posterité privés de tout privilege de noblesse, leurs estats vacans et impenetrables, indignes de posseder aucuns offices, benefices, ni dignités en ce royaume, leurs biens et heritages requis et confisqués au Roi, et reunis au domaine de la couronne de France.

---

(1) Cet édit prétendu nommait le duc de Mayenne lieutenant-général du royaume. On sait que le cardinal de Bourbon reçut le titre de Charles X.

Et a ladicte cour ordonné et enjoint a tous juges de ce ressort informer à l'encontre d'iceux, et proceder à la vendue de leurs biens meubles, saisie et adjudication de leurs immeubles, et de ce qu'ils auront fait en avertir ladicte cour dans le mois, sur peine d'en répondre en leur propre et privé nom, et autres peines aux cas appartenantes.

Et en oultre ladicte cour a ordonné que tous les gentilshommes catholiques, et autres personnes faisans proffession des armes, seront tenus, dans la huitaine de la publication de ce present arret ez baillages et vicomtés de ce ressort, de prendre les armes pour la manutention de l'honneur de Dieu et de l'Eglise catholique, apostolique et romaine, et conservation de l'Etat et couronne de France; et à ceste fin aller trouver les troupes et armées catholiques, là par où ils feront ordonnance, sur peine d'estre declarés ignobles, eux et leur posterité, et ennemis de Dieu et de l'Eglise.

Et enjoint ladicte cour à tous juges et officiers, en chacune vicomté, d'envoyer au greffe d'icelle cour, dans le mois, les noms et surnoms de tous gentilshommes, et autres faisans proffession des armes, qui, après le temps passé, demeureront en leurs maisons.

Et a ladicte cour fait et fait inhibition et deffense à toutes personnes de payer ou envoyer aucun deniers, subsides et impositions, ou de quelque autre nature que ce soit, sinon ez mains des receveurs establis aux villes tenans le parti de l'union, sur peine de quadruple à l'encontre de ceux qui y contreviendront, et de punition exemplaire.

Et sera le present arrest lu et publié à son de trompette, etc., etc.

Fait à Rouen en la cour de parlement, le 23 septembre 1789. (*Mém. de la Lig.*, t. IV, p. 93 et suiv.)

Autre arrêt du même parlement, du 10 avril 1590, signé Lowel, contre les gentilshommes et autres qui persistent à la suite de Henri, roi de Navarre. (*Mém. de la Lig.*, t. IV, p. 262.)

Le 12 du mois d'août de la même année, arrêt du parlement de Dijon, contenant la même disposition que les arrêts de Rouen et de Toulouse. Dijon était devenu l'une des principales places d'armes de la Ligue. (*V.* cet arrêt dans le recueil intitulé *Registres du parlement de Dijon, de tout ce qui s'est passé pendant la Ligue depuis le 31 décembre 1588 jusques et compris le 23 juillet 1594.*)

NOTICE PRÉLIMINAIRE.

Tandis que les membres ligueurs du parlement de Paris, trahissant leurs devoirs et leurs sermens, secondaient par de prétendus arrêts les fureurs de leur faction, les autres membres, fugitifs à la suite de Henri IV, formaient un autre parlement et rendaient des arrêts en faveur du prince légitime.

Cette cour, délibérant sur les lettres patentes à elle adressées par Henri IV, et datées de Mantes, le 4 juillet 1591, rendit les arrêts suivans.

Extrait des arrêts du Parlement séant à Tours, sur les bulles monitoriales de Grégoire, se disant pape.

La cour ordonne que sur le repli des lettres sera mis : Lues, publiées et enregistrées; ouï à ce requérant le procureur-général du Roi (1), et ayant égard au surplus des conclusions par lui prises, a déclaré et déclare les bulles monitoriales données à Rome, le premier jour de mai 1590. nulles, abusives, séditieuses, damnables, pleines d'impiétés et impostures, contraires aux saints décrets, droits, fran-

---

(1) Ce ne fut point le procureur-général qui porta la parole, mais *Antoine Séguier*, avocat-général.

chises et libertés de l'Eglise gallicane; ordonne que les copies scélées du sceau de *Marsillio Landriano* (1), soussignées *Sextilio Lamprini*, seront lacérées par l'exécuteur de la haute-justice et brûlées en un feu qui pour cet effet sera allumé devant la grande porte du palais.

A fait inhibitions et défenses, sur crime et peine de lèse-majesté, à tous prélats, curés, vicaires et autres ecclésiastiques, d'en publier aucune copie, et à toutes personnes, de quelque état, qualité et conditions qu'elles soient, d'y obéir, d'en avoir et retenir.

A déclaré et déclare Grégoire, se disant pape quatorzième de ce nom, ennemi de la paix, de l'union de l'Eglise catholique, apostolique et romaine, du Roi et de son état, adhérant à la conjuration d'Espagne et fauteur des rebelles, coupable du très-cruel, très-inhumain et très-détestable parricide proditoirement commis sur la personne de Henri III, roi de très-heureuse mémoire, très-chrétien et très-catholique.

A inhibé et défendu, inhibe et défend, sur semblable peine, à tous banquiers de répandre ou faire tenir par voie de banque à Rome ni or ni argent pour avoir bulles, provisions, dispenses et expéditions quelconques, et si aucuns sont obtenus, aux juges d'y avoir égard.

Ordonne la cour que Marsillio Landriano, soi-disant nonce dudit Grégoire, porteur des bulles, sera pris au corps et amené en la conciergerie du Palais, pour le procès lui être fait et parfait, et si pris et appréhendé ne peut être, ajourné à très-bref jour au plus voisin lieu desdits accès de la ville de Soissons, etc. (*Mém. de la Ligue*, t. 4. p. 567.)

Ce même parlement, séant à Châlons, ajoutant aux dispopositions de celui de Tours, ordonna « qu'il seroit payé

_____

(1) Nonce du pape.

1000 liv. à celui qui livreroit le nonce à la justice ; des défenses à tous archevêques, évêques et autres ecclésiastiques, de publier aucunes procédures venant de la part du nonce, à peine d'être punis comme criminels de lèse-majesté ; et à toutes personnes, de quelque état et condition qu'elles fussent, de récéler le prétendu nonce, à peine de la vie ».

Ce même arrêt « déclara les cardinaux étant à Rome, archevêques, évêques et autres ecclésiastiques qui ont conseillé et signé la bulle et excommunication, et qui ont approuvé le très-inhumain, très-abominable et très-détestable parricide proditoirement commis en la personne du défunt roi (Henri III), déchus du possessoire des bénéfices par eux tenus en ce royaume ; enjoignant au procureur-général de les faire saisir ; lui donne acte de l'appel par lui interjetté au futur concile, légitimement assemblé, de l'institution de Grégoire XIV au Saint-Siége apostolique ».

(V. le texte original, *Mém. de la Ligue*, t. 1., p. 369 et 370.)

Remontrances de monsieur Hugues de Lestres, avocat-général au parlement de Châlons, le lendemain de la Saint-Martin 1591.

(V. *Mém. de la Ligue*, t. 5., p. 2.)

7 janvier 1792. — Arrêt du parlement de Rouen contre Henri de Bourbon, prétendu roi de Navarre, ses fauteurs et adhérens.

Cet arrêt fut rendu après la découverte d'une conspiration dont le but était d'introduire l'armée royale dans la ville, en lui ouvrant la porte Cauchoise. (V. *Mém. de la Ligue*, t. 5., p. 98 et 99.)

1592. — Nouvelles remontrances de l'avocat-général Hugues de Lestre, parlement séant à Châlons. Ces remontrances furent présentées le lendemain de la Quasimodo.

18 novembre 1592. — Arrêt de la cour de parlement séante à Châlons, contre le rescrit adressé en forme de bulle au cardinal de Plaisance, publié par les ligueurs de Paris au mois d'octobre précédent. (V. *Mém. de la Ligue*, t. 5, p. 176 et 177.)

NOTICE PRÉLIMINAIRE.

La France allait voir se renouveller les scènes scandaleuses de la dernière période du règne de Charles VI. Le duc de Féria, ambassadeur ou plutôt chef de la faction d'Espagne, et le nonce du pape, enhardis par leurs succès, croyaient être parvenus au véritable but de la Ligue, dont l'intérêt de la religion n'était que le prétexte, et pouvait enfin donner à la France un monarque étranger. Les membres du parlement restés à Paris, et qui jusque alors avaient servi de tous leurs moyens les fureurs de cette faction, se rappelèrent qu'ils étaient Français, et voulurent opposer une dernière barrière aux attentats qu'ils avaient partagés, et rendirent ce fameux arrêt qui prépara la réconciliation des partis et déconcerta la politique de l'étranger.

On a quelque motif de croire que le duc de Mayenne, que l'élection d'un roi aurait contrarié, avait conseillé lui-même cet acte conservateur des lois fondamentales de l'État, en suspendant cette élection, dont le nonce et le duc de Féria prévoyaient le dénouement : car le cardinal de Bourbon, à qui l'on avait donné le vain titre de roi, sous le nom de Charles X, n'exerçait que par intérim.

« Sur la remontrance ci-devant faicte par le procureur du Roi, et la matiere mise en deliberation, la cour, toutes les chambres assemblées, n'ayant comme elle n'a jamais eu autre intention que de maintenir la religion catholique et romaine en l'Etat et couronne de France, sous la protection d'un roi tres-chrestien, catholique et françois, a ordonné et ordonne que remonstrances seront faictes, ceste apres-diner, par Monsieur le president le Maistre (1), assisté d'un bon nombre de ladicte cour, à Monsieur de Mayenne, lieutenant-general de l'Etat et couronne de France, en la presence des princes et officiers de la couronne estant de present en ceste ville, à ce qu'aucun traicté ne se fasse pour transferer la couronne en la main des princes ou princesses etrangers; que les lois fondamentales de ce royaume seront gardées, et les arrests donnés par ladicte cour pour la declaration d'un Roy catholique et françois soient executés, et qu'il ayt à employer l'autorité qui lui est commise pour empescher que, sous le pretexte de la religion, la couronne ne soit transferée en main etrangere contre les lois du royaume, et pour venir le plus promptement que faire se pourra au repos du peuple, pour l'extrême necessité de laquelle il est rendu, et neantmoins, des à present a declaré et declare tous faicts faicts, et que ils feront cy apres pour l'establissement d'un prince ou princesse etrangers, nuls et de nul effect et valeur, comme faicts au prejudice de la loy salique et autres loix fondamentales du royaume de France.

Faict à Paris le 28 juin 1593. (Voyez *Journal de Henri IV*, p. 173.)

N. B. Les remontrances annoncées dans cet arrêt ne purent être faites le même jour. Le duc de Mayenne refusa d'entendre la députation du parlement; mais il la reçut

---

(1) Jean Le Maistre, neveu de Giles Le Maistre, premier président au parlement de Paris sous la Ligue. Henri IV oublia qu'il avait été dans un parti contraire ; et, ne voulant pas laisser sans récompense le service qu'il avait rendu en proposant et en défendant cet arrêt, créa en sa faveur une septième charge de président à mortier en 1594.

le lendemain à l'hôtel de Nevers. Le premier président Lemaistre porta la parole et soutint une vive altercation contre l'archevêque de Lyon, d'Espinace. (Voyez le précis de ces remontrances dans l'*Histoire universelle* de de Thou, liv. 106, t. XI, p. 78.)

Les chefs des ligueurs, le nonce, le duc de Féria, plusieurs prélats français, délibérèrent ouvertement pour donner la couronne de France à l'Espagne. Mais déjà des négociations, des conférences, avaient eu lieu avec les commissaires de Henri IV à la Villette et ailleurs; et l'arrêt du parlement de Paris n'étonna que les agens étrangers et les prélats français leurs complices.

Le duc de Féria et le nonce, voyant les Parisiens indisposés contre leurs manœuvres, dont le but n'était plus un secret, redoublèrent d'efforts et d'impostures. Ils craignaient la défection de Belin, gouverneur de Paris, et le firent remplacer. Le duc de Féria se mit à la tête des troupes espagnoles, pour conserver au roi d'Espagne cette capitale, que ce prince appelait déjà sa bonne ville de Paris. Dans ces circonstances, le parlement de Paris, rendu à ses devoirs et au sentiment de sa dignité, et persistant dans sa remontrance, rendit, le 14 janvier 1554, l'arrêt suivant :

La cour, ayant vu le mepris que le duc de Mayenne a faict d'elle sur les remonstrances qu'elle lui a faictes, a ordonné mettre par escript autres remonstrances qui lui seroient envoyées par le procureur-general du Roy (1) pour y faire reponse, laquelle sera inserée aux registres de la cour.

Ladicte cour, d'un commun accord, a protesté de s'opposer au mauvais dessein de l'Espagnol et à ceux qui le vouldroient introduire en France; ordonne que les garnisons

_____

(1) Noël Bruslard.

estrangeres sortiroient de la ville de Paris, et declare son
intention estre d'empescher de tout son pouvoir que le
sieur de Belin abandonne ladicte ville, ny aucuns bourgeois d'icelle, et plustost sortir tous ensemble avec ledict
sieur de Belin.

A enjoint au prevost de faire assemblée de ville pour adviser à ce qui est necessaire, et se joindre à ladicte cour
pour l'execution dudict arret, et cessera ladite cour toutes
affaires, jusqu'à ce que ledict arret soit entierement executé. (*Mémoires de la Ligue*, t. 6, p. 52.)

NOTICE PRÉLIMINAIRE.

Après l'attentat de Barrière et de Jean Chatel, les jésuites avaient été bannis du territoire français, par arrêt
du 29 décembre 1594; mais un grand nombre d'entre eux,
changeant d'habit et de nom, s'étaient établis sur les frontières. Le parlement de Paris rendit l'arrêt suivant :

« Sur la remonstrance faicte par le procureur-general du
roy qu'il a esté adverti qu'aucuns de ceux qui par cy devant
ont esté de la compagnie surnommée du nom de Jesus, tant
au college de Clermont en ceste ville de Paris qu'en autres
lieux de ce royaume, retournent en plusieurs villes, mesme
aux limitrophes, auxquelles ils sont reçus pour y dresser
escoles et faire predications, sous couleur de ce qu'ils disent
avoir abjuré la profession de leur prétendu ordre et secte
d'icelle compagnie; en quoy il y a du peril que la jeunesse
ne soit corrompue par blandices et allechemens de mauvaises doctrines, et le peuple circonvenu par fausses predications; ce qui estant souffert, l'arrest de la cour du vingt-
neuvieme decembre 1594 seroit rendu illusoire, requerroit
partout deffenses estre faictes à toutes personnes, corps,
communautés, officiers et particuliers, de quelque qualité

et condition qu'ils soient, de recevoir ny souffrir estre reçus aucuns desdicts eux disans de ladicte compagnie du nom de Jesus, sous pretexte de quelque abjuration qu'ils ayent faicte ou puissent faire, soit pour tenir escoles publiques ou privées, ou prescher aux eglises, ou pour quelque autre occasion que ce soit, à peine contre ceux qui les auront reçus, recevront, souffriront, d'estre declarés atteints et convaincus du crime de leze-majesté, et pour leur regard, sous les peines portées par ledict arrest.

« La matiere mise en deliberation, ladicte cour a ordonné et ordonne que ledict arrest du vingt-neuvieme decembre 1594 sera executé selon sa forme et teneur; et, en consequence de ce, a faict et faict inhibitions et deffenses à toutes personnes, corps et communautés de villes, officiers et particuliers, de quelques qualités et conditions qu'ils soient, recevoir ny souffrir estre reçus aucun des prestendus escoliers eux disans de la societé du nom de Jesus, encore que lesdicts prestres ou escoliers ayent abjuré et renoncé au vœu de profession par eux faict pour tenir escoles publiques ou privées, ou autrement pour quelque occasion que ce soit, à peine, contre ceux qui contreviendront, d'estre declarés atteints et convaincus du crime de leze-majesté;

« A enjoint et enjoint aux baillifs, senechaulx, etc., d'y tenir la main; aux substituts dudict procureur-general, en faire les diligences et certifier la cour dans quinzaine, à peine d'en repondre en leurs propres et privés noms.

« Faict en parlement, le vingt-huitieme jour d'aoust, l'an 1597. *Signé* BODIN. »

Un autre arrêt du même parlement, du 30 septembre même année, sévit contre *les recelleurs des rebelles et adhérens à la faction d'Espagne et du duc de Mercœur*, qui infestaient le Poitou, la Touraine et une partie de la Bretagne. Ce duc de Mercœur était de cette race des Guises si

fatale à la France. Je ferai remarquer que le foyer de cette
rébellion existait dans le même pays où, de nos jours, nous
avons vu se former et se maintenir si long-temps les factions si connues sous le nom de *Chouanerie* et de *Vendée*.
(Voyez le texte de cet arrêt, *Mém. de la Ligue*, tome VI,
page 543.)

NOTICE PRÉLIMINAIRE.

L'opposition du parlement de Paris au système désas-
treux de Law, et contre la bulle *Unigenitus*, qu'il n'avait
enregistrée qu'avec restriction, avait irrité la cour. Cet enregistrement équivoque avait néanmoins valu à Dubois
le chapeau de cardinal. Fabriquée à Paris, par trois jésuites, et envoyée à Rome, où elle avait reçu l'approbation
et la signature de Clément XI, cette bulle avait rouvert le
cours de ces déplorables controverses qui si long-temps
avaient affligé, divisé l'Eglise de France, qui n'a pu s'af-
franchir de ce fléau que par la fameuse déclaration de 1682
et par l'expulsion des jésuites.

Après la mort du cardinal de Fleury et les désastres de
la guerre de 1741, l'augmentation des impôts mit le comble
à l'irritation des esprits, et les débats qu'avait fait naître
cette funeste bulle reprirent une nouvelle activité. Le cardinal de Fleury s'était fait donner pour successeur dans la
direction des affaires ecclésiastiques le théatin Boyer,
qu'il avait déjà fait précepteur du Dauphin. Ce moine avait
porté dans l'administration cette petitesse de vue, cette
morgue pédantesque, cette obstination puérile, intolérante,
qu'il avait contractées dans la solitude du cloître, et il n'a-
vait conféré les dignités épiscopales qu'à des sujets dévoués
aux prétentions ultramontaines.

Beaumont lui devait l'archevêché de Paris. Il se croyait
destiné à extirper le jansénisme; il avait ordonné aux curés

de son diocèse de refuser les derniers sacremens aux fidèles qui se seraient confessés à des *appelans*, et qu'ils seraient eux-mêmes en ce cas privés de la sépulture, s'ils mouraient sans s'être rétractés.

Ce fut en vertu de ce mandement que le lazariste Boitin, curé de Saint-Etienne-du-Mont, refusa l'extrême-onction à Coffin, professeur distingué de l'Université, qui avait succédé au savant Rollin. Coffin mourut sans sacremens. Ce ne fut qu'après beaucoup de démarches et d'efforts qu'un conseiller, neveu de ce professeur, parvint à forcer le curé Boitin à l'enterrer; mais lui-même étant tombé malade six mois après, le curé Boitin lui refusa l'extrême-onction, en lui notifiant qu'il ne serait point *administré*, ni même enterré, s'il ne produisait avant tout un billet qui attestât qu'il avait reçu l'absolution d'un prêtre *constitutionnaire* (1), et le curé tint parole. Le parlement fit arrêter ce prêtre séditieux, et le condamna à l'amende et à un emprisonnement de quelques heures. Il adressa au Roi des remontrances auxquelles le Roi ne fit que des réponses tardives et vagues.

L'impunité enhardissait les novateurs. L'archevêque destitua, sous prétexte qu'ils étaient entachés de jansénisme, les supérieures et l'économe de l'Hôpital général, que le parlement avait placés à la tête de cette maison. L'archevêque allégua, pour justifier cet acte, que ces religieuses faisaient réciter le catéchisme aux enfans, et qu'elles se trouvaient en conséquence placées sous une autorité spirituelle.

Le conseil du Roi avait décidé en faveur du prélat. Tout Paris jeta un cri d'indignation; le parlement refusa d'enregistrer la déclaration du Roi. Ce prince ordonna au pre-

---

(1) On appelait ainsi ceux qui avaient accepté la bulle *Unigenitus*.

mier président, à deux présidens et à un avocat-général, de se rendre auprès de lui à Versailles, avec les registres du parlement, pour y faire biffer la délibération. La députation se présenta sans les registres.

Les députés du parlement présentèrent les remontrances qui suivent. L'Eglise de France était menacée d'un schisme, et elle en subissait déjà toutes les calamités. Ces remontrances sont considérées comme un précieux monument de piété, d'éloquence et d'érudition. Elles retracent en même temps et les véritables principes du droit public de la France et ceux de l'Eglise gallicane.

Très-humbles et très-respectueuses remontrances que présentent au Roy, notre très-honoré souverain seigneur, les gens tenans sa Cour de Parlement.

SIRE,

Jamais affaire si importante n'a conduit votre parlement aux pieds de votre trône. La religion, l'Etat, les droits de votre couronne, sont également menacés. Un schisme fatal se déclare, moins redoutable encore par le feu de la division qu'il allume parmi vos sujets, par le coup qu'il porte aux loix fondamantales de la monarchie, que par le tort qu'il fait à la religion.

Votre Majesté, frappée du trouble que causoient dans son royaume les disputes qui renaissoient tous les jours à l'occasion de la bulle *Unigenitus*, a senti dans tous les tems, et plus que jamais en 1731, la nécessité de faire cesser une division si dangereuse et si contraire au bien de l'Etat et de la religion.

Nous nous servons des propres termes dans lesquels elle s'est expliquée alors, en déclarant ses volontés. Vous fîtes les deffenses les plus expresses à tous vos sujets, de quelque état et condition qu'ils fussent, de rien faire ou écrire tendant à entretenir les disputes qui s'étaient élevées au sujet de la constitution, ou à en former de nouvelles. Vous leur deffendîtes de s'attaquer ou provoquer les uns et les autres par des termes injurieux de novateurs, hérétiques, schismatiques, jansénistes, semi-pélagiens, ou autres noms de parti, à peine contre les contrevenans d'être traités comme rebelles, désobéissans à vos ordres, séditieux, et perturbateurs du repos public. Enfin, vous enjoignîtes à tous les archevêques et évêques de veiller chacun dans leur diocèse à ce que la paix et la tranquillité y fussent charitablement et inviolablement observées, et que ces disputes et contestations n'y fussent plus renouvellées.

Qu'il seroit à desirer, Sire, que des ordres si sages eussent été suivis de l'exécution la plus rigoureuse, et que vous eussiez armé votre bras vengeur contre ceux des ecclésiastiques qui osoient mépriser votre autorité, et s'écarter de l'obéissance qui vous est due.

Mais ils l'ont osé, et cet attentat est demeuré impuni. Leur zèle passionné n'a plus connu de bornes; ils ont levé l'étendard du schisme; ils ont jugé arbitrairement leurs frères; ils ont déclaré ceux qui n'étoient pas dans leurs sentimens, rebelles à l'Église, indignes, comme tels, de participer à ses biens; et ils leur ont inhumainement refusé les sacremens à l'article de la mort. Ces abus se sont multipliés de jour en jour, et combien la religion n'en a-t-elle pas souffert!

L'impiété s'est servie des divisions qui régnoient entre les ministres de la religion pour attaquer la religion même. L'incertitude qui s'introduisoit sur ce qui établit la légitimité de la foi a été le moyen qu'elle a employé pour insinuer dans les esprits son mortel poison. Quel avantage n'a-t-elle pas tiré de ces tristes circonstances où l'on a vu de saints prêtres, qui avoient passé leur vie dans les fonctions laborieuses du ministère auquel ils s'étoient consacrés; des docteurs éclairés, encore plus recommandables par leur piété que par leurs lumières; des filles pieuses, qui, dans le fond de leur retraite, uniquement occupées de Dieu et de leur salut, vivoient dans les œuvres de pénitence les plus rigoureuses, traités comme réfractaires à l'Église, et privés avec ignominie des biens qu'elle dispense à ses enfans, sans qu'on pût sçavoir quelles vérités décidées par l'Église ces enfans refusoient de croire, ou quelles erreurs proscrites par l'Église ils refusoient de condamner?

Le philosophe superbe qui, follement jaloux de la Divinité même, voit à regret les hommages qui lui son rendus, a jugé que c'était le moment de produire son monstrueux système d'incrédulité.

Ce système répandu dans le public a fait des progrès qui malheureusement n'ont été que trop rapides. On s'est vu inondé d'une foule d'écrits infectés de ces détestables erreurs, et pour comble de malheurs, elles se sont glissées insensiblement jusque dans les écoles destinées à former les défenseurs par état de la foi et de la religion.

Étrange calamité pour un royaume chrétien! Ces erreurs se soutiennent et ne sont point relevées. Les principaux ministres de la religion ne s'occupent qu'à exiger l'acceptation d'un décret qui, ne présentant rien de certain, allarme les consciences timides par les conséquences qu'on en peut tirer contre la sainte doctrine; et tandis qu'ils poursuivent avec la dernière rigueur ceux qui, par un scrupule excusable, quand il ne seroit pas légitime, refusent d'y souscrire, ils négligent l'essentiel, et laissent ébranler la religion jusque dans ses fondemens.

L'impie en devient plus téméraire; l'audace est portée à son comble; et il étoit réservé à nos jours de voir soutenir sans réclamation dans la première université du monde chrétien une thèse publique où l'on établit par système tous les faux principes de l'incrédulité.

Votre parlement, Sire, qui, par l'autorité que vous lui avez confiée, doit principalement veiller à ce qui intéresse la religion, s'est élevé à la vue d'un pareil scandale. Il a mandé les suppôts de l'université. L'attention du magistrat a rappellé la faculté à son devoir, a réveillé le zèle des pasteurs; et bientôt après ont paru les censures de la thèse, accompagnées de condamnations flétrissantes prononcées contre celui qui avoit eu l'audace de la soutenir.

Telles sont les plaies que le schisme qui s'élève a faites, dès sa naissance même, à la religion. Que ne doit-on pas craindre de ce qu'elle aura à souffrir dans la suite, et peut-on l'envisager sans en être pénétré de douleur? Elle s'éteindra entièrement dans les uns, et si elle se conserve dans les autres, son esprit ne se trouvera plus en eux.

La haine, l'animosité, la persécution, s'emparant de leurs cœurs, ces caractères divins d'union et de charité qui distinguent l'Église catholique ne pourront plus se reconnoître, et la religion se trouvera détruite presque généralement ou dans l'esprit, ou dans le cœur.

Mais, Sire, si votre parlement doit ses premiers soins à l'intérêt de la religion, il est également tenu par la fidélité qu'il vous a jurée de veiller à la conservation de ces grandes maximes qui constituent l'essence de votre souveraineté.

Et comment ne s'opposeroit-il pas de toutes ses forces au progrès que fait le projet formé par quelques uns des ministres de l'Église d'ériger la constitution *Unigenitus* en règle de foi? Cette entreprise, autant qu'elle est préjudiciable à la religion, autant elle est contraire aux principes du droit public qui fondent l'indépendance de votre autorité.

Lorsque cette bulle vint en France, votre parlement fit connoître à Louis XIV tous les dangers de la condamnation qui y étoit prononcée contre la proposition qui regarde la matière de l'excommunication.

1.

14.

Il s'ensuivroit, lui disions-nous, que les excommunications injustes, que les menaces même d'une injuste censure, pourroient suspendre l'accomplissement des devoirs les plus essentiels et les plus indispensables. Et de là quelle conséquence! Les libertés de l'Église gallicane, les maximes du royaume sur l'autorité des rois, sur l'indépendance de leur couronne, sur la fidélité qui leur est due par leurs sujets, pourroient être anéanties, ou du moins suspendues dans l'esprit des peuples, par la seule impression que la menace d'une excommunication, quoique injuste, pourroit faire sur eux.

Louis XIV sentit l'importance de ces réflexions; la bulle ne fut reçue qu'avec les modifications les plus précises, et telles, que ce sont moins des modifications que l'assertion absolue de la proposition condamnée.

Ces sages précautions, remparts de nos libertés, jugées nécessaires par le feu roi, confirmées par Votre Majesté en toutes les occasions, rappellées avec soin dans les déclarations qu'elle a données pour fixer l'autorité de la bulle, conformes aux sentimens des évêques qui donnérent leurs explications en 1714, fortifiées de l'adhésion formelle de la Sorbonne, ainsi qu'elle l'a déclaré solemnellement par la bouche de son syndic en 1732, comment les concilier avec le caractere éminent qu'on veut aujourd'hui donner à cette bulle, en l'érigeant en règle de foi?

Le dogme de foi n'est pas susceptible d'être modifié. Ainsi, donner à la bulle les qualifications ou les effets de la règle de foi, en exiger l'acceptation pure et simple sur ce fondement, c'est, par une conséquence nécessaire, détruire les modifications qui y ont été apposées.

C'est, en les détruisant, renverser ces grands principes de votre indépendance absolue de toute autre puissance, telle qu'elle puisse être : c'est vouloir faire reconnoître une autorité capable d'anéantir ou suspendre les droits de votre autorité souveraine.

Votre Majesté, convaincue de cette vérité, quelque favorablement qu'elle se soit expliquée pour la bulle, n'a jamais permis qu'il lui fût donné la dénomination de règle de foi. Tous les écrits qui ont paru, où l'on prétendoit l'annoncer à vos peuples en cette qualité, ont été proscrits par des jugemens que vous avez vous-même rendus. Et lorsque votre votre parlement vous exposoit, en 1733, ses inquiétudes sur la conduite de quelques ecclésiastiques dans plusieurs diocèses, qui paroissoient supposer ce caractère dans la bulle, V. M. lui fit des reproches d'avoir prévu qu'il pût arriver que l'autorité spirituelle voulût ériger en dogme de foi des propositions contraires aux maximes les plus inviolables de la France. Votre Majesté nous disoit qu'une telle entreprise ne révolteroit pas moins l'Église de son royaume que les magistrats, et qu'on auroit dû être rassuré par les précautions que les évêques avoient prises en 1714 pour la conservation de nos maximes, au sujet de la proposition 91 condamnée par la bulle.

Mais, Sire, que servent ces précautions prises par quelques évêques de votre royaume, si les autres n'y adhérent point, s'ils exigent l'acceptation pure et simple de la bulle, s'ils regardent comme hors de l'Église ceux qui ne s'y déclarent pas soumis sans aucune restriction ni réserve, et les excluent, sur ce fondement, de toute participation aux sacremens?

Peu d'entre eux, à la vérité, se sont déclarés ouvertement, en disant que la constitution est une règle de foi; mais lui donner les effets de la règle de foi, n'est-ce pas dire quelle est règle de foi?

En fait de doctrine, il n'y a que celui qui erre dans un point de foi qui pût être exclus de la participation aux sacre-

mens de l'Église. Donc, refuser les sacremens à qui n'est
pas soumis à la constitution, c'est tenir la constitution
pour règle de foi.

Mais la condamnation de la proposition 91, proposée par
la constitution, est manifestement contraire aux grandes
maximes du royaume; elle ne peut absolument compatir
avec la conservation de ces maximes. Donc, voir des ministres de l'Église, voir des évêques tenir la constitution pour
règle de foi, c'est voir, par une fatalité que votre bonté,
Sire, n'avoit pû présumer, qu'ils veulent ériger en dogme
de foi les opinions contraires aux maximes les plus inviolables de la France.

En vain ils vous protesteront de leur attachement à nos
libertés: leur conduite dément la sincérité de leurs paroles;
ou si ce n'est véritablement qu'un zèle outré pour la bulle,
qui les fait agir, ils nous apprennent combien il est dangereux qu'ils puissent décider arbitrairement des causes qui
peuvent exclure de la participation aux sacremens; leur
prétendu zèle devient une passion qui les aveugle; la prévention leur ferme les yeux sur les conséquences de leur
conduite. Ajoutons que, cette tyrannie une fois établie, on
la verroit bientôt, par un autre abus plus grand encore s'il
est possible, s'étendre jusque sur des matières absolument
étrangères au dogme et purement temporelles. Il ne seroit
pas question de ce qui peut intéresser la conscience : ils se
rendroient les arbitres de l'État et de la fortune des citoyens,
et mettroient l'admission aux sacremens à telle condition
qu'il leur plairoit.

Ce ne sont pas de vaines frayeurs dont nous sommes agi-
tés. On ne sait que trop que, même en ce cas, rien ne pourroit vaincre l'opiniâtreté d'un refus injuste, et que ni la
naissance la plus respectable, ni la vertu la plus pure, la
plus constante, la plus exemplaire, ne seroient pas des titres

suffisans pour réclamer à l'article de la mort ces biens sacrés,
dont la dispensation ne peut dépendre des motifs humains,
et qui appartiennent de droit à tous les fidèles.

Votre parlement, Sire, étrangement surpris de tant d'a-
bus qui se commettent tous les jours sous ses yeux, en a
senti encore bien plus le danger, lorsque, ayant envoyé vers
l'archevêque de Paris, au sujet du nouveau refus de sacremens fait par le curé de Saint-Etienne-du-Mont, ce prélat
dans sa réponse a déclaré impérieusement que rien n'avoit
été fait que par ses ordres. Que de réflexions ne s'offrent pas
à l'esprit sur cette déclaration! Nous les supprimons par
égard. Il suffit de dire que votre parlement a jugé qu'il étoit
de son devoir indispensable de sévir rigoureusement contre
ce curé, pour apprendre aux ministres inférieurs de l'Église
que, quelques ordres qu'ils aient reçus de leurs supérieurs,
ils sont comptables de l'exécution qu'ils en font, quand ces
ordres vont à troubler la tranquillité publique, et surtout
quand ils tendent à introduire ou à fomenter un schisme
dont les suites ne peuvent être envisagées qu'avec horreur.

Qu'il nous soit permis, Sire, de vous supplier de faire
remettre sous vos yeux les remontrances que votre parlement
a eu l'honneur de vous présenter l'année dernière. Vous y
trouverez démontré que le défaut de représentation d'un
billet de confession, que le curé de Saint-Etienne-du-Mont
avoit donné pour raison de son refus, ne peut être une
cause légitime de refuser le saint viatique à un mourant, et
que l'exigence de ce billet n'est qu'un vain prétexte dont on
se sert pour refuser les sacremens à ceux que l'on soupçonne
de ne pas accepter la constitution.

Qu'il nous soit permis de vous rappeller les principes établis dans les représentations qui vous avoient été précédem-
ment faites en 1731 et 1733 sur les premiers refus de sacremens qui vinrent à notre connoissance. La bulle *Unigenitus* n'est point une règle de foi. L'Église seule pouvoit lui

donner ce suprême caractère : l'Église ne le lui a point donné. Cette bulle est même de nature à ne pouvoir être règle de foi, et ne présente rien de certain ; les qualifications différentes qu'elle prononce contre les propositions qu'elle condamne ne sont point appliquées à chacune des propositions condamnées, et cette indétermination résiste absolument à ce qu'elle puisse jamais être dogme ou règle de foi. Si elle devait être regardée comme règle de foi, les maximes de la France, qui fondent nos libertés, se trouveroient anéanties.

Souffrirez-vous donc, Sire, que ce soit à l'occasion de l'acceptation qu'on exige de cette bulle que le flambeau du schisme s'allume dans le sein de vos États ? Il n'est rien de si menaçant pour un empire que la division en matière de religion. Elle devient encore plus funeste quand la cause en est injuste. Ne la laissez pas, Sire, introduire dans votre royaume ; étouffez-la dès sa naissance, et, pour y parvenir, laissez agir vos parlemens : eux seuls peuvent rétablir le calme par l'exercice vigilant de cette autorité qu'ils tirent de leur institution.

A chaque instant le mourant peut recourir au magistrat pour réclamer les biens qui lui sont inhumainement refusés. Si vous vous réservez, Sire, le soin d'y pourvoir, quelque favorables que soient vos intentions, la distance des lieux, l'importance de vos occupations, la difficulté de parvenir au pied de votre thrône, en empêcheront l'effet.

C'est moins par la sévérité que par la promptitude qu'on peut réprimer les entreprises de ceux qui veulent introduire le schisme. Craignez-en les progrès. Déjà s'élèvent des prédicans qui cherchent à émouvoir les esprits, et font retentir nos églises de leurs sermons séditieux. Si le feu s'accroît, il est à craindre que l'embrasement ne vienne au point que toute autorité se trouve impuissante pour l'arrêter.

Rappellons-nous l'histoire des siècles passés, ces billets

d'association, ces déclarations exigées dans le tribunal de la pénitence, ces sermons scandaleux qui répandoient l'allarme dans les consciences timides, ces guerres sanglantes portées à un tel excès, que le thrône même en fut ébranlé.

Saisis de crainte à la vue de si grands malheurs, nous ne cesserons, Sire, de nous élever contre tout fait tendant au schisme; nous ne cesserons, Sire, de vous en représenter les affreuses conséquences. Pour nous empêcher d'agir, pour étouffer notre voix, il faudrait nous anéantir; et si, par un événement que nous nous croirions presque coupables de prévoir, il arrivoit que notre constance à soutenir les droits de votre couronne, ceux de l'État et de la religion, nous attirât la disgrace de Votre Majesté, nous gémirions, sans changer de conduite. Dans l'impuissance de trahir notre devoir, nous n'aurions à vous offrir pour hommages que nos pleurs, en attendant que l'avenir vous justifiât combien il vous est avantageux que votre parlement ne s'écarte en aucun tems de la fidélité inviolable qu'il doit à la religion, à la patrie, à son Roi, et qu'on puisse trouver dans ses archives cette tradition non interrompue de conduite et de maximes, qui assurent la tranquillité de votre royaume et de l'indépendance de votre souveraineté.

Ce sont là, Sire, les très-humbles et très-respectueuses remontrances qu'ont cru devoir présenter à Votre Majesté

> Vos très-humbles, très-obéissans, très-fidèles
> et très-affectionnés sujets et serviteurs,

Les GENS tenans votre cour de parlement.

Fait en parlement, le 15 avril 1752.

RÉPONSE DU ROI.

J'ai examiné dans mon conseil les différentes remontrances de mon parlement. J'écouterai toujours favorablement celles qu'il me fera, lorsqu'elles auront pour objet le bien de la religion et la tranquillité de l'État. Pénétré du danger de laisser introduire le schisme, et de la nécessité d'arrêter tout scandale, je me suis toujours occupé du soin de maintenir le calme dans les esprits, et de faire rendre à l'Église le respect et l'obéissance qui lui sont dus; et je m'occuperai toujours à arrêter et à prévenir tout ce qui pourroit être contraire à la sagesse des mesures dont j'ai vu avec satisfaction le fruit pendant plusieurs années.

J'ai puni le curé de Saint-Laurent d'Orléans, dès que j'ai été informé de la conduite qu'il a tenue. Je me fais rendre compte de celle du curé de Mussy-l'Evêque, pour m'assurer de la vérité des faits qui lui sont imputés.

J'ai pris des mesures pour tirer le curé de Saint-Etienne-du-Mont d'une paroisse dans laquelle il s'est conduit d'une manière plus capable d'échauffer les esprits que de les ramener à la paix et à la concorde.

Mon intention n'a jamais été d'ôter à mon parlement toute connaissance de la matière dont il s'agit; et si je lui ai ordonné, comme je le fais encore, de me rendre compte des dénonciations qui lui seront faites sur de pareils objets, ce n'a été et ce n'est que pour me mettre en état de juger par moi-même des voies qu'il convient d'employer dans chaque circonstance, la procédure ordinaire n'étant pas toujours la plus propre par son éclat à maintenir le bon ordre et la paix, qui est le but que je me propose, et dans lequel mon parlement doit chercher à concourir avec moi.

Je renouvellerai tout ce que j'ai déjà prescrit pour imposer silence sur des disputes que l'on voudroit faire renaître, et qui devroient être assoupies, et j'emploierai toute mon autorité pour y parvenir.

Mon parlement, étant pleinement instruit de mes intentions, et obéissant à mes ordres, cessera les poursuites et procédures qu'il a commencées sur cette matière, et reprendra sans différer ses fonctions ordinaires, pour rendre la justice à mes peuples.

Du 18 avril 1752.

Arrêté qu'il sera fait regître de la réponse du Roi, sans néanmoins que la cour suspende à l'avenir l'exercice de l'autorité qui lui est confiée, ni cesse de prévenir ou de réprimer le scandale causé par le refus public des sacremens qui seroit fait à l'occasion de la constitution *Unigenitus*, en lui donnant les effets d'une règle de foi. Et cependant a sursis aux procédures encommencées.

Et pour se conformer aux intentions dudit seigneur Roi, concourir à maintenir le bon ordre et la paix, est arrêté que les gens du Roi seront mandés, et que la réponse du Roi leur sera remise ès mains, à l'effet de prendre par eux des conclusions, sur-le-champ, sur le règlement que la cour entend faire à ce sujet; comme aussi le premier président chargé de représenter audit seigneur Roi les inconvéniens qu'il y auroit de soustraire les accusés aux poursuites régulières de la justice par des voies d'autorité, dont les exemples ne peuvent être que dangereux, et qui, loin d'en imposer aux coupables, pourroient être regardées comme un abri contre la sévérité des loix et des procédures juridiques, et un moyen sûr pour éluder l'exécution des arrêts de son parlement.

Extrait des registres du Parlement, du 18 avril 1752.

La cour, toutes les chambres assemblées, en délibérant à l'occasion de la réponse faite par le Roi le jour d'hier aux remontrances de son parlement; ouïs les gens du Roi en leurs conclusions; fait défenses à tous ecclésiastiques de faire aucuns actes tendans au schisme, notamment de faire aucun refus public des sacremens, sous prétexte du défaut de représentation d'un billet de confession, ou de déclaration du nom du confesseur, ou d'acceptation de la bulle *Unigenitus*; leur enjoint de se conformer dans l'administration extérieure des sacremens aux canons et règlemens autorisés dans le royaume. Leur fait pareillement défenses de se servir dans leurs sermons, à l'occasion de la bulle *Unigenitus*, des termes de novateurs, hérétiques, schismatiques, jansénistes, sémi-pélagiens, ou autres noms de parti, à peine contre les contrevenans d'être poursuivis comme perturbateurs du repos public, et punis suivant la rigueur des ordonnances. Ordonne que le présent arrêt sera imprimé, lu, publié et affiché partout où besoin sera; que copies collationnées d'icelui seront envoyées aux bailliages et sénéchaussées du ressort, pour y être pareillement lues, publiées et enregistrées; enjoint au substitut du procureur-général du Roi d'y tenir la main, et d'en certifier la cour dans le mois; enjoint au procureur-général du Roi de tenir la main à l'exécution du présent arrêt. Fait en parlement, le dix-huit avril mil sept cent cinquante-deux.

Signé DUFRANC.

NOTICE PRÉLIMINAIRE.

La faction de la Ligue, si souvent attaquée et jamais vaincue, marchait à son but par d'autres moyens. Henri IV n'était plus; les sages ministres dont il avait eu le bonheur de s'environner avaient été éloignés de la cour de son fils. Les états-généraux convoqués sous la minorité de ce prince s'opposèrent aux funestes doctrines ultramontaines. Le clergé trahit encore la cause de la patrie, de la religion et de la vérité. On entendit les membres de cet ordre s'élever contre cette maxime, proclamée par les états, que les papes n'ont aucun pouvoir droit sur le gouvernement temporel des nations, et qu'ils ne peuvent déposer les rois.

Henri IV, cédant à de perfides suggestions, avait rappelé les jésuites, et avait payé de sa vie son imprévoyante générosité. La faction ultramontaine n'avait pu dissimuler sa joie d'un événement qui avait excité l'étonnement et la douleur toute la France. Elle poursuivit sa victime jusque dans sa postérité; des libelles infâmes furent ouvertement publiés. Aux Bellarmin, aux Suarès, on vit se mêler des prélats, nés Français, et qui devaient au Roi de France leur élévation et leur fortune. Les parlemens, fidèles à leurs devoirs de magistrats et des citoyens, foudroyaient par d'énergiques arrêts les libelles et les mandemens des prélats, toujours rebelles et toujours impunis.

Vaincue dans les parlemens, la faction ultramontaine, abusant de l'influence que lui donnait l'exercice d'un ministère saint et révéré, était parvenue à surpendre de la reine-mère, et plus tard de son fils, des ordres de surséance aux arrêts des parlemens. Ainsi se prolongeait, avec une activité toujours croissante, cette lutte impie et meurtrière du sacerdoce contre l'empire.

Les jésuites étaient réduits à d'obscures manœuvres sous le ministère de Richelieu, qui ne voulait du pouvoir suprême que par lui et pour lui. Jaloux de gouverner sans concurrens et sans auxiliaires, il voyait sans crainte et sans danger le prince s'enivrer de l'encens adulateur qu'ils lui prodiguaient. Jamais flatteurs n'avaient poussé plus loin l'impudence des éloges. Qu'il me suffise de rappeler les fêtes triomphales qu'ils décernèrent à l'*Hercule gaulois*, après sa retraite honteuse dans les murs de Montauban.

Cette faction crut pouvoir se relever à la faveur des troubles de la France sous la minorité de Louis XIV. Mais avec des formes moins acerbes, Mazarin régnait avec autant d'em-

pire et moins d'éclat que Richelieu. Mais après la mort de
cet autre cardinal-ministre, elle redoubla d'audace, et
cette fois le clergé de France, par la voix puissante de l'éloquence et du génie, lui opposa la déclaration de 1682.
Cette déclaration fut l'ouvrage de Bossuet, qui se montra
le digne organe de la France chrétienne.

La cour du régent, avide de plaisirs, répondait par des
épigrammes et des chansons aux nouveaux débats de l'école.
Cependant ces excès de quelques prélats et de quelques
congrégations appelèrent l'attention et la sévérité des parlemens.

Pour éviter d'inutiles répétitions, je n'ai point rappelé
les détails des faits qui ont signalé cette longue période de
la fin du XVIe siècle jusqu'au milieu du XVIIIe. Les arrêts,
les événemens qui y ont donné lieu, sont rappelés dans les
remontrances du parlement de Toulouse, du 17 juillet
1752.

Les très-humbles et très-respectueuses remontrances
du Parlement de Toulouse.

SIRE,

Votre parlement de Toulouse, entraîné par son premier
penchant, qui le porte toujours à la plus prompte obéissance à vos volontés, vient d'ordonner l'enregistrement de
l'arrêt de votre conseil, du 18 du mois dernier, et des lettres
patentes du même jour, qui évoquent la procédure faite à
la requête de la nommée Vanneau, pour refus des sacremens.

Les conséquences d'une pareille évocation ne lui ont cependant pas échappé; et, pour tâcher de concilier tous ses devoirs avec cette marque signalée de sa parfaite soumission à
vos ordres, il a crû qu'il étoit indispensablement obligé de
vous représenter que ces conséquences lui ont paru aussi

dangereuses pour l'intérêt de la religion et de l'Etat que pour celui de Votre Majesté même.

C'est dans les provinces, Sire, que s'est formé peu à peu le schisme fatal qui se déclare ouvertement depuis quelque temps. C'est là que, nourri et fomenté par les ennemis de l'Eglise et de l'Etat, il a essayé en secret de mettre en œuvres ses premiers artifices, et qu'il a sçû s'en servir pour éluder les sages précautions que Votre Majesté n'a cessé de prendre pour le prévenir et pour l'étouffer dès sa naissance; c'est là enfin que, dans l'éloignement du trône, il a cherché à faire illusion à la simplicité du peuple, à tromper la vigilance des magistrats, et à surprendre en toute occasion, sous des prétextes spécieux, la religion de vos ministres, et celle de Votre Majesté même, jusqu'à ce qu'enfin, enhardi par le plus rapide accroissement, il a crû pouvoir se répandre et se jouer de toutes les loix.

C'est donc principalement dans la province où il a pris les plus profondes racines qu'il est le plus nécessaire de le combattre.

Des magistrats fidèles ne peuvent plus se dissimuler un aussi grand malheur; et cet important objet doit d'autant plus fixer aujourd'hui toute notre attention, qu'après avoir épuisé toutes les voies de prudence et de modération, il ne nous reste plus que d'armer le bras vengeur de la justice pour remédier au mal dont nous pouvons seuls arrêter le progrès et prévenir les suites funestes.

Oui, Sire, nous osons le dire avec cette confiance qu'inspire la vérité, le remède unique à de si grands maux est attaché au vigilant et libre exercice du pouvoir que vous avez confié à vos parlemens.

Les évocations ont toujours été condamnées par les ordonnances, comme contraires à la justice, et au bon ordre dans les cas les plus ordinaires, et nous ne craignons pas d'assurer qu'il ne peut y avoir aucune exception, par rapport à ce qui fait l'objet de la procédure, évoquée surtout dans les provinces éloignées de Votre Majesté, dans lesquelles la paix et la tranquillité ne peuvent être maintenues ou rétablies que par la vigilance continuelle, persévérante et journalière, pour ainsi dire, de ceux qui ont l'honneur de vous représenter.

Louis XI, ce prince si attentif à conserver les droits de l'autorité royale, écrivit au parlement de Toulouse une lettre qui se trouve dans son sixième registre, pour lui deffendre non seulement d'avoir égard aux évocations en général, mais même de s'arrêter à une évocation qu'il avoit accordée.

Nous prendrons encore la liberté de mettre sous les yeux de Votre Majesté ce que rapporte, dans ses mémoires, un des plus célèbres magistrats de son tems. En l'année 1527, le roi François 1er étant assis, au parlement, dans son lit de justice. M. Gaillard, 3e président de la cour, lui fit une longue et sérieuse remontrance sur les fréquentes évocations, et lui dit que « les vertus estoient non seulement des- « honorées par leurs contraires, mais bien souvent par « leurs semblables; que la justice non seulement recevoit « diminution par l'injustice, mais par la justice meme, qui « nous trompe souvent, sous pretexte de bien faire, lorsque « nous recevons facilement les plaintes des mal-contens. « Cette indulgence, cette bonté avec laquelle on se depart « des regles ordinaires, sous pretexte et apparence d'assis- « ter ceux qui disent estre maltraitez, est la ruine de la jus- « tice et de l'ordre public ».

Qu'il nous soit donc permis de le dire, vouloir prendre connoissance par vous-même de la procédure évoquée, c'est moins suspendre l'autorité de votre parlement que renoncer à la vôtre.

Il est impossible que Votre Majesté puisse veiller par elle-même aux différens cas qui peuvent arriver dans l'étendüe de son royaume; votre amour pour vos peuples, votre tendre sollicitude pour le moindre de vos sujets, vous les rend tous également chers, et Votre Majesté ne cesse de pourvoir à leurs besoins, par des loix générales et particulières qui entrent dans le plus petit détail; mais ce n'est que par vos premiers magistrats qu'ils peuvent jouir des avantages qu'elles leur présentent.

C'est à vos parlemens, Sire, que ce soin honorable a été confié suivant l'essence de leur institution. C'est à eux à faire couler, sans interruption, cette source féconde dont ils ne peuvent, sans infidélité, laisser affoiblir le plus petit rameau.

Se pouvoit-il que, sous un si grand Roi, la justice fût un moment suspendüe, et qu'on pût dire que, sous un règne aussi juste et aussi florissant que le vôtre, le crime pût être long-tems sans vengeance, et l'innocence sans protection et sans azyle.

Quelle douleur, Sire, pour ceux de vos premiers magistrats qui n'ont pas le précieux avantage d'exercer leurs fonctions sous les yeux de Votre Majesté, s'ils étoient les spectateurs inutiles d'un désordre qui ne sçauroit subsister dans l'empire du meilleur de tous les princes! Mais nous serions coupables de le craindre. Nous ne doutons point que Votre Majesté ne laisse à son parlement le libre exercice d'une autorité dont il ne sauroit se départir, et nous espérons que, quoique la procédure dont il s'agit ne porte que sur un cas particulier, Votre Majesté voudra bien lui en renvoyer la connoissance.

Notre religieuse attention à entrer dans les vües de pacification qui animent Votre Majesté donneroit, s'il étoit possible, un nouveau poids à nos représentations. Que n'avons-nous pas dissimulé, dans la crainte d'aigrir le mal? Et que n'aurions-nous pas à nous reprocher de notre inaction jusqu'à présent, si elle n'avoit eu pour principe les

1.

motifs les plus purs et l'amour le plus sincère pour la paix, que nous attendions toujours de ceux qui, par état, en devoient être les premiers ministres.

Mais nos espérances ont été frustrées; la requête en plainte de votre procureur-général et de la nommée Vanneau, et les informations que nous avons eu l'honneur de vous envoyer, sont une preuve non équivoque de l'excès auquel l'esprit de schisme est déjà parvenu.

Ce n'est plus l'acceptation d'un décret modifié par vos parlemens et par vos déclarations, et expliqué par les évêques de votre royaume, que l'on exige aujourd'huy, mais l'acceptation d'un décret que de simples particuliers, sans pouvoir et sans autorité, veulent ériger en dogme de foy en lui en donnant les effets.

Ce ne sont plus des théologiens et des docteurs de la foi desquels on veut s'assurer : ce sont de simples fidèles, de pauvres filles, que l'ignorance de leur sexe, que la simplicité de leur foi, qu'une vie irréprochable et que la soumission la plus parfaite et la plus générale aux décisions de l'Eglise, ne peuvent garantir du refus injuste des sacremens dans leur dernière maladie, et après leur mort, de la privation des honneurs de la sépulture et des prières de l'Eglise.

Il s'érige, dans chaque diocèse, autant de tribunaux particuliers qu'il y a de ministres inférieurs de l'Eglise nourris dans des maximes contraires à celles du royaume (et le nombre n'en est que trop multiplié), qui, sous le prétexte de faire rendre à l'Eglise la soumission qui lui est duë, usurpent son autorité, et prononcent au gré de leurs préventions des anathèmes qu'elle n'a pas prononcés, et font subir aux enfans les plus soumis et les plus chers de cette tendre mère une excommunication qu'elle désavouë.

Les maximes les plus consacrées par l'Eglise universelle et par les plus illustres de ces docteurs deviennent le jouet de leur imagination déréglée; la discipline observée dans l'Eglise de France, suivant les règlemens qui y sont autorisés, est pour eux un foible rempart contre l'esprit d'innovation qui les a séduits; ils changent, ils altèrent cette discipline par des loix arbitraires et des conditions nouvelles; ils portent leur témérité jusqu'au point de retrancher, par des voies de fait, de la communion de l'Eglise tous ceux qu'ils jugent à propos, quoiqu'ils n'ignorent pas qu'aucune de ces décisions ne les autorise à briser ainsi les liens de l'unité.

Emportés par l'indiscrétion de leur zéle, ils ne cherchent qu'à étendre leur autorité au-delà du tribunal secret et intérieur des consciences, et à confondre (ce qui ne peut jamais être confondu) l'exercice du pouvoir du for externe avec celui du for interne. On ne les voit occupés qu'à supposer des hérétiques dans le sein de la communion catholique, et il semble qu'ils se plaisent à les chercher principalement parmi les simples fidèles.

Il faut donc leur apprendre que tous les enfans de l'Eglise ont, en cette qualité, un droit extérieur aux sacremens qui ont été institués pour l'utilité commune; que les ministres de l'Eglise sont obligés de les dispenser à quiconque les demande, hors les cas exceptés par les canons; que ces cas ne sont point arbitraires et ne dépendent point du caprice et de la passion.

Ils doivent sçavoir aussi que la sentence prononcée dans le secret impénétrable du tribunal de la pénitence ne produit aucun changement (quelle qu'elle soit) dans l'état extérieur et public du fidèle, et qu'il suffit, pour qu'il soit admis à la participation extérieure et publique des sacremens, qu'il soit de notoriété ou qu'il assure lui-même qu'ayant le bonheur de vivre dans le sein de l'Eglise catholique, il en a observé toutes les règles.

Vous verrez, Sire, dans la procédure dont il s'agit, que, sans pouvoir, sans compétence, et contre les intentions de Votre Majesté, ces cruels ministres font tout-à-la-fois, auprès des mourans, les fonctions d'accusateurs, de témoins et de juges ; vous y verrez les comparaisons les plus odieuses et les plus choquantes, sans égard ni pour les malades qui implorent inutilement la charité de leurs pasteurs et qui ne cessent de donner des preuves de leur parfaite catholicité, ni pour une famille désolée qui voit consumer en questions inutiles un tems si précieux pour le salut. Vous serez touché, Sire, de la triste situation de ces innocentes victimes, exemptes de toute erreur dans la foy, et dont tout le crime, dans le long et pénible cours d'une controverse déplacée dans les derniers instans de la vie, se réduiroit tout au plus à quelques mots échappés et à de simples scrupules d'une conscience allarmée.

Etrange innovation réservée à nos tems, pratique singulière et inhumaine, inconnüe à toute l'antiquité, et qui n'a jamais été en usage pour aucune décision de l'Eglise ! Toutes les professions de foy qu'elle a autorisées ont toujours eu des objets fixes, ont toujours présenté des articles clairs et précis, auxquels il a toujours été facile aux plus simples fidèles de répondre, et il n'a jamais été élevé de soupçon contre la croyance de ceux qui ont reçu toutes les vérités décidées, et abjuré toutes les excuses condamnées.

Vous ne serez pas moins frappé, Sire, de la précaution étonnante et inouïe que prennent ces mêmes ministres de mener à leur suite des témoins choisis à leur gré, qu'ils introduisent dans la chambre des malades, avec tout l'appareil d'une procédure effrayante et d'un jugement qui doit prononcer la plus grième de toutes les peines.

Vous ne verrez pas sans indignation la paix des mourans

dépendre de ce qu'il plaira à de pareils témoins (1) de déposer dans un verbal extraordinaire, que l'on les engage
de signer dans des maisons et peut-être en présence de ceux
dont ils doivent le plus respecter l'autorité.

Seroit-il possible de ne pas s'élever contre une entreprise si contraire au droit naturel et à la liberté des citoyens? Nous vous supplions, Sire, de vous faire rendre le
compte le plus exact de la procédure évoquée, qui contient la preuve de ces faits : il n'en est peut-être pas qui
méritent plus l'attention de Votre Majesté, et qui soient
plus propres à vous persuader combien il est important que
votre parlement soit incessamment rétabli dans la liberté
de la juger suivant la rigueur des loix.

Le trouble s'accroîtroit par l'impunité; il seroit peut-être
plus difficile qu'on ne pense d'en arrêter le progrès. Les
maximes du royaume reçoivent de toutes parts les plus
vives atteintes. Votre parlement de Toulouse vient de supprimer, par son arrêt du 30 du mois dernier, et de ce
jour, une thèse imprimée à Avignon, et soutenüe chez
les cordeliers de Pezenas, qui, aussi captieuse qu'erronnée,
ose attaquer indirectement l'indépendance même de votre
couronne, et votre procureur-général est chargé d'en poursuivre les auteurs.

Si on n'ose attaquer encore ouvertement les droits sacrés
que vous donne, dans l'administration extérieure des sacremens, votre qualité de protecteur de l'Eglise, on cherche
à répandre des nuages sur la compétence de vos parlemens
en cette matière, et par conséquent sur les pouvoirs de Votre
Majesté.

En vain toutes les loix de l'Église et de l'État anciennes et
nouvelles, les docteurs les plus catholiques et les moins

_____

(1) Les deux premiers témoins de l'enquête faite à la requête du procureur-général.

suspects, les magistrats les plus instruits, la jurisprudence uniforme du royaume, en un mot, en vain toutes les annales de la monarchie, dont la garde précieuse est principalement confiée à vos parlemens, concourent à reconnoître en vous cette auguste qualité : que peuvent les barrières les plus fortes contre l'impétuosité passionnée d'un zèle aveugle et indiscret ?

Le roi, disent tous les auteurs qui ont le plus approfondi cette matière, connoît de l'administration des sacremens en qualité de protecteur, toutes les fois que l'Église ou les fidèles en particulier ou eu général prétendent que l'on a contrevenu aux saints décrets et qu'ils réclament son autorité pour en maintenir l'exécution.

Nos rois comme protecteurs de l'Église gallicane sont obligés de conserver et de maintenir la discipline toutes les fois qu'elle est attaquée. Or c'est l'attaquer et en quelque façon la détruire que d'y vouloir innover, et par conséquent on ne peut changer celle qui a été légitimement établie dans le royaume sans leur ordre ou leur permission.

L'auteur du *Traité du délit commun et cas privilegié,* ou *de la Puissance légitime des juges séculiers sur les personnes ecclésiastiques*, après avoir cité le texte le plus exprès, ajoute (1) : « Suivant quoi tous les parlemens de France qui « tiennent pour loy fondamentale de l'État que l'on ne peut « innover aucune chose en ce royaume au préjudice des en- « ciens canons approuvés en icelui et au cas que de fait il « fût entrepris, ont autorité et pouvoir de le faire réparer.»

Nous pourrions, Sire, multiplier ici les autorités et les textes les plus respectables : nous nous contenterons d'indiquer le canon inséré dans le decret de Gratien, qui n'a fait que copier la novelle 124 de Justinien, chap. XI. (2)

---

(1) Can. 6, *de Pen.* 2, caus. 34, quest. 3.
(2) Can. 20, page 27, rapporté au t. 1 des *Lib.*, p. 305.

Telles sont les maximes dont votre parlement ne s'écartera en aucun tems, et il est pénétré plus que jamais de l'indispensable nécessité de les remettre en vigueur pour réparer le plus grand des scandales.

Laissez-lui donc, Sire, toute entière cette précieuse liberté si essentielle à sa constitution : il en usera avec autant de zèle et de circonspection que de succès pour ramener à l'ordre ceux que tant de préjugés en ont écartés.

En continuant de leur donner l'exemple de la plus profonde et de la plus entière soumission aux décisions de l'Église et de son respect pour ses ministres, il leur apprendra que l'Église elle-même a reconnu plus d'une fois les avantages de la protection que lui doivent les princes chrétiens, que les magistrats qui exercent leur autorité sont spécialement chargés de maintenir la discipline extérieure, qui fait une portion si considérable de la police de l'État, et que l'intérêt de la religion, la tranquillité publique, dépendent toujours de l'heureux accord du sacerdoce et de l'empire.

Votre parlement, Sire, en distinguera toujours les droits sacrés, et il sera toujours également attentif à réprimer les entreprises respectives de ceux qui pourroient avoir pour objet de les confondre.

Ce sont là les très-humbles et très-respectueuses remontrances qu'ont cru devoir présenter à Votre Majesté,

SIRE,

Vos très-humbles, très-obéissans, très-fidèles et très-affectionnés sujets et serviteurs,

Les GENS tenans votre cour de parlement.

A Toulouse, fait en parlement, le 17 juillet 1752.

NOTICE PRÉLIMINAIRE.

Ces remontrances suffisaient pour éclairer la conscience du roi et de son conseil; mais les députés du parlement n'obtinrent qu'une réponse brusque et vague.

Le parlement s'assembla le lendemain, et déclara par un arrêt 1° que la constitution de la bulle *Unigenitus* n'était point un article de foi, 2° que des accusés ne peuvent être impunément soustraits à l'action de la justice.

Cet arrêt fut répandu avec profusion dans la capitale. L'archevêque de Paris rallia tous les constitutionnaires. La majorité des curés avait été nommée par lui, et partageait son opinion. Il leur fit signer une requête en faveur des billets de confession, et l'envoya au roi. Les chambres du parlement s'assemblèrent, et décrétèrent le curé de Saint-Jean en Grève, qui avait rédigé la requête.

Le conseil du roi cassa cet arrêt. Le parlement suspendit ses fonctions. La scandaleuse opposition de l'archevêque de Paris s'étendait au delà de la capitale. Les mêmes scènes se répétaient dans les provinces. Un curé du diocèse de Langres, présentant l'hostie sainte à deux jeunes filles soupçonnées de jansénisme, leur avait dit à haute voix : « Je vous « donne la communion comme Jésus l'avait donnée à Judas. » Ce scandale, du moins, ne resta pas impuni. Ce curé fut condamné à l'amende honorable, et à payer aux deux filles trois mille francs qui leur servirent de dot.

Dans plusieurs endroits, on brûla publiquement des mandemens d'évêques et des pamphlets en faveur de la bulle. Les autres parlemens imitèrent la juste sévérité de celui de la capitale. Il avait eu le courage de déclarer au roi qu'il ne cesserait pas de poursuivre les auteurs du scandale qui affligeait la France, et il tint sa promesse.

L'archevêque de Paris avait défendu aux prêtres de Saint-

Médard d'*administrer* une religieuse du couvent de Sainte-Agathe, nommée sœur Perpétue. Le parlement lui enjoignit de la faire communier, sous peine de saisie de son temporel.

Le roi, qui avait évoqué à son conseil la connaissance de toutes ces affaires, blâma l'arrêt du parlement, et donna à l'archevêque mainlevée de la saisie de ses revenus.

La crise prenait chaque jour un caractère plus grave, plus alarmant. L'intolérance de l'archevêque de Paris et de son parti avait jeté l'effroi dans l'âme de tous les fidèles. Chaque jour de nouveaux refus de sacremens et de sépulture désespéraient les familles. Le parlement voulut convoquer les pairs : le roi leur défendit de se présenter au parlement.

Un arrêt du conseil, du 24 janvier 1755, avait été signifié au parlement à propos de l'affaire de la sœur Perpétue. Le parlement, irrité de cette forme insolite de procéder, en demanda satisfaction au roi lui-même, par la *suppression de l'original et de la copie des significations*.

Le parlement restait inébranlable dans sa résolution de sévir contre tous les séditieux ; mais fiers de l'appui des ministres, les constitutionnaires bravaient l'autorité du parlement. Boutord, curé du Plessis-Rosainvilliers, exalté par une mission que les jésuites avaient faite dans sa paroisse, avait apostrophé en chaire quelques magistrats qui possédaient des terres dans le voisinage, et qui assistaient à son sermon ; non content de les appeler jansénistes, calvinistes et athées, il déclara à haute voix qu'il serait le premier à tremper ses mains dans leur sang.

Une telle menace méritait le plus rigoureux châtiment ; le parlement ne condamna le coupable qu'au bannissement.

Le parlement ne cessait de rendre des arrêts sur le refus des sacremens. Ses huissiers parcouraient toute la juridiction pour les faire exécuter : le conseil cassait tous ces arrêts. L'archevêque de Paris avait obtenu un ordre pour faire en-

lever la sœur Perpétue. Cet ordre fut exécuté, les religieuses
dispersées, la communauté de Sainte-Agathe dissoute. Mille
brochures dénoncèrent cet attentat à toute la France. Le
parlement fait des remontrances: elles ne sont point accueillies. Le parlement suspend ses fonctions: le cours de la justice est suspendu. Le roi ordonne au parlement de s'assembler pour juger les procès qui lui étaient soumis : le parlement déclare qu'il ne peut obtempérer à cet ordre.

Le roi assemble le grand conseil le 6 mai, et dans la nuit
du 8 au 9, des mousquetaires vont porter les lettres de cachet et font partir pour leur exil les présidens et les conseillers des requêtes et des enquêtes; l'abbé Chauvelin est
transféré successivement au Mont-Saint-Michel et à la ci-
tadelle de Caen; le président Frémont de Massy, au château
de Ham; le président Moreau de Besigny, aux îles Sainte-
Marguerite, et Beze de Lys, à Pierre-en-Cise.

La grand'chambre avait été exceptée de cette proscription.
Les membres qui la composaient s'assemblèrent, et sans être
interdits par les malheurs de leurs confrères, ils décrétèrent
de prise de corps plusieurs curés : tous ces magistrats furent
exilés à Pontoise.

Les désordres allaient toujours croissant, et les ministres
du roi imaginèrent de rétablir le calme en substituant au parlement une commision composée de six conseillers d'Etat et
de vingt et un maîtres des requêtes. Ce tribunal improvisé vint
s'établir aux Grands-Augustins. L'édit qui l'avait institué fut
présenté au Châtelet, qui refusa de l'enregistrer. Les ministres firent casser cette sentence. Une députation du tribunal
provisoire, conformément aux ordres de la cour, se trans-
porta au Châtelet, fit rayer la sentence de refus d'enregistrement, et enregistra elle-même l'édit. Le nouveau tribunal, appelé d'abord chambre de vacation, prit le titre de
chambre royale, et transféra ses audiences des Grands-Augustins au Louvre. Des lettres de cachet furent envoyées aux

magistrats du Châtelet, pour enregistrer l'édit avec la dénomination nouvelle donnée à la chambre royale. L'édit ne fut
enregistré que par le seul lieutenant civil, du très-exprès
commandement du roi. Un malfaiteur, nommé Sandrin,
avait été condamné par le Châtelet à être pendu; il en avait
appelé à la chambre royale, qui avait confirmé la sentence.
Le Châtelet refusa de faire exécuter le condamné, sous le
prétexte que c'était au parlement, non à la chambre royale,
que l'appel aurait dû être porté. Milon, rapporteur de cette
cause, fut mis à la Bastille.

Le Châtelet cessa ses fonctions. Les prêtres constitutionnaires triomphaient; ceux qui avaient été bannis par le parlement reprirent leurs fonctions. Les refus de sacremens se
multiplièrent avec une nouvelle activité. Les mêmes scènes
agitaient les autres parlemens de France. La cour fut enfin
elle-même effrayée des progrès de cette déplorable anarchie,
et le roi prit occasion de la naissance du duc de Berri pour
rappeler le parlement.

L'archevêque de Paris et ses partisans ne s'amendèrent
point, et le scandale des billets de confession se renouvela.
Le Roi lui fit enjoindre de ne plus troubler les consciences
ni l'ordre public. Le prélat se borna à répondre qu'il fallait
obéir à Dieu plutôt qu'aux hommes. Il fut exilé, mais à sa
maison de Conflans, aux portes de la capitale, et ensuite à
Champeaux, dernier bourg de son diocèse. Les disputes et les
murmures continuèrent, et la Sorbonne, qui, d'abord janséniste, s'était faite constitutionnaire, vint augmenter encore cette funeste confusion.

Les parlemens avaient prévu ce mal; ils en avaient indiqué le remède, et ce remède, ils l'avaient trouvé dans le
retour aux principes constitutifs de la monarchie. Ils n'a-
vaient point été écoutés. Le roi n'agissait plus que d'après
les inspirations du grand-conseil. Le parlement convoqua

vainement les pairs : des ordres du Roi leur défendirent de se réunir aux assemblées.

Le roi réunit les pairs et le parlement dans un lit de justice qu'il tint à Versailles, le 21 août 1756. Il s'agissait de l'enregistrement de plusieurs impôts. Le parlement refusa d'opiner. Les édits furent enregistrés par ordre du monarque. Nouveau lit de justice le 15 décembre suivant. Le roi se rendit au parlement, avec les princes et tous les pairs, et fit lire deux édits, dont voici les principales dispositions :

1° Bien que la bulle ne soit pas une règle de foi, il ne faudra pas moins la recevoir et vous y soumettre.

2° Malgré un édit antérieur, qui prescrivait le silence et l'oubli sur les causes qui avaient divisé naguère les parlemens et une partie du clergé, les évêques pourront dire tout ce qu'ils voudront, pourvu que ce soit avec charité.

3° Les refus des sacremens seront jugés par les tribunaux ecclésiastiques, sauf l'appel comme d'abus.

4° Tout ce qui s'était fait jusque alors, toutes les querelles qui avaient eu lieu, devaient être irrévocablement oubliés.

Le second édit était purement réglémentaire.

1° Il attribuait à la grand'chambre seule le droit de connaître de la police générale.

2° Les chambres ne pouvaient désormais s'assembler sans l'autorisation spéciale de la grand'chambre.

3° Au procureur-général seul devait appartenir le droit de dénoncer.

4° Des remontrances pouvaient être adressées au Roi ; mais l'enregistrement des édits et ordonnances devait avoir lieu aussitôt après la réponse du monarque.

5° Nul membre du parlement ne pouvait avoir voix délibérative qu'après dix ans de service.

Un troisième édit supprimait les troisième et quatrième chambres des enquêtes.

A peine le roi et sa suite s'étaient éloignés, que presque tous les membres du parlement signèrent leur démission. Ces démissions s'élevèrent à cent quatre-vingt. Le roi les accepta. Le parlement se trouvait de fait dissous.

La conduite hautaine et arbitraire de la cour avait excité une indignation générale. La faction de l'archevêque continua d'augmenter le désordre et l'effroi par de nouveaux actes d'intolérance.

Un événement affreux, imprévu, vint distraire les esprits de tant de calamités par une calamité plus étonnante encore. L'attentat de Damiens sur la personne du roi et le nouveau crime dérivaient de la même cause.

On ne peut jamais, sans crime et sans danger, attaquer les principes des lois fondamentales d'un Etat. Notre histoire offre de nombreuses preuves de cette vérité.

Très-humbles et très-respectueuses remontrances que présentent au Roi, notre très-honoré et souverain seigneur, les gens tenans sa cour de parlement.

SIRE,

L'intérêt le plus essentiel du souverain est de connoître la vérité. Votre parlement est chargé par état de la porter aux pieds du trône. Mais ce devoir ne fut jamais plus étroitement lié avec celui de la fidélité inviolable qu'il vous a jurée. Il s'agit aujourd'hui des droits les plus précieux, de la religion et de la conservation de l'État. L'un et l'autre sont également menacés par le schisme éclatant qui a excité notre zèle; et ce schisme, trop long-temps négligé, a jetté de si profondes racines, et fait chaque jour des progrès si rapides, que bientôt il ne connoîtra plus de barrières capables de l'arrêter.

Déjà, Sire, le cours ordinaire de la justice est interrompu, les formes les plus nécessaires sont violées, les peuples vexés,

les coupables enhardis, leurs juges avilis, intimidés, traver-
sés, ou même réduits à l'inaction. Déjà les secousses violentes que le schisme cause parmi nous font découvrir une
domination qui se renouvelle dans le sein de vos Etats, domination arbitraire, qui ne reconnoît ni loix, ni souverain,
ni magistrats, pour qui la religion n'est qu'un prétexte, l'autorité du prince qu'un instrument qu'elle ose employer ou
rejetter suivant ses intérêts, les loix fondamentales de l'Etat
qu'un joug incommode, la liberté légitime des citoyens
qu'un titre imaginaire.

Si nos maux étoient moins pressans, nous craindrions,
Sire, d'annoncer à Votre Majesté des présages si effrayans, et
de fixer vos regards sur le tableau frappant des atteintes
portées à l'essence même de la monarchie. Mais nous devons
tout au salut de l'Etat, à la conservation de votre couronne,
au serment solennel que nous vous avons prêté, à la confiance dont nous avons été honorés de tout temps par les
rois vos prédécesseurs et par Votre Majesté même. Pourrions-nous, Sire, oublier ces paroles touchantes de l'un de
vos ancêtres, que les troubles présens semblent nous faire
encore entendre (1): *Vous connoissez et déplorez avec nous*
les misères du royaume, et les dangers auxquels il est
exposé; aidez-nous à y remédier, pour le sauver.

C'est l'unique objet, Sire, qui nous occupe, c'est le principe de cette activité infatigable qui depuis si long-temps
fournit à votre parlement des forces qu'aucun autre intérêt
ne soutient, de cette fermeté inébranlable qu'il oppose aux
entreprises de plusieurs ecclésiastiques, de cette persévérance à sacrifier son repos et ses veilles au bien du royaume.
C'est enfin le même esprit qui conduit votre parlement aux
pieds du trône, pour représenter à Votre Majesté que l'uni-

---

(1) 5 mai 1597. Reg. du Parl.

que ressource de l'Etat consiste dans la manutention des loix fondamentales de la monarchie.

Un ouvrage (1) composé et imprimé par les ordres de votre auguste bisayeul établit que « la loi fondamentale de « l'Etat forme une liaison réciproque et éternelle entre le « prince et ses descendans, d'une part, et les sujets et leurs « descendans, de l'autre, par une espèce de contrat qui des- « tine le souverain à régner et les peuples à obéir...., enga- « gement solennel dans lequel ils se sont donnés les uns aux « autres pour s'entr'aider mutuellement. »

Tel a toujours été, Sire, dans les occasions les plus déci- sives, le langage de votre parlement (2). « Le royaume est « au Roi, disoit-il à l'un de vos prédécesseurs, et le Roi est « aussi au royaume. Vous êtes tenu de conserver les droits « de votre couronne, laquelle est à vous et à vos peuples « commune, à vous comme au chef, à vos peuples et sujets « comme aux membres. Les sujets doivent (3) à leur prince « dévotion et obéissance, et le prince doit à ses sujets pro- « tection et défense. Les sujets ne (4) peuvent, par quelque « voie que ce soit, eux distraire de l'obéissance de leur Roi; « par conséquence réciproque ne les doit ledit seigneur dé- « laisser et abandonner : car tout ainsi qu'ils lui doivent « fidélité et subvention, il leur est débiteur de justice. »

Que d'heureuses conséquences naissent de ce principe ! Nous y voyons, Sire, la souveraineté du prince, son auto- rité sur tous ses sujets indistinctement, l'obéissance des peuples, leur liberté légitime. Nous y voyons ces différens devoirs s'unir intimement entre eux, et par leur réunion for-

---

(1) Traité des droits de la Reine sur divers états de la monarchie d'Es- pagne, partie première, page 169, édit. de 1667.
(2) 20 décembre 1527. Reg. du Parl.
(3) 29 octobre 1555. Reg. du Parl.
(4) 15 juillet 1560. *Ibid.*

mer l'idée d'une juste monarchie, où les sujets, soumis sans contrainte, trouvent dans l'autorité souveraine du prince leur force et leur sûreté; où le prince, assuré du cœur et de la foi des peuples, trouve dans leur liberté légitime sa gloire et son bonheur; où tout enfin concourt au bien général de l'Etat.

Il n'est point, Sire, de monarchie qui ne soit ébranlée par l'altération de l'un de ces devoirs (1). *Que l'autorité cesse dans le royaume, tout sera en confusion, comme l'univers entier tomberoit à chaque instant dans le néant si la puissance Divine cessoit de le soutenir.* Que l'obéissance soit affoiblie, les forces de l'Etat sont partagées, et le royaume, intérieurement agité, se détruit par lui-même. Que la liberté légitime des peuples soit blessée, les liens du devoir les attachent toujours à l'Etat; mais que ces liens sont différens de ceux que forment l'amour et la confiance!

« C'est par l'autorité du gouvernement que l'union est « établie entre les hommes (2). Par elle les forces de tout « le corps deviennent celles de chaque particulier. » Par l'autorité souveraine le prince devient le centre où toutes les parties de l'Etat déposent leurs peines et leurs craintes, et d'où partent, par un retour salutaire de prévoyance et de bonté, tous les secours nécessaires à la conservation du corps. Par elle (3) le prince « tient sur la terre la place de « la Divinité, et porte sur son front l'empreinte de cette « majesté qui n'est autre que l'image de la grandeur de « Dieu. » Tout est soumis à l'autorité divine. Celle du prince seroit imparfaite et deviendroit inutile à ses Etats, si quelques-uns de ses sujets avoient droit de s'y soustraire.

Quels hommages n'exige pas des peuples une autorité

(1) Bossuet, *Traité de la politique tirée de l'Ecriture-Sainte*, p. 451.

(2) Bossuet, *ibid*, p. 303.

(3) Bossuet, *ibid*, p. 430.

qu'ils doivent regarder comme sacrée, leur obéissance, suivant l'expression d'un de nos plus grands hommes (1), *est une espèce de religion due à la seconde majesté.* C'est par cette obéissance que les sujets deviennent membres vivans de l'Etat; que chacun d'eux, recevant du chef et communiquant aux autres membres des mouvemens dirigés par sa sagesse au bien général, devient lui-même le principe de la conservation du chef, des autres membres et du corps entier. Rompre cette heureuse dépendance, c'est cesser d'être membre de l'Etat, ou plutôt s'en déclarer l'ennemi.

Nous avons, Sire, l'avantage de parler à un prince qui sçait qu'un bon Roi est toujours chéri de ses peuples, par une juste reconnoissance des sentimens dont il est lui-même animé pour leur bonheur; que le principe de l'obéissance des sujets est en même tems celui de leur liberté légitime; que son autorité (2) « est une autorité paternelle, et qu'il « règne pour le bien général de son Etat ». Nous avons l'honneur de parler à un souverain qui n'a point de plus précieux héritage que les nobles sentimens dont étoit pénétré l'un de ses augustes ancêtres, lorsqu'il disoit à son parlement (3) que « les plaies de ses sujets étoient les siennes, « qu'il faudroit qu'il eût perdu le soin qu'il devoit avoir de « lui-même, s'il oublioit celui qu'il devoit avoir d'eux ; « que, ses sujets lui étant doublement acquis et par la na- « ture, qui les lui avoit donnés, et par ses travaux, qui les « lui avoient conservés, ils lui étoient aussi d'autant plus « chers, qu'il ne désiroit pas moins employer son autorité « pour leur soulagement qu'exposer sa vie pour leur con- « servation »; sentimens que Louis XIV regarda comme la première instruction d'un prince destiné à régner. Ce grand

---

(1) *Ibid.*, p. 341.
(2) Bossuet, *ibid.*
(3) 5 mai 1597. Reg. du Parl.

I.

Monarque voulut que le sçavant évêque de Meaux apprît à votre auguste ayeul « que le vrai caractère du prince (1) « est de pourvoir aux besoins du peuple, dont il est le père « par sa charge; qu'il n'est pas possible de penser ni qu'on « puisse attaquer le Roi sans attaquer le peuple, ni qu'on « puisse attaquer le peuple sans attaquer le Roi, et qu'il « n'y a que les ennemis publics qui séparent l'intérêt du « prince, de l'intérêt de l'Etat ».

C'est ainsi que votre autorité, Sire, est le plus ferme appui de la liberté légitime de vos sujets, liberté qui vous les soumet plus sûrement que la contrainte, qui vous les attache par des liens plus puissans que ceux de la force; liberté qui, également opposée à la licence et à la servitude, caractérise le gouvernement monarchique. C'est cette liberté qui fait « aimer le prince comme un bien public, « comme le salut de tout l'Etat (2) »; qui assure la prompte exécution de tous les ordres dictés au souverain par son attention pour ses peuples; qui est enfin le gage le plus certain de la stabilité du trône, de la sûreté du prince et de la conservation de son autorité.

Les loix sont le nœud sacré et comme le sceau de cet engagement indissoluble. Le Roy, l'Etat et la loi, forment un tout inséparable. Affermir le trône des rois, et rendre leur souveraineté inviolable, maintenir la subordination et la tranquillité parmi les sujets, assurer leurs droits et leur liberté légitime, en un mot rendre un Etat immortel, formidable au-dehors, heureux au-dedans, tels sont les fruits de l'exacte observation des loix. Formées sur les réflexions et l'expérience des plus grands princes et des hommes les plus consommés, dictées par l'unique vue du bien de

_____

(1) Bossuet, *ibid.*, p. 348, 363, 437.
(2) Bossuet, *ibid.*, p. 439.

l'Etat et des véritables intérêts du prince, elles seules mettent le souverain à l'abri des surprises, inspirent la confiance publique et arrêtent tous ceux qui seroient capables de troubler l'Etat, de quelque rang et de quelque dignité qu'ils soient. Jamais on n'a vu de révolution dans les Etats qui n'ait été préparée par l'altération des loix. Comme il n'est point, Sire, de principe plus essentiel, il n'en est point de plus généralement reconnu. Politiques, jurisconsultes, magistrats, souverains eux-mêmes, tous ne se sont formé l'idée d'un royaume florissant qu'en réunissant et *l'obéissance des sujets au souverain et celle du souverain à la loi* (1).

« Il est des loix fondamentales qu'on ne peut changer,
« dit M. Bossuet (2), et c'est principalement de ces loix
« qu'il est écrit qu'en les violant, on ébranle tous les fon-
« demens de la terre, après quoi il ne reste plus que la
« chute des empires. Il est même très-dangereux de changer
« celles qui ne le sont pas, si l'on n'y est forcé par des né-
« cessités imprévues, avec un esprit de profiter à-la-fois
« et de l'expérience du passé, et des conjonctures du pré-
« sent. Le gouvernement arbitraire, dit-il encore, où il n'y
« a de loi que la volonté du prince, ne se trouve point
« dans les Etats parfaitement policés, il n'a pas lieu parmi
« nous, il est visiblement opposé au gouvernement légi-
« time.

---

(1) Combien est-il plus légitime de dire que la parfaite félicité d'un royaume est qu'un prince soit obéi de ses sujets, que le prince obéisse à la loi, et que la loi soit droite et toujours dirigée au bien public. (*Traité des droits de la Reine sur divers Etats de la monarchie d'Espagne*, sec. part., p. 205.

Solon, interrogé en quelle manière les royaumes se gouvernent bien, répondit : « Si les sujets obéissent aux rois, et les rois aux loix. » (Discours du président Guillard au roi François Ier, au lit de justice du 24 juillet 1527. Reg. du Parl.)

(2) Politique sacrée, p. 310 et 605.

1.

« Trois sortes de loix (1), dit un jurisconsulte célèbre,
« bornent la puissance du souverain sans intéresser la souve-
« raineté : les loix de Dieu, les règles de justice naturelle,
« et non positive (étant le propre de la seigneurie publique
« d'être exercée par justice, et non à discrétion), finale-
« ment les loix fondamentales de l'Etat. »

Le ministère public, chargé plus particulièrement de
conserver les intérêts du prince et les maximes du royaume,
disoit autrefois à Louis XII : « Votre Majesté (2), Sire, ne
« tiendra pas pour gens véritables ceux qui lui diront que
« votre puissance est au-dessus des loix, et que votre seule
« volonté doit être tenue pour règle. Il est vrai que la puis-
« sance royale, et la vôtre mêmement entre tous les rois
« chrétiens, est absolue ; mais les bons rois ont accoutumé
« de dire, et de faire paroître par bons effets, que le moins
« vouloir est le plus pouvoir. »

Les plus grands princes, Sire, ont établi plus énergiquement encore l'autorité des loix. Instruits de leurs propres
intérêts, ils ont senti qu'une autorité que les loix n'éclai-
rent pas tend à sa ruine, et se renverse par son propre
poids. Instruits de leurs devoirs, ils ont reconnu que *la
première loi* (3) *du souverain est de les observer toutes ;
qu'il a lui-même deux souverains, Dieu et la loi :* maxime
sublime dont étoit pénétré Henri-le-Grand, et qui nous est
transmise dans les Mémoires d'un ministre qu'il honoroit
de sa plus grande confiance. Quelle noblesse dans ces expressions des empereurs romains : « Il est digne de la ma-
« jesté souveraine (4) de se reconnoître assujettie aux loix ;
« Notre autorité dépend de celle des loix ; Il y a plus de

---

(1) Loyseau, *de Seigneuries*, ch. 2, n. 9.
(2) Plaidoyers de Servin, p. 398. Regl. du Parl. 2 octobre 1614.
(3) Mém. de Sully, t. 1, édit. de 1745, p. 460.
(4) *Leg.* 4, *Cod., de legibus et constit. principum.*

« grandeur à soumettre la couronne aux loix qu'à la por-
« ter. »

Quelle énergie enfin dans ces maximes publiées en 1667, sous le nom et les ordres de Louis-le-Grand : « Les rois, « par un attribut même de leur souveraineté, sont dans une « bienheureuse impuissance de détruire les loix de leurs « Etats (1). Ce n'est ni imperfection ni foiblesse dans une « autorité suprême de se soumettre à la justice de ses loix. « La nécessité de bien faire et l'impuissance de faillir sont « les plus hauts degrés de la perfection. Dieu même ne peut « aller plus avant, et c'est dans cette divine impuissance « que les souverains, qui sont ses images sur la terre, le « doivent particulierement imiter dans leurs Etats. Qu'on « ne dise point que le souverain ne soit pas sujet aux loix « de son Etat, puisque la proposition contraire est une vé- « rité du droit des gens, que la flatterie a quelquefois at- « taquée, et que les bons princes ont toujours défendue « comme une divinité tutélaire de leurs Etats. »

Craignez donc, Sire, qu'il nous soit permis de vous le dire avec respect, craignez tous ceux qui vous présentent les loix comme des établissemens arbitraires, comme de vaines formalités, ou comme des règles d'une rigidité an- tique, peu assorties aux intérêts d'une politique éclairée. Quiconque vous proposeroit d'ébranler les loix seroit du nombre de ceux contre qui les loix sont nécessaires.

Nous avons, Sire, dans les ordonnances multipliées des rois vos prédécesseurs, des monumens authentiques de leur attention à assurer aux loix cet empire souverain, le plus sûr garant de l'autorité royale. Vous serez frappé, Sire, lorsque nous aurons l'honneur de vous les remettre sous les yeux, de la force de leurs expressions, du tableau qu'elles

---

(1) Droits de la Reine, etc., sec. part. p. 191.

font des surprises auxquelles le prince est exposé, et du détail qu'elles présentent des maux que produiroit un gouvernement arbitraire.

De-là l'établissement, nécessaire à la monarchie, des magistrats chargés par état, engagés plus étroitement encore par serment, de garder et faire observer toutes les loix et maximes du royaume, et d'y conformer la police générale dont ils ont la manutention. C'est un dépôt sacré, dont les ordonnances (1) chargent la conscience de votre parlement, et dont *il doit rendre compte à Dieu et à Votre Majesté*, suivant ce que lui disoit en 1600 (2) un chancelier de France. C'est en votre nom, Sire, que votre parlement veille à la conservation de l'Etat; son autorité n'est autre que la vôtre, mais c'est votre autorité devenue inaccessible aux surprises, employée uniquement au bien public, conduite et éclairée par les loix. Il en est, Sire, le *ministre essentiel* (3), suivant l'expression d'un de nos rois, qui chargea son parlement (4) de l'acquitter du serment qu'il avoit prêté à son sacre de maintenir les loix du royaume. *En lui consiste* (5) *la direction des faits par lesquels est entretenue et policée la chose publique de votre royaume.* Ce n'est point altérer ni partager votre souveraineté : c'est l'affermir; c'est être essentiellement chargé de (6) *représenter à vos sujets la personne même de Votre Majesté*, et de leur répondre de la justice et de l'utilité de toutes ses loix, de représenter vos sujets aux yeux de Votre Majesté, et de vous répondre de leur fidélité et de leur soumission. Votre

---

(1) Ordonnance du 15 août 1389, édition du Louvre.

(2) 1er avril 1600. M. de Bellièvre. Reg. du Parl.

(3) Ordonnance du 21 octobre 1467. Fontanon, tom. 2, p. 556.

(4) Louis XI. 22 avril 1482. Reg. du Parl.

(5) Ordonnance du 21 octobre 1467.

(6) 30 juin 1523. Discours de François 1er au parlement. Reg. du Parl. Ordonnance d'octobre 1535, chap. 1, art. 91. Fontanon, tom. 1, p. 268.

parlement s'est toujours fait gloire de (1) *leur donner l'exemple de l'obéissance.* Il vous a toujours prouvé par sa conduite que, *si l'obéissance dûe* (2) *à la Majesté du roi étoit perdue, elle se retrouveroit dans sa cour de parlement.* Mais s'il est des occasions où son attachement inviolable aux loix et au bien public semble ne pouvoir s'allier avec une obéissance sans bornes, alors il seroit criminel envers vous-même et envers l'Etat d'oublier ce que lui disoit en 1567 (3) un chancelier de France : « Vous n'avez « juré garder tous les commandemens du roi, bien de gar- « der les ordonnances, qui sont les vrais commandemens. », ou ce qu'il disoit lui-même (le parlement) en 1604 au souverain (4): « Si « c'est désobéissance de bien servir, le parle- « ment fait ordinairement cette faute, et quand il se trouve « conflit entre la puissance absolue du roi et le bien de son « service, il juge l'un préférable à l'autre, non par désobéis- « sance, mais pour son devoir, à la décharge de sa conscience».

C'est ainsi que votre parlement exerce sans altération votre *justice souveraine,* à laquelle il est *commis par les loix du royaume,* suivant le langage du chancelier de Bellièvre (5), *et qui comprend le repos et la tranquillité des sujets du roi.*

Maintenir la jurisdiction des siéges royaux inférieurs est une autre partie de ses fonctions, également importante à l'ordre public et à la conservation de votre souveraineté. Par eux en effet l'image de Votre Majesté se porte et se retrace jusqu'aux extrémités de votre royaume. Par la liaison de ces différens canaux, qui répandent dans tout l'Etat la

---

(1) 19 juin 1604. Reg. du Parl.

(2) 24 janvier et 16 février 1561. Reg. du Parl. 19 juin 1604. *Ibid.*

(3) 26 juillet 1567. M. de Lhospital. Reg. du Parl.

(4) 19 juin 1604. Reg. du Parl.

(5) 1er avril 1600. Reg. du Parl.

source inépuisable de votre sagesse, de votre justice et de votre bonté, tous les peuples ressentent les effets de votre protection royale. C'est Votre Majesté qui, par leur organe, écoute les plaintes du dernier des citoyens; c'est elle qui lui rend justice; c'est elle qui le protége, et chacun de vos sujets voit en eux, connoît, respecte et aime son roi. C'est donc attaquer essentiellement l'Etat que de troubler cette heureuse correspondance. C'est s'élever contre vous-même que de méconnoître votre autorité dans le moindre de vos officiers. Leur honneur, leur jurisdiction, font partie de ces loix d'Etat confiées à votre parlement.

Enfin, si les efforts de ceux qui combattent votre autorité sont portés jusqu'à l'excès d'oser surprendre votre religion, et se couvrir de votre nom auguste pour parvenir à un but si criminel, alors plus que jamais la fidélité des magistrats doit s'animer, votre intérêt devient plus pressant, leur devoir plus essentiel, et toutes les forces de leur esprit et de leur cœur doivent se réunir ou pour réprimer par le pouvoir qui leur est confié les atteintes qu'on auroit essayé de porter à votre souveraineté, ou pour faire pénétrer la vérité jusqu'au throne, et vous montrer les abus qu'on auroit fait de votre nom et de votre autorité.

Tous les devoirs auxquels votre parlement est engagé, Sire, et qu'il vient de vous exposer, se réunissent aujourd'hui. Des ecclésiastiques redoublent leurs efforts pour affermir un systême d'indépendance dont les fondemens ont été posés il y a près de mille ans, dont les principes ont été liés, développés et suivis de siècle en siècle dans la conduite de plusieurs ministres de l'Eglise, et dont les effets inévitables, sans la vigilance et la fermeté des magistrats, seroient l'abus le plus énorme de votre auguste nom ainsi que de la religion, l'anéantissement du bon ordre et du repos public, des jurisdictions réglées, des loix, de votre souveraineté même, et par conséquent de l'Etat entier. Nous sommes obligés, Sire, de vous dévoiler ici cet esprit d'indépendance.

C'est à regret que nous rapportons quelques-unes des preuves sans nombre qu'ils en ont données dans tous les tems. L'honneur de la religion sera toujours l'objet capital de nos vœux et de notre vigilance; mais telle est la grandeur et la force de cette même religion, qu'elle ne peut être ni affoiblie ni déshonorée par l'abus qu'en font les hommes à qui le ministère en est confié.

Le désir de l'indépendance, Sire, naît avec tous les hommes; mais il n'en est pas à cet égard des ecclésiastiques comme du reste de vos sujets. Ceux-ci ne trouvent ni dans leur état ni dans leurs fonctions rien qui ne les rappelle à la loi d'une juste obéissance, nul prétexte d'y mettre des bornes, nul objet qui réveille en eux cet amour de l'indépendance dont ils ont fait pour toujours le sacrifice. Ils s'estiment heureux de jouir tranquillement de tous leurs droits sous la protection de Votre Majesté, et de n'avoir de force que par leur union intime avec tout le corps de l'État.

Mais, dans les ecclésiastiques, l'habitude d'exercer un pouvoir sacré qu'ils ne tiennent point du souverain, celle de recevoir perpétuellement des hommages d'autant plus profonds qu'ils sont les ministres de la Divinité même, les oracles de la vérité, la possession dans laquelle ils sont de former dans l'État un ordre puissant, riche et distingué, enfin leur union entre eux et avec une puissance étrangère, par les mêmes vues et les mêmes intérêts, quelles sources de périls et de tentations pour des hommes!

Plus entreprenans, ou moins réprimés dans certains tems, on a vu des ecclésiastique passer de l'indépendance jusqu'à l'usurpation, devenir les arbitres des fortunes de vos sujets, les juges des magistrats, les souverains des souverains mêmes. Plus foibles dans quelques autres époques, toujours au moins se sont-ils refusés aux devoirs de sujets; abusant du respect dû à la religion, ils ont usurpé à la faveur d'un titre aussi imposant un domaine presque universel. Fonctions extérieures et publiques, biens temporels, conduite personnelle, et jusqu'aux crimes contre l'Etat, dont quelques-uns d'eux ont pu se rendre coupables, tout est devenu matière spirituelle, tout indépendant de la juridiction séculiere, tout enfin soumis au jugement de l'Eglise seule ou de leurs consciences particulieres.

Ces égaremens, Sire, ne remontent pas aux premiers siècles de l'Eglise; ils sont entièrement étrangers à son esprit. La soumission aux souverains est enseignée par Jésus-Christ et par les apôtres comme un devoir capital et général (1); eux-mêmes l'ont pratiquée à l'égard des princes payens. Point d'exception sur cet article, dit un saint docteur de l'Eglise. « Ce devoir ne regarde pas les séculiers (2); apôtres, évangé-« listes, prophètes, tous en un mot y sont obligés. » Dans le sixième siècle, les évêques de France disoient encore à leur souverain : « Si quelqu'un d'entre nous s'écarte de son devoir, « vous pouvez l'y faire rentrer; vous seul ne reconnoissez « point d'autorité qui puisse vous imposer extérieurement « des loix (3). »

Mais bientôt « les évêques de France, devenus seigneurs (4) « et admis en part du gouvernement, crurent avoir comme « évêques ce qu'ils n'avoient que comme seigneurs », et prétendirent juger publiquement les rois. Louis-le-Débonnaire (5) est déposé de son thrône par des évêques « qui se « jouent, dit un historien de nos jours (6), de la majesté

---

(1) Omnis anima postestatibus sublimioribus subdita sit. (*Rom.*, XIII.)
(2) S. Chris., homil. 23, *in epist. ad Rom.*
(3) Greg. Turon., lib. 5. Hist., cap. 19.
(4) Troisième discours sur l'Histoire ecclésiastique de M. Fleury, n. 10.
(5) Fleury, *Hist. ecclés.*, l. 47, n. 40.
(6) Daniel, tom. 1, p. 168, in-fol. Paris, 1713.

« impériale, sous prétexte du zèle spécieux de l'observation
« des canons et du salut de cet infortuné prince, le moins
« digne d'être traité de la sorte par des personnes de ce carac-
« tère ; car jamais prince n'honora plus la dignité et la per-
« sonne des évêques, ne prit plus volontiers et plus souvent
« leurs conseils, et ne déféra plus à leur autorité ; mais en y
« déférant beaucoup, il n'eut pas assez soin de la sienne, et
« ce fut la source de tous ses malheurs. »

Quelques évêques, Sire, parurent reconnoître l'injustice
de leur jugement contre ce prince, mais non l'usurpation
d'autorité. Aussi, quelques années après, on les voit disposer
des Etats de Lhotaire, et *enjoindre* (1) à ses frères *par l'autorité divine de prendre le royaume et gouverner suivant la
volonté de Dieu*, c'est-à-dire suivant les conditions qu'ils
leur avoient d'abord prescrites (2). En 858, ils déclarèrent
hautement que « leurs biens sont consacrés à Dieu, et qu'on
« n'en peut rien prendre sans sacrilége ; que, pour eux, ils ne
« sont pas des séculiers qui puissent se rendre vassaux ou
« prêter serment ; que, si l'on a exigé quelque serment des
« évêques, ceux qui l'ont exigé, et ceux qui l'ont prêté,
« doivent en faire pénitence ». Enfin, leur esprit de domination alloit jusqu'à exiger que le souverain même pliât sous
leurs loix. De-là cet acte incroyable dressé par le conseil
des évêques, suivant la remarque d'un historien judicieux (3),
où Charles-le-Chauve lui-même ne s'assure la possession de
ses Etats que sur la parole de l'évêque qui l'a sacré roi,
« avec promesse, dit-il, de ne me point déposer de la digni-
« té royale, au moins sans les évêques qui m'ont sacré avec
« lui, au jugement desquels je me suis soumis, ajoute-t-il,
« comme je m'y soumets encore. »

----

(1) Hist. ecclés. de Fleury, liv. 48, n. 11, ann. 842.
(2) *Ibid.*, liv. 49, n. 40.
(3) *Ibid.*, liv. 49, n. 46.

C'est ainsi que les ecclésiastiques, Sire, ont sçu profiter de la piété même de nos rois pour se rendre leurs maîtres. Devenus possesseurs d'une domination usurpée qui leur soumettoit tout, jusqu'au souverain, des ecclésiastiques se rendirent, et toujours sous le voile de la religion, seuls arbitres des affaires temporelles des citoyens. S'agissoit-il de l'exécution d'un contrat, tantôt la religion du serment y étoit engagée, tantôt la peine de l'excommunication consentie. Falloit-il une dernière ressource, c'étoit un péché que de manquer à son engagement, et la connoissance du péché attiroit tout à la juridiction des ecclésiastiques. S'agissoit-il d'un testament, cette matière étoit particulièrement de leur ressort; il devoit y avoir des legs pieux, et la privation de la sépulture étoit la peine de ceux qui mouroient *intestats*, ou qui omettoient ces dispositions, dont l'effet étoit de faire entrer les ecclésiastiques dans l'intérieur des familles, et de les rendre seuls distributeurs des biens des défunts. S'agissoit-il enfin de quelque affaire que ce pût être, où fût intéressé un clerc, ou une veuve, ou un pupille, ils avoient seuls droit d'en connoître. S'ils avoient eux-mêmes des contestations, l'excommunication étoit lancée contre contre leurs parties adverses. Si les juges royaux vouloient rentrer dans leurs droits, les censures ecclésiastiques les frappoient.

Que restoit-il, Sire, au souverain, qu'un vain nom sans autorité? Des ecclésiastiques dominèrent ainsi jusqu'au treizième siècle.

Les rois, ouvrant enfin les yeux sur les malheurs des siècles précédens, pensèrent à rétablir leur autorité; mais quelle contradiction n'éprouvèrent-ils pas de la part des ecclésiastiques? Louis-le-Gros (1), excommunié par l'évê-

---

que de Paris et l'archevêque de Sens; S.-Louis (1), outragé
par l'interdit d'une partie de son royaume, pour avoir saisi
le temporel d'un évêque qui refusoit de contribuer aux
charges ordinaires de l'Etat, menacé d'excommunication (2)
par des monitions en forme pour avoir banni un ecclésiastique, ressentirent les premiers efforts d'une résistance illé-
gitime. En vain S.-Louis, animé de cette piété solide qui
sait soutenir ses droits par principe de devoir, combat,
pour l'intérêt même de la religion, les abus que l'on couvre
de ce voile; en vain ce prince, excité par la réclamation générale qui s'élève dans ses Etats contre l'indépendance des
ecclésiastiques, qui ne vouloient plus reconnoître aucun tribunal séculier, fait en 1235, dans l'assemblée des barons du
royaume, une ordonnance (3) pour rétablir la jurisdiction
temporelle, et déclarer nulles les excommunications employées contre son autorité. En vain, onze ans (4) après,
cette même loi est solemnellement renouvellée. A peine la
France a-t-elle perdu ce prince également éclairé et religieux, que des ecclésiastiques assemblés à Bourges (5) frappent de nouveaux anathêmes les souverains et les magistrats
qui prétendront leur ôter la connaissance des affaires (6)
qu'ils ont coutume de juger, connoître des affaires person-

---

(1) Année 1233. *Hist. de S. Louis*, par la Chaise, v. 3, p. 172, édit.
1688.

(2) Année 1235. *Ibid.*, liv. 4, p. 209 et 210.

(3) Le Roi ordonna, par l'avis de tous les barons, qu'à l'avenir nul de
leurs vassaux ne seroit obligé de répondre au tribunal ecclésiastique en
matière civile; que, si les juges d'Eglise les excommunioient pour cela, ils
seroient forcés de lever l'excommunication par la saisie de leur temporel.
(*Ibid.*, p. 211.)

(4) Pr. des Lib., chap. 7, n. 8 et 9.

(5) Conc. Labb., t. 11, p. 1, fol. 1017. Conc. Bituric.

(6) *Ibid.*, art. 13.

nelles (1) des clercs, les soumettre (2) à des impôts, déclarer nulles (3) leurs censures et leurs jugemens, ou par quelque voie que ce soit les troubler (4) dans la possession de leurs libertés, coutumes et immunités.

Les peuples ne furent pas long-tems, Sire, à réclamer contre ces abus. Votre parlement fut rendu sédentaire, et dès-lors il ne cessa de combattre pour votre autorité. Sa vigilance a fait perdre aux ecclésiastiques cette souveraineté qu'ils avoient usurpée à l'égard de vos sujets; mais qu'il lui reste encore d'efforts à faire pour les réduire eux-mêmes à l'obéissance qu'ils vous doivent! Nous ne ferons que parcourir l'histoire intéressante des progrès qu'a faits peu-à-peu l'autorité royale défendue par votre parlement. Il n'est presque point d'année où il n'ait eu de nouvelles tentatives à réprimer : heureux si ces ecclésiastiques n'eussent jamais réussi à présenter au souverain lui-même le sacrifice de son autorité comme un hommage dû à la religion.

En 1329 (5), Philippes de Valois indiqua une assemblée solemnelle pour juger des plaintes universelles qui s'élevoient contre les ecclésiastiques de la part de tous les ordres de l'Etat. Le célèbre Pierre de Cugnières, avocat du Roi, dont la mémoire sera toujours chère à tout bon François, établit jusqu'à soixante-six chefs d'usurpations différentes des ecclésiastiques sur la jurisdiction séculière. L'archevêque de Sens et l'évêque d'Autun n'entrèrent en conférence qu'après des protestations plusieurs fois réitérées « de ne

---

(1) *Ibid.*, art. 7.
(2) *Ibid.*, art. 10.
(3) *Ibid.*, art. 7 et 16.
(4) *Ibid.*, art. 11.
(5) Recueil des Lib. de l'Egl. gall., 1ᵉʳ vol.
(6) Commencement de la séance du vendredi 22 décembre. *Idem*, au commencement de celle du 29 décembre. *Idem*, dans la même séance, au commencement du discours de l'évêque d'Autun.

« prétendre se soumettre à aucun jugement, mais seulement
« instruire la conscience du Roi et de ses officiers ». Ils établissent ensuite par les comparaisons (1) les plus choquantes,
déjà employées par Grégoire VII, que « la jurisdiction tem-
« porelle est inférieure à la jurisdiction ecclésiastique, et
« qu'elle en dépend essentiellement ; que la soumission au
« prince (2), prescrite par les apôtres, est une déférence dûe
« au mérite, et non un devoir d'obéissance » ; et, d'après des
principes aussi étendus, ils persistent à se soutenir personnellement indépendans, et à défendre toutes leurs usurpations comme des « droits qui leur étoient assurés (3) par le
« droit divin, naturel, canonique et civil, par une coutume
« immémoriale, par des priviléges qui n'avoient fait, di-
« soient-ils, que déclarer et confirmer ce qui appartient
« essentiellement à l'Eglise, et non lui attribuer aucun droit
« nouveau ». Eux-mêmes enfin, quelque attentifs qu'ils fussent à ne paroître zélés que pour les droits de la religion,
font connoître trop clairement (4) combien leurs intérêts
personnels influoient dans leurs prétentions. Ils finissent
par exiger de Philippes de Valois la confirmation de ces
prétendus droits. Trois différentes réponses du prince ne
peuvent faire cesser l'importunité de leurs instances ; enfin
le Roi leur prescrit un délai pour se réformer eux-mêmes,
leur déclarant qu'autrement il y pourvoiroit d'une manière
qui seroit agréable à Dieu et aux peuples.

Depuis ce tems, Sire, les ecclésiastiques furent plus
exactement réprimés. En 1369 un archevêque de Bourges
fut obligé d'obtenir des lettres d'abolition (5) pour se sous-

---

(1) Discours de l'archevêque de Sens, n. 15, 22 et 36.
(2) *Ibid.*, n. 16.
(3) *Ibid.*, n. 43 et 46.
(4) *Ibid.*, n. 46.
(5) 1369. Pr. des Lib.

traire à la peine qu'il avoit encourue, en décidant par un
article de ses statuts synodaux que « les ecclésiastiqnes ne
« pouvoient être poursuivis civilement ou criminellemen:
« devant les juges séculiers ». En 1369 et 1370 (1), différens arrêts déclarèrent nulles les excommunications lancée;
contre des officiers du Roi. En 1371 (2), le parlement adressa
une commission spéciale à plusieurs juges inférieurs, pou:
les charger au nom du Roi d'empêcher les archevêques de
Lyon, de Sens, les évêques de Langres, Auxerre, Troyes,
Autun et Châlons, de prendre connoissance des affaires
civiles dont ils dépouilloient les juges séculiers. En 1372 (3),
un achevêque de Rouen, qui osa renouveller devant votre
parlement les mêmes prétentions dont il se faisoit des principes de conscience, fut puni par une amende de 4000 liv.,
et peu après, son temporel fut saisi (4), pour sa désobéissance à la justice séculiere.

La lumière se répandoit de jour en jour; on ne craignoit
plus, en 1373 (5), d'avancer que, « quand, par censures, la
« jurisdiction temporelle est troublée, le Roi y peut pour-
« voir par ses officiers ». En 1585 (6), le Roi lui-même annonce la résolution par lui prise et le droit où il est « de
« réprimer toutes les entreprises de la jurisdiction spiri-
« tuelle sur la temporelle, dont il est la source ». En
1437 (7), défenses sont faites à l'évêque de Troye, sur
peine de cent marcs d'or, de procéder par censures et excommunications contre les officiers du Roi. En 1454 (8),

---

(1) 1369, 1370. Pr. des Lib.
(2) 1371. Pr. des Lib.
(3) Reg. du Châtelet, liv. rouge, 3° fol., 37° v°.
(4) 28 juin et 6 août 1373. Pr. des Lib.
(5) 26 janv. 1373. Pr. des Lib.
(6) 14 août 1385. *Ibid.*
(7) 10 juillet 1437. Reg. du Parl.
(8) 22 fév. 1454 et 23 juin 1455.

un évêque de Nantes est décrété d'ajournement personnel, condamné en 20,000 livres d'amende, et son temporel saisi, pour avoir soutenu (1) « que de droit chaque évêque ne « reconnoît aucun prince temporel pour supérieur, et que les « ordonnances des rois, ou arrêts des parlemens, contraires « à cette prétendue immunité, sont nuls, comme faits in-« compétemment et sans autorité ». En 1457 un archevêque de Toulouse (2) est contraint, par saisie de son temporel, de révoquer l'excommunication par lui lancée contre les officiers de la sénéchaussée de Toulouse, pour avoir refusé de lui rendre un prisonnier clerc.

Nous abrégeons ces détails, Sire; mais nous vous supplions de remarquer d'une part la vigilance de votre parlement, et le succès de son zèle contre des entreprises autrefois générales; de l'autre, l'inflexible persévérance des ecclésiastiques, qui ne cessent de renouveler, pendant deux siecles, leurs efforts, quoique impuissans.

Le même esprit d'indépendance avoit pénétré jusques dans les ordres religieux. En 1513, le parlement (3) est obligé de défendre de procéder contre un jacobin que ses supérieurs prétendoient excommunié par les constitutions de cet ordre, pour avoir eu recours aux juges séculiers. En 1535 (4), le procureur-général se plaint d'un semblable statut des cordeliers. En 1572 (5), les jésuites obtiennent une bulle qui les exempte de toute jurisdiction séculière; leur permet de se choisir des juges ecclésiastiques pour toutes leurs affaires civiles, criminelles et mixtes; défend

---

(1) *Ibid.* Pr. des Lib.

(2) 22 décembre 1457. Traité de la police royale, par Duhamel, inséré dans le *Recueil des Libertés.*

(3) 17 mars et 8 avril 1513. Reg. du Parl.

(4) 4 et 5 janvier 1535. Pr. des Lib. et Reg. du Parl.

(5) 25 mai 1572. *Bullar. mag. Romanum,* tom. 2, p 387.

I.

aux autres juges d'en connoître; déroge à toutes loix, coutumes, canons des conciles généraux, ou autres constitutions contraires. En 1599, les capucins (1) osent présenter au parlement, par écrit, une protestation d'indépendance signée d'eux; leur écrit est lacéré, le provincial et le définiteur qui l'avoient signé sont condamnés au blâme.

Le seizième siècle nous présente, Sire, une époque funeste, qui nous prouve trop clairement avec quelle facilité cet esprit d'indépendance est toujours prêt à éclater. On essaye, au concile de trente, d'ériger en loix générales les mêmes prétentions que les ecclésiastiques s'efforçoient inutilement d'accréditer depuis si long-tems, d'attirer à eux seuls le jugement des affaires des clercs (2), celles qui concernent l'exécution des testamens (3), de rendre les évêques justiciables du pape seul, en matière criminelle (4), d'enlever au prince les droits les plus relatifs à la police publique (5), et l'inspection qui lui appartient sur la discipline ecclésiastique (6), d'empêcher les magistrats de déclarer nulles des excommunications (7), et combien d'autres abus n'autorisoit-on pas par les douze articles *de reformatione principum*, qui ne furent arrêtés que par l'opposition des ambassadeurs de Charles IX. Les évêques cherchèrent à les faire renaître dans un article plus général sous le nom d'*Immunités de l'Eglise et des personnes ecclésiastiques*; ils y firent un devoir au souverain d'une obéissance sans bornes aux constitutions des papes.

Le prince refuse la publication de ce concile. Onze as-

---

(1) 6 mai 1599. Pr. des Lib.
(2) Sess. 7, cap. 14, et Sess. 23, cap. 6.
(3) Sess. 22, cap. 8.
(4) Sess. 13, cap. 8, et Sess. 24, cap. 5.
(5) Sess. 24, cap. 1.
(6) Sess. 21, cap. 4, 5, 7.
(7) Sess. 25, cap. 3.

semblées du clergé lui font, pendant quarante (1) ans, les plus vives instances. Henri III (2) répond que cette affaire regardoit surtout le parlement, et qu'il le consulteroit. Le parlement ne se croit pas même permis d'enregistrer (3) sans modification les bulles de légation qui font mention du concile de Trente. Cependant des évêques de votre royaume, au mépris de l'autorité royale, se portèrent, Sire, jusqu'à faire eux-mêmes une acceptation solemnelle de ce concile, acceptation qui ne ne servit qu'à faire éclater le zèle des juges inférieurs, dignes d'être associés, pour la défense de l'État et le maintien de la tranquillité publique, aux travaux des premiers magistrats. Le Châtelet de Paris supprima cette acceptation, et fit défense de tenir le concile de Trente pour reçu, « ni le publier en général ou en « aucun article, à peine de saisie du temporel, et d'être « déclarés criminels de lèze-majesté (4) ».

Dans le même tems, le pape, dans une bulle aussi connue par l'excès des abus qu'elle contient que par le trouble qu'elle a causé dans plusieurs États (5), excommunie les juges séculiers ou les souverains qui prétendront non-seulement soumettre à leur jurisdiction des personnes ecclésiastiques, empêcher, en quelque maniere que ce soit, l'exécution des lettres apostoliques, ou connoître, par la voie de l'appel comme d'abus, de la conduite des ministres de l'Eglise, mais même « établir dans leurs États de nou- « velles impositions ou augmenter les anciennes sans l'ap-

---

(1) Pr. des Lib., ch. 14, n. 3.

(2) En 1582. Réponse du Roi à la harangue de l'archevêque de Bourges, député du clergé. (Hist. de M. de Thou, liv. 75.)

(3) Juillet 1596, 14 août 1606, etc.

(4) 22 août 1615. Pr. des Lib.

(5) Giannone, Hist. du royaume de Naples, tom. 4, liv. 33.

I.

« probation du Saint-Siége ». Cette bulle, Sire, fut introduite furtivement dans votre royaume, et publiée par quelques évêques (1). Le parlement, en vacations par un réglement du 4 octobre 1580 (2), arrêta par les menaces les plus sévères ces ecclésiastiques entreprenans. Encore s'en trouva-t-il qui continuèrent à se faire un titre de cette bulle proscrite. Un archevêque d'Aix, en 1601 (3), prive des sacremens les officiers du parlement d'Aix, comme excommuniés par la bulle *In cæna Domini*. Un archevêque de Bordeaux suit cet exemple en 1602 (4). Le même archevêque d'Aix essaye de la publier en 1612 (5). En 1643 (6), un second archevêque de Bordeaux menace de cette bulle les ecclésiastiques de son diocèse qui recourent aux juges séculiers, et les arrêts réitérés de vos parlemens empêchent seuls que le feu ne s'étende dans tout le royaume.

Enfin, que n'aurions-nous pas à dire à Votre Majesté, Sire, de ces jours de fureur qui sembloient être les derniers de la monarchie, et qui lui ont fait des playes si cruelles et si profondes. Les ecclésiastiques qui, sous la seconde race de nos rois, disposoient de la couronne, et dégradoient les souverains, avoient-ils porté l'esprit de rébellion plus loin que ceux qui prêchoient ouvertement contre le Roi (7), qui obligeoient les peuples, par la voie

---

(1) Hist. de M. de Thou, année 1580, liv. 12.

(2) Pr. des Lib.

(3) Pr. des Lib.

(4) Pr. des Lib.

(5) Vie d'Edm. Richer, par M. Baillet, n. 18, p. 158.

(6) Pr. des Lib.

(7) Mém. de l'Etoile, tom. 2, p. 83, édit. de 1719. M. de Thou, liv. 26, n. 17.

Henri IV fut obligé de condamner ces prédicateurs séditieux à avoir la langue percée et au bannissement perpétuel, par des lettres patentes du 22 septembre 1595. (*Pr. des Lib.*, chap. 29, n. 13.)

des censures (1) et des refus de sacremens, à souscrire une union criminelle contre leur souverain, qui attiroient de Rome (2) des bulles attentatoires à l'autorité et à la sureté du Roi, qui osoient s'élever (3) contre le parlement, pour avoir fait brûler ses bulles, comme s'il eût entrepris sur leurs droits spirituels, qui refusoient enfin si opiniâtrement (4) de se soumettre aux arrêts des parlemens qui les vouloient obliger de prier pour le Roi légitime, soutenant que le parlement n'avoit point d'autorité sur eux.

L'éclat de ces excès multipliés fut arrêté, Sire, par l'activité et le courage des magistrats. Mais l'embrasement étoit trop général pour s'éteindre promptement, et ces tems orageux furent comme le renouvellement de l'ancienne fer-

---

(1) Ordonnance du chapitre de Reims, le siége archiépiscopal vacant, du 20 mars 1589.

(2) Bref d'excommunication contre le roi de Navarre et le prince de Condé, sollicité par le cardinal de Pellevé. (*Hist. de de Thou*, liv. 81, tom. 9, p. 340, édit. de 1734.

(3) Arrêt du parlement à Tours, du 5 août 1591, et à Châlons, du 29 août 1591. (*Pr. des Lib.*, chap. 4, n. 31 et 33.

(4) Arrêt du parlement de Toulouse, du 27 juillet 1593, qui ordonne à l'évêque de Béziers de faire faire des prières publiques pour le Roi, enjoint la même chose aux archevêques et évêques du ressort. Le 9 août, second arrêt semblable. Refus par les capucins et les carmes; et, le 7 septembre, plusieurs des capucins sortent de la ville, et se retirent à Narbonne, ville rebelle; les autres persistent à refuser opiniâtrement. Le 1er février 1594, les capucins mandés disent au premier président du parlement de Toulouse, transféré à Béziers, *qu'il doit honneur à l'Eglise, dont ils sont membres, qu'ils ne reconnoissent le parlement et qu'il n'a aucun pouvoir sur eux*, et persistent à refuser de prier pour le Roi; et le parlement est obligé de leur enjoindre de vider la ville, ce qu'ils font le 20 décembre 1594. En 1606, il y avoit encore des églises et des monastères où l'on ne faisoit point les prières ordonnées pour le Roi. Le parlement de Toulouse fut obligé de rendre un arrêt, le 7 juin, pour contraindre les prêtres de son ressort à prier pour le Roi au canon de la messe, et leur faire défenses de se servir de certains missels imprimés depuis trois ans ou environ dans les villes de Paris, Bordeaux et Lyon, dans lesquels la prière pour le Roi avoit été retranchée. (*Mss Dupuy*, n. 493 et 526.)

mentation, qui paroissoit auparavant calmée parmi les ecclésiastiques ; mais convaincus par une longue expérience
que l'autorité royale avoit, dans le parlement, un défenseur vigilant et éclairé, ils se flattèrent d'un succès plus
prompt et plus certain en rendant, s'il étoit possible, le
zèle des magistrats suspect au souverain, et cette voye de
séduction devint le ressort ordinaire de toutes leurs entreprises.

On recommença dès-lors à soutenir ouvertement que
« ceux qui ont le caractère clérical sont exempts non-seu-
« lement de toute jurisdiction séculiere, mais de puissance
« souveraine (1) ». Ce parlement voulut, en arrêtant ces
maximes séditieuses, mettre à l'abri de toute atteinte l'autorité et la sûreté des rois; il obligea la faculté de théologie
de renouveller ses anciens décrets, plus nécessaires que jamais. La faculté obéit; mais des évêques eurent le crédit
d'empêcher la publication du décret (2).

Peu après, et au milieu du deuil général de la France, le
livre de Bellarmin met en péril la personne même du prince.
Le parlement le condamne. Le croiriez-vous, Sire, l'abus
que font quelques ecclésiastiques de l'accès qu'ils ont auprès du souverain va jusqu'à engager le roi à mander sur ce
sujet le premier président, qui est forcé de justifier le parlement de n'avoir pu voir d'un œil tranquille les attentats
que ce livre autorise contre la personne des rois (3).

Vos fidèles sujets, Sire, proposent à l'assemblée générale
des états d'établir irrévocablement la sûreté de la personne
du roi et l'indépendance de sa couronne. Les ecclésiastiques

---

(1) Discours du premier président aux docteurs en théologie, mandé
le 28 mai 1610.

(2) Henri de Goudy, évêque de Paris, Rose, évêque de Clermont, et
Miron, évêque d'Angers.

(3) 1er décembre 1610. *Pr. des Lib.*

souscrivent en apparence à l'article qui concerne sa sûreté (1); mais ils réclament contre son indépendance. Tantôt
ils traitent de *problématique* (2) cette question, *si les rois
peuvent en quelque cas être déposés, et leurs sujets absous
du serment de fidélité;* tantôt ils vont jusqu'à soutenir que
l'affirmative (3) est généralement reçue dans toute l'Eglise
et dans la France même, et s'appuyent de l'exemple (4) de
Grégoire VII, qui avoit déposé des souverains; tantôt ils

---

(1) Discours du cardinal du Perron, le 2 janvier 1615. (*Merc. françois*,
pag. 270, 271 et 272.) M. le prince de Condé, dans son discours du 4 janvier 1615 (*ibid.*, p. 332), fait voir que ceux qui combattent l'indépendance
attaquent réellement la sûreté.

(2) Procès-verbal de la chambre ecclésiastique des états de 1614, p. 186,
et Mercure françois, p. 247 et 272.

(3) Discours du cardinal du Perron, le 2 janvier 1615. (*Mercure françois*, p. 272, 277 et 289.) Il dit « qu'il n'y a jamais eu en toute la France,
« depuis que les écoles de théologie ont été instituées, jusqu'à nos jours, un
« seul docteur, ni théologien, ni jurisconsulte, un seul décret, un seul
« concile, un seul arrêt de parlement, un seul magistrat, ni ecclésiastique,
« ni politique, qui ait dit qu'en cas d'hérésie ou d'infidélité, les sujets ne
« puissent être absous du serment de fidélité qu'ils doivent à leur prince ».
Et, le 8 janvier 1615, le cardinal du Perron ajouta « que c'étoit vraiment
« un point de doctrine sur lequel il avoit dit ces jours passés que la ques-
« tion étoit problématique; mais que maintenant il tranchoit court, et
« qu'il soutenoit que la puissance du pape étoit pleine, plénissime, et di-
« recte au spirituel, et indirecte au temporel; que ceux qui voudroient
« soutenir le contraire étoient schismatiques et hérétiques, même ceux du
« parlement, qui avoient sucé le lait de Tours; que, si le Roi ne cassoit
« promptement l'arrêt du parlement, et ne faisoit tirer les conclusions des
« gens du Roi hors du registre, il avoit charge du clergé de dire qu'ils sor-
« tiroient des Etats, et qu'étant ici comme en un concile national, ils ex-
« communieroient tous ceux qui seroient d'opinion contraire à la proposi-
« tion affirmative, qui est que le pape peut déposer le Roi; quand le Roi
« ne voudroit pas souffrir qu'ils procédassent par censures ecclésiastiques,
« ils le feroient, dussent-ils souffrir le martyre. » (*Etats* de 1614. Paris,
1651, p. 357.)

(4) Discours du cardinal du Perron. (*Mercure françois*, p. 279.)

traitent cet article de question de foi et de religion (1), sur
laquelle ils ont droit d'exiger la soumission; ils se répandent
en comparaisons odieuses (2) contre vos fidèles sujets. Un
éclat si scandaleux oblige le parlement de renouveller tous
les arrêts (3) déjà rendus pour assurer l'autorité souveraine.
Les ecclésiastiques s'irritent, ils crient à l'entreprise (4) et
à l'incompétence, ils sollicitent une cassation. L'arrêt du
conseil qui leur est accordé est pour eux une nouvelle occasion de soulèvement, parce qu'il ne déclare pas le parlement incompétent pour prononcer sur l'indépendance de
votre couronne (4); ils refusent de délibérer sur aucune
matière, jusqu'à ce qu'ils ayent satisfaction; enfin le feu devient si grand, qu'il paroît au souverain plus sûr d'acheter
la paix aux dépens des précautions nécessaires pour sa sû-

---

(1) Discours du cardinal de Sourdis, le 23 décembre 1614. (Procès-verbal de la Chambre ecclésiastique des Etats de 1614, p. 192.) Autre discours
du même cardinal, le 8 janvier 1615. (*Mercure françois*, p. 348.)

(2) Procès-verbal de la Chambre ecclésiastique, p. 222, etc. Discours du
cardinal du Perron. (*Mercure françois*, p. 303.)

(3) Arrêt du 2 janvier 1615.

(4) Qui est une notoire *entreprise* sur la jurisdiction ecclésiastique et
spirituelle. (Procès-verbal de la Chambre ecclésiastique, du 3 janvier 1615,
p. 206.) Après plusieurs discours et continuation de plaintes sur l'*entreprise* du parlement, et sur ce qu'il ordonnoit l'exécution de plusieurs autres (arrêts) donnés par même *entreprise* au préjudice de l'autorité ecclésiastique, etc. (C'étoient les arrêts contre Châtel, Ravaillac, Bellarmin,
Tanquerel, etc., que le parlement venoit de renouveller.) *Ibid.*, p. 200.

(5) Procès-verbal de la Chambre ecclésiastique, p. 214, 215, 216, etc.
L'assemblée a député Messeigneurs..... pour faire entendre à M. le chancelier « qu'elle ne peut en façon quelconque passer outre à aucune délibé-
« ration et affaire qu'au préalable Sa Majesté n'ait commandé à la cham-
« bre du tiers-état de supprimer l'article, et fait défenses à ses cours de
« parlement et autres compagnies souveraines d'entrer par ci-après en
« aucunes délibérations concernantes la doctrine de l'Eglise, moins juger
« sur aucune question dépendante d'icelle, comme de l'autorité du pape. »
(Voyez aussi le *Mercure françois*, p. 341, 347, 349.)

reté. Le roi est réduit à marquer aux défenseurs de son autorité un contentement stérile de leur zèle (1), et le clergé réussit à en arrêter les effets salutaires. Il en reçoit du pape un bref de congratulation (2), et lui promet par sa réponse une résistance invincible contre les entreprises de ceux qui veulent s'attribuer la décision des matières de foi, et qui ont presque renversé l'Eglise de France.

Bientôt le livre de Santarel renouvelle les mêmes orages, et toujours le parlement est obligé de défendre la personne ou l'autorité du souverain du joug que les ecclésiastiques lui veulent imposer. Arrêts du conseil, évocations, intrigues dans la faculté de théologie, commission extraordinaire composée de cardinaux et de prélats, tout fut employé pour éluder ou retarder une censure dont ces ecclésiastiques eux-mêmes n'osoient nier la justice. Six années de troubles et de cabales se terminèrent, Sire, par la révocation de ces arrêts du conseil et évocation. Le roi reconnut qu'on l'engageoit contre ses véritables intérêts, et laissa enfin un libre cours à la fidélité de ceux qui les défendoient.

Ce fut, Sire, pendant que duroient ces combats contre votre autorité, que plusieurs ecclésiastiques, prétendant avoir « de droit divin et humain tout pouvoir de s'assem-« bler (3) quand ils le jugeoient à propos », s'élevèrent contre votre parlement, qui traversoit leurs entreprises contre votre souveraineté. Ils osèrent soutenir que votre parlement « n'a-« voit aucune autorité sur le clergé de France, qu'ils repré-

---

(1) Voyez le discours du prince de Condé, le 4 janvier 1615. (*Mercure françois*, p. 332, et *ibid.*, p. 350 et 356.) « Le Roi dit à la chambre du « tiers-état qu'il lui savoit bon gré de ce qu'il avoit fait, sachant et re-« connoissant qu'il s'y étoit porté d'une bonne affection et volonté, et qu'il « y seroit répondu favorablement....; qu'il tenoit l'article pour présenté et « reçu, protestant Sa Majesté de le décider à leur contentement. »

(2) Procès-verbal de la Chambre ecclésiastique, p. 305 et suiv.

(3) 7 mars 1626. Reg. de Parl.

« sentoient, soumis au roi seul »; réponse qui fut qualifiée d'*insolente* (1), de la part du roi, par celui qui fut chargé de faire entendre au parlement les intentions du roi. Ils eurent cependant encore le crédit d'obtenir une évocation des poursuites que le parlement ne pouvoit se dispenser de faire contre eux; mais cette évocation ne servit qu'à mettre sous les yeux du roi la fidélité de son parlement, qui ne craignit point de lui dire (2) « que, puisqu'il s'agissoit de choses si « importantes qu'elles regardoient la sûreté de sa personne « et de son Etat, le parlement le supplioit de ne pas impu- « ter à désobéissance si, quelque évocation ou interdiction « qui pût intervenir, il n'y pouvoit déférer ». Sa fermeté fut approuvée du souverain et l'évocation retirée.

En 1639 (3), dix-neuf évêques assemblés sans permission du Roi s'élèvent contre le *Recueil des libertés de l'Eglise gallicane*, nouvellement imprimé. Ils le censurent avec aigreur, et par une lettre circulaire adressée aux archevêques et évêques du royaume, ils les invitent à s'unir à eux pour le proscrire. Ils réussissent à faire révoquer le privilége de cet ouvrage précieux, honoré (4) peu après des plus grands éloges par votre auguste bisayeul.

En 1654, le Roi adresse au parlement une déclaration pour faire le procès au cardinal de Retz, criminel de lèze-majesté. A l'instant les ecclésiastiques déclament contre (5) « l'entreprise de la puissance séculière faite sur la personne « du cardinal de Retz, par une déclaration qui soumet la

---

(1) 10 mars 1626. Reg. du Parl.
(2) 30 mars 1626. *Ibid.*
(3) Lettre des cardinaux, archevêques et évêques étant à Paris, à tous les cardinaux, archevêques et évêques de France, du 14 février 1639. (Au commencement du vol. des Lib.)
(4) Privilége donné à cet ouvrage en 1651.
(5) Procès verbal de l'assemblée du clergé, p. 611. 31 juillet 1656.

« tête des évêques et leurs biens au jugement des tribunaux
« laïcs ». Le clergé assemblé refuse tout subside, jusqu'à
ce qu'il ait obtenu un *entière satisfaction*, et la révocation
d'un titre « qui établiroit (1) que tout ecclésiastique, de
« quelque condition éminente qu'il puisse être, est soumis
« à la jurisdiction du tribunal séculier ». On leur présente
un arrêt du conseil, « lequel, ayant été lû (2), porte le pro-
« cès-verbal, a été improuvé par la compagnie, d'autant
« qu'il laisse le Roi juge des évêques, et semble soumettre
« leurs immunités à ses juges ». Ils chargent l'un d'entre
eux de dresser les minutes de déclarations et arrêts du
conseil qui établissent que, même en cas de crime de lèze-
majesté, ils sont indépendans de la justice royale. Quelques
jours (3) après, leur commissaire fait lecture à l'assemblée
du projet qu'il a dressé; il est approuvé; les agens généraux
sont chargés de poursuivre l'expédition de l'arrêt du conseil
et de la déclaration *aux mêmes termes*. L'un et l'autre (4)
sont expédiés deux jours après; mais les évêques n'osant espérer qu'une pareille déclaration pût être enregistrée au parlement, elle ne lui fut pas présentée. Ainsi les ecclésiastiques se font à eux-mêmes des titres contre le souverain;
ainsi réussissent-ils à trouver dans sa religion, qu'ils surprennent, des armes pour combattre son autorité; mais en même
tems ils rendent un hommage involontaire à la fidélité de
votre parlement, incapable de trahir le dépôt sacré qui lui
est confié, et de concourir à placer les sujets au-dessus du
souverain.

Pendant que le clergé travailloit à établir son indépendance, on répandoit, Sire, dans le public des maximes per-

---

(1) 23 novembre 1656. *Ibid*, p. 970 et 971.
(2) 19 avril 1657. *Ibid.*, p. 1290 et 1291.
(3) 24 avril 1657. *Ibid.*
(4) 26 avril 1657. *Ibid.*

nicieuses contre les droits de la couronne. Les ennemis de
l'autorité royale s'étoient d'abord contentés de *les insinuer
en secret*, ou dans des écrits anonimes (1); « mais ayant eu
« la hardiesse de les publier et de les mettre dans des thèses
« pour être publiquement disputées, le parlement ne man-
« qua pas de réprimer ces entreprises par la sévérité de ses
« arrêts et d'en punir les auteurs ». Le mal avoit surtout
gagné dans la faculté de théologie *par une cabale puissante.* Pour l'arrêter dans sa source, le parlement obligea
cette faculté de faire une déclaration authentique de ses sentimens sur l'indépendance de la couronne. Elle dressa en
conséquence six articles, dont le parlement ordonna l'enregistrement dans les bailliages et universités, par son arrêt du
5o mai 1663, arrêt qui servit de modèle à la déclaration du
4 août de la même année, qui en rappelle toutes les dispositions, et qui fut enregistré dans tous les autres parlemens
du royaume.

Enfin, Sire, arrive un instant favorable où tous les ecclésiastiques de votre royaume, instruits de leurs devoirs et de
vos droits, se réunissent pour la défense de votre souveraineté. Ils donnent une preuve de fidélité par les quatre
célèbres articles de leur déclaration de 1682. Mais pourquoi
faut-il que l'éclat de ce témoignage soit obscurci peu après
cette époque! Pourquoi faut-il que plusieurs ecclésiastiques
rentrent dans cette funeste carrière, dans laquelle, à l'exemple de leurs prédécesseurs, ils donnent le spectacle affligeant d'efforts persévérans pour se soustraire à toute espèce
de subordination.

Nous ne les voyons plus zélés que pour étendre l'empire
d'une bulle qui réprouve cette proposition, que « la crainte
« d'une excommunication injuste ne doit pas nous empêcher

---

(1) Réquisitoire de M. Talon. Arrêt du 3o mai 1663. Hist. ecclés., dix-
septième siècle. Dupin, tom. 2, p. 661.

« de faire notre devoir ». Et quels devoirs, Sire, a-t-on en vue ? Nous voudrions en pouvoir douter. Mais peu après l'arrivée de la bulle, émane de la même autorité une légende destinée à consacrer les entreprises les plus odieuses des ecclésiastiques sur l'autorité temporelle. Le silence que gardent en cette occasion ces mêmes ecclésiastiques, qui pressent avec tant d'ardeur l'acceptation de la bulle *Unigenitus*; la réclamation des évêques opposés à ce décret, auxquels ne se réunissent que deux de ses partisans : ce sont là, Sire, des explications trop évidentes du sens de la condamnation de la proposition 91.

Ajouterons-nous à des traits si frappans qu'en 1716, l'évêque de Marseille (1) ose renouveler la bulle *In cœná Domini* par une ordonnance synodale, où il dénonce excommuniés ceux qui empêchent ou déclinent la jurisdiction ecclésiastique ; ordonnance qui fut supprimée par arrêt (2) du parlement d'Aix. Ajouterons-nous qu'en 1719, l'évêque de Soissons, actuellement archevêque de Sens, en s'avouant l'auteur d'un écrit séditieux condamné par arrêt du parlement, ne craignit pas de consigner dans un dépôt public cette étrange déclaration : « Nous protestons (5) que nous « ne prétendons pas approuver ledit arrêt, ni préjudicier « aux droits et immunités de notre dignité épiscopale, ni « soumettre notre personne à un tribunal qui *n'est point* « *compétent pour nous juger, quand mesme nous serions* « *coupables,* auquel par arrêt du conseil d'Etat du 26 avril « 1657, et par la déclaration dudit jour, il est défendu « d'en connoître, *mesme en crime de lèze-majesté,* à peine « de cassation de procédures, nullité des arrêts et de tous

---

(1) Dict. des arrêts, par Brillon, *verbo* Bulle *In cœna Domini.* Cet arrêt est imprimé.

(2) 21 avril 1716.

(3) 15 août 1719.

« dépens, dommages et intérêts, ainsi qu'il est porté ausdits
« arrêt et déclaration », protestation pour laquelle il fut
condamné à une aumône de 10,000 livres.

Ajouterons-nous, Sire, que, dans un discours prononcé
au nom de l'assemblée du clergé, en 1730 (3), l'évêque de
Nismes osa dire à Votre Majesté que « son règne est fondé
« sur la catholicité, et doit toujours se soutenir par les
« mêmes principes »; proposition captieuse, susceptible
d'interprétations équivoques, qui nous rappellent les principes des anciens troubles de la monarchie. Cependant,
Sire, malgré les plaintes et les instances de votre parlement,
la harangue se trouve insérée sans correctif dans des ouvrages
que le clergé destine à être les monumens de sa doctrine
et de ses droits.

Faudra-t-il donc qu'un système d'indépendance aussi
contraire à la religion et à l'autorité de la plus respectable
antiquité, un système qui auroit changé depuis long-tems
la face du gouvernement, si les rois ne l'avoient toujours
condamné, ou si les surprises qui leur ont souvent été faites,
et que leur piété même rendoit trop faciles, n'eussent été ré-
parées par la vigilance continuelle des parlemens; faudra-t-il
que ce système devienne aujourd'hui comme la doctrine commune du royaume par une multitude d'écrits qui le répandent et le soutiennent tous les jours? Faudra-t-il qu'il fasse
plier les magistrats eux-mêmes, à qui les évêques ne craignent point de l'opposer ouvertement? L'archevêque de Paris
ose répondre au parlement, le 13 décembre 1752, « qu'il
« n'est comptable qu'à Dieu seul du pouvoir qu'il lui a con-
« fié, et qu'il n'y a que la personne seule du Roi à qui il se
« fera un devoir de rendre compte de sa conduite ». Le
12 août de la même année, l'archevêque de Tours se ren-
ferme de même « dans son ministère spirituel, supérieur à

---

(1) 17 septembre 1730.

« toutes puissances temporelles », et refuse de faire cesser le scandale, « y eût-il plusieurs légions qui voulussent l'y « contraindre ».

Quelle différence, Sire, entre ces deux évêques et ceux qui remplissoient les mêmes siéges de Paris et de Tours en 1459, et qui, sur les plaintes que leur faisoit le pape Pie II (1) de ce que le parlement s'opposoit à l'exécution des censures ecclésiastiques, lui répondoient, en qualité d'ambassadeurs de Charles VII, que « le parlement (2) étoit « infiniment nécessaire pour la conservation des églises, et « la défense de leurs droits, pour recevoir toutes les plaintes « formées, soit contre les officiers du Roi, soit contre toute « autre personne, quelque puissante qu'elle pût être, et « pour rendre justice à tous les citoyens ».

Lorsque les ecclésiastiques, Sire, suivent si constamment ce système d'indépendance tant de fois réprimé, les magistrats pouvoient-ils perdre de vûe les exemples de courage et de fidélité que leur rappellent les places mêmes qu'ils ont l'honneur de remplir? En 1626, deux évêques firent à votre parlement une réponse peut-être moins répréhensible que celles que nous venons de mettre sous vos yeux, puisque, soumis authentiquement à la personne du souverain, ils n'é- toient coupables que d'avoir voulu établir une distinction téméraire entre le prince et les magistrats qui le représen- tent. Ces évêques cependant furent décrétés d'ajournement personnel (1). Le parlement jugea que leur réponse atta- quoit réellement la souveraineté du Roi; il ordonna qu'elle seroit lacérée et brûlée. Le prince fit connoître à son parle- ment la juste indignation qu'elle lui causoit. Nous seroit-

---

(1) Concil. Labb., tom. 13, p. 1793.

(2) *Ibid.*, p. 1795 et 1796. On voit, page 1762, que l'archevêque de Tours et l'évêque de Paris étoient à la tête de ces ambassadeurs.

(3) 9 mars 1626. Reg. du Parl.

il possible de laisser apercevoir à la postérité, dans un parallèle aussi frappant, cette différence affligeante, que votre autorité fût aujourd'hui plus ouvertement méconnue par les ecclésiastiques et défendue avec moins de courage et de persévérance par votre parlement?

Le même esprit, Sire, qui porte les ecclésiastiques à se soustraire à votre autorité, est aussi la source de l'usage irrégulier qu'ils font de leur pouvoir légitime. L'esprit d'indépendance et celui de domination partent du même principe; et ces deux sentimens, également injustes dans leur origine, ne sont pas moins pernicieux dans leurs effets. L'un attaque la majesté royale, l'autre blesse la liberté des sujets. L'un et l'autre altèrent l'ordre public qui s'entretient autant par la conservation des droits des citoyens, que par leur soumission et leur obéissance.

Il n'est rien, Sire, de plus contraire à la nature et à la fin du pouvoir ecclésiastique que l'esprit de domination. L'autorité des successeurs des apôtres est un *ministère, et non pas un empire* (1), un ministère de règle, de raison, de douceur et de charité, un ministère d'instruction et de confiance, établi pour soumettre les hommes par amour à la justice et à la vérité. Mais qu'ils sont éloignés, ces ecclésiastiques entreprenans, de l'esprit de leur état! J.-C., en instituant ce sacré ministère, n'a pas même voulu qu'il eût les attributs de la puissance séculière la plus exactement réglée sur la justice et sur les loix (2). Régner avec éclat, et soutenir les loix par la force et la terreur, c'est le propre de la souveraineté temporelle. *Il n'en doit pas être ainsi* des ministres de l'Evangile (3). Disciples de celui qui a dit de lui-

---

(1) S. Bernard, *de Officio episc.*, tom. 1, p. 462.

(2) Marca, *de Concordiâ sacerdotum et imperii*, lib. 2, cap. 16, n. 6.

(3) Matth., 20, v. 25, 26.

même qu'il étoit venu pour servir (1), établis *non pour commander, mais pour être utiles à l'Eglise*, pour être la lumière et le conseil de ses enfans, pour leur dispenser les biens spirituels dont ils sont les dépositaires (2), ce n'est point en dominant sur les fidèles qu'ils doivent les conduire (3) : « la sévérité même dont ils sont obligés d'user « quelquefois doit toujours être l'effet d'une autorité pa- « ternelle, et non d'une puissance tyrannique (4) ».

En vous présentant, Sire, les devoirs qu'impose aux ecclésiastiques le divin fondateur de leur ministère, c'est l'intérêt même de l'Etat que nous exposons à vos yeux. Emanée de cette même source de toute autorité de laquelle dérivent également les empires de la terre, la puissance spirituelle, loin d'ébranler les thrônes et de troubler les Etats, doit en être le plus ferme appui. Mais si quelques uns des premiers ministres de la religion, se rendant eux-mêmes indépendans, réussissent à s'assurer dans la personne de leurs inférieurs des ministres aveugles de tous leurs ordres arbitraires, bientôt souverains dans leurs diocèses et dominans sur les peuples, que ne pourront-ils pas entreprendre sous le voile de la religion ?

Telle est, Sire, la seconde source des maux que nous déplorons. Ceux des évêques qui méconnoissent la soumission qu'ils vous doivent exercent sur vos sujets et sur les ministres inférieurs une domination arbitraire, par des ordres aussi irréguliers en la forme qu'au fond, ordres qu'on affecte de ne revêtir d'aucun caractère d'une autorité régulière, dans l'espérance de les soustraire à l'inspection de la

---

(1) Luc, ch. 22, v. 27.
(2) S. Bernard, liv. 3, *de Consider.*, c. 1, t. 1, p. 426.
(3) Ire Ep. S. Petr., v. 1-4.
(4) S. Bernard, serm. 23, *in cantic.*, t. 1, p. 1339.

I.

justice et à l'autorité des loix; ordres qui vexent les citoyens et mettent le trouble dans l'État.

De-là ces interdits sans causes, dont on punit tant de ministres, à qui leur zèle, leur expérience, leurs qualités personnelles, avoient mérité depuis long-tems la confiance des peuples; de-là des vexations de tout genre contre les ecclésiastiques, et des curés même chassés de leurs paroisses par des actes d'autorité, sans plaintes et sans procédures.

De-là cet asservissement rigoureux à des formalités inutiles dans l'administration des sacremens; formalités presque toujours introduites et soutenues par de simples ordres verbaux; formalités capables de rendre les ministres de l'Eglise maîtres absolus de l'exercice public de leurs fonctions; formalités dont on déguise en vain le véritable objet, sous le prétexte imaginaire de s'assurer d'un fait dont il n'est pas permis de douter sur la simple déclaration du malade; vexations enfin aussi ouvertement contraires aux loix de l'Eglise qu'à la police publique de l'Etat.

De-là encore ces interpellations odieuses, ces questions indiscrètes auxquelles on n'a pas droit d'obliger les fidèles de répondre; ces déclamations indécentes qui troublent les malades, et qu'on substitue aux précieuses consolations si nécessaires dans les derniers instans de la vie; ces procès-verbaux clandestins, qui, sous prétexte de constater les dispositions des mourans, sont destinés à les faire paroître coupables, peut-être même à surprendre la religion du souverain.

Que de ressorts n'employent pas des supérieurs pour obliger les ministres qui dépendent d'eux à s'abandonner aveuglément à des principes de conduite si opposés à l'esprit de la religion! Souvent l'ignorance et la prévention dans lesquelles sont élevés les ecclésiastiques ne rendent que trop facile le succès de ces impressions. Mais la crainte, l'ambition ou l'intérêt achèvent de tout soumettre. S'il en est d'assez courageux pour résister à ses suggestions odieuses, et pour demeurer fidèles à leurs devoirs, la perte de leurs emplois et de leur subsistance en est bientôt la punition, et devient un exemple de terreur pour les autres. Ainsi s'établit, Sire, cette domination sous laquelle gémissent les citoyens, et qui, affermie par la soumission aveugle, servile ou intéressée, des ministres inférieurs, est capable de produire les plus funestes révolutions.

Faudroit-il, Sire, d'autre preuve des maux qui en sont la suite, que le schisme même qui nous amène aux pieds du thrône? Eût-il jamais éclaté si les ecclésiastiques qui l'ont introduit, ou qui le fomentent, moins jaloux de se faire obéir, plus soumis à votre autorité, eussent respecté et exécuté, comme ils le doivent, le jugement qu'elle a porté de leurs premières démarches.

C'est en triomphant de toute résistance dans leurs diocèses, par la terreur de leur domination; c'est en méconnaissant les droits de votre souveraineté et de votre justice, qu'ils ont allumé le feu de ce schisme funeste dont Votre Majesté elle-même n'a pû se dissimuler le danger, dont les progrès ont mis le trouble dans plusieurs diocèses, et se sont étendus jusques dans la capitale; schisme qui n'épargne ni rang, ni dignité, ni vertu; qui déjà excite une fermentation violente dans les esprits, pour qui les loix les plus sacrées, les devoirs même de l'humanité, deviennent un frein impuissant.

Comment se défendre des présages les plus effrayans, quand le caprice des pasteurs particuliers décide arbitrairement du sort des enfans de l'Eglise, et qu'on voit que c'est le lieu où il plaît à la Providence de terminer les jours d'un fidèle qui décide du traitement qu'il éprouve, catholique dans une partie de la ville, enfant rebelle dans l'autre;

quand on voit que chaque pasteur établit de sa seule autorité une distinction si énorme entre ceux à qui il doit les mêmes secours, et que le même pasteur qui avoit ouvert tous les trésors de l'Eglise à un fidèle tant qu'il jouissoit de la santé l'en juge indigne dès qu'il est malade.

Quels désordres ne découvrons-nous pas déjà dans quelques autres diocèses! Diffamations publiques et éclatantes de personnes qu'on nomme en chaire, qu'on force à sortir de l'Eglise avant de commencer les offices; listes données à des confesseurs qu'on oblige, sous peine d'être interdits, à ne point admettre au tribunal de la pénitence des fidèles désignés par les imputations les plus odieuses; billets d'association, formules arbitraires dont on exige la signature dans le tribunal de la pénitence, et dans toutes les occasions où le ministère de l'Eglise est nécessaire; refus de toute sorte de secours spirituels, de la confession tant en santé qu'en maladie, des sacremens à la sainte table et au lit de la mort, même de l'extrême-onction à des malades sans connaissance, les prières de l'Eglise et la sépulture refusées ou accompagnées de circonstances scandaleuses, d'excès même qui révolteroient l'humanité parmi les peuples les plus barbares : il n'est aucun de ces faits, Sire, dont nous n'ayons la preuve juridique sous les yeux.

La religion, une dans sa foi, dans son culte, dans sa communion, est toute fondée sur la charité. Le schisme l'attaque dans son principe, parce qu'en rompant les liens de l'unité, il altère la charité et l'union. Aussi l'Eglise a-t-elle toujours regardé le schisme comme la playe la plus dangereuse qu'elle pût recevoir. Mais l'Etat lui-même n'est pas moins menacé par le schisme. La fermentation qu'il excite divise les citoyens, aigrit leurs esprits, les conduit à la haine, de la haine aux voyes de fait et aux troubles. On s'y porte d'autant plus aisément, que la fausse conscience écarte toutes les horreurs du crime; on s'y porte avec d'autant moins de réserve, qu'on regarde comme un sacrifice dû à la religion les excès que le faux zèle inspire.

Dès 1731 nous prévîmes, Sire, les maux dont nous sommes témoins aujourd'hui. Nous vous exposâmes nos inquiétudes trop fondées; vous nous marquâtes la juste horreur que le schisme causoit à Votre Majesté; mais vous témoignâtes en même tems quelque surprise de nos allarmes. Depuis cette époque il n'a cessé de faire de nouveaux progrès. Votre Majesté, touchée enfin de la grandeur du mal, a senti la nécessité d'y apporter un prompt remède. Vous eûtes la bonté de répondre à nos dernières remontrances (1) que, « pénétré du danger de laisser introduire le schisme, et de « la nécessité d'arrêter tout scandale, vous aviez pris des « mesures pour retirer » d'une paroisse considérable de cette ville un curé *qui*, selon les expressions de Votre Majesté, *s'étoit conduit d'une manière plus capable d'échauffer les esprits que de les ramener à la paix et à la concorde.* Pouvions-nous douter, Sire, que votre volonté manifestée d'une manière si éclatante aux yeux de tous vos sujets n'eût à l'instant même sa pleine exécution? Cependant nous n'avons pas encore la satisfaction d'en voir l'effet.

Si ceux qui excitent le trouble ne sont contenus par votre justice royale, ce que vos sujets ont de plus précieux dans l'ordre de la religion et de la société, les secours spirituels pendant leur vie, l'honneur de leur mémoire après la mort, vont dépendre des préventions particulières des pasteurs, dont la volonté va devenir un tribunal où, sans forme et sans règle, ils feront subir dans le fait la peine rigoureuse d'une excommunication qui n'est ni méritée ni prononcée.

(1) 17 avril 1752.

Les lettres *pastoralis officii* séparoient de la charité du Saint-Siége tous ceux qui ne rendoient pas à la bulle *Unigenitus* une obéissance sans bornes. Ces lettres parurent, aux yeux de Votre Majesté, comme un signal donné pour opérer le funeste retranchement d'une partie des membres de l'Eglise, et sur vos ordres elles furent proscrites par tous les parlemens.

Malgré cette juste sévérité, des écrivains téméraires, des évêques même, en adoptèrent le système dans des mandemens publics. Ces écrits furent aussi-tôt flétris par des arrêts solemnels.

Qui pourroit donc faire entendre à Votre Majesté, Sire, que les refus publics de sacremens sont une matière purement spirituelle, dont les évêques seuls peuvent connoître? En 1718, votre autorité étoit compétente pour condamner dans les lettres *pastoralis officii* le principe du schisme : ne le seroit-elle donc plus pour prononcer sur des actes de séparations qui ne sont que l'exécution de ces lettres?

Depuis plusieurs siècles, les ecclésiastiques n'ont cessé d'employer le même prétexte pour couvrir leurs entreprises : c'est celui dont ils se sont servis si long-tems pour contester en particulier à l'autorité royale le droit d'examiner les excommunications et de les déclarer nulles et abusives. Dès le tems de Saint-Louis, ils osèrent dire à ce prince (1) qu'il *laissoit perdre la chrétienté*, parce qu'il n'ordonnoit pas à ses juges d'obliger les excommuniés à se faire absoudre dans l'an et jour. Saint-Louis leur répondit « que ce seroit « contre Dieu et raison qu'il fît contraindre à soi faire ab- « soudre ceux à qui les clercs feroient tort, et qu'ils ne fus- « sent ouïs en leur bon droit ». Réponse digne de la piété d'un si grand prince, et de son amour tendre pour ses sujets!

_____

(1) Pr. des Lib., ch. 6, p. 1.

Est-il besoin, Sire, d'entrer dans la discussion des principes qui mettent entre vos mains le pouvoir de réprimer de
tels abus dans votre royaume? La source de votre puissance n'est pas moins sacrée que celle du pouvoir de l'E-
glise; c'est sur la parole de Dieu même que l'une et l'autre
puissance est également fondée.

Souverain dans vos Etats, Sire, vous avez droit d'empêcher que, par des ressorts secrets, capables d'émouvoir
les peuples, les ministres de l'Eglise ne soulèvent vos sujets, et ne renouvellent les troubles de l'Etat. Défenseur et
père de vos peuples, vous avez droit de les mettre à l'abri
de toute vexation. Protecteur des canons et de la discipline,
vous avez droit de réprimer les infractions que commettent les ministres particuliers de l'Eglise. Juge des intérêts
de vos sujets, vous avez droit de leur conserver la possession de tous les avantages qui leur appartiennent légitimement, tant qu'on ne les en prive que par violence et voie
de fait, possession qui n'est que temporelle, quel qu'en
puisse être l'objet, comme le reconnoissoit Jean Juvenal des
Ursins (1), archevêque de Rheims, dans des remontrances
qu'il adressoit au roi Charles VII, pour étendre, presque
sans bornes, la juridiction ecclésiastique : « Et si est vrai,
« disoit-il, que de toutes matières possessoires de quelcon-
« ques choses, tant soient spirituelles, et fût du corps de
« notre seigneur, la cour laie connoît. » Maxime soutenue
depuis au nom du Roi lui-même par les ambassadeurs de
Charles IX au concile de trente (2).

Tous les monumens publics réclament, Sire, en faveur
de votre autorité. Jugemens ecclésiastiques et civils, témoignages des papes, des plus grands prélats, des conciles

---

(1) Mss Dupuy, n. 519.
(2) Discours des ambassadeurs au concile de Trente, du 22 septembre
1563. Mémoires concernant le concile de Trente. Paris, 1654, p. 1439.

mêmes, décicions des magistrats de tous le téms, usage
uniforme de tous les souverains, et surtout de nos rois;
tout établit ce que disoit, en 1719 (1), M. de Lamoignon,
aujourd'hui chancelier de France, que, « quelque étendue
« que soit l'autorité des évêques dans les choses spirituelles,
« elle n'est pas néanmoins absolue, qu'elle doit être res-
« treinte suivant les anciennes règles de l'Eglise; que les
« souverains ou les parlemens, lorsqu'ils s'opposent aux dé-
« marches de quelques évêques, en renfermant leur juris-
« diction dans de certaines bornes, ne font en cela que se
« conformer aux anciens décrets des conciles, qui sont le
« soutien de la discipline de l'Eglise, et que les magistrats
« doivent avoir une attention particulière à faire observer
« par toutes sortes de personnes les ordonnances du royau-
« me, et les anciens canons, dont le Roi, au nom duquel
« ils ont l'honneur de rendre la justice, est le protecteur et
« le conservateur.

« Dieu (2) a confié son Eglise aux souverains, dit un
« concile de Paris. Si leur zèle affermit la paix et la disci-
« pliné de l'Eglise, si leur négligence les laisse altérer, ils en
« rendront compte à Dieu : qu'ils fassent donc tomber tout
« le poids de l'autorité souveraine sur ceux qui, dans le sein
« de l'Eglise, s'élèvent contre la foi et la discipline. »

Protéger la paix de l'Eglise (3), ce n'est pas seulement
le plus glorieux de vos droits, *c'est*, dit un grand évêque,
le plus essentiel de vos devoirs.

Toute l'antiquité a tenu le même langage. C'étoit celui
du pape saint Célestin (4) écrivant à l'empereur Théodose,

(1) 9 août 1719.
(2) Sixième concile de Paris, liv. 2, ch. 2. Conc. Labb., tom. 7, col. 1640,
et Can. 20, 23, quest. 1, dans le Corps du droit canon.
(3) S. August., trad. *in Joan.* 11, n. 13.
(4) *Cœlest. papa ad Theod. imper.* Conc. Labb., tom. 3, col. 619.

du pape saint Léon (1) à l'empereur Léon, du pape Pélage (2) au roi Childebert, du pape saint Grégoire-le-
Grand (3) écrivant à l'empereur Maurice.

Plus inviolablement attachée qu'aucune autre nation aux
anciennes règles de l'Eglise, la France, Sire, a toujours regardé ces maximes comme une partie essentielle de son droit
public. De-là cette déclaration faite au roi Charles IX par le
député de la noblesse aux états d'Orléans : « Le prêtre (4)
« doit faire son devoir pour la charge qu'il a prise de prê-
« cher, d'enseigner et d'administrer les autres; quand il
« feroit au contraire, et oublieroit sa charge, le Roi y doit
« employer la main de sa justice.»

De-là cette attention du ministère public à établir
« que la propre (5) fonction de la dignité du prince, l'effet
« de son action et de son caractère, est de travailler à la
« sûreté de la religion, et que les peuples sont obligés de
« prier Dieu pour lui incessamment, afin qu'il les gou-
« verne en paix et tranquillité de leur conscience, s'op-
« posant aux nouveautés qui peuvent en troubler le repos
« et empêcher les exercices publics et particuliers de la
« piété ».

Ces mêmes maximes sont consacrés, Sire, par une multitude d'actes émanés de l'autorité souveraine, dont nous
ne pouvons nous dispenser de rappeller quelques-uns à
Votre Majesté, moins comme des preuves nécessaires d'un

---

(1) S. Leo., ep. 125, al. 75, *ad Leon. imper.* Conc. Labb., tom. 4,
col. 903.

(2) Lettre 14, *cum celsitudini*, du pape Pélage au roi Childebert. Conc.
Labb., tom. 5, col. 801.

(3) Gregor. Magn. *ad Maurit. Aug.*, epist. 6, lib. 7. Conc. Labb.,
p. 1255.

(4) Recueil général des états tenus en France sous les rois Charles VI, etc.
Paris, 1651, p. 182.

(5) M. Talon, 20 avril 1646. Pr. des Lib., chap. 7, n. 90.

droit si solidement établi que comme des titres respectables de la sagesse et de la piété de vos prédécesseurs.

Nous omettons toutes ces loix que les empereurs romains
ont faites dans les plus beaux siècles de l'Eglise sur la discipline ecclésiastique, même sur l'administration des sacremens; loix souvent sollicitées par des évêques (1), ap-
plaudies par les conciles (2) et par les plus savans docteurs
de l'Eglise (3).

Nous passons aussi tant d'ordonnances qu'on lit dans les
Capitulaires, sur l'administration des sacremens aux malades, sur la célébration de la messe, et sur presque tous
les autres points de la discipline ecclésiastique. Quel exemple plus authentique que cet ordre donné par Louis-le-
Débonnaire (4) en 828 à ses officiers, qu'il chargeoit *de*

---

(1) Novelle 17 de Léon, sollicitée par le patriarche de Constantinople.
Elle concerne l'administration du baptême aux femmes catécumènes nouvellement accouchées. L'empereur marque qu'il ne s'étoit déterminé à faire
cette loi sur une semblable matière que sur ce que le patriarche l'en avoit
pressé et l'avoit assuré *qu'il en avoit le droit.*

(2) *Novel. Justiniani* 123, cap. 11. Elle défend aux évêques et aux
prêtres de séparer personne de la communion, non pour les causes
fixées par les canons et juridiquement établies. Elle est citée par un
concile de Paris comme observée dans toute l'Eglise, et elle se trouve dans
le *Corps du droit,* can. 6, 24, quest. 3. «[De illicitâ excommunicatione,
« LEX JUSTIANI IMPERATORIS CATHOLICI QUAM PROBAT ET SERVAT ECCLESIA
« CATHOLICA, constitutione 123, cap. 11, decrevit ut nemo episcopus, nemo
« presbyter excommunicet aliquem antequam causa probetur propter
« quam ecclesiastici canones hoc fieri jubent. » (*Conc. Paris.*, et *Corps
jur. canon.*

(3) Loi des empereurs Valens, Valentinien et Gratien, en 377. (L. 1,
Cod., ne sanctum baptisma iteretur.)

Autre d'Honorius et de Théodose en 413.

Autre de Théodose et Valentinien en 428. (L. 2, *Cod., ibid.*)

Saint Augustin cite ces loix avec éloge (epist. 105, al. 166, *ad Donatis-
tas*), et le troisième concile d'Orléans (can. 31) excommunie les juges qui
ne veillent pas à leur exécution. (Conc. Labb., tom. 5, col. 33.)

(4) Pr. des Lib., ch. 35, n. 5.

s'informer comment les évêques remplissoient leur minis-tère, quelle étoit leur vie, comment ils gouvernoient leur Eglise et leur clergé.

Dans des tems moins reculés, les témoignages sont également précis. C'est par une ordonnance d'un de nos rois, rendue en 1396 (1), sur l'avis des magistrats du royaume, que le sacrement de pénitence s'administre aux criminels condamnés à mort.

Un des principaux effets du titre de très-chrétien que le roi porte, dit Henri II, dans le préambule de l'édit du mois de février 1556 (2), « est de faire initier les créatures « que Dieu envoie sur terre en son royaume aux sacremens « par lui ordonnés, et quand il plaît à Dieu les rappeller à « soi, leur procurer curieusement les autres sacremens pour « ce institués, avec les derniers honneurs de sépulture ».

Ce sont aussi les dispositions et l'esprit de l'édit de Charles VI, du 18 février 1406 (3), et de la Pragmatique-Sanction du 7 juillet 1438 (4).

Charles IX, en 1560 (5), borne l'usage des censures aux *crimes et scandales publics;* et par une déclaration de 1571 (6), il ordonne que les prélats et autres pasteurs en pourront user *dans les cas* prévus *par les saints décrets et conciles.*

---

(1) 12 février 1396. Fontanon, tom. 1, p. 660.

(2) Fontanon, tom. 1, p. 671.

(3) Pr. des Lib., ch. 22, n. 9.

(4) Prag. de Bourges, an. 1638, *in princip.*

(5) Ne pourront aussi les prélats, gens d'Eglise et officiaux, décerner monitions et user de censures ecclésiastiques, sinon pour crime et scandale public. (Ordonnance d'Orléans en janvier 1560, art. 18, *Neron.*

(6) Et, pour faire cesser toute difficulté en l'article 18 de nos ordon-nances faites à Orléans l'an 1560, avons ordonné que les prélats, pasteurs et curés, pourront user des monitions et censures ecclésiastiques ès CAS QU'IL LEUR EST PERMIS PAR LES SS. DÉCRETS ET CONCILES. (Déclarat. du 16 avril 1571, art. 18, *Neron.*

En mil cinq cent soixante-un (1) et mil cinq cent soi-
xante-deux (2), il défend toute administration des sacremens en autre forme que celle qui est reçue dans l'Eglise de
son royaume. En 1563, ses ambassadeurs soutiennent, au
concile de Trente, que « les rois chrétiens (3) ont fait beau-
« coup de loix à l'exemple de Constantin, de Théodose, de
« Valentinien, de Justinien et des autres empereurs, pour
« régler les choses saintes; que ces loix ont si peu déplu
« aux papes, qu'ils en ont inséré plusieurs dans la col-
« lection de leurs décrets, que les évêques de France et
« tous les autres pasteurs se sont servis utilement de ces loix
« pour conduire l'Eglise gallicane ».

Enfin, combien d'arrêts, Sire, ont déclaré des excommunications nulles et abusives, ont ordonné qu'elles seroient
levées, ont instruit des procès criminels pour des refus de
sacremens (4), ont pourvû au maintien de la discipline ecclésiastique sur tous les points. Nous ne citerons, Sire, à Votre
Majesté, que celui du 5 février 1525(5), règlement général fait
par le parlement contre le progrès des erreurs de Luther, suivi

---

(1) Avons défendu et défendons, sur peine de confiscation de corps et de
de biens, tous conventicules..... où se feroient prêches et *ADMINISTRA-
TIONS DE SACREMENS EN AUTRE FORME QUE SELON L'USAGE REÇU ET
OBSERRVÉ EN L'EGLISE CATHOLIQUE* dès et depuis la foi chrétienne reçue
par les rois de France nos prédécesseurs, et par les évêques, prélats, curés,
leurs vicaires et députés. (Edit. de juillet 1561. Fontanon, tom. 4, p. 264,
et déclaration du 17 janvier 1561. *Neron*, tom. 2, p. 877.

(2) Nous n'entendons ne voulons qu'il soit fait aucune assemblée pu-
blique et privée, *NE AUCUNE ADMINISTRATION DE SACREMENS, EN
AUTRE FORME QUE CELLE QUI EST REÇUE ET OBSERVÉE EN NOTRE
EGLISE.* (Décl. du 11 avril 1562. **Mém.** de Condé, tom. 1, p. 81.)

(3) Mém. concernant le concile de Trente, p. 492.

(4) Arrêt du conseil souverain d'Artois, du 25 juin 1581, qui condamne
un curé à l'admonition pour un refus de communion. Arrêt du parlement
de Toulouse, du 21 juillet 1746. Vedel, *Observations sur les arrêts de
Catelan*, tom. 2, p. 22.

(5) Preuves des Libertés.

de procédures criminelles contre ceux qui y contrevinrent; règlement qui attira de la part du pape les plus grands éloges de la sagesse et du zèle du parlement (1).

Si vous avez droit, Sire, de prendre connoissance des matières qui concernent l'administration extérieure et publique des sacremens, pourroit-on vous contester celui de punir ceux des ecclésiastiques qui ne se conforment pas aux règlemens que vous dicte votre sagesse?

Votre souveraineté vous doit soumettre, Sire, comme votre parlement le disoit en 1623 (2), « tous vos sujets ecclésias- « ques et laïcs, de quelques qualité et condition qu'ils soient ». « Qui que ce soit sur la terre, (3) disoit M. Talon en 1646, « ne peut délier vos sujets de votre puissance, quelques di- « gnités ecclésiastiques qu'ils possèdent. »

« Les loix divines et humaines (4) (ce sont les expressions « du pape Pélage Ier au patrice romain) établissent invinci- « blement que la puissance publique doit réprimer et punir, « par des peines rigoureuses, les évêques qui divisent l'Église « et qui troublent sa paix. Ne craignez donc point, ajoutait « ce pape, d'opposer aux évêques qui troublent l'Église l'au- « torité du prince ou des magistrats : vous ne pouvez faire « une action de religion plus agréable à Dieu que de faire « des loix et des réglemens capables d'arrêter, par une bar- « rière insurmontable, les excès de ces emportés. C'est le « langage de toute la tradition que je vous parle, continuait « Pélage Ier : l'étendue que je donne à votre autorité est ap- « puyée sur des loix et des exemples sans nombre. »

---

(1) Bref de Clément VII, du 19 août 1528. Pr. des Lib.
(2) 30 juin 1623. Pr. des Lib., ch. 10, n. 20.
(3) 20 avril 1646. Pr. des Lib., ch. 7, n. 90.
(4) Epist. 2 et 3 *Pelagii papæ primi ad Narsetem*, Concil. Labb., tom. 5.

Sous la première race de nos rois, nous trouvons des procès criminels faits à l'evêque de Périgueux (1), à l'archevêque de Bordeaux (2), et à quelques autres évêques (3).

Dans des tems plus modernes, que d'exemples de procédures criminelles contre des évêques démentent le système dont l'assemblée du clergé voulut, en 1657, se faire un titre par les lettres patentes de la même année, par lesquelles il s'exempte de la jurisdiction temporelle, même en cas de crime de lèze-majesté.

En 1379 (4), un évêque de Langres obligé de purger un décret d'ajournement personnel ; en 1454 (5), semblable décret contre un évêque de Nantes ; en 1479 (6) et 1481 (7), deux décrets de prise de corps contre l'évêque de Xaintes, pour avoir voulu opposer des censures aux arrêts du parlement ; en 1482 (8), nouveau décret d'ajournement personnel contre le même évêque de Xaintes ; en 1480 (9), décret d'ajournement personnel, et ensuite de prise de corps, contre l'évêque de Coutances, qui demeura plusieurs mois prisonnier à la Conciergerie ; en 1521 (10), décret d'ajournement personnel contre un évêque de Paris ; en 1594 (11), décret de prise de corps contre l'évêque d'Amiens ; en 1615 (12),

---

(1) Fauchet, liv. 4, ch. 2, p. 112.

(2) Grégoire de Tours, liv. 4, n. 26, p. 215.

(3) Fauchet, liv. 3, ch. 19, p. 104 et 105. *Idem*, liv. 4, ch. 22, p. 145. *Idem*, liv. 5, ch. 5, p. 159.

(4) 2 juillet 1379. Reg. du Parl.

(5) 22 février 1454. Pr. des Lib., ch. 9, n. 5 et 6.

(6) 3 septembre 1479. Reg. du Parl.

(7) 1er février 1481. Pr. des Lib., ch. 7, n. 40.

(8) 18 février 1482. Reg. du Parl., et Pr. des Lib., ch. 7, n. 41.

(9) 29 juillet 1480. Pr. des Lib., ch. 7, n. 39.

(10) 14 novembre 1521. **Reg.** du Parl.

(11) 9 juillet 1594. Pr. des Lib., ch. 7, n. 57.

(12) 17 novembre 1615. Pr. des Lib., ch. 3, n. 66.

semblable décret contre l'archevêque de Bordeaux ; un évêque de Beauvais déclaré (1) criminel de lèze-majesté en
1569 ; un archevêque d'Aix banni (2) à perpétuité en 1596 ;
un évêque de Senlis obligé (3) de faire amende honorable
en la grand'chambre de votre parlement en 1598, des lettres
d'abolition accordées au mois d'août 1369 (4) à l'archevêque
de Bourges ; semblables lettres d'abolition données en 1635 (5)
à l'évêque de Nismes : voilà, Sire, des preuves trop multipliées d'un droit que l'honneur autant que la fidélité du
clergé ne devoit jamais lui permettre de contester à votre
justice souveraine.

Assuré, par tant de titres, qu'il appartient essentiellement à votre souveraineté de réprimer les actes de schisme,
hésiteriez-vous, Sire, à faire usage de ce droit dans une circonstance aussi pressante ? Nous osons le dire à Votre Majesté, vous le devez à la religion, qui est offensée ; à l'Etat,
dont la tranquillité souffre ; à vos sujets, qui réclament votre
protection contre l'injustice qu'ils éprouvent.

Le seule moyen d'exercer utilement ce droit, c'est de
soumettre les véritables auteurs du mal à la sévérité des
loix. Ce n'est que par l'exercice de votre justice royale que
vos sujets peuvent être délivrés de l'oppression ; elle seule
peut contenir les supérieurs ecclésiastiques dans les bornes
légitimes de leur autorité, rassurer les inférieurs dans
l'exercice régulier de leurs fonctions, empêcher l'effet de ces
ordres injustes qui les arrêtent, et les mettre à l'abri des
vexations dont ils sont menacés.

Il n'est plus tems, Sire, de nous le cacher. Nous nous

---

(1) 11 mars 1569. Pr. des Lib., ch. 7, n. 54.
(2) 26 janvier 1596. Pr. des Lib., ch. 7, n. 39.
(3) 5 septembre 1598. Pr. des Lib., ch. 7, n. 62.
(4) Août 1369. Pr. des Lib., ch. 35, n. 21.
(5) Février 1633. Pr. des Lib., ch. 7, n. 81

flattions d'abord de rétablir le calme par la punition des ministres inférieurs, qui paroissoient seuls auteurs du trouble public. Si des soupçons trop justifiés depuis nous faisaient dès-lors entrevoir d'autres coupables, l'esprit de modération nous a fait espérer long-tems que les premiers exemples engageroient les supérieurs ecclésiastiques, au moins par les sentimens d'humanité; à sacrifier au repos des ministres inférieurs leur funeste système.

Si Votre Majesté daigne faire attention à toute la suite de nos démarches, elle y verra des preuves de notre condescendance. Plus d'une fois nous avons détourné les yeux de dessus des têtes coupables qui se présentoient, pour ainsi dire, d'elles-mêmes; mais enfin la persévérance et l'éclat des entreprises ont forcé notre prudence, et nous ont contraints d'attaquer le mal dans sa force.

Mais pouvions-nous penser que ce qui devoit mettre fin aux désordres ne feroit qu'irriter le mal. Des évêques se sont réunis; ils ont porté jusqu'au thrône leurs efforts pour soutenir à-la-fois et leur propre indépendance et le schisme : de-là ces arrêts du conseil qui, s'ils avoient quelque exécution, jetteroient le trouble dans l'Etat et dans l'Eglise.

Quoi, Sire, nous soutenons vos droits et votre autorité, nous défendons votre Etat contre des entreprises capables de l'ébranler; nous préservons vos sujets d'une vexation que toutes les loix condamnent; nous attaquons un schisme proscrit dans sa source dès 1718 par les ordres de Votre Majesté, schisme dont tous les actes ont été depuis réprimés par des arrêts de votre justice souveraine et condamnés par Votre Majesté même; et cependant les coupables se présentent avec sécurité jusqu'au pied du thrône, presque assurés d'en obtenir, par surprise ou par importunité, tous les actes qui peuvent les mettre à couvert de la vindicte publique : cassations, évocations, ordres particuliers, rien ne leur est refusé. Ainsi s'assuroient-ils l'impunité et le funeste avantage de vexer vos sujets, d'entretenir les troubles, d'exercer sur les ministres inférieurs une domination ty-rannique, d'affermir leur système d'indépendance, si votre parlement, assez fidèle, Sire, pour ne connoître que son devoir, n'avoit le courage de venger votre autorité même des surprises qui sont faites à la bonté de Votre Majesté.

Ces arrêts, Sire, consacrent les principes du schisme, et cette fausse qualification de *causes purement spirituelles*(1) dont se servent les auteurs du désordre pour traiter d'*entre-prises* (2) l'inspection que votre autorité doit exercer sur *leur* (3) *conduite*, et les précautions qu'exige le trouble qu'elle cause dans la police de l'Etat, comme si l'on pouvoit autoriser, par l'article 34 des lettres patentes de 1695, la prétention dangereuse que la connoissance d'un refus scan-daleux de sacremens est interdite aux juges laïcs; inter-prétation qu'elles ne souffrent point, et qui, si elle pou-voit avoir lieu, mettroit nécessairement l'article dans le cas d'être réformé.

Ces arrêts du conseil annullent les jugemens les plus im-portans de votre justice royale, au préjudice des loix de l'E-tat, qui déclarent (4) « que les arrêts des cours souveraines « ne pourront être cassés ni retractés, si non par les voies « de droit, qui sont requête civile et proposition d'erreur, « et par la forme portée par les ordonnances, ni l'exécution « d'iceux arrêts suspendue ou retardée sur simple requête « présentée au Roi en son conseil privé ». Tantôt ils dé-clarent attentatoires à l'autorité souveraine ces jugemens rendus pour la soutenir. Tantôt ils reprochent à vos officiers de n'avoir pas reconnu des ordres irréguliers, qui portent

---

(1-2-5) Arrêt du conseil, du 23 août 1752.

(4) Ordonnance de Blois, art. 92.

I.

dans leur forme le caractère de la surprise, et qui, dans leur objet, ne tendent qu'à anéantir l'ordre judiciaire et la liberté des jugemens. Tantôt ils les taxent d'avoir excédé la rigueur des loix, en prononçant des peines afflictives ou infamantes contre les perturbateurs du repos public, contre des hommes convaincus de mépriser les règles les plus constantes de la discipline de l'Eglise, d'enfreindre les loix du royaume, de s'élever contre les intentions mêmes que Votre Majesté a fait connoître par sa réponse du 17 avril 1752.

Les arrêts, Sire, dont nous nous plaignons, avilissent les juges inférieurs, les dépouillent d'une jurisdiction que les loix leur donnent, et qu'ils n'employent que pour le maintien de l'autorité royale et du bon ordre public. Ces arrêts les dégradent par des menaces flétrissantes; celui du 23 août 1752 va jusqu'à menacer les officiers du présidial de Tours des peines rigoureuses *d'interdiction et de punition exemplaire*, auxquelles ils ne peuvent être exposés, aux termes des ordonnances, que dans le cas de prévarications, dans le cas où ils seroient négligens à exécuter les arrêts de votre parlement ou à contenir vos sujets dans leur devoir et dans la soumission qu'ils vous doivent. Ces arrêts intervertissent l'ordre judiciaire, en substituant à la voie de l'appel établie par les ordonnances une voie irrégulière pour réformer les jugemens des tribunaux inférieurs.

Ces arrêts enfin portent à la monarchie, aux loix, à la souveraineté, les atteintes les plus directes; ils établissent l'indépendance des ecclésiastiques; ils mettent au rang des droits du pouvoir spirituel une autorité qui appartient nécessairement à la puissance royale; ils enlèvent à Votre Majesté le droit d'inspection sur les fonctions publiques et extérieures des ministres de l'Eglise, à votre justice le droit de punir leurs excès, à vos sujets la protection qui leur est dûe; et par-là ils livrent aux ecclésiastiques une portion inaliénable de la souveraineté.

Daignez, Sire, réflechir un moment sur l'abus manifeste qu'on a fait de votre nom dans les actes que nous venons de vous rappeler. A quels dangers de semblables surprises n'exposent-elles pas l'Etat entier, dont les malheurs passés ne prouvent que trop cette grande maxime d'un sage magistrat (1) consulté par Henri III, *qu'en matière (2) d'ordre public et de religion surtout, on ne revient pas d'une fausse démarche.*

Mais quelle est, Sire, la condition du souverain lui-même! Pénétré de l'unique désir du bien public, de l'avantage de la religion, du bonheur de ses sujets, sera-t-il donc exposé à devenir, par l'effet de mille intrigues qu'il ne peut connoître, le ministre et l'organe des atteintes qu'on s'efforce d'y porter? Vous avez, Sire, une ressource unique, mais ressource assurée. Elevé sur un trône qui vous éloigne de vos peuples, et ne vous permet, suivant les termes du chancelier de Lhospital, *de voir (3) et d'entendre que par les yeux et les oreilles d'autrui,* ne préférez pas, nous vous en conjurons, Sire, des impressions qu'un intérêt secret doit vous rendre suspectes, à la voix unanime de tous les magistrats de votre royaume, de ces corps fidèles à qui *la garde et la conservation des loix appartiennent naturellement,* suivant les termes de Henri-le-Grand (4), en qui la connoissance immédiate des maux de l'Etat et l'attachement solide à vos intérêts forment des barrières insurmontables aux intrigues et aux surprises. Redouter leur zèle et leur vigilance, s'efforcer d'y mettre des obstacles, chercher à les réduire à l'inaction par des coups d'autorité, par

---

(1) M. de Thou, en 1577.

(2) Hist. de de Thou, liv. 63, t. 7, p. 493, trad.

(3) 26 juillet 1567. Discours du chancelier de Lhospital au parlement. Reg. du Parl.

(4) Let. pat. du 4 juillet 1591. Pr. des Lib.

I.

des évocations, des cassations, des défenses, des interdictions, ce fut toujours le caractère et le premier effort des ennemis du repos public, et ce sont aujourd'hui, Sire, les ressources des auteurs du schisme et les principes de ses progrès effrayans.

Votre parlement, Sire, en réclamant contre les évocations, ne doit pas craindre de vous paroître occupé de ses intérêts personnels : *défendre* (1) *votre autorité avec peine, haine et envie*, c'est l'unique fruit de ses travaux. On l'a vu, fidèlement attaché à ces mêmes règles du droit public qu'il rappelle aujourd'hui, borner dans des occasions sa propre jurisdiction (2), en refusant de retenir, nonobstant le consentement des parties, des affaires évoquées d'autres tribunaux. C'est dans le même esprit qu'il insiste aujourd'hui sur les effets pernicieux des évocations multipliées.

Les monarchies ne se soutiennent, Sire, que par l'obsertion d'un ordre invariable dans l'administration de la justice. Devenue par cet ordre prompte et facile à tous vos sujets, l'administration de la justice leur rend présente et tout-à-la-fois intéressante pour eux cette majesté royale, si éloignée de leurs regards par l'élévation du thrône. Les peuples voyent alors le souverain descendre en quelque sorte au milieu d'eux, pour être le défenseur des foibles, l'azyle des opprimés, le soutien des indigens.

Ces heureux effets, Sire, sont essentiellement liés avec une économie aussi ancienne que la monarchie, avec cette gradation de pouvoirs intermédiaires qui, dépendans du souverain dont ils émanent, et distribués parmi les sujets, forment l'enchaînement de toutes les parties de l'État.

_____

(1) Remontrances du parlement d'Aix en 1614. Pr. des Lib., ch. 7, n. 65.

(2) 1555. Mém. de M. Talon, t. 1, p. 17. Discours de M. Bignon pour les Mercuriales, le 26 novembre 1631.

maintiennent votre autorité sans efforts, veillent sur la fidélité des peuples dont ils s'ouvrent les cœurs par une attention continuelle à leurs besoins; dépôts sacrés, où votre
autorité souveraine et la confiance des sujets s'unissent intimement; degrés nécessaires pour établir entre le trône et
les peuples cette communication qui fait descendre continuellement du prince vers les peuples la protection de la
justice et des loix, et remonter des peuples vers le souverain l'hommage de leur respect, de leur obéissance et de
leur amour.

Les évocations, Sire, sont le renversement de cet ordre
politique. On vous les présente comme des effets éclatans
d'une autorité souveraine; mais ignore-t-on qu'en intercep-
tant et concentrant ces influences qui devoient se répandre
et vous reproduire dans vos Etats, en substituant aux forces
naturelles de ce corps politique des ressorts étrangers, on
ébranle toute la monarchie.

Vous ne serez pas moins touché, Sire, de l'altération de
la justice due à vos peuples. A quelle condition se trouvent
réduits, par les évocations arbitraires, vos fidèles sujets,
trop souvent vexés et opprimés, si les ressources et le crédit leur manquent; épuisés, si l'importance de leurs intérêts
les force de s'abandonner à la poursuite longue, pénible et
effrayante de droits légitimes, mais confiés à la décision des
juges, qui, soit par la multitude de leurs occupations, soit
par la diversité des maximes et des usages, sont moins en
état de balancer exactement les droits des parties avec les
loix qui doivent les décider.

Quelle peut être, Sire, l'administration de la justice
lorsqu'elle est abandonnée à des juges arbitraires, qui ne
doivent ce caractère qu'au choix affecté et à la sollicitation
de parties à qui presque toujours les tribunaux de votre
justice souveraine ne sont redoutables qu'à cause de leur intégrité.

Tel est, Sire, l'état violent des peuples, tel est l'ébranlement de la monarchie par les évocations arbitraires et multipliées. L'inviolable fidélité de vos sujets et la généreuse résistance des magistrats nous ont préservé jusqu'ici des malheurs qui en seroient la suite inévitable.

Mais qui pourra réparer le vuide et l'affoiblissement général que causent dans l'Etat l'avilissement des tribunaux, la destruction des siéges royaux, faute d'officiers, l'ignorance et l'incapacité, la langueur et le dégoût répandus universellement? De-là l'obscurcissement des loix, l'altération de la justice, effets pernicieux des évocations qui sont, comme le disoit votre parlement, en 1525 (1), *le moyen d'abolir et de confondre, tollir et pervertir toutes les justices et jurisdictions ordinaires de ce royaume.*

Ajoutons à ces réflexions générales, liées essentiellement à la constitution de l'Etat, deux nouveaux points de vue, qui naissent des circonstances où se donnent aujourd'hui de si fréquentes évocations.

Il s'agit, Sire, de l'ordre et de la police publique, des intérêts et des droits les plus essentiels de Votre Majesté. Aujourd'hui se retracent trop sensiblement les troubles publics qui faisoient dire à votre parlement, en 1524 (2): « Dans cettuy malheureux et infortuné tems, aucuns par- « ticuliers appliquant à eux seuls réputent les autres in- « dignes du nom de chrétiens..... Pour ces causes, la cour, « qui est conservatrice des saints décrets et conciles sous « l'autorité du Roi, lesquels lesdits... contemnent..., a par ci- « devant donné plusieurs provisions contre les coupables, « lesquelles n'ont été exécutées pour empêchemens pratiqués « par lesdits délinquans, qui ont trouvé moyen exquis d'as- « soupir et mettre en délai les procédures et jugemens faits

_____

(1) 22 mai 1525. Reg. du Parl.
(2) 10 avril 1524, avant Paques. Reg. du Parl.

« contre eux *tant par évocations* que par puissance extra-
« ordinaire et absolue, qui a donné occasion et audace aux
« autres, par quoi semble, pour y donner bonne provision,
« que l'on doit faire exécuter les arrêts et jugemens jà don-
« nés en cette matière, casser et mettre au néant toutes évo-
« cations, défenses et prohibitions contraires, prohiber et
« défendre toutes évocations et empêchemens que l'on pour-
« roit faire ci-après, lesquelles seront déclarées nulles dès-
« à-présent comme pour lors, et que icelles nonobstant soit
« procédé contre lesdits coupables comme de raison. »
Heureux si les troubles que votre parlement cherchoit à
prévenir n'eussent pas été la funeste et tardive justification
de ses représentations!

Instruit par la voix de tant de princes qui vous ont précédé, et par les événemens que l'histoire nous apprend, trop
averti déjà par tant d'exemples affligeans d'actes surpris à
votre bonté, dont on se fait des titres contre votre souveraineté et contre le repos public, pouvez-vous, Sire, nous
osons vous le dire avec respect, en vous rappelant les termes
mêmes de représentations faites à Louis XIII par un de vos
parlemens (1) sur un objet moins important, pouvez-vous
ne pas craindre, en retenant de semblables affaires à votre
connoissance, d'exposer à de nouvelles intrigues, à des importunités réitérées et déguisées sous l'apparence de la religion, le dépôt sacré de votre autorité, dont votre parlement
fut toujours le gardien fidèle et le zélé défenseur, « ou si
« Votre Majesté résiste par elle-même à leur instance et
« ambitieuse poursuite, de leur donner lieu de remplir
« comme autrefois et les chaires et les livres de leurs plain-
« tes, de diffamer votre nom d'irreligion et d'impiété, et

---

(1) Remontrances du parlement d'Aix, en 1614. Pr. des Lib., ch. 7,
n. 65.

« par ce moyen d'effacer l'amour et le respect du cœur de
« vos sujets, d'ébranler votre obéissance, et de produire
« des effets semblables à ceux dont les histoires sont toutes
« pleines; à quoi, Sire, il est plus besoin de prendre garde
« aujourd'hui que jamais, puisqu'une venimeuse ambition a
« saisi l'esprit de plusieurs, et les a tellement dénaturés de
« l'humeur françoise, qu'ils estiment blasphêmes ce que
« vos ancêtres ont crû droits sacrés ».

Il s'agit en second lieu, Sire, de matières criminelles,
où les évocations sont plus particulièrement prohibées par
les ordonnances (1), comme contraires au bien public, soit
par l'impunité qu'elles assurent souvent aux crimes les plus
graves, ainsi que Louis xiv s'en explique dans sa déclaration du 31 mars 1710, soit parce que les peines qui peuvent
être infligées aux coupables par des juges extraordinaires
sont aussi inutiles qu'irrégulières, puisque les loix ne peuvent avouer de semblables punitions comme leur exécution,
et que les peuples sont dans le principe et l'habitude de les
reconnoître encore moins pour des exemples.

Elles portent également atteinte aux intérêts du souverain, en changeant l'ordre établi de tous temps, et regardé
comme « le principe (2) de la grandeur du royaume, et l'ef-
« fet de la singulière prudence de ses fondateurs, qui ont
« voulu que toutes les grâces, bienfaits et récompenses, dé-
« pendissent de la seule faveur du prince, afin qu'il en eût
« tout le gré et la bienveillance des peuples, et au contraire
« que l'exercice de la justice et observation des lois du
« royaume fût attribuée souverainement à vos parlemens ».

« Il n'y a rien, dit Henri iv (3), qui force plus un peuple

---

(1) Ordonnance de la Bourdaisière, du 18 mai 1529. Déclaration du 31
mars 1710. *Neron.*

(2) Remontrances du 22 mai 1615. *Merc. françois*, t. 4, p. 59.

(3) Lettre adressée au parlement, 15 nov. 1595. *Reg. du Parl.*

« à honorer son roi que la douceur naturelle qu'il pratique
« au profit des siens. La rigueur se fait craindre, et par con-
« séquent peu aimer. Cette raison est cause que, ne voulant
« pas de nous-mêmes apporter la sévérité qui seroit bien
« nécessaire en beaucoup de choses, nous vous en ren-
« voyons la connoissance, pour y apporter l'ordre requis
« par la voie de la justice, sans qu'il semble que cela vienne
« de notre seule autorité ».

La présence du ministère public, également nécessaire
pour la manutention de la police générale, et pour l'instruction des procès criminels, est un nouvel obstacle à de semblables évocations. Seroit-il convenable, en effet, que ce
caractère d'incertitude et d'instabilité, cette impression de
défaveur, inséparable des commissions arbitraires, pussent
frapper sur le principal ministre de la police du royaume,
sur le vengeur de tous les crimes, et le censeur de tous les
ordres de l'Etat? Les lois l'attachent au parlement seul.
L'ordonnance de 1455 (1) affecte à ce tribunal exclusivement *les causes esquelles le procureur du Roi sera principale partie.* S'il est assigné au conseil, en (2) 1525, il répond qu'il *ne compare qu'au parlement;* si l'on évoque en
1574 (3) un procès où il avoit un intérêt indirect, le parlement arrête des remontrances, *attendu que le procureur
général est partie jointe,* CONTRE LEQUEL IL NE PEUT Y
AVOIR ÉVOCATION. En 1595 (4), le procureur-général soutient « qu'il n'a accoutumé se pourvoir ailleurs qu'en la
« cour, supplie l'excuser de plaider au conseil, n'estimant
« pas que la cour, à laquelle seule il doit subir jurisdiction,
« le trouvât bon, ne qu'il fût de la dignité de sa charge ».

---

(1) Ordonnance du mois d'avril 1455, art. 5. Fontanon, tom. 1, p. 552.
(2) 3 juillet 1525. Reg. du Parl.
(3) 22 mai 1574. Reg. du Parl.
(4) 17 novembre 1595. Reg. du Parl.

Le chancelier lui-même reconnoît la justice et l'authenticité de son droit. Enfin, la déclaration du 31 mars 1710 (1) exclud toute évocation contre le procureur-général, même en cas de parentés et alliances.

Quelle sera donc, Sire, l'instruction d'un procès criminel dans votre conseil, où il ne peut y avoir ni partie publique pour accuser et poursuivre, ni témoins pour charger ou excuser, ni interrogatoires, récollement et confrontations pour convaincre ou défendre, ni vestige de cette instruction rigoureuse, sagement prescrite et combinée par les ordonnances, et qu'on ne peut négliger sans confondre l'innocent avec le coupable.

Que d'obstacles n'ont pas à surmonter, Sire, ceux qui surprennent de Votre Majesté des évocations si multipliées, des évocations qui sont encore moins des voies irrégulières de rendre la justice aux citoyens que des dénis absolus de justice, des évocations sur des objets d'ordre public, sur les droits les plus importans de votre couronne, des évocations en matière criminelle, des évocations contre le ministère public.

Il est, Sire, une autre barrière à leur opposer: c'est l'autorité de tous vos prédécesseurs, qui s'élèvent avec force contre les évocations. C'est une suite d'ordonnances uniformes, qui, suivant les termes de l'arrêt rendu au parlement (2), toutes les chambres assemblées, le 9 juillet 1563, *sont la loi du royaume, le fondement et le stabiliment de la couronne*, ordonnances que vous promettez, Sire, à votre sacre, de maintenir, « que tous les officiers de votre justice tant souveraine que « subalterne font à leur institution serment de garder et « faire observer ». Avec quelle énergie les rois ne développent-ils pas ces abus qui, suivant les termes de Henri III,

---

(1) Déclaration du 31 mars 1710. *Neron*, t. 2, p. 446.
(2) 9 juillet 1563. Reg. du Parl.

« adviennent (1) au grand préjudice de leurs sujets, et charge
« de leur conscience, pour les surprises et impostures que
« peuvent faire ceux qui obtiennent des évocations ». Tantôt occupés de leurs propres devoirs, ils reconnoissent que
« l'office d'un bon roi (2) est de faire rendre à ses sujets
« prompte justice sur les lieux ». Tantôt ils se représentent
leurs sujets, « grandement travaillés par la difficulté d'in-
« struire leurs affaires (3), et d'obtenir justice loin de leurs
« maisons et domiciles ». L'avilissement des tribunaux, l'infraction des ordonnances (4), tous ces objets fixent leur attention; souvent ils les réunissent (5) par un tableau frappant; ils se plaignent (6) que « les évocations, n'ayant été
« introduites que comme un secours pour garantir les sujets
« de l'oppression qu'ils pourroient souffrir par le crédit des
« parens et alliés de ceux contre qui ils plaident, sont de-
« venues, par les efforts de la chicane, le moyen le plus or-
« dinaire pour traverser l'instruction et arrêter le jugement
« des affaires; par les évocations (7), pour les octroyer trop
« facilement, se multiplient jusqu'au nombre effréné, ce qui
« est grosse vexation, frais et mises intolérables aux parties,
« grand retardement de justice; qu'il a été grandement (8)
« abusé des évocations, accordées par importunités ou par
« inadvertance (9) »; que les autres voies d'autorité contre
l'exécution des arrêts *les rendent illusoires* (10) *à la charge*
« *des sujets;* enfin que ces abus contraires à la justice, « et

---

(1) 1er janvier 1585. Mss Dupuy, n. 218.
(2) Ordonnance d'Orléans, art. 34. *Neron.*
(3) Ordonnance de 1344, art. 8, et ordonnance d'Orléans, art. 34.
(4) Ordonnances de 1389 et 1344.
(5) Ordonnance de 1389.
(6) Déclaration du 31 mars 1710.
(7) Ordonnance du 18 mai 1529.
(8) Ordonnance d'août 1539, art. 170.
(9) Ordonnance de 1344. Ordonnance de 1389.
(10) Edit de mars 1545, préambule.

« d'un exemple très-pernicieux (1), tournent à la honte et
« du prince lui-même et des magistrats, au préjudice des
« sujets, au détriment intolérable de l'Etat et de toute la
« justice dans le royaume, ce qui ne peut, disoit le prince
« en 1589, qu'attirer la colère de Dieu, et nous déplaire
« souverainement ».

Nous ne pouvons, Sire, nous livrer au détail de ces monumens multipliés de la sagesse de nos rois. Philippes de
Valois(2) en 1344, Charles VI (3) en 1589, Charles VII (4)
en 1453, Louis XI (5) en 1463, Charles VIII (6) en 1483,
Louis XII (7) en 1499, François Ier (8) en 1529, en (9) 1539
et (10) en 1545, Charles IX (11) en 1560 et en (12) 1566,
Henri III en (13) 1579 et en (14) 1585, Henri IV (15) en 1597,
Louis XIV (16) en 1657 : tous ces souverains, Sire, ont eu
une égale attention à prendre des précautions uniformes
pour prévenir et empêcher l'effet des évocations. Louis XIV
est si pénétré de cet objet, qu'en accordant, en 1657, ses
lettres patentes aux remontrances du parlement, il lui té-
moigne que « les remontrances qui lui ont été faites sur ce

---

(1) Ordonnance de 1389.
(2) Ordonnance du mois de décembre 1344, art. 8, édition du Louvre, tom. 2, p. 216.
(3) Ordonnance du 15 août 1389, édit. du Louvre, tom. 7, p. 290.
(4) Ordon. d'avril 1453, avant Pâques, art. 67. Fontanon, tom. 1, p. 610.
(5) Statuta Delphinalia, p. 107.
(6) Ordonnance du 8 mars 1483. Descorbiac, p. 820.
(7) Ordonnance du 22 décembre 1499. Reg. des ordon., cote I, fol. 110.
(8) Edit de la Bourdaisière. Neron, tom. 1, p. 383.
(9) Neron, t. 1.
(10) Edit de Chantelou, de mars 1545. Neron, t. 1, p. 265.
(11) Ordonnance d'Orléans, art. 34. Neron, t. 1, p. 383.
(12) Ordonnance de février 1566, art. 70. Neron, t. 1, p. 483.
(13) Edit de Blois, art. 97. Neron, t. 1, p. 56.
(14) Réglem. du 1er janvier 1585. Mss Dupuy, n. 218.
(15) Edit de janvier 1597, art. 12 et 15. Fontanon, tom. 1, p. 5.
(16) Lett. pat. du 17 janvier 1657. Reg. des ordon., cote OOO, fol. 15 et 17.

« sujet, de la part d'une compagnie qu'il a en une particu-
« lière considération, ne lui sont pas moins agréables que
« le zèle qu'elle a pour son service lui donne de satisfac-
« tion ». Tous nos rois, animés du même esprit, n'ont pas
crû affoiblir leur autorité (1) *en la compassant selon la loi,*
suivant les termes de M. Talon, *et la soumettant pour ainsi
dire à l'observation des anciennes ordonnances.* Ils ont
même redouté en eux *cette indulgence et cette bonté* (2)
*avec laquelle, sous prétexte de bien faire, et trompé par
une apparence d'équité, on se départ des règles ordinaires,
et qui,* disoit autrefois le président Guillart au roi François Ier, *devient la ruine de la justice et de l'ordre public,*
et la source du désordre et de la vexation des peuples.

De-là ces loix multipliées, par lesquelles tous nos souverains bornent l'usage des évocations aux seuls cas (3) *prévûs
par les ordonnances publiées et vérifiées par les parlemens,*
et dictées par des motifs d'une équité générale ; s'engagent à
n'en donner aucunes *de leur propre* (4) *mouvement,* déclarent NULLES (5) par avance les évocations arbitraires, CHAR-
GENT LA CONSCIENCE (6) des magistrats d'en prononcer LA
SUBREPTION (7) ET LA NULLITÉ, *à peine d'être* (8) *eux-
mêmes désobéissans au roi, et infracteurs des ordonnances,* leur prescrivent de *passer outre* (9) *à l'instruction et
jugement des procès* évoqués d'une manière irrégulière.

---

(1) Discours de M. Talon, le 6 août 1658. Reg. du Parl.
(2) Discours de M. Talon, du 1er février 1645. Reg. du Parl.
(3) Edit de janvier 1597. Fontanon.
(4) Ordonnance de Blois, art. 97.
(5) *Ibid.*
(6) Ordonnance du 15 août 1389.
(7) Ordonnance de décembre 1344, art. 10.
(8) Ordonnance du 22 décembre 1409.
(9) Ordonnance de Blois, art. 97.

Ces loix, Sire, confiées à la fidélité de votre parlement, ont seules conservé dans votre royaume l'intégrité de la justice. Les exemples multipliés dans nos registres d'évocations arrêtées et devenues sans effet par la vigilance des magistrats qui ne craignoient point d'offenser le prince en déclarant les évocations nulles, et passant outre au jugement des procès, prouvent également et le succès trop fréquent des importunités presque inévitables aux souverains, et l'utilité de cette forme ancienne du gouvernement qui les en garantit.

Cette forme, suivant les termes de l'ambassadeur envoyé vers le pape par Charles IX, en 1561, ne permet pas « qu'aucune volonté du prince (1) ait d'exécution publique, et « force de loi dans le royaume, qu'elle ne soit précédée « d'une délibération du parlement »; principe plus d'une fois réclamé au nom du roi lui-même, dans des occasions importantes (2).

Ce n'est, Sire, nous osons vous le dire, que par une altération des maximes de l'Etat, que la matière des évocations, plus importante qu'aucune autre à l'ordre public, et plus sujette à porter le caractère de la surprise faite au souverain, semble aujourd'hui exceptée de cette règle générale. Les ordonnances que nous vous avons rappellées établissent suffisamment que le parlement est juge nécessaire de la régularité des évocations: aussi ne s'en donnoit-il jamais autrefois

---

(1) Harangue du sieur du Ferrier au pape. Pr. des Lib., ch. 22, n. 35.

(2) Dans la conférence tenue à Surène entre les députés du duc de Mayenne et ceux de Henri IV, les premiers s'étant plaints d'un édit que le roi venoit de donner en faveur des protestans, M. de Chavigny, secrétaire d'Etat, l'interrompit pour lui dire que cet édit n'avoit pas été vérifié par la cour de parlement, combien qu'il eût été présenté. (*Discours et rapport véritable de la conférence tenue a Surène. etc.*, p. 114. *Edit de* 1593. *Chronol. novenaire*, t. 2, p. 163 et 164.

que par lettres patentes que la partie étoit obligée de présenter au parlement (1); et nos registres contiennent également la preuve et de l'exactitude avec laquelle le parlement remettoit aux parties les lettres d'évocation conformes
aux ordonnances, et de la fermeté avec laquelle il retenoit
au greffe, presque toujours sur les conclusions du ministère
public, celles qui n'étoient pas légitimes, et passoit outre
au jugement des procès. Nous ne vous en présenterons, Sire,
qu'un exemple frappant. En 1555 (2), cinq lettres patentes
d'évocation pour une même affaire furent successivement
présentées à votre parlement, et toujours retenues au greffe
sur les conclusions des gens du Roi.

Que d'efforts ne firent pas ceux à qui cette vigilance des
magistrats étoit à charge, pour éluder leur délibération,
sans oser cependant jusqu'au règne de Louis XIII soustraire
au parlement la connoissance des évocations.

Le premier moyen qu'ils pratiquèrent fut de conserver un
duplicata des lettres patentes, pour les mettre à exécution;
mais des décrets rigoureux (3), constamment prononcés
contre des huissiers coupables de ce délit, arrêtèrent le succès de cette première entreprise.

D'autres huissiers, porteurs de lettres patentes d'évoca-

---

(1) Arrêt du 17 novembre 1483, qui défend à tous avocats et procureurs,
sur peine de privation, de postuler, et d'amende arbitraire, de ne poursuivre aucune évocation, et à tous sergens de les exécuter, qu'ils ne les
montrent préalablement au procureur du Roi. (Reg. du Parl.)

Nombre d'arrêts postérieurs contiennent des décrets de différentes na-
tures, soit contre des huissiers, soit contre les parties, pour avoir voulu
exécuter des évocations sans délibération du parlement.

(2) 7 janvier 1555. Reg. du Parl.

(3) Dès 1746, le 7 mars, on trouve un décret de prise corps contre un
huissier, pour avoir exécuté une évocation sur un duplicata. Cet exemple
fut suivi toutes les fois qu'on voulut depuis exécuter de même des lettres
d'évocation.

tion, osèrent les signifier au parlement, et lui remettre seulement le double, en retenant l'original : ils ne purent échapper à la peine qu'ils méritoient (1), et que des règlemens précis rendirent générale. Votre parlement ne cessa point de juger de la validité des lettres, et de passer outre, lorsqu'elles ne se trouvèrent point conformes à l'ordonnance.

En vain les plus entreprenans essayèrent d'engager le prince à soustraire quelques évocations à la délibération du parlement, en les lui notifiant par de simples lettres missives : votre parlement ne craignit point de répondre, en 1539 (2), « que l'on a accoutumé faire une évocation par « lettres missives, ains sont lettres patentes nécessaires ». Les gens du roi, en 1561 et 1567, réclamoient également cette maxime, « qu'il n'étoit pas raisonnable (3) qu'un procès

---

(1) Le 22 mai 1574, les gens du Roi requièrent qu'il plaise à la cour admonester les conseillers d'icelle suivant, ce qui a été ordonné ci-devant, qu'ils envoyent prisonniers les huissiers qui présenteront des lettres d'évocation par duplicata. Arrêt qui ordonne l'exécution des précédens règlemeds sur le fait des présentations de lettres sous duplicata.

Le 6 juin 1591, décret de prise de corps contre un huissier, pour avoir signifié des lettres patentes d'évocation ; il est ensuite, le 12 juin, condamné à une amende envers les prisonniers de la Conciergerie, « avec dé- « fenses de plus faire telles significations, SUR PEINE DE PRIVATION DE SON « ÉTAT ET DE PUNITION CORPORELLE ».

Le 8 avril 1595, décret de prise de corps contre un huissier au grand-conseil pour une semblable signification ; et, le 11 avril, l'huissier est élargi, et défenses lui sont faites de présenter et signifier à l'avenir aucunes lettres d'évocation à ladite cour, à peine d'amende et punition corporelle, s'il y échet, sinon que lesdites lettres soient expédiées par commandement du Roi, et CONTRE-SIGNÉES SUIVANT L'ORDONNANCE.

Le 9 décembre 1595, décret de prise de corps contre un huissier au conseil pour une semblable signification, et l'arrêt porte que, « sans s'arrêter « aux arrêts du conseil et lettres de commission sur icelui non signées en « commandement, ni conformes à l'ordonnance sur le fait des évocations, « il sera passé outre au jugement du procès ».

(2) Mars 1539. Reg. du Parl.

(3) 22 août 1567. Reg. du Parl.

« fût évoqué par missives contre l'ordonnance, et qu'on ne
« devoit, au moyen desdites lettres (1), retarder ni différer
« de procéder à la décision des affaires évoquées, d'autant
« que l'ordonnance défend que l'on ait égard à lettres mis-
« sives pour le fait et expédition de justice »; et par une
suite de ce principe, sur les conclusions des gens du roi, le
parlement passoit outre, nonobstant semblables évocations.

L'incertitude est autant le caractère de ceux qui s'éloi-
gnent des lois que l'uniformité constante est celui des magistrats qui les défendent. Un arrêt du conseil fut, Sire, en
1626, la ressource de deux évêques poursuivis criminelle -
ment; mais le chancelier fut obligé de reconnoître l'irrégularité de l'évocation dans sa forme, et de promettre de la retirer, *n'y ayant,* dit-il lui-même (2), *à l'arrêt d'évocation,
que la signature d'un secrétaire d'État, et non le sceau.*

Qu'il nous soit permis, Sire, de le remarquer, quelle différence entre ces temps peu éloignés des nôtres et ceux où
nous vivons! Aujourd'hui qu'il importe plus que jamais de
maintenir l'autorité ordinaire et souveraine des cours de
parlement, des évocations sans porter aucuns des caractères
anciens et respectables de votre autorité, sans être revêtues
de votre sceau, ni délibérées dans votre parlement, dépositaire des ordonnances, des évocations obtenues par surprise
s'exécutent contre toute sorte de règle, et souvent les magistrats voient leur dignité blessée jusqu'à devenir, en quelque
sorte, de juges, parties (5), par des significations autrefois
regardées comme criminelles, et punie sous les yeux et avec
l'approbation du souverain.

Sur la sollicitation des ecclésiastiques, des ordres irrégu-

---

(1) 29 avril 1566. Reg. du Parl.
(2) 27 mars 1626. Reg. du Parl.
(3) Remontrances du parlement d'Aix en 1614. Pr. des Lib., ch. 7,
n. 65.

I.

liers sont adressés directement aux juges inférieurs, qui par
état et par serment ne reconnaissent que les lois, et ne les
reçoivent que par l'entremise de votre parlement. Des juges
auxquels l'édit du mois d'avril 1453, la déclaration du
22 décembre 1499, et beaucoup d'autres ordonnances, en-
joignent de ne pas déférer même à des lettres patentes de
surséance en matière criminelle, et de passer outre à l'instruction et jugement, trouvent des commandemens de surseoir et des interdictions dans de simples lettres missives,
ou dans des arrêts du conseil également étrangers à l'ordre
judiciaire.

Ces abus, Sire, qui naissent de l'altération des formes
essentielles, montrent combien elles intéressent les lois et
la constitution de l'Etat. Les ordonnances avaient prévu ces
maux; elles y ont remédié d'avance. « Mais ce n'est rien (1),
« Sire, si elles ne sont exécutées, n'y ayant différence entre
« les lois nulles et les incertaines. »

« Les rois très-chrétiens vos prédécesseurs (2), disait votre
« parlement en 1564, ont défendu par ordonnances aux
« juges n'avoir égard en fait de justice à leurs lettres mis-
« sives, et ne se trouvera ès registres de cettedite votre
« cour aucuns mandemens des rois enregistrés que par let-
« tres patentes, scellées de leur grand scel, ayant de ce faire
« expresse adresse, ledit ordre ancien et introduit à très-
« bonne fin ne doit par nous être tû à Votre Majesté. »
Telle est, en effet, la maxime généralement attestée par des
auteurs dont le témoignage (3) ne peut être suspect, maxime

---

(1) Plaid. de M. Servin, p. 398. 2 octobre 1614.
(2) 22 décembre 1564. Reg. du Parl.
(3) *Monarc. ad al. penul., C., de diversis descriptis.* — Denis Godefroy,
Annot. sur l'Hist. de Charles VI, imprimée au Louvre en 1653, p. 725.
— Traité de la Souveraineté du Roi, par M. le Bret, avocat-général, liv. 2,
chap. 9. — Mém. d'Omer Talon, t. 1, p. 23 et suiv., 334 et suiv.— *Ibid.*,

établie par l'ordonnance de 1316 (1), par celles des 14 août 1389, 27 juillet 1398, et par plusieurs autres; renouvelée par l'article 81 de l'ordonnance de Moulins, qui « défend, « selon les ordonnances, à tous les juges d'avoir aucun égard « aux lettres closes pour le fait de la justice »; rappelée par l'article 208 de l'ordonnance de Blois; confirmée enfin par la conduite de nos rois. Des lettres patentes d'évocation envoyées au parlement, en 1334, concluent ainsi (2) : « Donné « à la Neuville, le vingt-troisième jour de juillet 1334, sous « notre petit scel, en l'absence du grand. » Henri IV, le 2 octobre 1595, écrit et fait dire à son parlement (3) « de sup- « pléer au défaut d'une jussion du grand sceau, attendu « l'absence de M. le chancelier, et que la conséquence d'une « formalité omise se pourroit réparer », mais non la perte que causeroit au royaume, dans les circonstances, le retard de l'enregistrement.

Votre Majesté même a reconnu cette maxime, lorsqu'elle a dit, par sa déclaration du 10 mai 1716 : « Nous étions sur « le point de faire expédier des lettres patentes sur l'arrêt « donné en notre conseil, pour faire connoître nos inten- « tions à notre cour de parlement »; lorsqu'en la même année 1716, et depuis, en 1751, elle a retiré deux arrêts du conseils signifiés à son parlement; enfin, lorsqu'elle a envoyé des lettres patentes pour une évocation portée d'abord par un arrêt du conseil, *que (4) votre parlement n'a pas voulu recevoir.* Ne suffirait-il pas, Sire, de rappeler la clause importante qui de tout temps a terminé les édits, déclara-

---

t. 4, p. 42 et 384. — Du Tillet, Recueil des Rois de France, titre *du Grand-chambellan,* t. 1, p. 416.

(1) Ordonnance du mois de juin 1316, citée par du Tillet. (*Recueil des Rois de France ,* p. 416.)

(2) Reg. du Parl.

(3) Reg. du Parl.

(4) 21 juin 1718. Reg. du Parl.

I.

tions et lettres patentes : *En témoin de quoi, ou afin que ce soit chose ferme et stable à toujours, avons fait mettre notre scel à cesdites présentes.* Usage authentique et respecté depuis l'antiquité la plus reculée, qui constate la forme essentielle pour opérer ce caractère de stabilité dont la volonté du souverain doit toujours être accompagnée.

C'est pour votre intérêt, Sire, autant que pour le devoir de notre serment, que nous réclamons ces maximes. Votre auguste bisayeul reconnut (1) qu'une évocation portée par un arrêt de son conseil était une surprise, et ce fut son parlement qui le lui fit apercevoir. Rendez donc, Sire, aux magistrats, par le rétablissement des formes que des lois immuables ont consacrées, et la dignité, et la jurisdiction, qu'ils ne désirent que pour le bien de votre service et l'intérêt de la justice.

Nous sommes aujourd'hui dans la triste nécessité, Sire, de réclamer presque tous les principes de la constitution de l'État, preuve certaine de la grandeur de nos maux. L'atteinte portée aux droits respectifs des pairs et du parlement dont ils sont membres, par une évocation qui, dans une forme irrégulière, renverse l'établissement le plus solide et le plus ancien, achève de prouver l'ébranlement que le schisme est capable de causer dans tous les ordres de la monarchie.

Revêtus de l'état le plus éminent que le sang de nos rois ou leur grâce spéciale puissent donner, les pairs, attachés inséparablement par leur dignité à la personne sacrée de Votre Majesté, ne pouvaient manquer d'être, dès l'instant même de leur établissement, membres d'une cour souveraine, *première et capitale*, suivant les expressions de nos rois, *source et origine de la justice de tout le royaume* (2),

_____

(1) 18 juin 1671. Reg. du Parl.
(2) Ordonnances du 15 août 1389 et 15 novembre 1403. Joly, *Add.*, t. 1.

d'une cour où le roi seul préside, « où l'autorité royale ré-
« side habituellement (1), où la personne même du roi est
« immédiatement représentée (2), et dont la dignité, disoit
Louis XIV, par son édit du mois de juillet 1644 (3), « fait
« une des plus illustres portions de la nôtre ».

Aussi le nom de *cour des pairs* ne fut jamais attribué
qu'à votre parlement. Sans entrer dans le détail d'une multitude d'anciennes loix, qu'il nous suffise de justifier ce
titre par une déclaration du 19 mars 1551 (4), qui, l'attri-
buant à votre parlement exclusivement à un autre parlement, établit en conséquence le ressort immédiat du comté
d'Eu à votre parlement. Votre Majesté même l'a confirmé
par une loi récente (5).

Les pairs réciproquement ont toujours été regardés comme
membres nécessaires de cette cour : les lettres patentes du
13 octobre 1453 (6), l'ordonnance du mois d'avril 1485 (7),
sont des témoignages précis de cette maxime, constatée
d'ailleurs par une infinité de titres authentiques.

De cette relation essentielle entre le corps et les membres,
naît par une conséquence nécessaire un droit respectif et
inviolable, droit indivisible dans ce double rapport par lequel il autorise d'une part les princes et les pairs, ainsi que
tous les magistrats qui appartiennent à votre parlement, à
venir en toute occasion y prendre séance; et de l'autre, la

---

p. 142. 12 septembre 1483. Reg. des ordon., cote H, fol. 1. 28 décembre 1724.

(1) Ordonnance du 21 octobre 1467.

(2) Paroles de François Ier, séant en son lit de justice, le 30 juin 1523.
Ordonnance du même roi en octobre 1535.

(3) Edit de juillet 1644, registré le 19 août. Reg. des ordon., cote HHH,
fol. 269 v°.

(4) Le P. Anselme, t. 3, p. 334, et Reg. des ordon., cote Q, fol. 391

(5) Déclaration du 28 décembre 1724.

(6) Reg. des ordonnances, cote E, fol. 33.

(7) Avril 1485. Reg. des ordonn., cote H, fol. 70.

cour des pairs à réunir ses membres quand elle le juge à propos, en appellant à ses délibérations tous ceux qui, par leurs dignités, états et offices, ont l'honneur d'être de son corps. C'est à ce double titre que votre parlement, Sire, a conservé dans tous les tems des monumens suivis de sa dignité par des délibérations faites en présence et sur les avis des princes de votre sang et des pairs de votre royaume. C'est à ce double titre que les députés de votre parlement, chargés, le 20 décembre 1556, de faire des remontrances à Henri II, et reçus par le prince assisté de son conseil, où étoient le cardinal de Bourbon et le connétable, « appellè- « rent (1) lesdits cardinal et connétable comme pairs de « France, étant dudit parlement, pour être de leur côté, et « y vinrent, *ajoutent nos registres*, et publiquement pro- « testèrent, comme étant du corps de la cour, de la défendre « à jamais ». Exercice solemnel de ce droit réciproque de la cour des pairs, et de tous ceux qui y ont séance, autorisé par la présence même du souverain, et par la réponse favo- rable qu'il fit aux députés du parlement, en déclarant ex- pressément qu'il vouloit *que tous obéissent à sadite cour.*

Défendre donc au parlement de réunir les princes et les pairs dans le seul tribunal qui puisse les rassembler, dans « lequel ils ont toujours droit », disoit, en 1721 (2), le ministère public, « de venir prendre leur séance, et dans « lequel ils font serment solemnellement de remplir tous les « devoirs et toutes les fonctions importantes de la pairie », c'est attaquer directement ce droit respectif qui forme égal- ement l'essence de la cour des pairs, et celle de la pairie.

Mais quelle atteinte plus forte encore n'y porte pas l'é- vocation faite en faveur de l'archevêque de Paris, évocation,

---

(1) Reg. du Parl.

(2) 28 février 1721. Reg. du Parl.

Sire, sur laquelle les loix de l'État, des usages sacrés et inviolables, les droits des princes de votre sang et des pairs
du royaume, ceux de votre parlement même, ne lui permettent pas de garder le silence.

Le parlement fut toujours *le vrai juge des pairs* (1), le
tribunal où les causes des pairs doivent, *de leur nature et
droit, être introduites et traités* (2). Le plus précieux de
leurs priviléges fut de tout tems, portent les lettres patentes
du 13 octobre 1463, que « eux ne leurs terres et seigneuries
« n'étoient et ne devoient être tenus de répondre, plaider
« ne ressortir ailleurs ne entre cour ou auditoire, fors seu-
« lement en notre cour de parlement à Paris ». Des lettres
patentes du 12 septembre 1483 (3), et une déclaration du
19 mars 1551, contiennent presque les mêmes termes. Des
lettres patentes du 10 juin 1656 (4), registrées le 13 juillet,
ajoutent d'autant plus de force à ces monumens, qu'elles
ont été données pour retirer, sur les remontrances du parlement, une évocation du procès criminel d'un de ses membres, et contiennent la confirmation la plus authentique *des
priviléges, franchises et libertés,* réclamés par le parlement, qui avait exposé au roi « qu'aucun des pairs, chan-
« celiers, présidens, maîtres des requêtes, conseillers et
« autres du corps de la cour, ne peut être distrait pour être
« jugé et convenu ailleurs, ne par-devant autres juges et
« commissaires, au cas qu'il s'agit de son honneur, de sa
« personne et de son état ».

Tout occupés, Sire, de l'honneur des pairs et des princes
de votre sang, nous ne croyons pas nécessaire d'ajouter à

---

(1) **Art.** 7 de l'édit du mois de septembre 1610, registré le 30 mai 1611.
(*Neron.*)

(2) Ordonnances de décembre 1363, 1366. Avril 1453, art. 6.

(3) 12 septembre 1483. Reg. des ordonnances, cote **H**, fol. 1.

(4) 30 juin 1556. Reg. des ordon., cote T, fol. 294.

des titres si suivis et si authentiques les exemples toujours
affligeans de procès criminels instruits en votre parlement
contre plusieurs princes ou pairs, tant ecclésiastiques que
laïcs. Nous osons vous dire que, comme il n'est point de
droit plus authentiquement établi, il n'en est point dont la
possession ait été plus suivie; et s'il se trouve quelques
exemples fugitifs de l'infraction de cette règle, les circonstances qui les ont accompagnés, le caractère même des commissions extraordinaires, les protestations de votre parlement, celles des accusés, le prompt retour à l'ordre naturel, tout réclame en faveur de droits trop solidement établis pour avoir pu jamais être ébranlés.

Ce sont ces droits, Sire, qu'attaque essentiellement l'é-
vocation de la cause d'un pair, quel qu'en puisse être le
motif.

Nous nous croirions coupables de penser que l'entière
cessation de poursuites qui intéressent l'ordre public pût
jamais être l'objet des ordres émanés d'un prince équitable.
Mais, quel qu'en puisse être l'événement, l'évocation, toujours
également préjudiciable aux droits de la pairie, y porte
dans l'origine des atteintes qui ne se peuvent plus réparer.
Que le jugement soit prononcé en votre conseil, ou qu'il
soit suspendu, des juges incompétens n'en sont pas moins
saisis, la seule *cour et les vrais juges des pairs* sont dé-
pouillés.

L'honneur du pair lui-même et de toute la pairie réclame également sur cette alternative d'une entière cessation de poursuites ou d'un jugement définitif en votre
conseil. Aux yeux d'une nation entière, que l'éminente dignité d'un pair rend attentive à sa conduite, l'abandonner
sans ressource aux soupçons dont il est chargé, ajouter à
ces soupçons l'impression désavantageuse que produit la
fuite affectée des regards de la justice, qui n'effrayent que
les coupables, quelle tache ineffaçable sur sa personne,

quelle flétrissure pour un corps entier, qui est trop sensible à l'honneur dont il fait profession pour faire sans regret le sacrifice public de la réputation de ses membres. Vainement la ressource d'un pair accusé seroit-elle d'attendre sa justification du jugement de votre conseil. Votre Majesté, seule arbitre absolue des décisions qui s'y prononcent, pourroit-elle faire perdre de vue à ses peuples ce caractère de bonté par lequel ils vous connoissent, et qui leur feroit trouver un acte de clémence même dans un acte de justice. Daignez, Sire, écouter ce qu'ont dit les princes de votre sang sur les droits et les intérêts de leur honneur soupçonné, et sur la nature de la justification qu'ils croyent seule capable de le rétablir.

Le prince de Condé, condamné par des commissaires qui peu après déclarent eux-mêmes *qu'ils n'ont vu ni entendu aucune charge contre lui*, est déchargé de l'accusation par un acte émané de votre conseil (1), qui porte que sa justification sera registrée au parlement, et envoyée à tous les princes de la chrétienté. Quelle est sa conduite après une déclaration si éclatante? Il vient, Sire, au parlement avec le cardinal de Bourbon son frère; il y représente lui-même « qu'il avoit toujours désiré que sa cause fût connue et « jugée par cette cour, qui étoit, dit-il, le vrai temple de « la justice françoise, et du corps de laquelle il étoit comme « prince du sang; il ajoute qu'il penseroit se faire grand « tort s'il n'y représentoit le droit et l'équité de sa cause, « contre la calomnie de ses ennemis, afin que le tout y fût « jugé et décidé par un honorable et mémorable arrêt, digne « de l'acoutumée gravité et sainteté de la cour, suppliant

---

(1) 8 mars 1560. Reg. du Parl. et Commentaires imprimés, en 1566, de l'état de la religion et république sous les rois Henri, François II et Charles IX, par Pierre de la Place, président de la cour des monnoyes à Paris, auteur contemporain, p. 574 et suiv. Mém. de Condé.

« de lui garder son honneur, qu'il avoit toujours estimé
« plus cher que sa propre vie. Son défenseur ajoute que, si
« le prince n'avoit pas voulu répondre aux commissaires, ce
« n'avoit été pour se ressentir d'offenser quelconque en sa
« conscience; encore moins avoit-il entendu désobéir à la
« majesté du Roi, mais bien auroit-il refusé répondre de-
« vant tels commissaires, pour ne faire tort aux princes du
« sang de France, qui de long-tems ont ce droit acquis de
« ne pouvoir être jugés, en ce qui touche leur honneur,
« ailleurs que par le Roi leur souverain et chef de leur
« maison, en ladite cour de parlement, en laquelle seule est
« le siége du Roi et de ses pairs ». Il conclud « à ce que les in-
« formations fussent apportées, et que, si la cour y trouvait
« quelque charge, il lui plût, avant d'y ajouter foi, ordon-
« ner que les témoins seroient répétés par son autorité, sans
« laquelle toutes ces procédures devoient demeurer nulles,
« comme faites par juges incompétens, et n'ayant, dit-il,
« pouvoir de ce faire, d'autant qu'à la seule dite cour, qui
« est le siége de rois et la cour des pairs, appartient d'in-
« struire et juger les procès criminels des princes du sang,
« lorsque leur honneur est révoqué en doute ».

Le parlement en conséquence ordonna l'instruction la
plus exacte; elle dura plusieurs mois, et le prince de Condé
fut déclaré *pur et innocent* par un arrêt qui fut solemnellement prononcé, toutes les chambres assemblées (1), en présence des princes et des pairs, et registré dans toutes les
cours souveraines du royaume.

Telle est, Sire, la seule justification digne d'un pair et
d'un prince du sang. L'évocation la lui enlève, et ce fut, en
1721, le motif de la réclamation des pairs sur une semblable évocation, motif autorisé par Votre Majesté même,

_____

(1) 15 juin 1561.

qui ordonna que le procès seroit continué en votre parlement; motif consacré à jamais par l'enregistrement de la déclaration du 9 mars 1721, fait en votre parlement, les princes et pair y séans, qui assure (1) « le droit des princes, « et des pairs et autres ayant séance en la cour, de n'être « jugés qu'en icelle en la manière accoutumée ».

Les maux éclatans dont nous avons parlé jusqu'à présent, Sire, ne sont qu'une portion des abus que plusieurs ecclésiastiques font de votre autorité. Ils n'ont pas respecté les loix de l'Etat : est-il étonnant qu'il ayent donné atteinte à la liberté légitime de vos sujets ? Les ordres particuliers sont depuis long-tems, pour les ecclésiastiques qui les surprennent à votre religion, un moyen de répandre et de consommer le schisme, de devenir indépendans de l'autorité des loix, d'assurer à chacun d'eux une domination arbitraire sur tous vos sujets, afin d'ériger chaque évêque en souverain dans son diocèse.

Tels ont été, Sire, les motifs d'un article des représentations que votre parlement a été obligé de faire à Votre Majesté le 3 janvier dernier. Touché du refus injuste des sacremens qu'éprouvoit, de la part des ecclésiastiques, une fille dont l'âge et la maladie évidemment dangereuse et constatée exigeoient les plus prompts secours, votre parlement, toujours attentif à ce qui intéresse l'ordre public, avoit jugé nécessaire de prendre connoissance de ce fait, quoique la malade n'eût laissé échapper aucune plainte, Il avoit agi contre les ministres inférieurs coupables de ce refus. C'est à ce moment, Sire, que cette fille est enlevée tout-à-coup pendant la nuit par un ordre sévère, sans égard pour son âge et ses infirmités, et la dispersion subite de toutes ses compagnes est un nouveau trait de la vexation

_____

(1) Enregistrée le 10 mars 1721.

des ecclésiastiques de nos jours. Toutes les fois que la présence de vos sujets est nécessaire pour l'instruction d'un procès criminel, et que son absence enlèveroit à la justice ou le corps du délit, ou les preuves qui doivent résulter du recollement et de la confrontation, Votre Majesté, Sire, a toujours eu l'attention de ne point faire servir son pouvoir souverain à la soustraction des témoignages acquis à la justice : sans cela, Sire, il n'est point de crime dont les preuves ne puissent s'évanouir. Votre Majesté, convaincue de ce principe, a révoqué, l'année dernière, en pareille occasion, des ordres qui lui avoient été surpris.

Qui l'auroit pu penser, Sire, que ce fût au moment où votre parlement vous donnoit une preuve signalée de son zèle et de sa fidélité, qu'il eût dû avoir la douleur de recevoir un reproche de la bouche de Votre Majesté même, dans celui qu'elle a fait au premier président de son parlement.

Nous ferions tort, Sire, aux sentimens de ce magistrat, sentimens connus de Votre Majesté, si nous entreprenions de le justifier. Quel sujet porta jamais plus loin le respect, l'amour et la fidélité pour son souverain! Organe, nécessaire en cette occasion, de la compagnie à la tête de laquelle il vous a plu de le placer, il lui étoit comptable de la loi qu'elle lui avoit imposée; il se seroit rendu coupable envers Votre Majesté s'il vous eût dissimulé ce qu'il étoit de votre intérêt de connoître, et du devoir de votre parlement de vous exposer.

« S'il arrive qu'étant homme comme les autres », disoit un de vos augustes prédécesseurs aux magistrats de son siècle (1), « on nous engage par surprise à quelque chose

_____

(1) *Capitular. Carol. Calvi*, cap. 3, 4 et 5. Edit. de Baluze, tom. 2, tit. 1, p. 5 et 6.

« d'injuste, le zèle que vous avez pour notre service, et la
« fidélité que vous nous devez, vous obligent de nous en
« avertir, afin que nous le réparions selon qu'il est con-
« venable à la majesté royale et qu'il sera avantageux pour
« le bien de nos sujets ».

A la vue de lois si précises, quels peuvent être, Sire, les
sentimens des magistrats? Quel combat intérieur entre le
respect, l'obéissance et le courage, quand notre devoir nous
oblige à instruire le souverain des surprises auxquelles il est
exposé, et à prévenir les funestes effets de l'abus de son autorité! Votre intérêt capital peut seul effacer dans les magistrats toute autre impression ; leur zèle inviolable pour
votre service est la source de la confiance qui les amène aux
pieds de votre thrône, pour y porter les allarmes qu'inspirent à vos sujets ces coups sévères et rigoureux d'un pouvoir
suprême, ces ordres particuliers multipliés et étendus à
toutes sortes d'objets. Daignez, Sire, rendre justice à nos
cœurs; daignez nous en permettre l'effusion tendre et res-
pectueuse; daignez enfin ne voir que cette effusion dans les
représentations qu'exige notre fidélité.

Pénétré de l'amour le plus vif pour votre personne sacrée, jaloux d'augmenter, s'il étoit possible, dans tous vos
sujets les sentimens qui vous les attachent, votre parlement
ne peut voir sans effroi tout ce qui peut tendre à les partager. Il respectera toujours dans la main d'un prince aussi
juste l'usage de son pouvoir suprême; mais, qu'il lui soit
permis de vous le représenter, ces disgrâces subites et frappantes, ces éclats d'un courroux redoutable qui partent de
la sévérité seule, et n'annoncent que la rigueur, ne sont capables que de répandre la terreur; et des François, en qui
l'amour est le principe et le gage de la fidélité, s'allarment
et se troublent dès qu'ils ont à craindre leur souverain. Il
est doux à vos peuples, il leur est plus naturel encore, de

sentir et de publier sans cesse *que la justice* (1) *et la bonté gardent le Roi, que son trône est affermi par la clémence.* Quelle est donc, Sire, leur consternation, lorsqu'ils se voyent abandonnés à des ecclésiastiques, exposés à l'application arbitraire d'un pouvoir déplacé dans leurs mains et qui n'aura bientôt d'autres bornes que celles de leurs entreprises, subjugués par une domination élevée sur la ruine de leur liberté et capable d'employer leur asservissement à tout ce que ces ecclésiastiques voudroient entreprendre; lorsque vos sujets se voyent ainsi transportés, pour ainsi dire, sous un empire si différent du vôtre, et qui n'offre à leurs yeux que périls et incertitudes; sous un empire qui ne leur présente qu'un spectacle effrayant de citoyens déjà privés de leur liberté légitime, de maisons désolées par la perte des personnes les plus chères, de magistrats enlevés aux fonctions de leurs charges, de familles entières obligées de se procurer dans d'autres climats un azyle nécessaire pour éviter la captivité, ou gémissantes dans des disgrâces qui ne portent que trop souvent l'empreinte du ressentiment et de la vengeance de leurs adversaires.

Et quel est, Sire, l'objet où se rapportent dans la main de ces ecclésiastiques des voies d'autorité si contraires à l'esprit de la religion? Jamais elles n'ont été plus multipliées que pour soumettre tout à la bulle *Unigenitus.* C'est (2) en *enseignant, plutôt qu'en exigeant,* dit un père de l'Eglise que la France compte parmi ses évêques, que Dieu a amené les hommes à le connoître, et c'est par la violence que l'on soumet les fidèles à la bulle *Unigenitus;* c'est en leur refusant toute instruction, et sur le sens des propositions condamnées, et sur la qualité de la condamnation, et sur les

---

(1) Prov., chap. 20, v. 28.
(2) S. Hilarius, lib. 1, *ad Constant.* Aug., p. 1220.

dogmes ou les erreurs qui en sont l'objet, et sur la nature et les conditions de l'acceptation de ce décret.

Quelle indétermination! Peut-elle se concilier jamais avec l'idée d'un jugement dogmatique, d'un jugement irréformable de l'Eglise universelle! L'Eglise peut-elle parler sans instruire et éclairer ses enfans; faire une épreuve arbitraire de leur obéissance sans objet et sans décision; prononcer un jugement, et laisser dans une incertitude inexplicable tout ce qu'elle a jugé; exiger la foi des fidèles, et n'en point déterminer l'objet; user du privilége de l'infaillibilité, qui ne lui est accordé que pour conserver le dépôt de la foi, et cependant ne présenter ni vérités à croire, ni erreurs à rejeter.

Quelle nouvelle indétermination dans l'acceptation dont on s'efforce d'appuyer ce décret! *A l'instant* (1) *qu'il paroît en France, quel soulèvement n'avons-nous pas vu!* disoit l'évêque de Fréjus, depuis Cardinal de Fleuri. *Il s'éleva d'abord cent mille voix de toutes parts.* La seule force persuasive a-t-elle été employée pour faire cesser ce cri général? Un petit nombre d'évêques assemblés extraordinairement pour accepter ce décret, suivant les ordres du souverain, sont à l'instant divisés par son indétermination; aux uns l'interprétation du pape lui-même, aux autres des explications qu'ils se proposent de dresser, paroissent indispensables. Trois mois sont employés à rédiger ces explications, dont les auteurs eux-même reconnoissent qu'ils ne peuvent obliger les autres évêques d'y accéder: il paroît en effet bientôt d'autres explications de la bulle, sous l'autorité de quelques évêques. Un ordre surpris au souverain enjoint aux autres prélats du royaume la publication de ce décret si peu autorisé. S'il en est qui veulent suspendre cette pu-

_____

(1) Mandement du 6 mai 1714.

blication pour examiner ce qu'ils doivent juger avec leur chef, ils reçoivent des ordres de se retirer dans leurs diocèses, d'en sortir. La bulle est enfin adressée à votre parlement : il ne croit la pouvoir soumettre à l'examen des évêques qu'avec des modifications, dont l'étendue, renfermée sous des termes généraux (1), détruit dans le principe tout usage et toute application de la bulle sur les objets susceptibles de modifications, et ces précautions ont été solennellement approuvées par Votre Majesté même dans la déclaration de 1720. Mais bientôt une éclatante réclamation, formée sur les exemples et sur les maximes les plus inébranlables, part de l'ordre épiscopal, de ceux mêmes qui avoient signé les explications de 1714, et pénètre en un instant toutes les parties de la France. Un nombre infini de prêtres et de docteurs distingués par leur science et piété s'unit avec plusieurs évêques. Le tribunal du concile universel est saisi par une voie juridique que les parlemens ne peuvent s'empêcher de reconnoître, et dont M. de Lamoignon, aujourd'hui chancelier de France, établissoit la légitimité, lorsqu'il disoit, en 1718 (2), « que l'appel au futur concile « universel était un des principaux points de nos libertés, « et l'un des moyens les plus sûrs pour prévenir les entre-« prises qui pourroient y donner atteinte. »

On a recours à des voies de rigueur ; dans tous les corps ecclésiastiques, séculiers ou réguliers, l'exclusion des oppo-

---

(1) Comme, malgré le retranchement de quelques clauses insolites, on pourroit encore abuser soit de la qualité de ce jugement, soit de quelques expressions générales qui y sont répandues, nous ne pouvons nous dispenser de vous proposer d'employer dans l'enregistrement des lettres patentes la réserve générale et ordinaire des droits de la couronne, des libertés de l'Eglise gallicane, du pouvoir et de la juridiction des évêques. (Réquisitoire des gens du roi, du 15 février 1714.) L'arrêt du parlement contient ces mêmes modifications générales, outre celles qui ont un rapport particulier à la matière des excommunications.

(2) 28 mars 1718.

sans à la bulle est l'objet d'ordre multipliés; la soumission des autres en est l'effet et la conséquence; enfin les menaces ou les exils sont employés pour étouffer au moins sous un calme apparent le soulèvement le plus constant et le plus général.

« Au milieu des autres affaires de l'empire », disoit saint Hilaire au sujet de troubles excités dans l'Eglise, que nous ne comparons point aux disputes qui nous agitent, mais dont les ressorts extérieurs étoient absolument semblables à ceux que nous voyons employer aujourd'hui (1), « la tran-« quillité publique est altérée, le prince en est importuné, « la fermentation est dans le palais, les évêques courent de « toutes parts, les ministres d'Etat sont en mouvement, cha-« cun s'empresse de contribuer à inquiéter des hommes apos-« toliques, on agit partout, on sollicite avec instance, on « s'allarme enfin, et on se tourmente de telle sorte, que les « soins et les peines que l'on se donne pour obtenir des suf-« frages trahissent », ajoutoit le saint docteur, « l'iniquité « de ce que l'on prétend établir. Il se répand que quelques « uns des prêtres de Dieu sont exilés, parce qu'ils refusent « de condamner un homme persécuté, et presque tous les « esprits se sont laissé séduire par cette erreur, que cette « cause ne vaut pas la peine de se faire exiler. »

Après les explications qu'avoient voulu donner dans votre royaume quarante évêques seulement, explications méconnues ou ignorées par tous les autres évêques répandus dans le monde chrétien, Votre Majesté, Sire, disoit encore en 1717 (2) à son parlement « que les évêques avoient pris « des routes différentes dans cette grande affaire; que chaque « particulier avoit cru pouvoir suivre celle qui convenoit « à ses sentimens, jusqu'à ce qu'une autorité supérieure eût

---

(1) Sanct. Hilar., *Frag.* 1, n. 4, p. 1282.
(2) Déclar. du 7 octobre 1717.

1.

« réuni les esprits dans une matière qui intéresse toute
« l'Eglise ». Votre Majesté, en conséquence, imposa un silence
provisionnel, dans l'espérance que « les évêques trouveroient
« bientôt le moyen de se concilier, en attendant que le pape
« eût trouvé celui de rétablir une paix solide, et pendant le
« cours des instances », ajoutoit enfin Votre Majesté, « qui
« lui seront faites de notre part pour l'obtenir ».

Ces instances, Sire, restèrent sans succès, et l'acceptation
de la bulle demeura indéterminée dans toute l'Eglise. Ce n'est
que dans votre royaume, et sans le concours des autres Eglises catholiques, que des explications nouvelles succèdent
en 1720 à celles de 1714, et à celles que différens évêques
avoient déjà données, toutes reconnues insuffisantes.

*En corrigeant ainsi une de ses confessions de foi par
une autre*, disoit (1) encore saint Hilaire, sur des explications aussi multipliées et aussi dissemblables, *ils montrent
qu'ils ont tort ou dans ce qu'ils ont fait ou dans ce qu'ils
font.*

Sur ces nouvelles explications, un accommodement se conclut entre une partie des évêques, sans la participation des
autres. Le désir d'accélérer la paix engage Votre Majesté à le
confirmer de son autorité ; ce même désir engage votre parlement à enregistrer la déclaration avec de nouvelles modifications plus étendues que celles de 1714.

Mais quel est le fruit de ces espérances ? Des évêques refusent d'accepter l'accommodement ; d'autres rétractent leurs
signatures ; les Eglises étrangères n'y accèdent point ; le pape
le condamne (2) ; l'accommodement, base et condition essentielle de l'acceptation de 1720, tombe dans l'oubli. Ainsi se
combattent réciproquement et s'entre-détruisent et les deux

_____

(1) S. Hilar., *Lib. contra Constant.* Aug., p. 1255.
(2) Cet extrait d'un bref du pape se trouve dans un mandement de l'ar
chevêque d'Arles, du 12 octobre 1720.

projets successifs d'explications, qui sembleroient également aux théologiens en demander d'autres, et les deux systêmes d'acceptation de la bulle, l'une relative à des explications jugées nécessaires pendant long-tems, l'autre pure et simple exigée de nos jours, et combattue autant par le jugement des évêques en 1714 et 1720 que par les modifications des parlemens.

Qui pourroit sérieusement, à la vue d'une confusion si choquante, reconnoître « ce grand corps de lumière (1) qui », suivant les termes de M. Daguesseau, « naît des rayons par-« ticuliers émanés de chaque siége épiscopal, et qui, jusqu'à « la consommation des siècles, fera toujours trembler l'er-« reur et triompher la vérité. »

Pleins de respect et de soumission, Sire, pour les droits, le caractère et l'autorité de ceux que le Saint-Esprit a établis pour régir l'Eglise de Dieu, « pour être assis après leur chef, « mais avec lui (2), comme juges de notre foi, pour exercer « ensemble le pouvoir que Jésus-Christ leur a donné d'in-« struire les nations, et d'être dans tous les tems et tous les « lieux les docteurs de la foi et la lumière du monde », nous n'entrons point dans l'examen de la doctrine : c'est à l'Eglise qu'il appartient de discuter quant au fond, ce qui résulte et des explications diverses de 1714 et de 1720, et des autres explications, et du sens de la bulle en elle-même.

Juges des faits extérieurs, pouvons-nous ne pas reconnoître que ces explications successives ont fait place de nouveau à l'ancienne obscurité et aux premières allarmes ? pouvons-nous refuser de croire sur l'indétermination de la bulle et de son acceptation un de ses défenseurs, qui, lorsqu'il est obli-gé de caractériser la nature et l'objet de la soumission qui lui

_____

(1) Discours de M. Daguesseau, avocat-général, et depuis chancelier de France, le 14 août 1699. Reg. du Parl.

(2) *Ibid.*

I.

21.

est dûe, est réduit (1) à exiger *une foi implicite* pour des vérités *indéterminées?* pouvons-nous ignorer que les évêques sont divisés entre eux sur la nature et le caractère de ce décret, sur la doctrine qui en résulte, sur l'objet de la censure et sur les effets qu'elle doit produire? pouvons-nous enfin nous dissimuler que, si ce décret a paru jusqu'ici aux yeux de votre parlement avoir un objet fixe et évident, ce n'est qu'en ce qu'il contient des dispositions contraires aux libertés de l'Eglise gallicane, et présente dans la condamnation de la proposition 91 le principe le plus opposé à la fidélité que doivent vos sujets à votre souveraineté et à l'indépendance de votre couronne?

Quelles sont donc les voyes uniques employées depuis long-tems contre ceux qui sont effrayés et des conséquences de ce décret, et de l'irrégularité de son acceptation? Au lieu des formes canoniques, ce sont, Sire, des ordres absolus plus multipliés que Votre Majesté ne le pourra croire, étendus à des objets auxquels elle ne pensera jamais qu'ils eussent pu être appliqués.

S'il est, Sire, des occasions rares et extraordinaires où l'intérêt politique peut demander une exécution prompte et abrégée des volontés du souverain, qu'il nous soit permis de représenter à Votre Majesté qu'en matière de religion, l'instruction est la véritable voye qui doit être employée pour ramener les esprits, et que les coups d'autorité ne peuvent jamais produire les heureux effets de cette persuasion intime, le seul fondement solide de la véritable religion. Cependant, Sire, l'abus du nom respectable de Votre Majesté est le moyen que quelques évêques de votre royaume ont préféré à tout autre, pour dominer sur les consciences, au mépris

---

(1) Instruction pastorale de M. de Tencin, archevêque d'Embrun, depuis cardinal, archevêque de Lyon, sur les jugemens de l'Eglise, p. 26 et 27

des peines prononcées par les canons (1) contre les ministres de l'Eglise qui surprennent la religion du prince, pour opprimer les innocens. Étrange effet de la contradiction que l'intérêt personnel et la passion font régner dans la conduite des hommes! ces mêmes ecclésiastiques qui méconnoissent les droits de votre autorité souveraine, qui veulent y soustraire leur conduite et même leurs personnes, ne cessent de solliciter l'usage de cette même autorité, pour contraindre impérieusement vos sujets sur des matières qu'ils prétendent être dans l'ordre de la foi.

Permettez, Sire, que nous vous exposions un foible tableau des vexations exercées dans votre royaume. Des ecclésiastiques sans nombre ont été enlevés à leurs bénéfices et à leurs familles, dispersés dans les extrémités du royaume, bannis de l'étendue de votre domination; d'autres conduits dans des prisons qui les retiennent encore, ou dans lesquelles ils ont langui, jusqu'à ce que les malheurs et les infirmités ayent terminé leurs jours, ou que l'ennui de la captivité les ait forcés à des consentemens dont on sçait quel est le mérite en pareil cas.

Un évêque de votre royaume vous représentoit, Sire, en 1724, que dans son diocèse, sous le nom de Votre Majesté, on avoit interdit à des prêtres, sous peine d'exil, d'administrer l'extrême-onction et le saint-viatique; enjoint à d'autres, sous la même peine, de se démettre des pouvoirs de prêcher et de confesser; à quelques-uns, de renoncer au sacré ministère. Il vous disoit, Sire, qu'il avoit reçu personnellement des ordres revêtus de votre auguste nom, qui lui prescrivoient d'interdire des prêtres, d'ôter les pouvoirs d'administrer les sacremens à des ecclésiastiques qu'il en

(1) *Can. infames*, 17, caus. 6, quest. 1.

jugeoit dignes, de révoquer un vicaire général à qui il avoit donné sa confiance.

Dans combien d'autres diocèses, Sire, des évêques plus zélés pour leur domination que pour votre autorité n'ont-ils pas abusé de votre confiance pour mettre le trouble dans leurs églises, et pour faire subir des loix rigoureuses à leurs inférieurs, dans les fonctions du saint ministère; défenses ont été faites de votre part à des archidiacres de faire leurs visites, à des théologaux de prêcher, à des pénitenciers de confesser, à un grand nombre de dignitaires et de chanoines de s'approcher de la sainte table, lorsque l'évêque donneroit la communion, même de se présenter au chœur lorsqu'il y assisteroit. Les sacremens de l'Église sont-ils donc autres dans la main d'un évêque que dans celle d'un simple prêtre? Un ecclésiastique digne de célébrer les saints mystères est-il indigne de paroître à la face des autels en présence de son évêque.

Combien de curés fidèles à leurs devoirs ont été enlevés à leurs paroisses par des ordres que le faux zèle de quelques évêques est parvenu à surprendre à Votre Majesté, et souvent remplacés par des ministres que votre parlement est obligé de poursuivre comme prévaricateurs, et perturbateurs du repos public. Une paroisse de votre capitale a vû avec douleur éloigner un pasteur qui lui étoit cher, dans le moment même où il venoit de se refuser au schisme. Un curé d'un autre diocèse, irréprochable dans ses mœurs et dans sa conduite, gémit dans la captivité depuis plus de quinze années.

Quel spectacle affligeant pour la religion, touchant pour l'humanité, digne d'attendrir le cœur de Votre Majesté, Sire, que la dispersion d'une multitude infinie de religieuses arrachées à ces asyles sacrés, dont elles avoient fait à Dieu le vœu de ne jamais sortir; conduites avec scandale de ville en ville, de province en province, jusqu'aux extrémités du royaume; gémissantes, dans la captivité la plus dure, de la privation de ces biens précieux pour lesquels elles avoient renoncé à tous les autres; réduites, en mourant, à se voir refuser, malgré leur entière soumission à l'Église, et l'innocence de leurs mœurs, tous les secours spirituels, ceux même qu'on ne refuse pas aux criminels avant leurs supplice; privées ignominieusement après la mort de la sépulture ecclésiastique, des suffrages et des prières de l'Église.

Le faux zèle qui a surpris ces ordres à votre religion n'a pas respecté la personne des évêques mêmes. Plusieurs ont été exclus des assemblées du clergé, sous le nom de Votre Majesté, pour avoir suivi les mouvemens de leur conscience; d'autres privés de la séance aux états, auxquels leur siège leur donnoit droit de présider ou d'assister; quelques-uns outragés, même dans leur ville épiscopale, sans pouvoir obtenir de réparation, par les défenses faites aux juges des lieux de la leur procurer; l'un d'eux enfin traité comme criminel, avant que son procès fût instruit: votre parlement ne vous parlera point du jugement prononcé contre lui, parce que l'appel comme d'abus que cet évêque en a interjetté est actuellement pendant devant lui.

Combien de congrégations, de communautés séculières et régulières, sont privées d'un nombre considérable de leurs membres. Leurs supérieurs légitimes sont enlevés par des voyes d'autorité surprises à Votre Majesté, et des ordres multipliés empêchent de mettre en place ceux qui eussent réuni les suffrages. L'exclusion arbitraire d'une partie de ceux qui ont droit d'assister aux assemblées ôte la liberté aux délibérations, la canonicité aux élections, la régularité aux chapitres; et les chefs respectables exclus ne sont que trop souvent remplacés par des sujets auxquels les statuts, les règles, les usages, le bien de ces corps et celui du public, n'auroient pas permis de penser.

Les congrégations sçavantes se ressentent de cette secousse universelle. Tout l'orde de Saint-Benoît, en peu de temps, a changé de face. Plus de cinq cents religieux de la congrégation de Saint-Maur sont exclus de toutes charges, de tous emplois, et de tous droits de conventualité. Ces sçavans, utiles à l'Eglise et à l'État par leurs lumières et par leurs ouvrages, sont éloignés pour jamais. Ils n'ont plus de demeures fixes; l'incertitude de leur sort les empêche de se livrer à l'étude. Votre royaume sera donc privé pour toujours du fruit de leurs travaux.

Quelle perte enfin pour l'État entier que la destruction de tant d'écoles où régnoient la piété et l'instruction la plus solide, l'affoiblissement de ces universités, autrefois sçavantes et distinguées. Pour étendre la soumission à la bulle *Unigenitus*, les sujets les plus instruits des saintes maximes de la religion, de la morale, et de nos précieuses libertés, plus fermes dans leurs résistances, ont été éloignés. En un seul jour, cent docteurs de la faculté de Paris, respectables par leurs lumières et par leurs vertus, ont été privés de toute voix délibérative et de toute assistance aux assemblées; et combien d'autres avoient déjà été enlevés à cette faculté, par des ordres particuliers! L'université de Paris a éprouvé un retranchement pareil, et ce vuide affreux a presque tari la source la plus pure de l'instruction, a laissé ces corps respectables asservis aux délateurs, et les a privés du secours de ceux qui étoient le plus capables de former des ministres éclairés pour l'Église, et pour l'État des citoyens fidèles.

De-là le découragement dans les écoles, l'affoiblissement des études, l'ignorance devenue presque universelle dans votre royaume; fléau public, qui énerve les esprits, altère les sentimens, fait oublier l'intérêt public et le bien de l'État.

De-là tant de thèses remplies de maximes ultramontaines soutenues dans les écoles, et qui feroient oublier en peu de temps les principes de nos libertés, si votre parlement n'avoit prévenu avec soin en toute occasion l'altération de ce dépôt, et enjoint au syndic de la faculté de théologie d'y veiller exactement.

De-là enfin cet événement affligeant pour la faculté de théologie de Paris, qui a vu au milieu d'elle l'impiété même oser se produire, et qui a été forcée de condamner ensuite un système d'irréligion soutenu d'abord publiquement et sans réclamation, dans cette école autrefois si célèbre, consultée par nos rois, respectée par les papes, regardée comme le rempart de la religion, et comme *une espèce de concile* (1) *perpétuellement assemblée dans la nation.*

Les récompenses dans une main, et le pouvoir absolu dans l'autre, voilà, Sire, avec quelles armes on attaque la liberté et la conscience de vos sujets, pour les soumettre à la bulle *Unigenitus.*

« Si c'étoit en faveur de la vérité, disoit saint Hilaire (1),
« que l'on employât tant de violences, l'épiscopat, instruit
« et pénétré de l'esprit de la religion, s'efforceroit d'en arrê-
« ter le cours. Dieu, diroient les évêques, est le maître de
« l'univers; il n'a pas besoin d'hommages forcés; il n'exige
« pas qu'on le confesse avec contrainte; il ne s'agit pas de
« le tromper, mais de se rendre digne de lui. Pourquoi
« donc des prêtres sont-ils forcés par des chaînes et par les

---

(1) Discours de M. de Harlay, substitut du procureur-général (son père), à l'assemblée de la Sorbonne, le 12 août 1666. (*Histoire du dix-septième siècle*, par Elie Dupin, tom. 3.)

(Romanam sedem) olim et nuper, si quid apud eos ambiguum in doctrinâ christianæ religionis obligerat, certitudinem ab *ipso consilio fidei Parisiis existente* postulare nec pudnit nec piguit. (Lettres patentes de Charles vi, 27 déc. 1414, au sujet de la proposition de Jean Petit.—Gerson, t. 5, part. 2, p. 339.)

(2) Sanctus Hilar., lib. *ad Constant.* Aug., n. 6, p. 1221.

« peines les plus rigoureuses à remplir les devoir de la re-
« ligion?

« On abuse (1), ajoutoit-il, de l'autorité du caractère
« épiscopal, pour surprendre la religion du prince lui-
« même, et l'induire en erreur. On lui proteste que c'est de
« sa part une action pleine de justice, et qui n'a que la
« crainte de Dieu pour principe, de livrer ses sujets à la ty-
« rannie et à la vexation des ministres de l'Église animés
« d'un faux zèle. »

Qu'il est affligeant, Sire, que des catholiques, dont nous
sommes bien éloignés de comparer les vues intérieures et
les sentimens avec ceux des ennemis de la foi, dont parloit
ce saint évêque, tiennent cependant une conduite extérieure
dont la ressemblance est si frappante!

Nous voudrions en vain méconnoître ou dissimuler ceux
qui sollicitent et surprennent sans cesse tant d'ordres particuliers, ceux dont la volonté arbitraire en décide seule
l'application ou la révocation. L'inviolable affection de vos
sujets, Sire, ne peut s'y méprendre; leur soumission respecte votre autorité; leur douleur n'accuse que ceux qui en
abusent.

Quel est enfin le succès de tant d'efforts extraordinaires,
de tant de mouvemens, de tant d'ordres rigoureux? La réclamation contre la bulle, pour être moins éclatante qu'en
1714, n'en est pas moins générale; ou plutôt on multiplie
les témoignages, ou augmente les lumières, la vexation
même trahit ceux qui l'emploient, et l'on entend partout
cette voix gémissante : « Il n'est pas (2) besoin d'avoir re-
« cours à l'injustice et à la violence, parce que la religion ne
« peut s'établir par la force et par la crainte. Il faut en cette

---

(1) Ibid.
(2) Lactant., Instit. de justitia, lib. 6, n. 19.

« matière raisonner, et ne pas punir, afin que la soumission
« soit l'effet de la volonté. Qu'ils épuisent toutes les forces
« de leur esprit pour soutenir leur cause; si leurs raisons sont
« solides, qu'ils les développent : nous sommes prêts à les
« écouter, s'ils veulent nous enseigner; mais leur silence
« obstiné ne peut nous persuader, comme leurs violences ne
« peuvent nous abattre. »

Nous vous en conjurons, Sire, ne vous laissez pas distraire sur la véritable source de tant de maux : leur principe est ce nombre infini d'ordres surpris à votre religion;
le seul moyen d'en arrêter le cours est de ne plus abandonner votre autorité entre les mains des ecclésiastiques qui en
abusent, et qui la compromettent souvent avec une indé-
cence que nous n'aurions pu croire, si nous n'avions eu
sous les yeux, dans un procès jugé en la grand'chambre de
votre parlement (1), la preuve juridique qu'un évêque du
ressort, pour procurer à une élection le succès qu'il désiroit, avoit fait signifier des ordres de Votre Majesté con-
tresignés par un de ses ministres qui n'étoit plus en place
depuis dix ans.

Pardonnez, Sire, ces détails à votre parlement. Votre
cœur nous est connu : c'est le toucher par l'endroit le plus
sensible que de vous présenter des malheureux sous votre
empire. Ceux de vos sujets que le crédit des supérieurs ecclésiastiques opprime, qui gémissent dans les exils et dans
les prisons, sans savoir le délit qui leur est imputé, sans ressource pour manifester leur innocence, ne doivent-ils pas
se tenir assurés de la bonté de votre cœur, dès que leurs
plaintes pénètrent jusqu'au trône?

Telles étoient, Sire, les réflexions importantes que votre

_____

(1) Cause plaidée en la grand'chambre, le 21 juin 1751, au rôle de
Champagne, entre le sieur Philibert, intimé; Simon Gaucher et consorts,
chanoines de Langres, appelans, et François-Hubert Milton, intervenant.

parlement étoit occupé à mettre sous vos yeux, lorsqu'il a été frappé par un nouvel événement capable d'abattre entièrement son courage, si des magistrats pouvoient jamais le perdre lorsqu'il s'agit de servir la religion et leur roi. Un évêque qui vient d'éprouver des marques de votre indulgence dans une occasion où sa conduite étoit punissable fait reparoître à l'instant, aux yeux de votre parlement, un scandale plus criant encore que le premier. Une religieuse privée, ainsi que presque toute sa communauté, depuis plus de vingt ans, de la participation aux sacremens, les demande avec instance à la mort ; inutilement fait-elle à son évêque la déclaration la plus authentique et la moins équivoque de sa soumission à toutes les décisions de l'Église : on exige d'elle l'acceptation précise de la bulle *Unigenitus*. Elle se fonde sur les ordres de Votre Majesté pour se dispenser de répondre : l'évêque a la témérité de vous supposer des intentions contraires. Elle est traitée comme un enfant rebelle à l'Eglise, retranchée de sa communion, et elle mourra, ainsi que ses infortunées compagnes, privée de ces biens qu'elle désire uniquement, si votre parlement n'emploie pas efficacement pour les lui procurer tous les moyens que les lois mettent entre ses mains. L'évêque d'Orléans ne craint point de se déclarer l'auteur de cet acte schismatique ; votre parlement ne peut se dissimuler le véritable coupable ; il le décrète d'assigné pour être ouï ; la modération qu'a dictée à votre parlement le respect pour le caractère épiscopal, dès le premier acte de la procédure, sembloit lui répondre que Votre Majesté ne désapprouveroit point sa conduite. Cet évêque cependant prétend, par une voie d'autorité surprise à votre religion, et que votre parlement ne peut reconnoître, échapper à la sévérité de votre justice souveraine. Il veut couvrir de la puissance absolue de Votre Majesté ce schisme ouvert depuis plus de vingt-cinq années dans son diocèse. Trois communautés religieuses sont privées de tous secours spirituels, tant en santé qu'en maladie, et ces vierges chrétiennes se trouvent réduites à la cruelle alternative d'être regardées comme indifférentes pour les sacremens si elles ne les demandent pas, ou d'éprouver un refus injuste et scandaleux si elles les demandent. Il est temps, Sire, de montrer à ces ministres de l'Eglise qu'ils abusent de votre indulgence, et que votre intention n'est point d'autoriser le schisme que vous avez tant de fois condamné pour le bonheur de vos peuples.

C'est l'objet dont s'occupoit sans relâche votre parlement, lorsque vos lettres patentes du 22 février dernier, portant ordre de surseoir à toutes poursuites, et même à l'instruction des procès qui concernent les refus de sacremens, lui ont été apportées. Pouvions-nous, Sire, sans cesser d'être fidèles, consentir à une surséance dont l'effet ne seroit qu'un déni de justice préjudiciable à l'ordre et au repos public.

Non, Sire, votre justice n'exigera jamais de votre parlement une obéissance que son honneur, sa religion et la fidélité qu'il vous a jurée lui rendent impossible. Exact observateur de vos ordonnances, il a appris des lois du royaume qu'il lui est défendu, *sous peine d'être désobéissant* (1) à l'autorité royale *et infracteur des lois,* d'avoir égard aux lettres patentes ou closes (2) par lesquelles la punition des délits seroit retardée. Louis XII, par sa déclaration du 22 décembre 1499, ordonne que, « quelques lettres de dis-
« pense, relièvement, ou autres exceptions et provisions
« qu'il ait ci-devant données et puisse commander et faire
« expédier pour décliner de l'ordre et ancienne observance
« des ordonnances, ou y déroger en tout ou en partie, on
« n'y ait aucun égard ».

C'est dans le même esprit que François 1er déclare, par

---

(1) Déclaration du 22 décembre 1499. Reg. des ordon., cote I, fol. 110.
(2) Ordonnance du 15 août 1389, édition du Louvre.

ses lettres patentes (1) du 19 janvier 1544, « qu'aucuns
« prélats, par surprise, importunité ou autrement, ont ob-
« tenu des lettres de déclaration, et à ce moyen s'efforcent
« d'empêcher l'exécution de deux de ses édits, chose que
« jamais il n'a entendue »; et, en conséquence, il ordonne
« qu'ils soient exécutés, nonobstant les lettres obtenues par
« aucuns des prélats contre ses vouloirs et intentions, et
« nonobstant autres lettres qu'ils pourroient ci-après obte-
« nir par importunité ou autrement ».

Ce sont là, Sire, les termes et l'esprit des lois les plus anciennes de votre royaume. Votre parlement ne vous rap-
pellera point les dispositions des ordonnances de 1302 (2),
1344 (3), 1358 (4), 1359 (5), 1370 (6), 14 août 1389 (7),
27 avril 1408 (8), avril 1453 (9), novembre 1507 (10), octobre 1535 (11); elles contiennent les dispositions les plus
précises pour empêcher les juges de déférer aux lettres patentes ou closes qui pourroient être surprises à Votre Majesté contre le bien de la justice. Plus d'une fois les rois vos
prédécesseurs ont reconnu que la majesté royale ne les met-
toit point à l'abri des surprises; mais en reconnoissant le
mal, ils en ont aussitôt préparé le remède, en défendant à
leurs officiers d'exécuter tout ce qui pourroit en être l'effet;

---

(1) Reg. des ordon., cote O, fol. 27.
(2) 23 mars 1302, art. 21. Édit. du Louvre, tom. 1, p. 561.
(3) Décembre 1344, art. 8 et 10. *Ibid.*, tom. 2, p. 216.
(4) 14 mai 1358, art. 11. *Ibid.*, t. 3, p. 226.
(5) 27 janvier 1359, art. 21. *Ibid.*, p. 388, et 19 mars. *Ibid.*, tom. 4,
p. 725.
(6) 22 juillet 1370. *Ibid.*, t. 5, p. 345.
(7) 15 août 1389. *Ibid.*, tom. 7, p. 290.
(8) 27 avril 1408. Reg. du Châtelet, liv. rouge vieil, fol. 157 v°.
(9) Avril 1453, art. 66 et 67. Joly, tom. 1, *Addit.*, p. 37.
(10) 14 novembre 1507, art. 87. Guénois, liv. 1, tit. 12, part. 2, p. 172.
(11) Octobre 1535, chap. 1, art. 93. Joly, tom. 1, p. 489, et Fontanon,
tom. 1, p. 268.

plus d'une fois ayant reconnu des surprises moins importantes faites à leur religion, ils y ont pourvu avec autant de
dignité que de justice.

Charles v, ce prince si recommandable par sa sagesse,
répare, dans son édit du 28 mai 1359 (1), une injustice
commise sous le voile de son autorité. « A notre pur et no-
« ble office, dit le prince, appartient rappeller et corriger
« tant notre fait comme l'autrui, toutes les fois que nous
« connoissons qu'en icelle (puissance souveraine) justice a
« été blessée et pervertie, spécialement en grevant et op-
« primant l'innocent par fausse et calomnieuse suggestion.»
Que d'équité, Sire, dans les sentimens de ce prince ! Voici
la conséquence qu'il tire de ce principe. « Par arrêt avons
« de notre propre bouche prononcé et déclaré ladite priva-
« tion et toutes les choses qui s'en sont ensuivies avoir été
« faites de fait seulement, et pourchassées frauduleuse-
« ment et calomnieusement et par fausses suggestions, par
« très-grandes importunités, et comme par impression, et
« non de notre propre volonté. » Quelle force, quelle ma-
« jesté dans ces termes! Que cette action est *digne d'un
aussi grand Roi*, ainsi que s'exprimoit un chancelier de
France (2) parlant à Henri II. Quelle est *digne d'être ré-
mémoriée dans tous les siècles !*

Henri IV, ce prince dont la grandeur d'âme et l'amour
pour ses peuples faisoient le principal caractère, nous apprend, par son édit de 1607 (3), qu'il avoit voulu, par ses
lettres patentes du 13 avril 1590, distraire du domaine de
la couronne plusieurs terres et seigneuries à lui apparte-

---

(1) Joly, *Add.*, t. 1, fol. 15.
(2) Discours du chancelier Olivier, le 2 juillet 1549. Reg. du Parl., et
Recueil des divers mémoires servant à l'histoire, in-4°, 1623.
(3) Fontanon, tom. 4, p. 1206.

nantes, enclavées dans ce royaume; que par deux lettres
de jussion des 18 avril et 69 mai 1591 il en avoit ordonné
l'enregistrement; que votre parlement avoit cru ne pouvoir
y déférer; que quelques-uns des autres parlemens avoient
cédé à ses ordres réitérés. « Nous, dit le Roi, ayant con-
« sidéré les moyens sur lesquels notre procureur-général
« s'est fondé, ensemble les raisons qui ont mu nosdites
« cours, touchés de l'affection que nous devons à notre
« royaume, auquel nous nous sommes totalement dédiés,
« et post-posant notre particulier au public, savoir faisons
« que, de l'avis de notre conseil, avons par notre édit révo-
« qué et révoquons nosdites lettres patentes du 15 avril
« 1590, ensemble les arrêts intervenus en conséquence d'i-
« celles en aucunes de nosdites cours de parlement; et, en
« tant que besoin seroit, confirmé et confirmons ledit ar-
« rêt de notre cour de parlement de Paris, du 29 juillet
« 1591, et en ce faisant, déclarons lesdites vicomtés et
« seigneuries accrues et réunies au domaine de notre cou-
« ronne ». Telle a toujours été la conduite des plus grands
rois. Vous êtes digne, Sire, de laisser comme eux ce glorieux exemple à la postérité.

Le gouvernement n'ayant point suivi, en 1524, la route
tracée dans les articles dressés par ses ordres en votre parlement, une paix mal assurée couvrit long-tems les semences
des troubles. Fomentés par l'inaction de ceux qui pouvoient
y apporter remède, ils firent tous les jours de nouveaux
progrès. Enfin la fermentation générale éclata en 1560.
Charles IX crut alors ne pouvoir appaiser les séditions que
par une surséance provisionelle, portée dans la déclaration
du 17 janvier 1561, sur laquelle votre parlement délibéra
deux fois sans en ordonner l'enregistrement. Le 23 février,
il reçut ordre du Roi « de lui donner avis d'autres moyens
« que ceux contenus en cette déclaration, pour faire cesser

« les troubles ». Votre parlement obéit (1) ; mais avant que d'entrer dans le détail de ces moyens, il fit remarquer au Roi que, dans une assemblée des princes du sang royal et autres grands seigneurs du conseil privé, faite par ordre du souverain, en son parlement, aux mois de juin et de juillet, il avoit été donné un arrêt qui n'avoit pas été gardé, et ajouta *qu'il s'assuroit que, si cet arrêt avoit été suivi, il eût apporté entier repos et tranquillité aux sujets du Roi.*

Votre parlement, Sire, proposa de nouveaux moyens d'appaiser la fermentation ; mais son avis du 25 février 1561 ne fut pas plus suivi que celui de 1524. Aussi Christophe de Thou, premier président, consulté secrettement, en 1577, par Henri III, répondit : « Aujourd'hui (2) que nos « craintes deviennent des sujets réels de douleur, que reste- « t-il à faire, sinon de déplorer un mal que toute notre « prudence n'a pû prévenir ? Ce n'est pas d'aujourd'hui que « j'ai prévu la tempête qui menaçoit le Roi et le royaume. « J'ai cru qu'il étoit de mon devoir d'avertir Leurs Majestés « de se mettre en garde contre ces assemblées secrètes qui « se tenoient dans la capitale, et de prévenir les desseins « séditieux qu'on y formoit. Quel peut être en effet le but « de ces menées sur lesquelles se fondent ceux qui préten- « dent couvrir leurs attentats du manteau de la religion, « sinon d'apprendre aux François, par ce funeste exemple, « qu'il peut y avoir une autorité différente et toute distin- « guée de celle du Roi, assez puissante pour former dans « l'Etat le composé monstrueux d'un nouvel Etat. Déjà il « me semble entendre retentir du haut des chaires chré- « tiennes les déclamations séditieuses des prédicateurs ven- « dus au parti, qui, oubliant leur ministère, abandonnent

---

(1) 25 1661. Reg. du Parl.

(2) Hist. de de Thou, t. 7, p. 491.

I.

« le soin de distribuer la parole de Dieu, pour se déchaîner
« contre les puissances légitimes, et déchirer la conduite
« du prince et des magistrats.

«Les confesseurs (1), abusant du secret de leur ministère»,
dit un historien aussi fidèle que célèbre de ces mêmes
troubles, dont il étoit contemporain, « au lieu de consoler
« par des discours de piété les personnes qui s'attachoient à
« eux, leur remplissoient l'esprit de faux bruits, et met-
« toient leur conscience à la torture par des questions em-
« barrassantes et par mille scrupules. Ils leur alléguoient
« quelques passages de l'Ecriture et quelques raisonnemens
« de scholastique, pour leur prouver qu'en fait de religion,
« des sujets peuvent faire des associations sans la permis-
« sion du prince. Ils les engageoient ainsi dans cette ligue
« funeste, et s'ils trouvoient quelqu'un qui ne voulût pas
« y entrer, ils lui refusoient l'absolution ».

Nous éloignons, Sire, autant qu'il est en nous, le funeste souvenir de ces tems infortunés. Puissent-ils cependant vous inspirer une inquiétude salutaire qui, vous faisant connoître nos maux, en devienne le remède. Votre
parlement, par ses remontrances du 15 avril 1752, ne vous
présentoit que dans un avenir éloigné des déclamations et
des associations qu'on ne pouvoit trop tôt prévenir. Ces
premiers excès du seizième siècle sont aujourd'hui constatés
par les informations que la poursuite des délits dont nous
sommes occupés fait continuellement passer sous nos yeux.
Déjà nous avons la preuve de ces associations illicites, faites
au préjudice de votre justice souveraine. Déjà quelques
confesseurs, *abusant du secret de leur ministère*, exigent
dans le sacré tribunal des signatures prohibées, et s'ils trouvent quelqu'un qui leur résiste, *ils lui refusent l'abso-*
lution.

---

(1) Hist. de de Thou, t. 9, p. 634.

Le schisme méconnoît hautement toute autorité; il se déclare indépendant du prince, des magistrats et des loix. Il ébranle tous les principes qui forment la constitution de l'Etat; il établit une domination arbitraire, exige une soumission aveugle, et fait des progrès effrayans sous la protection même qu'il trouve le secret d'obtenir de Votre Majesté. Il prend toutes sortes de formes pour parvenir aux fins qu'il se propose; il se sert de tous les ressorts de votre puissance absolue: arrêts du conseil, évocations, ordres particuliers. C'est ainsi que, timide dans son origine, plus hardi dans ses progrès, il se consomme avec audace jusques dans la capitale de votre royaume. Il n'est plus, Sire, de moment qui ne soit critique. Les vues qui nous touchent si profondément ne nous sont point particulières. Tout ce que vous avez de sujets fidèles, ceux même qui ont l'honneur d'approcher de votre thrône, partagent nos allarmes, et gémissent en secret. Que de bouches aujourdhui fermées s'ouvriroient pour s'unir à nous, si la crainte de vous déplaire ne les retenoit dans le silence!

Si le mal est plus étendu, Sire, que vous ne l'avez pensé jusqu'à présent, les véritables ressources pour le faire cesser sont entre vos mains. Elles résident dans les droits certains de l'autorité souveraine, dans l'inviolable exécution des loix dans l'activité continuelle et indispensable de votre parlement, qui en est le dépositaire et le ministre (1) essentiel. « C'est lui, disoit votre auguste bisayeul (2) dans son édit « du mois de juillet 1644, qui est le lien de l'obéissance de « tous les ordres, qui a rendu de grands et signalés services « aux rois nos prédécesseurs, dont il a fait régner les loix, « reconnoître l'autorité et la puissance légitime. » C'est le glorieux témoignage que lui rendoit en 1615 un prince de

---

(1) Ordonnance de 1467.
(2) Reg. des ordonn., cote HHH, fol. 279 v°.

votre sang, dans des circonstances que nous rappelle la conduite des auteurs de nos troubles. Les principes de votre autorité et la sûreté de votre royaume étoient attaqués. Votre parlement rendit des arrêts pour les maintenir. Ils «excitèrent les plaintes et la réclamation du clergé. « C'est, « dit le prince de Condé à cette occasion, dans le conseil du « roi (1), ce qui me fait admirer la sagesse de votre parle- « ment, qui, par le témoignage qu'il vous rend de sa fidélité, « vous oblige à jamais, et toute la France, de les estimer « fidèles, courageux et incorruptibles magistrats, qui sont « les vrais conservateurs des saints décrets, et de qui il ne « sort que des oracles d'une infaillible vérité; magistrats qui « vous font révérer, puisque votre personne seule en France « est exempte de leur jurisdiction. »

Ne souffrez pas, Sire, que l'on attaque dans son principe votre autorité sacrée, cette autorité qui tire sa justice, sa sagesse et sa principale force de l'observation des loix. Assurez à vos parlemens le libre exercice de leurs indispensables fonctions. Qu'il ne soit pas dit que, sous le règne d'un prince religieux et juste, vos plus fidèles sujets soient privés des biens les plus précieux, et que ceux qui les en dépouillent se déclarent indépendans de votre justice souveraine.

Que votre parlement, Sire, ne trouve plus d'obstacles qui l'empêchent d'attaquer le schisme dans sa source, en jugeant et punissant ceux qui en sont les principaux auteurs. Que ceux-ci ne trouvent plus de sauve-garde contre la juste sévérité des loix dans ses arrêts du conseil qui, sans rassurer entièrement les coupables, les rendent plus téméraires; dans ces évocations, ressources ordinaires des accusés qui redoutent l'exactitude des tribunaux réglés; dans ces ordres particuliers dont on se sert pour opprimer un grand nombre de vos

_____

(1) Avis donné par le prince de Condé au Roi sur l'article du tiers-état le 4 janvier 1615. (*Mercure françois*, t. 3, p. 330.)

sujets livrés aux vexations injustes des ministres ecclésiastiques. N'écoutez plus, Sire, que la bonté de votre cœur.
Rendez la liberté à ces sujets fidèles qui ne sont retenus dans
les liens que par la volonté arbitraire de quelques ecclésiastiques. Que Votre Majesté daigne se faire représenter ses
lettres patentes du 22 février dernier : elle reconnoîtra jusqu'à quel point sa religion a été surprise contre ses propres
intérêts, et combien la teneur de ces lettres dégrade son
parlement, en violant ses droits les plus chers. Non, Sire,
vous n'exigerez jamais que votre parlement cesse d'agir pour
la défense de votre autorité souveraine et pour le maintien
de la tranquillité des peuples qui vous sont soumis. En vain
voudroit-on nous obliger à devenir spectateurs inutiles des
maux de notre patrie, et par-là même en devenir les complices. Notre principale gloire est de vous être utiles; nous
ne pouvons l'être qu'en ne cessant pas un seul instant d'agir.
Nous arrêter, c'est nous anéantir; c'est laisser triompher un
schisme si fatal à la religion, et porter le coup le plus funeste à votre souveraineté et à l'État. Si ceux qui abusent
de votre nom prétendent nous réduire à la cruelle alternative ou d'encourir la disgrâce de Votre Majesté, ou de
trahir les devoirs que nous impose un zèle inviolable pour
votre service, qu'ils sçachent que ce zèle ne connoît point
de bornes, et que nous sommes résolus de vous demeurer
fidèles, jusqu'à devenir les victimes de notre fidélité.

Ce sont là, Sire, les très-humbles et très-respectueuses
remontrances qu'ont cru devoir présenter à Votre Majesté

Vos très-humbles, très-obéissans, très-fidèles
et très-affectionnés sujets et serviteurs.

Les Gens tenans votre cour de parlement.

Fait en parlement, le 9 avril 1753.

OBSERVATIONS. — On lit, à la suite de ces remontrances, un écrit intitulé : TRADITION DES FAITS *qui manifestent le système d'indépendance que les évéques ont opposé dans les différens siècles aux principes invariables de la justice souveraine du Roi et de tous ses sujets indistinctement, et la nécessité de laisser agir les juges séculiers contre leurs entreprises, pour maintenir l'observation des lois et la tranquillité publique.* C'est un tableau historique des faits de nos annales, les plus remarquables et les plus évidemment prouvés relatifs aux efforts constans de l'autorité religieuse pour se rendre non seulement indépendante de l'autorité des lois de l'État, mais se placer au-dessus d'elles.

Cet ouvrage important a été réimprimé il y a deux ans. On y a ajouté, comme titre principal, *des Evéques*. On a mis l'ancien titre ensuite.

Ces remontrances, appuyées de preuves aussi notoires, aussi irréfragables, n'admettaient aucune objection sérieuse et de bonne foi. Le conseil du roi ne répondit que par des lettres de cachet et l'exil. Les remontrances avaient été entièrement rédigées le 5 avril : le parlement suivant l'usage chargea, par un arrêté du même jour, les gens du Roi (le procureur-général et ses avocats-généraux) de se rendre auprès de Sa Majesté pour savoir « quel jour, en quel lieu « et à quelle heure il lui plairait recevoir les très-humbles « et très-respectueuses remontrances de son parlement ».

Le 9, les gens du Roi rendirent compte de leur message. « Avant de répondre à leur demande, le Roi leur ordonna « de lui apporter une expédition en forme de l'arrêté qui « fixe les objets des remontrances. »

La cour arrêta immédiatement de faire remettre au roi, par une députation, suivant l'usage, l'expédition demandée. Nouveau message des gens du Roi, qui rapportèrent que le Roi voulait recevoir d'eux-mêmes l'expédition de l'arrêté, et qu'il défendait au parlement toute députation.

Le parlement ne se découragea point, et, en chargeant les gens du Roi de porter l'expédition de l'arrêté, il leur enjoignit de prendre les ordres du Roi pour la réception d'une députation.

Le Roi répondit à ce second message : « Je ferai savoir mes intentions à mon parlement. » Ce ne fut qu'après une huitième tentative que la députation fut agréée, mais restreinte au premier président et à deux présidens à mortier. Louis xv n'avait de volonté que celle de sa favorite, dont les jésuites dominaient les entours. L'influence des femmes sur nos monarques a toujours été favorable au parti ultramontain; et, depuis François 1er et Henri II, on a constamment vu les prélats qui aspiraient au cardinalat et les nonces des papes faire la cour la plus assidue, la plus servile, aux maîtresses de nos rois, quelles qu'elles fussent. Quel exemple pour les peuples que le spectacle de ces hommages publics prodigués à l'adultère et à la prostitution par les princes de l'Eglise. Et le monarque et ses courtisans applaudissaient au fanatisme stupide des prêtres qui refusaient les derniers secours de la religion, la sépulture, à des chefs de familles, à des femmes, à des religieuses même que recommandaient une piété sincère et constante et la pratique de toutes les vertus sociales et religieuses. Dans les antichambres, on appelait séditieux les généreux efforts de la magistrature pour la défense du trône, le maintien des maximes de l'Eglise gallicane, l'intérêt de la religion, des mœurs, l'honneur et le repos des familles et la sûreté de la monarchie.

Moins fier que vain, le faible Louis xv s'irritait de la résistance des parlemens; il aurait voulu voir cesser des débats dont l'orageuse publicité troublait son repos. D'un mot il pouvait les faire cesser, d'un mot il pouvait arrêter la l'action ultramontaine; mais il avait plus de dévotion que de piété; il ne voulait que gagner du temps. Les messages du parlement de Paris l'irritaient sans le convaincre : il hési-

tait! « Ces grandes robes, et le clergé sont à couteaux ti-
« rés, disait-il à sa marquise de Pompadour. Ils me désolent
« par leurs querelles.... Mais je déteste bien plus les grandes
« robes.... Ils voudraient me mettre en tutelle. Robert-Saint-
« Vincent (1) est un boute-feu que je voudrais pouvoir exi-
« ler; mais ce serait un train terrible! D'un autre côté, l'ar-
« chevêque est une tête de fer qui cherche querelle. Heu-
« reusement qu'il y en a quelques uns dans le parlement
« sur qui je puis compter, qui font semblant d'être bien
« méchans, mais qui savent se radoucir à propos. Il m'en
« coûte pour cela quelques abbayes, quelques pensions
« secrètes... » — « Vous ne savez pas », disait-il à un
de ses courtisans (Gontaud) qui cherchait à calmer son
« irritation, vous ne savez pas ce qu'ils font et ce qu'ils
« pensent : c'est une assemblée de républicains. En voilà
« assez. Les choses comme elles sont dureront autant que
« moi (2). »

Le premier président et les deux présidens qu'il avait mandés s'empressèrent d'obéir. Le discours du premier président fut sage et mesuré; mais la réponse du Roi était arrêtée
d'avance.

« J'ai examiné, dit-il, avec attention dans mon conseil
« l'arrêté du 25 janvier dernier, qui fixe l'objet de vos re-
« montrances : j'ai reconnu que dans les différens points que
« vous vous proposez d'y traiter il y en a plusieurs sur les-
« quels je me suis déjà expliqué, d'autres sur lesquels je
« vous ai donné mes ordres; d'autres enfin dont la discus-
« sion ne pourrait qu'apporter de nouveaux obstacles aux
« vues que j'ai toujours eues pour le rétablissement et le
« maintien de la tranquillité.

« Ces motifs me déterminent à ne point recevoir vos re-

---

(1) Conseiller au parlement, l'un des rédacteurs des remontrances.
(2) *Mélanges d'histoire*, par madame du Hausset.

« montrances, et à vous ordonner d'enregistrer, sans diffé-
« rer, mes lettres patentes du 22 février dernier (1). »

Cette réponse, rapportée aux chambres, donna lieu à l'arrêté suivant :

« .... La cour, toutes les chambres assemblées, en délibé-
« rant sur le récit fait par M. le premier président, attendu que,
« dans l'impossibilité où elle est de faire parvenir la vérité
« jusqu'au thrône, par les obstacles qu'opposent *les gens mal*
« *intentionnés,* en continuant de surprendre la religion du
« Roi contre le bien de son service, le maintien de l'ordre
« et la tranquillité publique, elle n'a plus d'autres ressources
« que dans sa vigilance et son activité continuelles, a arrêté
« que, pour vaquer à cette fonction indispensable, les
« chambres demeureront assemblées, tout service cessant,
« jusqu'à ce qu'il ait plu audit seigneur Roi d'écouter favo-
« rablement, ainsi qu'il a bien voulu promettre par sa ré-
« ponse du 17 avril 1755, des remontrances qui, dans tout
« leur contenu, n'ont pour objet que le bien de la religion
« et la tranquillité publique. »

Le parlement prit sur-le-champ l'arrêté suivant : « La
« cour, en délibérant sur les lettres patentes en forme de
« jussion, du 5 du présent mois, et persistant dans son ar-
« rêté du même jour, a arrêté qu'elle ne peut, sans manquer
« à son serment, obtempérer auxdites lettres. »

Pendant la nuit du 9 eut lieu l'événement dont j'ai parlé dans
la notice préliminaire. Les quatre présidens furent enlevés et
enmenés prisonniers d'État aux îles Sainte-Marguerite, au
fort de Ham, au Mont Saint-Michel, et à Pierre-en-Cise.

La lettre de cachet remise à chacun d'eux par un mousquetaire était ainsi conçue :

_____

(1) Ces lettres patentes défendaient au parlement de connaître des
désordres causés par les billets de confession et le refus de sacremens.

« Monsieur, je vous fais cette lettre pour vous dire que « mon intention est que, dans les vingt-quatre heures à « compter du moment où elle vous sera remise, vous ayez à « partir de Paris pour vous rendre à ....., et y demeurer « jusqu'à nouvel ordre de ma part. Sur ce, je prie Dieu qu'il « vous ait, Monsieur, en sa sainte et digne garde. Écrit à « Versailles le 8 mai 1753. *Signé* LOUIS. » Et plus bas : M. P. de Voyer d'Argenson.

Le même jour 9, la chambre, informée de l'enlèvement des quatre magistrats, persista dans l'arrêté du 5. Une foule immense remplissait le palais, et tous les membres de la chambre furent salués à leur passage par les plus vives acclamations. Ce jour et le lendemain, la grand'chambre lança plusieurs décrets contre plusieurs prêtres accusés de refus de sacremens.

Le 11, chaque membre reçut une lettre de cachet datée du 10, portant l'ordre de se rendre dans deux fois vingt-quatre heures à Pontoise, et le même jour fut publiée la déclaration suivante.

Déclaration du Roi, qui transfère le parlement de Paris dans la ville de Pontoise, donnée à Versailles le 11 mai 1753.

Louis, par la grâce de Dieu, Roi de France et de Navarre, à tous ceux qui ces présentes lettres verront, salut. Ayant résolu de transférer notre cour de parlement de la ville de Paris en celle de Pontoise, nous avons en conséquence envoyé nos ordres aux officiers de notre parlement, qui doivent se rendre dans ladite ville de Pontoise, et voulant pourvoir à ce que la justice y soit rendue à nos sujets, à ces causes et autres à ce nous mouvans, de notre certaine science, pleine puissance et autorité royale, nous avons, par ces présentes, signées de notre main, dit, déclaré et ordonné, disons, déclarons et ordonnons, voulons et nous plaît, que les officiers de notre cour de parlement, auxquels nous avons donné ordre le jour d'hier de se rendre à Pontoise dans deux fois vingt-quatre heures, se rassemblent dans ladite ville de Pontoise, dans laquelle nous avons, de notre même puissance et autorité, transféré le siége de notredite cour de parlement, pour nosdits officiers y rendre la justice à nos sujets, et y faire les fonctions de leurs charges, tant et si longuement qu'il nous plaira; interdisons à tous nosdits officiers l'exercice et fonctions de leurs charges dans notre ville de Paris; défendons aussi très-expressément à tous nos sujets, de quelque qualité et condition qu'ils soient, de se pourvoir, après la publication des présentes, ailleurs que par-devant notredit parlement séant à Pontoise; faisons pareillement défenses à tous huissiers et sergens de donner aucuns exploits, soit en première instance ou sur l'appel, audit parlement, qu'ils n'y insérent sa résidence à Pontoise, à peine de nullité desdits exploits et des jugemens qui interviendroient sur iceux, et de deux cent livres d'amende contre l'huissier; comme aussi à tous contrôleurs desdits exploits de les contrôler, si ladite résidence n'y est exprimée, sous les mêmes peines; leur enjoignons de les retenir, et en nous les dénonçant et représentant, déclarons la moitié de l'amende encourue contre l'huissier leur appartenir; si donnons en mandement à nos amés et féaux conseillers les gens tenans notre cour de parlement à Pontoise qu'incontinent après que ces lettres leur auront été présentées, ils ayent à les faire lire, publier et registrer, pour être gardées et observées selon leur forme et teneur; mandons à cet effet à notre procureur-général de faire pour leur exécution toutes les poursuites, réquisitions et diligences nécessaires, et de nous en certifier dans huitaine : car tel est notre plaisir. En témoin de quoi nous avons fait mettre notre scel à cesdites présentes. Donné à Versailles, le onzième jour de mai, l'an de

grâce mil sept cent cinquante-trois, et de notre règue le
trente-huitième. *Signé* Louis. *Et au dos est écrit :* Par le
Roi, *M. P. de Voyer d'Argenson*, et scellées du grand sceau
de cire jaune.

NOTICE PRÉLIMINAIRE.

Une première déclaration du Roi, du 14 août 1687,
avait attribué au grand-conseil le rang des parlemens et des
autres cours souveraines pour les évocations, mais sans entendre préjudicier aux droits de juridiction du seul parlement de Paris. C'était une infraction formelle aux principes
qui avaient réglé l'institution des parlemens. Le grand-
conseil n'était dans l'origine que le conseil du Roi, mais
sans attribution de juridiction; et toutes les cours souveraines légalement instituées n'ont jamais reconnu cette
déclaration, ni celles qui l'ont suivie pour la même cause.
Il résultait de cette violation de nos lois fondamentales une
foule d'abus dont les assemblées des états ont constamment
réclamé la réformation. Cet abus fut surtout vivement senti
à l'époque des débats du grand-conseil avec les parlemens,
les cours des aides et les chambres des comptes. Un seigneur laïque et ecclésiastique, traduit devant un juge ordinaire, prévenait toutes les condamnations qu'il aurait pu
encourir, en faisant *évoquer* en vertu de son privilége la
cause au grand-conseil, créé par la volonté ministérielle et
composé d'hommes attachés par état aux intérêts des priviléges et priviligiés eux-mêmes; ils se trouvaient en même
temps juges et parties. L'ordre ordinaire de la justice était
interverti, et les lois fléchissaient devant ce prétendu tribunal supérieur, toujours placé au-dessus d'elles.

Nul doute qu'une cour suprème et régulatrice ne fût nécessaire pour maintenir l'unité de législation et de juris-

prudence. Cette cour est une création de la révolution ; elle a pour justiciables tous les Français , quels qu'ils soient. C'est notre cour de cassation. Ses attributions ont été réglées par la loi commune; ses membres ne sont point les juges spéciaux d'une classe de citoyens, mais de tous, sans nulle distinction. Il en était tout autrement des attributions du grand-conseil.

Le parlement de Rouen avait adressé au roi des remontrances contre un arrêt du conseil du mois juin 1755 , qui avait soustrait à sa juridiction le maréchal de Belisle.

Les faits de la cause et les principes de la législation à cet égard sont exposés dans ces remontrances avec la plus sévère impartialité.

Cet arrêt du grand-conseil peut être considéré comme le premier acte du système arbitraire suivi depuis avec la plus opiniâtre insistance contre l'existence politique des parlemens. Nous verrons bientôt le grand-conseil devenir l'instrument de toutes les attaques portées à l'ordre de la magistrature, et préluder avec une inconcevable audace à l'entière destruction des cours souveraines, et même des juridictions inférieures.

Très-humbles et très-respectueuses remontrances que présentent au Roi, notre très-honoré et souverain seigneur, les gens tenans sa cour de parlement de Rouen.

SIRE,

Les lettres patentes données à la suite d'un arrêt du conseil du 3 juin 1755, et adressées à votre parlement, sont une surprise faite à votre religion, *un abus de la part de celui qui les a obtenues,* une entreprise contre l'ordre des juridictions et un renversement total des règles établies par les ordonnances.

Nous sommes obligés par état de veiller à la dispensation

de la justice; nous avons un ressort déterminé, et des justiciables attachés à ce ressort. Les loix, dans cette circonstance, ont établi une réciprocité nécessaire entre les magistrats et les justiciables; chacun a des devoir respectifs à
remplir; et comme les magistrats ne pourroient refuser
leur ministère à ceux qui sont en droit de le réclamer, de
même les justiciables ne peuvent refuser de reconnoître l'autorité des magistrats auxquels ils sont soumis.

Cependant le sieur maréchal de Belle-Isle, justiciable de
votre parlement quant aux causes mixtes et réelles, civiles
et criminelles, qui concernent les biens situés dans l'étendue de son ressort, cherche et obtient de nouveaux juges
sur des prétextes qui ne tendent qu'à déprimer ou votre
parlement qu'il fuit, ou le tribunal auquel il paroît se
fixer, jusqu'à ce qu'il en ait éprouvé quelques actes d'une
justice qui le blesse. Etoit-ce donc un appointement que
des magistrats exacts ont prononcé sur des objets qu'ils ne
trouvoient pas assez suffisamment éclaircis par les parties
qui pouvoit autoriser les démarches du maréchal de Belle-
Isle? Il se plaint de ce que votre parlement n'a pas voulu
hasarder une décision précipitée, et il a la confiance de
l'attendre d'un autre tribunal qu'il substitue à son tribunal naturel. Mais si, par de telles idées, il fait lui-
même injure à celui qu'il réclame, il blesse plus essentiellement encore les maximes de la justice. En effet, l'appointement n'est préjudiciable à aucune des parties intéressées;
elles demeurent respectivement conservées dans la plénitude de leurs droits. Le maréchal de Belle-Isle n'avoit donc
pas même un prétexte apparent pour attaquer un arrêt qui
offroit, dans toutes ses dispositions, l'accord heureux de la
justice et de la régularité.

Pour démontrer à Votre Majesté la contradiction de la
conduite du maréchal de Belle-Isle, votre parlement ne
peut se dispenser de représenter qu'il lui demanda, en

1742, l'enregistrement des lettres portant érection de Gisors en duché;

Que, sur cette demande, il intervint arrêt qui ordonna qu'avant faire droit, les lettres seroient lues à l'issue des messes paroissiales où les biens étoient situés, et où le duché s'étendoit, ainsi qu'aux plus prochains d'iceux, pour être ensuite informé de la commodité ou incommodité;

Que, n'ayant pas suivi l'exécution de cet arrêt, et ayant obtenu, en 1748, des lettres d'érection de Gisors en pairie, le maréchal de Belle-Isle conclut lui-même à ce qu'information fût faite par un seul et même (arrêt), tant sur les lettres de 1742 que sur celles de 1748, pour, après l'information, lesdites lettres être enregistrées, pour être exécutées selon leur forme et teneur;

Que, sur cette requête, il fut rendu arrêt qui ordonna que celui de 1743 seroit exécuté selon sa forme et teneur, et en outre, que les lettres de 1748 seroient lues et publiées ès mêmes lieux et en la même forme qu'il étoit prescrit par l'arrêt de 1743, et qu'il seroit informé de la commodité ou incommodité de l'érection en pairie dans la forme prescrite pour le duché;

Qu'en vertu de cet arrêt, le maréchal de Belle-Isle fit faire des publications dans un grand nombre de paroisses, avec affiches portant sommation à tous les particuliers de déclarer s'ils consentoient ou contredisoient l'effet et l'entérinement des lettres d'érection, et pour cet effet ils eussent à comparoître devant le commissaire député par votre parlement, leur déclarant qu'à faute d'y comparoître, il seroit procédé aux informations en leur absence comme en leur présence, aux fins de l'entérinement des lettres;

Que ces publications donnèrent lieu à un grand nombre d'oppositions, en ce que le maréchal de Belle-Isle prétendoit des droits de directe, mouvance, justice, ressort et autres droits sur les fiefs ou arrière-fiefs des opposans;

Que, sur ces oppositions, qui furent réitérées entre les mains du procureur-général de Votre Majesté, le maréchal de Belle-Isle fit assigner les opposans en votre parlement;

Que la cause ayant été portée à l'audience, votre parlement, voyant d'un côté l'indivisibilité des oppositions avec l'enregistrement des lettres, de l'autre l'insuffisance de l'instruction respective sur des oppositions que le maréchal de Belle-Isle avoit liées de fait et de droit à cet enregistrement, se trouva obligé de rendre un arrêt préparatoire qui appointa sur les oppositions, et sursit à faire droit sur la demande à fin d'enregistrement jusqu'au jugement de ces oppositions.

N'est-il pas étonnant, Sire, de voir une partie chercher et parvenir à se soustraire d'un tribunal qu'elle a saisi, où elle a présenté ses titres, appellé les parties qu'elle s'est données pour adversaires, tribunal naturel, tribunal territorial, tribunal établi par sa constitution même pour prononcer sur les matières réelles dépendantes spécialement et privativement de son ressort? N'est-il pas étonnant qu'elle renonce ensuite à ce même tribunal, pour les traduire devant un autre? C'est traiter la justice en militaire, en tâchant de donner le change à ses adversaires.

On ne peut trop s'élever contre une évocation sollicitée et obtenue par une partie qui devoit d'autant moins être admise à désavouer ses démarches, qu'elles n'étoient que le tribut légitime de son obéissance aux loix.

Ces motifs si puissans n'ont pas été capables de retenir le maréchal de Belle-Isle; après avoir reconnu la compétence incontestable de votre parlement, il n'a pas craint de demander l'évocation des demandes qu'il avoit soumises à son autorité; il a même osé conclure à la cassation d'un arrêt qui ne préjugeoit rien, soit au fond, soit au provisoire; et après une longue discussion avec les parties qu'il arrachoit à leurs juges, au moment, pour ainsi dire, où il les avoit traduites devant eux, il a surpris un arrêt et des lettres patentes, dont les dispositions, expliquées depuis plus spécialement en sa faveur, le dérobent à un tribunal qu'il avoit saisi conformément à la règle, pour lui en donner un autre qu'il n'étoit pas en droit de revendiquer.

Par cet arrêt, Votre Majesté évoque à soi et à son conseil « l'instance appointée par l'arrêt de votre parlement du « 18 juillet 1752; ordonne que, sans s'arrêter aux opposi-« tions, il sera passé outre à l'enregistrement des lettres pa-« tentes, sans que lesdites lettres, l'enregistrement qui en « sera fait, ni les publications et autres procédures faites à « ce sujet, puissent préjudicier directement ni indirecte-« ment aux droits des opposans, lesquels demeureront ré-« servés en leur entier, sans aucune innovation ni au fond « ni au provisoire; défenses du maréchal de Belle-Isle au « contraire, pour raison desquels droits les parties se pour-« voyeront respectivement, ainsi qu'il appartiendra, sur « la demande en cassation dudit arrêt; Sa Majesté a mis les « parties hors de cour ».

A examiner cet arrêt suivant son sens naturel, on n'y aperçoit exactement que la disjonction des oppositions de l'enregistrement; mais si Votre Majesté a cru devoir séparer ces deux objets, d'un côté, elle n'a accordé au maréchal de Belle-Isle qu'un simple enregistrement stérile et incapable de préjudicier directement ni indirectement aux droits des opposans, soit au fond, soit au provisoire; de l'autre, elle n'a point évoqué les oppositions des tribunaux où elles étoient pendantes, puisqu'elle ne les a ni retenues ni renvoyées à aucun tribunal déterminé pour les juger.

Si le maréchal de Belle-Isle s'étoit borné à requérir un enregistrement après la discussion du fond des oppositions, nous nous serions peut-être prêtés à un enregistrement qui alors

n'auroit porté aucune atteinte aux droits des parties ; mais il a
regardé les lettres patentes du mois de juin 1755 comme le
titre d'une évocation générale ; il prétend même les réunir
avec un autre titre du premier octobre 1726, obtenu sur sa
requête, et susceptible par cette raison de l'opposition des
parties. Ainsi, suivant le système du maréchal de Belle-Isle,
toutes nos fonctions sont réduites aux enregistremens qu'il
requiert ; mais nous perdons notre ressort relativement à lui
et à toutes les parties avec lesquelles il aura des discussions ;
nous ne sommes dans cette circonstance que l'ombre d'un tribunal. En vain notre constitution nous donne des justiciables,
en vain ils sont obligés de nous reconnoître pour juges : ces
droits inaltérables s'anéantissent, parce qu'il plaît à un particulier de solliciter leur destruction.

Ce n'est pas un tableau chargé que nous mettons sous les
yeux de Votre Majesté. Le duché de Gisors est situé dans l'é-
tendue de notre ressort. Le maréchal de Belle-Isle soutient
que ce duché s'étend sur toutes les justices et toutes les mouvances du Vexin normand ; différentes parties, et en grand
nombre, prétendent au contraire qu'elles sont affranchies de
de sa justice et de sa féodalité. Ces questions, qui ne concernent ni la personne ni la pairie du dignitaire, présentent
constamment des objets réels, des matières territoriales dé-
volues de plein droit aux tribunaux ordinaires. Cependant le
maréchal de Belle-Isle se soustrait à leur autorité, et ne permet pas aux parties qu'il attaque de s'adresser à leurs juges ;
et, à la faveur des titres qu'il se fait accorder, et qui se con-
tredisent pour la plupart, il force l'interprétation des lettres
patentes de 1755 pour obtenir les juges qu'il désire, se soustraire à ceux qu'il est obligé de reconnoître, traduire enfin
les parties qu'il attaque dans tous les tribunaux où il trouve
à propos de les appeller.

Que devient donc la maxime si précieuse et si inviolablement observée, que le demandeur doit suivre la jurisdiction

du défendeur, *actor debet sequi forum rei?* Les loix ne sont-elles plus qu'un vain fantôme? vont-elles demeurer sans force et sans activité? A Dieu ne plaise que nous soupçonnions Votre Majesté de tolérer un renversement aussi étrange! Nous connoissons, Sire, votre amour pour la justice, vos bontés pour vos moindres sujets, la protection que vous accordez aux tribunaux dépositaires nés de votre autorité. Cependant le maréchal de Belle-Isle obtient des titres à la faveur desquels il abuse de votre nom respectable pour troubler la tranquillité de vos sujets, les soustraire à leurs juges naturels, intervertir l'ordre des jurisdictions. La surprise seule est par conséquent le principe de ces poursuites irrégulières. Nous sommes obligés par état de la dévoiler à V. M., et de nous opposer à ses progrès. Nous ne pourrions garder le silence sans manquer au plus essentiel de nos devoirs.

Une réclamation de mouvance est une matière dont la connoissance a perpétuellement été dévolue aux juges territoriaux. La mouvance est attachée à l'immeuble, et elle suit le ressort de la situation de l'immeuble; ce ressort a un territoire circonscrit et limité, en sorte que toutes les questions, toutes les demandes relatives soit à la propriété, soit aux droits du territoire, sont des matières territoriales, qui appartiennent immédiatement et privativement aux juges territoriaux. C'est la loi de leur constitution, et ce seroit, nous devons le dire, les anéantir absolument, tant pour l'autorité que pour le ressort, que de permettre aux parties de se donner arbitrairement des juges, au mépris de ceux que le prince leur a constitués, au détriment des jurisdictions qui sont de droit public.

Ces maximes ont été regardées par les souverains eux-mêmes comme des loix inviolables, à l'autorité desquelles il ne devoit jamais être permis de résister. De là cette foule d'ordonnances qui rejettent les évocations, toujours sollicitées par l'intérêt et jamais par la justice; de là ces ordonnances si souvent adressées aux cours de ne pas déférer aux évocations, qui tiennent perpétuellement à la surprise; de là cet accueil favorable que les rois faisoient aux représentations contre les évocations, qui tendent sans cesse à l'anéantissement de l'ordre public. Les monarques n'ont jamais pensé que les réclamations de leurs tribunaux pouvoient porter atteinte à l'autorité suprême; et, comme ils ne veulent régner que par les loix, ils ont toujours applaudi aux démarches dont l'objet n'est autre que de maintenir leur exécution.

Votre parlement se dispensera de remettre sous les yeux de Votre Majesté cette multitude d'ordonnances qui remontent aux siècles les plus reculés, et qui proscrivent unanimement les évocations. Qu'il nous soit permis de vous en rappeler quelques-unes : vous serez convaincu, Sire, du danger des évocations, de l'attention de vos augustes prédécesseurs à prévenir leurs effets, de la nécessité où nous nous trouvons enfin de supplier Votre Majesté de retirer celle qui a été surprise à sa religion.

L'ordonnance d'Orléans porte expressément que *l'office d'un bon roi est de faire rendre à ses sujets prompte justice sur les lieux* (1).

La même ordonnance et celle de 1724 représentent les peuples comme *grandement travaillés par la difficulté d'instruire leurs affaires, et d'obtenir justice loin de leurs maisons et domiciles* (2).

L'édit de mars 1545 porte, dans le préambule, que les entreprises contre l'exécution des arrêts *les rendent illusoires à la charge des sujets.*

L'ordonnance de 1389 marque que ces abus (3), *d'un exemple très-pernicieux, tournent à la honte du prince*

_____

(1) Ordonnance d'Orléans, art. 34.
(2) Ordonnance de 1344, art. 8.
(3) Ordonnance d'Orléans, art. 34.

lui-même et des magistrats, au préjudice des sujets, au dé-
triment intolérable de l'Etat et de toute la justice dans
le royaume.

Les rois s'engagent par leurs ordonnances à ne donner
aucunes évocations *de leur propre mouvement* (1). *Ils dé-*
clarent nulles (2) *les évocations arbitraires* (3); *ils char-*
gent la conscience des juges d'en prononcer *la subreption*
et la nullité (4), *à peine d'être eux-mêmes* (5) *désobéis-*
sans au Roi et infracteurs des ordonnances.

Louis XIV, l'auguste prédécesseur de Votre Majesté, en
accordant des lettres patentes au parlement de Paris sur des
remontrances contre des évocations, dit expressément dans
ses lettres (6) *que les remontrances qui lui ont été faites*
sur ce sujet de la part d'une compagnie qu'il a en une
particulière considération ne lui sont pas moins agréables
que le zèle qu'elle a pour son service lui donne de salis-
faction.

Le danger des évocations s'est par conséquent manifesté
dans tous les tems; les souverains eux-mêmes, à qui elles
étoient quelquefois surprises sur des motifs apparens, se
sont interdit par leurs ordonnances de prononcer des évocations de leur propre mouvement, ou d'en accorder à la sollicitation des parties. C'est ce qui est bien énergiquement
exprimé par les ordonnances de 1529 et 1539, qui portent
que les *évocations, pour les octroyer trop facilement, se*
multiplient jusqu'au nombre effréné, ce qui est une grosse
vexation, frais et mises intolérables, aux parties grand

---

(1) Ordonnance de Blois, 97.
(2) *Ibidem.*
(3) Ordonnance de 1389.
(4) Ordonnance de 1344.
(5) Ordonnance de 1499.
(6) Lettres patentes du 17 janvier 1657.

retardement de justice (1), *qu'il a été grandement abusé des évocations accordées par importunité ou par inadvertance* (2). A cette interdiction volontaire, mais en même temps l'ouvrage de la justice des rois, ils ont ajouté des ordres aux magistrats *de prononcer la subreption et la nullité des évocations, à peine d'être eux-mêmes infracteurs des ordonnances* (3).

Quelle prévoyance admirable! Les monarques craignent la surprise, ils dictent des lois pour empêcher qu'elle ne s'exerce; mais trop assurés qu'on abuse souvent de leurs bontés pour les étendre au-delà des bornes qu'elles doivent avoir, ils chargent des magistrats d'en arrêter l'effet, lorsque celui qui les a obtenues ne peut en profiter sans préjudicier vos sujets. Ainsi les princes, toujours unis avec les tribunaux de leur royaume, les regardent comme des surveillans toujours attentifs à prévenir la surprise et à écarter les fraudes : un tel accord assure à jamais le règne de la justice, l'exercice des droits du citoyen, le rapport harmonieux de toutes les parties de l'Etat.

Comment le maréchal de Belle-Isle pourroit-il donc vous engager, Sire, à maintenir une évocation qui est préjudiciable à une portion considérable de vos sujets de la province de Normandie; qui les soustrait, malgré leurs priviléges, à leurs juges naturels, pour leur substituer des juges d'affection; qui les oblige à aller plaider *loin de leur territoire*, contre le vœu des ordonnances (4); qui anéantit enfin une partie du ressort de votre parlement.

Nous ne pouvons le dissimuler à Votre Majesté, les dis-

---

(1) Ordonnance de 1529.
(2) Ordonnance d'août 1529, art. 170.
(3) Ordonnance de 1389 et de 1499.
(4) Ordonnance de 1344, art. 8. Ordonnance d'Orléans, art. 34.

cussions élevées entre le maréchal de Belle-Isle et ceux avec
lesquels il a procédé concernent tout le Vexin normand,
qui forme la septième partie du ressort de votre parlement.
Quelles considérations seroient capables de faire tolérer une
aussi immense distraction de ressort? Notre compétence est
aussi incontestable sur cette étendue de pays que sur le reste
du territoire qui compose la province de Normandie; cependant, si l'évocation subsistoit, il ne nous resteroit,
pour tout le Vexin normand, qu'un ressort sans justiciables
et qu'un tribunal sans exercice. Disons-le avec confiance,
Sire, une telle évocation n'est point l'effet de votre volonté:
elle n'est que l'effet de la surprise; mais il est de notre devoir de vous la faire connoître, comme il est de votre justice de la faire cesser.

Eh quels motifs le maréchal de Belle-Isle pourroit-il hasarder pour soutenir une évocation aussi contraire aux
règles!

Dira-t-il que les contestations ont trait aux droits de l'é-
change fait avec Votre Majesté? Mais on lui répondroit qu'il
a lui-même fait enregistrer ses contrats d'échange en votre
parlement, seul compétent sur cet objet.

Alléguera-t-il qu'on lui dispute des mouvances qui lui
ont été cédées, et que, s'il ne les obtient pas, il aura des
indemnités à exercer contre Votre Majesté? Mais votre procureur-général, Sire, est spécialement chargé par état de
veiller à la conservation de vos droits; ils seront, nous osons
l'assurer, aussi bien défendus sous les yeux des magistrats
de votre parlement que sous ceux des juges que le maréchal
de Belle-Isle s'est choisis.

Invoquera-t-il un arrêt du 1er octobre 1726, parce qu'il
lui accorde une évocation de quelques contestations portées au parlement de Toulouse, et de toutes affaires nées et
à naître à l'occasion de son duché? Aura-t-il recours à cer-

taines reconnoissances particulières (1), eu faveur d'un tribunal devant lequel quelques parties ont paru procéder volontairement? Ou enfin s'appuyera-t-il sur un dernier titre, qui oblige un particulier (2) à plaider malgré lui hors de son ressort? Seroit-ce donc par l'abus notoire des évocations qu'on pourroit donner quelque autorité à celle que le maréchal de Belle-Isle a surprise? Votre parlement soutient, au contraire, fondé sur les ordonnances du royaume, que plus une partie multiplie les surprises contre les lois, plus la justice souveraine est intéressée à les venger des entreprises qui tendent à les rendre sans force et sans vigueur.

Comment votre parlement enregistreroit-il donc des lettres patentes qui ne paroissent accorder au maréchal de Belle-Isle que le renouvellement d'une grâce qui ne peut lui être contestée, mais dont il abuse, et contre votre parlement en cherchant à se dérober à son tribunal, et contre vos sujets en les privant de leurs juges. Cette étrange manière de procéder est inconciliable avec la justice; nous cesserions de la maintenir si nous osions nous prêter à ce qui la blesse aussi essentiellement.

Il y a plus: dès que les lettres patentes accordées au maréchal de Belle-Isle portent, en termes exprès, que *l'enregistrement des lettres d'érection, les publications et autres procédures faites à ce sujet, ne pourront préjudicier directement ni indirectement aux droits des opposans, lesquels demeureront réservés en leur entier sans aucune innovation ni au fond ni au provisoire,* il s'ensuit que Votre Majesté a nécessairement entendu que ces droits n'éprouveroient aucun changement, soit relativement à leur état, soit relativement à leurs juges, soit relativement aux juris-

---

(1) Les sieurs Camusat et autres, qui ont porté eux-mêmes leurs affaires au conseil.

(2) Le sieur Boisdennemets.

dictions saisies. Il y auroit en effet une véritable innovation, si des oppositions provoquées par le maréchal de Belle-Isle, formées entre les mains d'un commissaire de votre parlement, renouvelées entre les mains du procureur de Votre Majesté, portées enfin en l'audience de votre parlement par le maréchal de Belle-Isle, se trouvoient évoquées du tribunal où elles étoient et où elles sont encore pendantes. Ce n'est donc que par une fausse interprétation des lettres patentes du mois de juin 1755, et à la faveur d'un titre dépourvu de toute forme judiciaire, que le maréchal de Belle-Isle force les justiciables de votre parlement à plaider dans un tribunal étranger. Nous ne voyons, Sire, dans une telle conduite, que l'abandon injuste des jurisdictions territoriales, la vexation de vos sujets du Vexin normand, l'introduction des procédures dispendieuses, l'interversion de toutes règles. Que Votre Majesté n'exige donc pas que nous regardions de pareils abus comme son ouvrage, et qu'elle nous permette de lui répéter, d'après les ordonnances dont vous êtes le protecteur, que l'office d'un bon roi est de faire rendre prompte justice à ses sujets sur les lieux (1).

Nous ne devons pas en dire davantage, Sire, pour vous démontrer combien l'évocation accordée au maréchal de Belle-Isle est insoutenable. Nous ne le considérons point avec des yeux de défaveur, parce qu'il fuit notre tribunal, compétent de droit et saisi par son propre fait : la justice ne connoît point l'acception des personnes; elle sera la même pour lui que pour le reste de vos sujets de la province de Normandie. Mais nous sommes obligés de veiller au maintien des loix; Votre Majesté nous en a confié le depôt; et elles nous apprennent que les évocations sont contraires aux ordonnances; que vos sujets ne peuvent être arrachés à

_____

(1) Ordonnance de 1344, art. 8. Ordonnance d'Orléans, art. 34.

leurs juges naturels; qu'il n'est permis à personne de troubler l'ordre des jurisdictions, qui sont de droit public. Serions-nous capables de concourir à l'infraction des loix, pour nous prêter à des évocations qu'elles proscrivent avec une égale unanimité? Non, Sire, vous n'ordonnerez jamais un sacrifice aussi éloigné de nos devoirs qu'il est au-dessus de nos forces. Notre partage est de respecter vos volontés; mais ce respect se manifeste de la manière la plus éclatante toutes les fois que nous nous opposons à des entreprises qui compromettent les droits de la justice, que Votre Majesté ne peut cesser de maintenir et de protéger.

Ce sont là, Sire, les très-humbles et très-respectueuses remontrances qu'ont cru devoir présenter à Votre Majesté,

> Vos très-humbles, très-obéissans, très-fidèles et très-affectionnés sujets et serviteurs,

> Les GENS tenans votre cour de parlement de Rouen.

NOTICE PRÉLIMINAIRE.

On a accusé notre Molière d'avoir peint son imposteur avec plus de force que de vérité. Mille faits domestiques conservés dans les traditions de familles attestent que son tableau est aussi vrai que sublime. Mais son Tartuffe n'est qu'un obscure hypocrite, qui ne convoite qu'une maison et son mobilier. Son but et ses moyens d'y parvenir n'ont rien de fort extraordinaire : tant d'autres se sont faits parjures et délateurs à plus haut prix. La banqueroute du révérend père Lavalette, la ruine de la maison Léoni, la spoliation si éclatante et la mort si misérable d'Amboise Guys, ne peuvent être comparées qu'au scandaleux brigandage de ce Billard de Vaux, caissier général de la ferme des postes, qui, à une époque antérieure, volait avec une égale impudence et un égal succès les fortunes particulières et les revenus de l'État; et cependant il n'était que le frère Laurent d'un abbé Grisel. Il voulut tromper son complice. Les magistrats allaient le punir. L'opulent béat trouva de puissans protecteurs dans les congrégations de l'époque et dans le conseil du roi, et un arrêt du grand-conseil évoqua le procès. C'était peu de soustraire un voleur public et privé à l'autorité des tribunaux légitimes : des agens du pouvoir violèrent le sanctuaire et le dépôt le plus sacré, et enlevèrent la procédure du greffe du Châtelet.

Quel était donc cet accusé en faveur duquel le grand-conseil foulait aux pieds toutes les lois? Voici ce qu'écrivait à ce sujet à l'impératrice sa souveraine un grand seigneur étranger qui se trouvait alors à Paris et qui par ses relations était à même de bien connaître tous les détails de cette affaire, à une époque très-postérieure, et lorsque, cédant à la voix d'abord faible, mais à la fin toute-puissante, de l'opinion, le prince, effrayé plutôt que convaincu par les réclamations de tous les grands corps de magistrature, rendit enfin à la justice son libre cours:

« Billard de Vaux se piquait de la plus haute dévotion; il avait des liaisons intimes avec l'abbé Grisel (1), sous-pénitencier de l'église de Paris, confesseur de M. l'archevêque et

_____

(1) L'abbé Grisel était l'un des plus ardens défenseurs des jésuites, et dirigeait à son gré le diocèse de Paris. L'archevêque Beaumont ne voyait, n'agissait que par lui. (Voy. les mémoires du temps.) Je ne citerai que le couplet suivant : le portrait fut trouvé d'une ressemblance frappante.

> Beaumont, par Grisel inspiré,
> Laquais, prêtre, hypocrite,
> A l'aveuglement condamné,
> De rien ne voit la suite.
> Cependant il a fort bien su
> Que l'affreux régicide
> Par les ignaciens conçu
> Fit Damiens parricide.

directeur de plusieurs dévotes illustres, connu d'ailleurs par son goût décidé pour la garde des dépôts. Il était gardien d'autant plus exact qu'il ne rendait jamais. En sa qualité de confesseur de M. Billard, il s'était fait aussi directeur de la caisse des postes. Nous avons vu des financiers faire des dépenses excessives et scandaleuses pour entrenir des filles. Billard, qui ne faisait aucune dépense apparente, avait un genre de luxe particulier : l'entretien de son confesseur allait, année commune, à plus de cent mille écus. On prétend que c'est pour avoir quelques éclaircissements sur l'objet de cette énorme dépense que Grisel a été arrêté, et l'on s'attend à trouver les jésuites au fond du sac. Billard était aussi le prête-nom de l'abbé Grisel pour tous les legs que ce saint homme se faisait faire par testament. On prenait Billard à serment que ces legs n'étaient pas des fidéicommis, et Billard se parjurait chaque fois en justice.

« On dit cependant que, s'étant parjuré un jour pour un legs de cent mille écus, il lui vint un petit scrupule, et qu'il déclara à son confesseur que, pour apaiser sa conscience, il ne rendrait pas celui-là. Il faut se passer, entre fripons dévots, de ces petits scrupules. Billard, qui sera immortel dans l'histoire de France par les jeux de mots sublimes que son nom et sa banqueroute ont fait faire, jouissait d'une haute considération dans le parti dévot. Il approchait de la sainte table tous les trois ou quatre jours, et il avait le privilége d'être communié avec une hostie de prêtre. »

Un jour Billard s'étant présenté à la sainte table, quoiqu'il eût communié la surveille, le prêtre qui célébrait la messe, n'ayant que de petites hosties, lui dit : « *Vous me prenez au dépourvu*, il faudra vous contenter de la fortune du pot, etc. » (*Corresp. du B. de G.*, 1er v., pag. 66 et suiv.)

Tel était l'homme auquel le grand-conseil prenait un si

vif intérêt, et pour lequel il avait interverti le cours de la justice. Les pièces de la procédure instruite contre lui étaient déposées au greffe du Châtelet. Le grand-conseil avait ordonné l'enlèvement des minutes. Le greffier Neret, dépositaire de ces pièces et du registre, avait été arrêté. Cet acte arbitraire avait été déféré au parlement, et donna lieu aux remontrances suivantes (1). C'est un exposé fidèle de l'état de notre législation à cette époque. C'est par les mêmes moyens que l'on conteste aujourd'hui les attributions du conseil d'État, dont l'existence n'est pas même légalement établie dans la charte constitutionnelle, et qui affecte les mêmes prétentions et exerce les mêmes prérogatives. Il ne peut être considéré que comme conseil privé du prince; mais il n'a, de droit, aucune attribution de juridiction. C'est sous ce rapport que les principes invoqués par

---

(1) Tous les efforts du parti dévot avaient pu parvenir à suspendre le cours de la justice, mais non pas à l'arrêter tout-à-fait. La procédure régulière ne put néanmoins être reprise qu'après un intervalle de plusieurs années. Billard ne fut condamné qu'en février 1772, long-temps après l'expulsion des jésuites, qui avaient conservé encore sur une partie du clergé une grande influence. Il avait trouvé une entière protection dans l'intervention de la favorite si fameuse connue sous le nom de comtesse Dubarry, et qui employa tous les moyens pour sauver le coupable, neveu d'un autre Billard de Mousseaux, son parent. Ses efforts furent inutiles. Billard fut attaché au pilori, mais une seule fois, et avec cet écriteau :

BANQUEROUTIER ET COMMIS INFIDÈLE.

Billard, disent les mémoires du temps, était en bas de soie, en habit noir, bien frisé, bien poudré. Quand le bourreau vint le chercher à la Conciergerie, il l'embrassa, l'appela son frère, le remercia de ce qu'il lui ouvrait la porte du ciel, bénit Dieu de cette humiliation, et récita les psaumes tout le temps qu'il fut au carcan. Condamné au bannissement, il fut conduit hors de Paris, et se réfugia à Rome auprès du général des jésuites. Il avait eu la précaution d'y faire passer une partie de sa fortune, qui était évaluée à cinq millions. (Voy. *Correspondance de madame du Deffand*, t. 1, p. 289.)

les parlemens, dans leurs remontrances, peuvent encore
aujourd'hui recevoir une juste et utile application.

*Très-humbles et très-respectueuses remontrances que pré-
sentent au Roi, notre très-honoré et souverain seigneur,
les gens tenans sa cour de Parlement.*

SIRE,

Votre parlement, principalement occupé du soin d'assurer l'ordre public, travailloit à faire cesser les troubles,
en procurant à votre déclaration du 2 septembre 1754.
monument éternel de votre sagesse et de votre amour pour
la religion et pour vos peuples, son entière exécution.
Pourquoi faut-il que, dans le moment même où l'autorité
royale alloit rentrer dans tous ses droits, elle reçoive de
nouvelles atteintes par les entreprises des gens du grand-
conseil, à l'occasion de l'affaire criminelle du sieur Billard de Vaux.

Votre parlement, Sire, ne cherche point à approfondir
les motifs et les ressorts de ces entreprises, soit en elles-
mêmes, soit par rapport aux circonstances dans lesquelles
elles ont été hasardées. Qu'elles seroient funestes à votre
royaume, si elles partoient d'un système réfléchi de changer l'ordre primitif et l'économie essentielle des principales
parties de l'Etat!

Un point de vue aussi affligeant n'a point échappé à votre
parlement; mais il connoissoit la sagesse de Votre Majesté,
son amour pour ses peuples et son attention à maintenir
les loix de l'Etat. Il a cru, dans ces premiers momens, pouvoir fermer les yeux sur les démarches irrégulières des
gens du grand-conseil : il espéroit que ces magistrats recommandables à tant d'égards se renfermeroient dans les
bornes de leur pouvoir, et se réformeroient eux-mêmes.

Mais ces ménagemens, Sire, loin d'arrêter l'activité des gens du grand-conseil, ont été suivis des poursuites les plus vives contre des officiers du Châtelet qui n'ont, dans l'ordre des jurisdictions, de supérieur légitime que votre parlement. Le grand-conseil s'est oublié jusqu'au point d'ordonner la soustraction des minutes du greffe du Châtelet. C'est alors, Sire, que votre parlement s'est trouvé forcé d'agir contre des entreprises aussi téméraires qui violoient l'ordre public.

Il existe, Sire, des dépôts à la sûreté desquels les loix ont toujours veillé : c'est là que se retrouvent, pour la société présente et pour la postérité la plus reculée, les droits des citoyens, les preuves de leur état, les titres de leur fortune; c'est à la conservation de ces monumens précieux qu'est attachée la confiance des peuples. Si la loi leur garantit les droits qu'elle leur donne, votre autorité les rassure sur la garde de tant de titres, dont la perte rendroit inutiles les bienfaits mêmes de la loi.

Quelque autorité que vos parlemens exercent en votre nom, ce dépôt sacré ne leur appartient point; l'Etat en est le véritable propriétaire. De-là ces précautions prises par les loix pour empêcher que la nécessité d'avoir recours au dépôt ne devienne une occasion de l'altérer ou un prétexte pour le violer. Un bien commun, un bien si précieux à la nation, et dont vos parlemens sont comptables à Votre Majesté, qui veut bien s'en regarder elle-même comme le dépositaire, ne doit être touché que par des mains religieuses, et avec une crainte capable de porter jusqu'au scrupule l'attention et l'exactitude dues à sa conservation.

Que cette crainte se dissipe, qu'elle fasse place à la témérité et à l'indiscrétion, l'allarme naît dans tous les esprits; le même danger qui menace le dépôt paraît menacer le dernier de vos sujets; il n'en est aucun qui ne tremble sur son sort.

L'obligation de rendre la justice à vos sujets impose à vos parlemens la nécessité d'examiner leurs droits et d'interroger leurs titres; mais elle ne leur donne jamais le pouvoir d'en violer le dépôt. Aussi, lorsque quelques-uns d'entre eux se sont écartés de la règle à cet égard, les déclarations les plus précises les y ont aussitôt ramenés (1). Le citoyen en effet connoît le lieu où résident les monumens de son état; il ne les perd pas de vue, lorsqu'il sçait que pour son propre avantage ils doivent passer sous les yeux d'une compagnie destinée à les lui conserver, et qui ne les examine que pour les faire ensuite rétablir dans le dépôt où la loi les a placés, et où il est sûr de les trouver; le caractère de l'autorité, les formes auxquelles elle est astreinte, tout le rassure contre la crainte d'une perte irréparable.

Mais si un pouvoir étranger, si une compagnie à laquelle rien ne lie le citoyen, entreprend de violer ce dépôt, ne peut-on pas avancer avec vérité qu'elle met l'officier

---

(1) Une ordonnance de 1303 porte expressément que les protocoles des notaires, minutes qui ne sont pas plus sacrées que les actes de justice, ne pourront être tirés du lieu de leur dépôt : *Ita tamen quòd hujusmodi protocolla de dicto loco non extrahant.*

L'ordonnance de 1670 porte, titre 6, art. 15 : « Défendons aux greffiers « de se dessaisir des minutes (des informations et autres procédures), si- « non ès mains de nos procureurs, ou de ceux de nos seigneurs qui s'en « chargeront sur le registre, et marqueront *le jour et l'heure, pour les* « *remettre incessamment et au plus tard dans trois jours*, à peine d'inter- « diction contre le greffier et de 100 livres d'amende. »

Cette même loi, dans le titre particulier, article 5, parlant de procédu- res criminelles faites par un juge incompétent et dont la nullité est bien décidée, porte que « *les grosses* des informations et autres pièces et pro- cédures qui composent les procès ou qui y auront été jointes ensemble, « toutes les informations, pièces et procédures faites par-devant tous « autres juges, concernant l'accusation, seront portées au greffe du juge « par-devant lequel l'accusé sera traduit, s'il est ainsi par lui ordonné ».

Une déclaration de février 1679 porte expressément, art. 10 : « Toutes

public chargé du dépôt dans la cruelle alternative ou de mépriser ses jugemens, ou de prévariquer dans ses fonctions, s'il osoit imaginer que des ordres aussi irréguliers pourroient lui servir de décharge valable auprès de ses supérieurs, qui peuvent lui demander compte à tout moment du dépôt qui lui est confié. C'est cependant, Sire, l'excès dans lequel sont tombés les gens du grand-conseil, et dont nous vous découvrirons dans la suite plus particulièrement le prétexte.

Votre parlement, il est vrai, auroit pu venger votre autorité, qui est celle des lois, en réprimant cet excès par les voies juridiques qu'il avoit droit d'exercer; mais il a jugé plus convenable dans cette occasion de commencer par recourir à Votre Majesté par de très-respectueuses remontrances, pour lui faire connoître tout à la fois le caractère, le danger et les conséquences des différentes entreprises du grand-conseil, quel est le genre du pouvoir qui lui a été attribué, et de quelle nécessité il est de le contenir dans les bornes de l'autorité qui peut lui appartenir.

« les minutes des appointemens, jugemens ou sentences, et tous autres
« actes de justice qui doivent être déposés au greffe, sans aucuns excep-
« ter....., demeureront déposés et gardés audit Châtelet dans des lieux et
« armoires que nous ferons préparer à cet effet, *sans qu'ils en puissent*
« *être tirés pour quelque cause et sous quelque prétexte que ce soit.* »
Une déclaration donnée pour le parlement de Toulouse, le 15 juillet
1681, et une autre pour le parlement de Dijon, du 3 décembre de la même
année, portent : « Voulons et nous plaît que les originaux des procédures
« faites par nos juges ordinaires, ou ceux des seigneurs, pour crimes de
« quelque nature et qualité qu'ils soient, dans l'étendue du ressort de
« notre parlement de Toulouse (ou Dijon), *demeurent toujours ès greffes*
« *desdits siéges, sans qu'en aucun cas et sous quelque prétexte que ce*
« *puisse être notredite cour puisse en ordonner la remise au greffe crimi-*
« *nel de ladite cour, mais simplement des grosses......* Pourra néanmoins
« notredite cour ordonner la remise des originaux desdites procédures
« lorsqu'elles seront arguées de *faux* ou que les juges qui les auront faites
« seront accusés de *prévarication.* »

I.

24

Votre parlement, Sire, a pris en même temps les mesures les plus modérées pour rappeler aux juges de son ressort les engagemens de la subordination que leur serment et l'ordre public leur prescrivoient.

Vainement, Sire, votre parlement placeroit-il sous vos yeux de si grands objets, s'il n'avoit l'honneur de vous exposer auparavant la nature de ses devoirs, qui, depuis l'établissement de la monarchie, le chargent de veiller sans cesse à maintenir et venger les loix.

Sire, il y a treize cens ans que la monarchie subsiste; il y a treize cens ans que votre parlement, sous quelque dénomination qu'il ait été connu, forme toujours le même tribunal, et exerce les mêmes fonctions dans l'État. Son administration, quant à la manutention des lois, n'a jamais cessé d'être la même jusqu'à ce moment; et il a toujours conservé le glorieux avantage d'être la vraie *cour de France,* parce qu'il est né avec l'empire des Français, pour être une branche de la forme essentielle du gouvernement.

Qu'il nous soit permis, Sire, pour mieux développer ces vérités, de vous représenter que, dans le premier âge de la monarchie, le parlement étoit l'assemblée générale de la nation; que tous les *Francs* étoient *pairs*; que la valeur, la vertu, les talens, étoient les seuls caractéres distinctifs parmi eux; que la qualité de guerrier et celle de magistrat n'étoient pas incompatibles, et que l'histoire ne nous permet pas d'ignorer que la justice alors tempéroit l'âpreté du gouvernement militaire.

La confusion naturelle qui se fit des vainqueurs avec les peuples vaincus mit bientôt obstacle à ces assemblées générales, qui se tenoient fréquemment dans leur origine. L'étendue du royaume engagea nos princes à le distribuer en gouvernemens de différentes espèces. Les parlemens généraux ne furent plus alors composés ordinairement que de ceux qui étoient chargés de quelque administration, sans néanmoins abroger l'usage de ces assemblées générales, aux-quelles assistoient les grands du royaume, *et des Francs de toutes les conditions* (1). Ces assemblées étoient presque toujours convoquées quand il s'agissoit du mariage des en-fans de nos rois, du partage de leur succession, de la réfor-mation des lois principales et des affaires les plus impor-tantes de la monarchie.

Tel fut, Sire, l'état de votre parlement, jusqu'à l'intro-duction du gouvernement féodal. Le royaume, dans ce temps, ne fut plus un tout dont les différentes parties, sou-mises à l'autorité d'un seul maître, étoient gouvernées par ses officiers: chaque inféodation devint un véritable démem-brement, qui forma, pour ainsi dire, un État distinct et séparé de celui dont il étoit émané.

Ce changement en fit naître un pareil dans le parlement: il ne fut plus composé que des vassaux immédiats de la cou-ronne, qui prirent le nom de *barons* et de *pairs de France*. Toute autre personne, à l'exception des conseillers lettrés, ne pouvoit pas y être appelée, parce qu'elle étoit réputée étrangère aux affaires qui se traitoient dans cette assemblée; d'ailleurs, ceux qui tenoient des fiefs relevans d'un autre seigneur que du roi n'étoient point obligés de lui prêter serment : c'est ce que les ordonnances nous apprennent en-core mieux que l'histoire.

Quelque temps après se firent plusieurs réunions à la cou-ronne; les arrière-vassaux du roi devinrent *barons du royaume,* de sorte que le nombre des membres du parle-ment augmenta à proportion du progrès de ces réunions.

Cette double révolution, occasionnée par l'établissement des fiefs, présente à Votre Majesté les deux seuls change-mens que votre parlement ait éprouvés dans sa forme jus-

---

(1) Grégoire de Tours.

I.

qu'en 1302. Pendant ces premiers siècles de la monarchie, il n'y a jamais eu en France, pour l'expédition des affaires majeures, qu'un seul tribunal souverain, qualifié dans des temps de *placité général*, et dans d'autres de *cour* ou de *placité du roi*. Lorsque les rois vos prédécesseurs administroient la justice dans leur *cour ordinaire*, et qu'il s'y présentoit des affaires d'une certaine importance, ils ne statuoient que sur le provisoire, et renvoyoient l'examen du fond au *placité général*.

Ces deux assemblées, dont l'une étoit *ordinaire* et l'autre *générale*, ne différoient entre elles que par le nombre de ceux qui les composoient. L'une et l'autre étoient présidées par le Roi : aussi n'est-ce que dans le treizième siècle que le nom de parlement fut plus ordinairement employé concurremment avec celui de *conseil* ou de *cour du Roi*, pour désigner ce même tribunal, que l'on avoit connu pendant neuf cens ans sous le nom de *placité général* ou de *placité du Roi.*

Ces faits, Sire, sont constatés par le texte de nos ordonnances. Celle de 1287 est faite dans *le parlement de la Pentecôte* : il y est nommé *la cour du Roi.* C'est dans un parlement de l'Assomption que Saint-Louis fit l'ordonnance contre les blasphémateurs ; elle a même un avantage particulier, et relatif à ce que nous avons l'honneur de vous exposer : c'est qu'elle nous apprend que les barons du royaume faisoient partie de ce tribunal, que l'on appelloit alors parlement. Combien d'autres ordonnances, si ce pouvoit être la matière d'un doute, ne pourrions-nous pas mettre sous les yeux de Votre Majesté ! Celle de Philippe-le-Bel en 1302, qui fixe à Paris les séances du parlement, ne porte-t-elle pas un témoignage suffisant qu'il étoit indistinctement dénommé *cour du Roi, conseil,* ou *parlement.*

Ces trois dénominations se trouvent dans les ordonnances de 1381, 1383, 1394. Voudroit-on se refuser à des

preuves si convaincantes, et supposer à votre parlement une
origine qui ne remontât qu'à 1302? Que de monumens dé-
mentiroient cette supposition! Comment la concilier et
avec ces expressions consacrées par tant d'ordonnances, qui
ne caractérisent pas moins sa dignité que son essence, et
avec les fonctions qui lui ont perpétuellement été réservées?
Philippe VI (1), le roi Jean (2), Charles V (3) et Charles
VI (4), l'ont sans cesse reconnu pour être *la cour de France,
la cour royale, la cour capitale et souveraine de tout le
royaume, représentant sans moyen la personne et la
majesté de nos rois; étant, en cette qualité, le miroir, la
source, l'origine de la justice dans l'Etat,* sous l'autorité du souverain.

Quelles fonctions plus honorables que celles que votre
parlement a toujours exercées! Les princes de votre sang,
les pairs de France, n'ont jamais reconnu d'autres juges que
cette cour; c'est elle qui sous Gontran se réunit à celle de
Childebert pour juger l'accusation d'un crime d'Etat; c'est
elle qui, sous la seconde race de nos rois, condamna Tas-
sillon, roi de Bavière, et ses complices, Bernard, roi d'I-
talie, et tous ceux qu'il avoit entraînés dans sa révolte; c'est
devant ce tribunal que Carloman, accusé de crime de rébellion, fut traduit; c'est toujours le même tribunal qui,
sous les règnes de vos augustes ayeux, a été juge des premiers officiers du royaume, des princes, de l'empereur
même, des rois de Sicile et d'Angleterre, en leur qualité de
vasseaux de la couronne.

Quelque multipliées que soient les preuves qui justifient

---

(1) 4 février 1335. 28 février 1338.
(2) 7 avril 1361. Décembre 1363.
(3) 19 mars 1359. Mars 1364.
(4) 6 mai 1389. Janvier 1391. Juin et 19 novembre 1393. 13 novembre
1403.

que le *parlement* ou le *conseil* sédentaire à Paris étoit le même corps qui subsistoit avant 1302, nous supplions Votre Majesté de nous permettre d'en rapporter une, si glorieuse à votre parlement, qu'elle est digne de mettre le sceau à toutes les autres.

C'est l'honneur, Sire, de n'avoir jamais eu d'autre chef que le souverain même. Si cette noble prérogative du parlement pouvoit encore avoir besoin de quelques preuves, la seule lecture des ordonnances des 11 mars 1344 et 17 décembre 1352 suffiroit pour convaincre. On y verroit que, lorsque les rois évoquoient quelques affaires, c'étoit toujours pour les juger en personne dans leur *pleine cour*.

C'est pourquoi, ayant souvent observé que ces sortes d'évocations, qui requéroient leur présence, étoient préjudiciables par les retardemens qu'elles occasionnoient dans l'administration de la justice, ils ordonnèrent, les 22 juillet 1350 et 15 août 1389, qu'on n'eût plus d'égard aux lettres de cette espèce, et que, sans attendre la présence du souverain, il fût procédé au jugement des procès.

La qualité de chef de la justice est tellement inséparable de la majesté royale, que le corps dont les membres portent l'auguste titre de *ministres essentiels des loix* ne peut avoir d'autre chef que le souverain ; et que, d'un autre côté, le corps dont le roi se déclare le chef doit être nécessairement composé de ces mêmes ministres. Ces deux propositions ont entre elles une réciprocité si nécessaire, qu'elles ne peuvent être présentées séparément. Aussi Louis XI, dans son ordonnance du 21 octobre 1467, reconnoît-il les officiers de son parlement pour être *les ministres essentiaux des loix, comme membres du corps* qui n'a point d'autre *chef* que le souverain.

Il est donc, Sire, bien établi que votre parlement ne changea point de nature en 1302; qu'il continua d'être véritablement la cour de nos rois, celle où ils rendoient eux-mêmes la justice, celle qui dans leur absence remplissoit cette importante fonction à leur décharge, et comme ayant l'honneur de *représenter sans moyen leurs personnes sacrées.* Nous pouvons même dire avec vérité qu'il ne cessa point d'être essentiellement ce conseil sur lequel nos rois se reposoient en partie du soin de l'administration, et qu'ils consultoient dans toutes leurs affaires de quelque importance. Aussi trouvons-nous, sous Philippe-le-Bel et ses successeurs, jusqu'à Charles VII, des conseil tenus fréquemment, tantôt avec une partie et tantôt avec l'universalité des membres du parlement.

Si, depuis la fixation à Paris des séances que votre parlement avoit déjà coutume d'y tenir, nos rois, qui jusque alors avoient, avec l'assistance et au milieu de leur cour, conduit l'administration dans toutes les parties du gouvernement général, attachèrent à leur suite quelques personnes prises dans le parlement, et que leur confiance ne chargea que de l'administration économique et journalière, le parlement entier n'en fut pas moins le seul et véritable conseil de nos souverains, dans lequel ils continuèrent toujours de traiter, ou du moins de résoudre tout ce qui pouvoit appartenir à l'ordre législatif.

Tout annonce même que leur intention ne fut point d'ériger un nouveau tribunal, ni de détacher du parlement ces dépositaires particuliers de leur confiance, pour en former un nouveau corps distinct et séparé de la cour du Roi, hors de laquelle ils se seroient trouvés sans caractère.

Qu'il est satisfaisant pour nous, Sire, de pouvoir aujourd'hui rendre un hommage bien glorieux à la mémoire de ces souverains, en remettant sous les yeux de Votre Majesté les preuves les plus authentiques de la crainte qu'ils avoient de violer, par des nouveautés toujours dangereuses, les loix fondamentales de leur Etat.

Ils n'ignoroient point que la constitution de la monarchie

ne permettoit pas qu'un nouveau plan de gouvernement pût préjudicier aux droits essentiels de leur cour. Aussi ne cessent-ils point de rapporter au corps du parlement, comme à leur véritable conseil, la plénitude des fonctions mêmes qu'exerçoient auprès de leur majesté ceux des membres de cette cour qu'ils avoient attachés à leur suite.

C'est par cette raison que depuis 1302 nous les voyons encore tant de fois au milieu de leur parlement, dans les affaires importantes, prendre des résolutions, prononcer des jugemens, dicter des loix, faire en un mot tous les actes qui appartiennent à la souveraineté. De là, Sire, cette maxime fondamentale, qu'il est d'une indispensable nécessité que (1) *toutes les loix reçoivent dans votre parlement leur dernière forme* par l'enregistrement qui en est ordonné : maxime qui ne tend point à diminuer ou à partager votre autorité souveraine, mais plutôt à vous conserver sans altération tout l'éclat, toute la plénitude de ce pouvoir suprême qu'exerçoient autrefois si solemnellement ces anciens conquérans fondateurs de la monarchie. Ils étoient, Sire, aussi puissans, aussi respectés par la sagesse et l'autorité de leurs loix, que par la force de leurs armes. Qu'elle est sacrée, cette maxime ! qu'elle est précieuse à votre Etat ! C'est à ce germe de sa félicité et de son agrandissement qu'il est redevable de treize siècles de gloire et de splendeur. Permettez-nous donc, en ce moment, de la réclamer en son nom, comme un gage assuré de sa prospérité future. Supérieure à la révolution des tems, au changement des mœurs, à l'altération inévitable de tous les établissemens arbitraires, elle nous ramène à l'origine de la monarchie. Ce qu'étoit autrefois le souverain par rapport au parlement, ce qu'étoit le parlement par rapport à son souverain, c'est

---

(1) Discours de M. le Maistre, avocat-général, dans un lit de justice du 13 juin 1499. Reg. du Parl.

encore aujourd'hui ce qui constitue le rapport intime qui unit essentiellement votre parlement à Votre Majesté. Nos souverains et leur parlement ne faisoient qu'un même corps ; également indivisible, cet auguste corps subsiste toujours. Vous en êtes, Sire, le *chef;* les magistrats de votre parlement en sont les *membres.* Toujours présent au milieu de ce sanctuaire, où votre sagesse et votre autorité *résident habituellement,* vous y délibérez avec les officiers de votre parlement, comme vos augustes prédécesseurs, lorsque les loix que les circonstances exigent y sont examinées ; et de même que les premiers monarques qui vous ont transmis la couronne, vous ne consommez de loix qu'au milieu de votre cour, au milieu de ce parlement dont nous osons vous dire, d'après votre auguste bisayeul (1), *que la dignité fait une partie essentielle de la vôtre.*

Dans ce point de vue si lumineux vous apercevez, Sire, que le droit de délibération, en vertu duquel votre parlement procède à l'enregistrement des édits de nos rois, n'est pas seulement fondé sur un motif d'utilité publique, mais qu'il est essentiel à la constitution de votre parlement et de la monarchie; que ce droit est le même qu'il a exercé de toute ancienneté, le même que nos souverains ont perpétuellement reconnu. tantôt en venant en personne traiter dans cette cour les affaires les plus importantes de l'Etat, tantôt en demandant que le parlement suppléât, par son suffrage et son enregistrement, la délibération qui, par quelques circonstances particulières, n'avoit pu précéder la rédaction de la loi.

Si ces temps éloignés ne nous étoient pas retracés par une possession constante, et qui justifie la tradition des vérités que nous avons eu l'honneur de vous développer, combien

---

(3) Edit de 1644, en juillet, registré le 19 août.

de monumens n'aurions-nous pas à vous présenter, Sire, qui établiroient que les ordonnances anciennes ne se faisoient que *de l'avis et du consentement des barons* (1), membres nés du parlement; que celles qui n'avoient point été dressées dans le parlement avoient besoin, pour que leur exécution *fût perpétuelle* (2) *et irrévocable, d'être publiées publiquement en parlement, et entre les autres choses enregistrées dans le livre des ordonnances royaux.*

Une multitude d'autres ordonnances feroient connoître quel étoit l'objet et le caractère des délibérations qui devoient précéder ces enregistremens. Il en est un grand nombre qui avertissent les magistrats que rien n'est plus auguste et plus important que la fonction qu'ils ont à remplir en délibérant sur l'établissement des loix; « que leur conscience (3) « est chargée de la justice ou de ces loix; que la religion du « serment doit présider à leur examen; que, si les lettres du « prince ne sont conformes à la justice et à la raison, si elles « contrarient ou contreviennent aux ordonnances, si elles « déclinent de l'ordre et ancienne observance d'icelles, ou y « dérogent en tout ou partie, ils doivent les déclarer nulles, « injustes ou subreptices; ou, suivant les circonstances, in- « struire la religion du souverain, sur peine d'être eux- « mêmes réputés désobéissans au prince, et infracteurs des « loix ».

D'autres ordonnances constateroient par la conclusion même qu'*elles ont été corrigées dans le parlement* (4), ou

(1) *De assensu et consilio baronum,* 1ᵉʳ vol. des ordonnances du Louvre.

(2) 2 juillet 1336. Mai 1355. Mars 1356. Juillet 1366. Août 1374.

(3) Mars 1302. Décembre 1374. Juillet 1379. 15 août 1389. Avril 1453. 22 décembre 1499, etc.

(4) Ordonnances du Louvre. Septembre 1368. Mars 1370. 25 juillet 1366. Décembre 1364. Avril 1364.

récrites et signées, suivant et conformément à la correction du conseil, étant dans la chambre du parlement.

Ces maximes, Sire, étoient le langage ordinaire de nos rois ; nous voyons dans leurs capitulaires qu'ils n'ont point cessé de recommander à leur parlement ces mêmes devoirs ; et l'histoire de la monarchie est en même tems le tableau de l'exactitude avec laquelle il s'en est toujours acquitté, et qui a mérité dans tous les tems aux membres de cet auguste corps l'avantage de porter d'une manière spéciale le titre glorieux de *fidèles* ou *féaux* (1).

Combien d'autres témoignages ne trouverions-nous pas dans les réponses, dans les actions de nos rois, dans leur conduite même à l'égard des puissances étrangères ! Loin d'improuver le zèle avec lequel votre parlement remplissoit ces mêmes devoirs, ils ont su rendre justice à sa fidélité. Louis XI la reconnut, lorsqu'il *jura* aux membres de son parlement (2) *qu'il leur seroit bon roi, et que de sa vie il ne les contraindroit à faire chose contre leur conscience.*

Nous interrompons, Sire, pour quelques momens, la suite des monumens qui d'âge en âge ont perpétué jusqu'à nos jours les grandes maximes dont Votre Majesté vient de voir le germe et le développement. Jusqu'ici le plan du gouvernement, sur lequel s'est élevé cet empire, est solidement établi ; jusqu'ici, dans toutes les parties de l'Etat, rien ne se présente qui altère l'harmonie générale, ou qui s'efforce de s'élever à côté de ce corps national, et d'en partager la nature et les fonctions : le grand-conseil n'étoit pas encore institué.

Quel coup d'œil dans le tableau que nous venons de vous présenter ! quelle grandeur ! quelle justesse ! Mais quelle simplicité dans le plan que la sagesse de nos premiers mo-

---

(1) Fideles nostri.
(2) Vie de Louis XI.

narques a tracé! Un seul souverain, un seul tribunal, un seul système de loix; trois principes de l'ordre politique, mais principes qu'un lien indissoluble unit à jamais, ou plutôt qu'une heureuse et saine constitution incorpore et confond, pour ainsi dire, ensemble.

Un souverain mobile, universel, âme de tous ses Etats, qui seul agit partout, dont les moindres impressions se portent avec rapidité dans toute l'étendue du corps politique, et forment à l'instant même des mouvemens proportionnés aux vues de leur auteur, mais des mouvemens qui semblent naître dans les membres eux-mêmes, un tribunal, ou plutôt un sanctuaire auguste, où sont scellés à jamais ces engagemens sacrés qui constituent la monarchie, où le *souverain réside habituellement*, où se concentre l'Etat; où la loi se prépare, se termine, se consomme, se dépose et s'exécute; dans lequel enfin *le Roi* (1), *l'Etat et la loi forment ce tout inséparable*, chef-d'œuvre d'une politique qui a droit de prétendre à l'immortalité, des loix qui sont la volonté souveraine et toujours juste du prince, mais qui dans l'instant même où elles émanent du trône sont déjà le vœu libre de la nation.

Telle est, Sire, la constitution de votre monarchie. Quel corps, né depuis l'Etat et dans l'Etat, oseroit troubler cette admirable et ancienne économie? Quel tribunal entreprendroit de disputer à votre parlement le rang et les fonctions qu'il remplit dans cet ordre majestueux, qui remonte aux siècles les plus reculés; de s'insinuer en quelque sorte entre le prince et sa cour, entre l'Etat et le tribunal de la nation; de se dire, ou concurremment avec le parlement, ou au préjudice du parlement, la *cour du roi*, le centre de l'Etat, le dépôt national et essentiel des loix, *le chef-lieu, la source*

---

(1) Bossuet. *Politique tirée de l'Ecriture-Sainte.*

et l'origine de toute la justice dans le royaume; ou, sans avoir ces titres éminens et incommunicables, prétendre s'associer à ces *hautes et importantes* fonctions que peuvent seuls exercer le souverain et ceux qui forment un même corps avec lui; délibérer sur les loix, les consacrer, leur imprimer le dernier caractère et le sceau de l'autorité souveraine?

Ce sont, Sire, vous aurez peine à le croire, ce sont les prétentions qu'élèvent aujourd'hui les gens du grand-conseil. Ce nouveau genre de tribunal, inconnu dans la monarchie pendant plus de mille ans, préparé par les troubles qui agitèrent les règnes malheureux de Charles VI, de de Charles VII et de Louis XI, annoncé par la multiplication des désordres qui intervertirent le cours régulier de la justice, né tout à coup sous les auspices d'un acte qui blessoit les formes essentielles de la constitution de l'Etat, toléré plutôt que reconnu dans l'ordre des jurisdictions, devenu presque en naissant rival du corps entier de la magistraure, dans lequel réside essentiellement le dépôt des loix du royaume et le caractère légitime de leur autorité, entreprend aujourd'hui d'effacer les premiers tribunaux dont ce corps est composé, et de se substituer à leur place.

Depuis un siècle, Sire, des orages redoublés agitoient la France, lorsque Charles VIII monta sur le trône. Attaquée par des forces étrangères, plus désolée encore par ses dissensions intestines, elle n'avoit pu depuis long-tems s'occuper que de ses malheurs. Dans ces conjonctures critiques, les loix, la constitution de la monarchie, l'exacte tradition du gouvernement politique, la forme primitive et essentielle de l'administration de la justice, tout succombe ordinairement sous les coups que ressent l'Etat entier, tout demeure enseveli pour un tems dans le chaos général. Le trône de nos rois fut malheureusement en butte aux plus violentes factions; bientôt furent éloignés de la personne du souve--

rain ces magistrats recommandables, ces membres de la *cour du Roi*, présentés, pour ainsi dire, au souverain par les mains de la justice.

Les chefs de différens partis s'appliquèrent surtout et ne réussirent que trop à se ménager auprès du Roi de serviles ministres de leurs passions. Ce ne fut plus dès lors ni l'ancienne économie du royaume, ni le choix tranquille et libre des souverains, qui disposa de l'entrée dans leur conseil : l'esprit de parti, les intérêts, les brigues, y introduisirent *toutes sortes de personnes sans ordre* (1), *sans nombre et sans expérience au fait de la justice.* Quel pouvoit être, Sire, le respect de semblables conseillers pour les loix de l'Etat, qu'ils ignoroient; pour l'ordre des juridictions, dans lequel ils n'occupoient aucun rang; pour l'honneur des tribunaux, qu'ils avoient perpétuellement à redouter; pour l'administration régulière de la justice, dont les principes sont incompatibles avec les vues factieuses qui les animoient?

De-là une multitude d'évocations faites sans règles et sans bornes, qui, sous prétexte d'attirer les causes dans votre conseil, ne tendoient réellement qu'à empêcher que les citoyens (2) *ne pussent poursuir* leur droit. Ce double abus, qui changeoit absolument et la nature et les fonctions de votre conseil, excita les plaintes les plus vives des états assemblés à Tours. Ils demandèrent instamment au Roi, d'un côté, que le *nombre* (3) de ceux *qui seroient mis* à l'avenir *avec le chancelier* fût déterminé, et qu'ils fussent choisis avec plus d'attention, *bien renommés et experts en l'administration de justice*; mais ce fut surtout contre l'abus des évocations que le corps entier de l'État porta vers le souverain ses justes supplications, en lui demandant

---

(1) Cahier des états de Tours en 1483, chap. *de la Justice.*
(2) *Ibid.*
(3) *Ibid.*

qu'aucunes (1) *évocations ne fussent faites de quelques causes que ce fût au grand-conseil ne ailleurs, ne en icelui introduites causes en première instance, et que celles qui y étoient évoquées et introduites fussent renvoyées devant les juges dont elles étoient évoquées.*

Quel eût été, Sire, l'étonnement ou plutôt la douleur de vos peuples, s'ils eussent pû penser que les mesures mêmes que le souverain crut devoir prendre pour remédier aux désordres et aux maux dont ils se plaignoient ne dussent, par une fatalité imprévue, produire d'autre effet que celui d'affermir et de perpétuer le cours de ces mêmes évocations qui leur causoient tant de préjudice! Charles VIII eut lui-même des vues bien différentes : il crut avoir à jamais rétabli le cours de la justice (2) *par les ordonnances qu'il avait faites à Cléry, et en la ville de Tours,* contre les évocations. Il les annonça à ses peuples comme leur sauve-garde; il leur indiqua la manière dont les parties *pourroient en avoir la copie, pour eux en aider quand et ainsi que métier seroit.* Mais en même tems Charles VIII, occupé du désir de remédier au premier désordre qui avoit entraîné celui des évocations, et de se mettre lui-même en état de pouvoir accorder sa confiance à ceux qui environneroient à l'avenir sa personne, assura les états qu'il (3) *pourvoiroit si bien, que le conseil avec le chancelier seroit garni de bons personnages et gens de bien.*

Quoi de plus séduisant, Sire, que le moyen suggéré pour y parvenir! L'idée de son utilité apparente prévint les reflexions que l'on eût du faire sur le danger d'introduire dans l'État sous ce prétexte un établissement nouveau, sur

---

(1) *Ibid.*

(2) Réponse du Roi au cahier des états de Tours.

(3) Réponse du Roi à l'article commençant *Item, et pour ce que, etc.,* des cahiers des états de Tours.

l'ordre ancien et général du royaume. L'institution d'un *corps et collége* dans ce conseil, dont les membres, jusque alors isolés et sans caractère, n'avaient eu dans les affaires d'autre part que celle que la confiance du souverain jugeoit à propos de leur donner, parut un établissement capable d'assurer pour l'avenir et le nombre et le choix de ceux qui entreroient dans l'administration économique du royaume.

Si l'objet de cet établissement eût été, Sire, de faire entrer les gens du grand-conseil dans l'enchaînement sacré des jurisdictions ordinaires, de leur faire part du caractère auguste qui constitue le magistrat, étoit-il possible d'ignorer que le projet le plus intéressant et de la plus grande importance pour l'État entier, un projet qui nécessairement eût opéré une nouvelle distribution politique dans le royaume, exigeoit, plus qu'aucune autre loi, tout l'appareil de la majesté souveraine, la délibération du parlement, le sceau essentiel de l'enregistrement dans cette cour, et l'inscription dans les registres des ordonnances royaux? Ajoutons que, si le grand conseil eût été destiné à tenir un rang entre les autres tribunaux, il eût encore été nécessaire de lui attribuer un être semblable à celui des autres jurisdictions, en caractérisant d'une manière précise la nature de son autorité, l'objet de son institution, le rapport qu'il auroit avec les autres tribunaux, soit à titre de ressort, d'égalité ou d'infériorité, en lui assignant enfin un territoire et un objet propre et fixe de jurisdiction. Mais loin de lui donner aucun de ces caractères, l'édit n'exprime les droits dont jouiront les gens du grand-conseil que par une énonciation vague et indéterminée d'*honneurs, droits et prérogatives, semblables à ceux qu'ont accoutumé d'avoir les conseillers des cours souveraines :* expressions qui peuvent annoncer quelques priviléges purement personnels, quelques marques de distinction accordées à des particuliers, mais qui ne seront jamais pour un tribunal le titre constitutif de son autorité, de ses fonctions et de son existence.

L'innovation, dont le prétexte étoit d'établir une meilleure police dans le conseil, existoit à peine, qu'un nouveau règne sembla favorable pour porter, par le projet et l'exécution d'un plan nouveau, la première atteinte à l'ordre essentiel qui, constamment suivi jusque alors, faisoit depuis mille ans fleurir la monarchie.

Le nouveau *corps* qui venoit de se former avec des attributs si peu déterminés ne se contenta pas d'obtenir une confirmation aussi irrégulière que l'étoit son institution. Un édit que les gens du grand-conseil présentent comme émané du souverain dont le règne commençoit annonce qu'un simple *corps et collége* porta ses vues jusqu'à vouloir se mettre en quelque sorte au nombre des *cours*, jusqu'à chercher à se donner l'apparence d'un caractère permanent et d'une autorité véritable.

Dans l'édit accordé aux gens du grand-conseil fut réunie la triple dénomination de *corps, cour et collége*, et l'on eut soin de substituer à cette concession vague d'*honneurs, droits et prérogatives*, qu'il n'avoit pas paru possible d'excéder en 1497, les expressions *d'autorité souveraine partout le royaume, pays, terres et seigneuries du roi, et toute telle qu'ont les autres cours souveraines établies en divers lieux du royaume en leurs limites et ressorts.*

Que de réflexions, Sire, ne naissent point et des circonstances qui ont donné lieu à cet édit, et de son texte! A peine le grand-conseil peut-il compter une année d'existence en *corps et collége*; il n'est pas même encore un tribunal; il commence à l'instant même d'en prendre le titre, et déjà c'est un rival qui se mesure avec ces cours anciennes, qu'une longue suite de siècles, autant que les loix constitutives de l'État, consacre et lie essentiellement avec le corps entier de la monarchie.

Mais quelle idée peuvent présenter ces termes si pompeux *d'autorité souveraine partout le royaume, toute telle qu'ont les autres cours souveraines dans leurs limites et ressorts?* Le grand-conseil est-il devenu le tribunal de la nation, la cour du Roi et des pairs? A-t-il enlevé ces glorieux titres à votre parlement, ou ce rang auguste peut-il être partagé? Le grand-conseil acquiert-il en un moment le droit de tirer des mains du parlement le dépôt des ordonnances, de consommer à l'avenir, par l'impression de son suffrage, le caractère suprême dans ces mêmes loix, que quelques-uns des gens du grand-conseil ne faisoient, deux années auparavant, que préparer et proposer, pour être solemnellement résolues par la délibération du Roi et de sa cour? Quel est donc ce phantôme si imposant, ce parallèle si complet, *d'une autorité toute telle, par tout le royaume, qu'ont les autres cours souveraines dans leurs limites et ressorts?*

Qu'il nous soit permis, Sire, de développer encore à cet égard de nouvelles vues, d'après les premiers principes qui constituent l'essence et les divers degrés des jurisdictions. Leur établissement et leur ordre n'ont pas été formés sur des vues arbitraires ; comme ils sont entrés de tout tems et essentiellement dans le plan de la société civile et politique, c'est dans les notions simples et dans l'économie naturelle de ce plan qu'il faut chercher l'origine et le véritable système de l'un et de l'autre.

Aussi utile que naturelle aux hommes, la société formée entre eux pour la tranquillité commune, par leurs besoins et par leurs désirs, ne vit pas moins, dès son origine, naître de ses principes mêmes des troubles qui commencèrent à éclater par des voies de fait. Le premier vœu des hommes réunis fut donc d'arrêter promptement et de prévenir ce qui, troublant la société naissante, pouvoit la dissoudre; et ce vœu si naturel ne dut les conduire qu'à établir entre eux, soit à l'égard des personnes, soit à l'égard des possessions et des droits, un ordre dont l'équité fût le principe, l'âme et la règle. De là furent d'abord soumises à la justice *les voies de fait* par lesquelles cet ordre commença d'être violé.

Le plan et la conservation de cet ordre demandoient une autorité pour le soutenir, des loix pour le régler, et des ministres pour exercer cette autorité, en observant et maintenant ces loix.

De là toute société eut un ou plusieurs chefs, un conseil suprême et des juges particuliers.

La justice, d'autant plus utile à l'ordre et à l'union qu'elle est plus prompte, exigea tout à la fois pour remplir son objet diligemment, sans confusion, avec exactitude, et que les juges fussent le plus à portée des lieux où le trouble pourroit s'élever, et que la vigilance de ces juges fût attachée et bornée à des lieux fixes et limités, et que le conseil de la société fût placé entre le chef et ces juges, pour veiller en son nom sur eux et sur leur administration, pour la diriger et la réformer même sur les loix, et pour la soutenir par l'autorité. L'humanité, qui ne permettoit pas plus que la justice que sur un examen unique on pût décider de l'honneur et de la vie des hommes, fut un nouveau motif de leur accorder dans la révision de ce conseil de la société un recours utile et nécessaire contre la foiblesse et la fragilité humaines.

Ainsi *les voies de fait* devinrent moins fréquentes par la facilité que cette police, soit inférieure, soit souveraine, exercée *sur les personnes,* donnoit de réprimer la violence.

Mais *la fraude,* que cette police n'avoit pû prévoir, trouva bientôt des ressources pour susciter sourdement de fréquentes dissensions entre les hommes ; l'intérêt person-

1.

25.

nel, né de la division nécessaire des *possessions* et des *droits*, produisit les contestations.

L'établissement soit de jurisdictions subordonnées dans tous les lieux où l'audace et la licence des hommes troubloient d'abord la société par des voies de fait, soit d'une jurisdiction souveraine dans le conseil auquel ces premiers juges devoient répondre de leur administration, avoit eu le succès de contenir la *violence* : il étoit conséquent que ce fût cette même économie déjà subsistante qui contînt, ou du moins réprimât la *fraude*.

L'ordre nécessaire entre les hommes dans leurs *possessions* et leurs *droits*, quoique plus directement relatif aux intérêts des particuliers, n'est pas moins essentiel à la société générale. De là, le rétablissement de cet ordre a dû être confié immédiatemunt aux juges chargés de remédier aux troubles particuliers, et appartenir en même tems dans un degré supérieur au tribunal suprême, dépositaire des droits de la société.

La détermination des premiers juges n'a pu se faire que d'après la nature même du désordre. Le trouble, uniquement formé par des contestations relatives aux *possessions* et aux *droits*, étoit par cette connexité même attaché ou à la seule *situation* des possessions, ou au seul *domicile* de ceux qui contestoient, trouble qui par conséquent n'étoit pas moins *local* que *personnel*.

De là combien de raisons pour que le juge le plus voisin de ce trouble fût par préférence chargé d'y pourvoir, parce qu'il est d'ailleurs le plus à portée de le calmer ; pour que la tranquillité particulière et *personnelle* fût confiée et dûe aux ministres de la tranquillité *locale* et publique, auxquels il est évident qu'il appartenoit déjà d'y pourvoir par une suite et une conséquence nécessaire. Ainsi les juges des *personnes* et des *voies de fait* dans *des lieux certains* devinrent conséquemment et nécessairement dans les *mêmes lieux* les juges des *possessions* ou des *droits*.

La fortune des hommes demandoit-elle moins d'ailleurs que leur vie et leur honneur ces précautions prudentes et nécessaires, qui déjà garantissoient la force, l'exactitude et l'équité de la jurisdiction sur *les personnes?* La jurisdiction sur *les possessions et les droits* ne dut pas être par conséquent et ne fut pas plus exempte de la supériorité essentielle et salutaire du tribunal souverain, qui, déjà refuge assuré de l'innocence, devint aussi la ressource de tous ceux qui voudroient réclamer l'équité la plus exacte et la plus intègre.

Tel est, Sire, le plan d'une police également intéressante à la société, et à chacun de ceux qui la composent, puisqu'elle conserve tout-à-la-fois par la justice les *personnes*, les *possessions*, les *droits*, l'ordre et le repos public et particulier; police que les juges ne peuvent maintenir qu'autant que l'assignation fixe et la distinction marquée soit de lieux certains et limités, soit de ressorts réglés et ordinaires, les mettent à portée de veiller avec exactitude, sans jalousie et sans confusion, sur les hommes et sur tout ce qui les concerne.

Ainsi, dans l'ordre de la justice, ou plutôt dans celui de la société, tout dérive, Sire, du *droit de police*, et tout s'y rapporte: ainsi le *droit de police*, soit inférieure, soit souveraine, est essentiellement *territorial;* ainsi le *territoire* donne à ce droit des *sujets* et des *objets* propres; ainsi toute jurisdiction, telle qu'elle puisse être, qui n'a ni *police* ni *territoire*, n'est point une *jurisdiction* proprement dite, et elle est aussi incompatible avec l'ordre de la société qu'elle lui est étrangère.

Quelle est néanmoins, Sire, la jurisdiction que les gens du grand-conseil pourroient prétendre en vertu de l'édit de 1498? Cet édit ne présente l'idée d'aucun démembrement fait sur le territoire des juges ordinaires, distribués dès-lors dans le royaume : il ne peut donc attribuer aux gens du grand-conseil ni objet certain, ni justiciables déterminés, droits qui ne peuvent subsister sans territoire.

Comment d'ailleurs cet édit pourroit-il attribuer un territoire, lorsqu'il ne donne aucun droit de police, droit si nécessaire pour constituer un territoire tel qu'il soit?

Voudroit-on néanmoins prêter à cet édit l'effet d'attribuer aux gens du grand-conseil tout le royaume pour territoire? Ce territoire indéterminé comprendroit-il la connoissance de toutes matières, ou seulement de quelques-unes? Dans le premier cas, les parlemens seroient anéantis; dans le second, quelles pourroient être les matières dont, en vertu d'un édit qui n'en spécifie aucune, les gens du grand-conseil auroient cependant la connoissance?

Pour découvrir et distinguer ces matières qui appartiendront aux gens du grand-conseil, aurons-nous recours à cette aptitude que les gens du grand-conseil trouvent dans l'édit de leur établissement à connoître de toutes les affaires contentieuses suivant les occurrences? Quel attribut pour les gens du grand-conseil que cet attribut unique d'une aptitude vague par elle-même, et qui ne peut être déterminée que par les occurrences; d'une aptitude qui ne cesse d'être vague qu'autant qu'elle devient arbitraire; d'une aptitude qui, plutôt un vice qu'une prérogative, exclut tout caractère et toute idée même de jurisdiction!

Le grand-conseil réclamera-t-il pour objet de son institution la connoisssance des fins et limites des ressorts des parlemens? Les édits de 1497 et de 1498 ne présentent rien de relatif à cette attribution, dont il n'est pas même en possession, et qui d'ailleurs ne supposeroit encore ni territoire ni ressort.

Mais, Sire, toutes nos observations sont ici surabondantes. Il est dans les édits dont nous venons de parler un vice radical, qui ne permet pas qu'on puisse y trouver le caractère de loi publique : ils n'ont point été vérifiés dans votre parlement, et le grand-conseil ne pourroit aujourd'hui les réclamer comme des titres légitimes, sans déclarer hautement qu'il ignore ou qu'il méprise celle de vos lois qu'on a toujours reconnu pour être la *plus sainte* et la plus intimement liée avec les maximes fondamentales de l'État.

Cependant, Sire, le grand-conseil a continué de subsister; mais les changemens qu'il a éprouvés annoncent bien le peu de consistance que les titres de sa création lui avoient donné.

Il s'est bientôt trouvé séparé du conseil de Votre Majesté, dans lequel il paroissoit avoir été institué, et qui, suivant les termes d'un de nos rois, *n'a jamais été un corps* (1). Par une gradation assez prompte, il est parvenu au point d'être un corps absolument isolé, qui, dans le fait, n'ayant plus rien de commun avec les fonctions de votre conseil, et dans le droit, ne pouvant s'élever à la dignité de cour souveraine, s'est ainsi trouvé placé entre deux, voulant souvent être l'un et l'autre, et n'étant cependant rien de certain.

Dans une position si nouvelle et si inconcevable, le sens vague des actes qui avoient établi le grand-conseil lui parut un titre suffisant, ou du moins un prétexte pour étendre arbitrairement à toutes sortes d'objets une autorité qui n'en avoit aucun de connu, et dont on ne pouvoit ni déterminer les bornes ni définir la nature.

En 1516 parut le concordat. Cet ouvrage de la politique de Léon x et de la confiance de François 1ᵉʳ dans un de ses ministres trouva dans le parlement une résistance proportionnée à son attachement inviolable à la *Pragmatique,*

---

(1) Compte rendu par les gens du Roi, le 27 juin 1579, de ce qui leur avoit été dit par le Roi. Reg. du Parl.

cette loi de l'Église et de l'État, rempart le plus assuré de nos libertés. C'est l'époque, Sire, et le principe de l'aggrandissement du grand-conseil. François 1er, qui savoit qu'un enregistrement fait *par* (1) *impression grande et comme par contrainte* ne pouvoit pas déterminer son parlement à se conformer au concordat, au préjudice des maximes fondamentales du royaume, attribua aux gens du grand-conseil la connoissance de tout ce qui seroit relatif à l'exécution de cet acte. Il ne faut point, Sire, d'autres preuves justificatives de la conduite de votre parlement que les regrets que témoignèrent à l'article de la mort François 1er et le ministre dont il avoit suivi les conseils. C'est dans ce dernier moment que le voile de l'illusion se déchire, que l'âme s'élève au-dessus de tout ce qui l'environne, que l'esprit n'est plus attentif qu'aux témoignages de la conscience; que nos yeux, prêts à se fermer pour toujours, semblent souvent s'ouvrir pour la première fois; c'est alors aussi que les inquiétudes que le Roi et le ministre témoignèrent ne permirent point d'ignorer qu'ils reconnoissoient que le parlement, fidèle à ses devoirs et à ses sermens, n'avoit cherché qu'à servir le souverain, l'Église et l'État.

Le grand-conseil fut ainsi redevable de son aggrandissement à des actes aussi peu réguliers que ceux de son institution. Le degré de faveur auquel il parvint dans cette occasion fut une source de nouveaux troubles dans l'administration de la justice. Bientôt les évocations et les attributions se multiplièrent ; bientôt aussi on vit tous les ordres du royaume se plaindre de ces abus. Quoique la religion du prince eût été souvent éclairée sur les inconvéniens de ces évocations et attributions, elles étoient si fréquentes en 1560, que les

─────────

(1) Instructions données par Charles ix à M. Duferrier, ambassadeur à Rome, en 1561. Pr. des Lib.

états d'Orléans représentèrent à Charles IX que (1) « toutes
« évocations, comme contraires à l'ordonnance établie en la
« justice, et de tout temps gardée et observée, dont n'ad-
« vient que foule et oppression au peuple, et perturbation
« du repos public, devoient être cassées, rescindées et an-
« nulées ». Et quel fut le remède unique qu'ils crurent capable de les en préserver à l'avenir? Ils demandèrent « qu'il
« plût (2) au roi supprimer et abolir le grand-conseil pour
« les grands frais que le peuple en supporte, et pour ce que
« ses sujets (3) sont grandement travaillés et molestés des
« jurisdictions extraordinaires, par le moyen desquelles ils
« sont souvent pour peu de choses distraits de leurs juris-
« dictions, et contraints d'aller plaider loin de leurs domi-
« ciles ».

Le Roi, touché des justes plaintes de ses sujets, eut alors
la bonté de leur promettre « qu'il ne (4) seroit plus attribué
« aucune connoissance aux gens du grand-conseil que des
« fins et limites et ressorts des parlemens, et que toutes les
« autres matières pendantes audit conseil et y appointées de
« présent et jusqu'à huy s'y pourroient terminer, sans que
« désormais, et après la publication des présentes réponses,
« ils pussent entreprendre connoissance de nouveau d'au-
« cunes matières, de quelque qualité qu'elles fussent, dont
« ils se pourroient prétendre fondés en vertu desdites com-
« missions particulières, ou autrement, sous peine de nul-
« lité, et d'être condamnés envers les parties ès dépens,
« dommages et intérêts ».

Le Roi n'oublia point la réponse qu'il avoit faite; l'ar-

---

(1) Cahiers des états d'Orléans, troisième cahier de la noblesse, titre *de
la Justice*, art. 17.

(2) *Ibid.*, art. 18.

(3) *Ibid.*, cahier du tiers-état, art. 142.

(4) Réponse du Roi aux articles ci-dessus.

ticle 37 de son ordonnance d'Orléans y fut absolument conforme; il en ordonna même encore l'exécution par l'article 13 de celle du 15 octobre 1563.

Après des promesses et des loix si solemnelles, ne pouvoit-on pas, Sire, se flatter que le cours régulier de la justice seroit rétabli pour toujours? Les mêmes abus cependant se perpétuèrent; et quoique la religion de nos rois les eût portés souvent à révoquer des attributions faites au grand-conseil, néanmoins en 1579 elles occasionnèrent encore de la part des états tenus à Blois les mêmes représentations qu'avoient faites les états d'Orléans. Alors le parlement crut qu'il étoit de son devoir de supplier très-humblement le Roi *qu'en cas* (1) *qu'il lui plût retenir son grand-conseil, il fît* du moins *garder l'ordonnance d'Orléans, article* 37.

Le parlement, Sire, eut encore la consolation d'être écouté favorablement de son souverain. Le 28 janvier 1580, le Roi promit *de ne plus accorder* (2) *aucunes évocations; que,* s'il s'en faisoit quelques unes, *elles se feroient si bien à propos, qu'on auroit cause aucune de s'en plaindre;* il consentit que *tout ce qui seroit fait au contraire des ordonnances fût déclaré nul et abusif, ainsi que toutes entreprises de jurisdiction contentieuse faites par autres que les baillifs, sénéchaux et cours de parlement.*

Mais quelle différence, Sire, entre l'époque qui commence à l'établissement du grand-conseil et celle qui l'avoit précédé! Avant l'établissement du grand-conseil, on ne trouve d'évocations que dans des tems de troubles; depuis que le grand-conseil subsiste encore dans l'État, dans tous les tems les évocations se multiplient, et cet établissement devient le plus grand obstacle aux remèdes. Cette *jurisdic-*

---

(1) Remontrances du parlement, du 6 mai 1579, sur les cahiers des états de Blois, art. 226.

(2) Reg. du Parl.

tion contentieuse, qui ne devoit *être entreprise par autres que les baillifs, sénéchaux et cours de parlement,* fut la seule occupation du grand-conseil. Il fallut que le motif de faire subsister ce tribunal devînt le principe d'un nombre infini d'évocations ; le bien de la justice, l'intérêt des citoyens, l'honneur des tribunaux, le maintien des ordonnances, tout céda à la nécessité d'occuper les gens du grand-conseil ; l'on mit, pour ainsi dire, à contribution toutes les parties de l'État pour fournir à l'entretien de ce corps extraordinaire; et le chancelier ne laissa pas ignorer au parlement, en 1645, qu'il falloit tolérer certaines *évocations anciennes,* parce que *sans elles* (1) *la jurisdiction du grand-conseil deviendroit inutile, laquelle n'a autre emploi que les évocations de cette qualité.*

Jamais, Sire, nous n'épuiserons le détail immense des évocations qui, pour l'avantage du grand-conseil, ont interverti de toutes parts le cours de la justice; non seulement évocations et attributions d'affaires particulières, mais attributions des causes d'un très-grand nombre de corps et communautés, attributions de tous les procès nés et à naître de différens particuliers, attributions plus étendues dans un tems, plus resserrées dans un autre, toujours sans règle fixe, sans mesure uniforme, sans caractère authentique.

On a vû, Sire, jusqu'à des procès criminels, objets plus intimement liés avec la police de l'État, être portés au grand-conseil, tribunal sans territoire et sans police; jusqu'à des attributions générales de toute une classe de procès criminels. En 1594 on surprit de la bonté du souverain des lettres qui portoient au grand-conseil la connoissance du crime d'usure ; mais le parlement et les juges inférieurs, *sur*

.

***

(1) Reg. du Parl.
(2) 15 décembre 1594. Reg. du Parl.

les (1) *occasions particulières qui se présentèrent, maintinrent les sujets du roi à l'observation des édits et ordonnances.* Le grand-conseil décerna des contraintes inutiles contre des greffiers, décréta des juges inférieurs : ces poursuites demeurèrent sans effet, et ces lettres d'attribution furent bientôt expressément révoquées.

On a vu en 1531 le grand-conseil prétendre, en vertu d'une évocation et d'une attribution, la connoissance de tous les délits commis à l'occasion des bénéfices dans le royaume. Mais l'attribution faite le 10 mai 1531 fut sursise dès le 5 septembre de la même année, et révoquée au mois de mars 1545, sur les remontrances des cours, qui firent connoître au souverain qu'*au moyen de cette évocation* (1) *plusieurs excès demeuroient impunis, la réformation de plusieurs hôpitaux et aumôneries différée et retardée, dont pouvoit advenir plus grand désordre, s'il n'y étoit pourvû.*

Quel mouvement n'eût pas excité dans le royaume entier une attribution générale faite au grand-conseil, en 1623, de la connoissance des priviléges des ecclésiastiques! A peine, Sire, Louis XIII eut-il accordé des lettres patentes aux instances de l'agent du clergé, qu'il en reconnut l'irrégularité et le danger.

Le chancelier les retira des mains de l'agent, et (2) remit à votre parlement *ces lettres patentes, même les conclusions du procureur-général du grand-conseil.* Mais à peine une année s'étoit écoulée, que de nouvelles lettres, semblables aux précédentes, furent surprises à la religion du souverain. Instruit par la première réclamation, Louis XIII eut la bonté d'écrire à son parlement (3) *qu'il n'avoit*

---

(1) Edit de mars 1545.
(2) Avril 1623. Reg. du Parl.
(3) 29 juillet 1624. Reg. du Parl.

point entendu comprendre dans ses lettres ce qui concer-
noit le ressort du parlement. Mais les magistrats, qui n'é-
toient occupés que du bien public, et non de l'intérêt seul
de leur jurisdiction, ne se crurent pas dispensés de représenter au Roi que tout le corps de la magistrature souveraine, répandu dans le royaume, devoit être entendu sur
une affaire dont les conséquences étoient universelles.
Louis XIII, sur ces représentations, fit expédier des lettres
de surséance à l'exécution de celle dont se plaignoit son
parlement. L'année 1625 vit encore renouveller cette même
entreprise; mais le parlement prévint l'expédition des lettres, et obtint du roi *que la cour* (1) *fût maintenue en*
son autorité, et que la connoissance des différends du
clergé lui demeurât, ainsi et comme il avoit été de tout
tems.

Mettons des bornes à une matière qui n'en auroit point
par elle-même. Jamais aucun ordre fixe ne put ni arrêter ni
assurer l'étendue des attributions faites au grand-conseil.
Nous ne vous présenterons plus, Sire, que deux traits dignes
de terminer et de caractériser, plus encore que tous les
autres, l'esquisse que nous venons de trace. On a vu le
grand-conseil entreprendre jusqu'à l'enregistrement des impôts, jusqu'au droit de contraindre les peuples à les payer,
consentir même de changer en quelque sorte son être et son
nom pour devenir chambre souveraine, formée des deux
sémestres du grand-conseil, et préposée à la levée de ces impôts, en vertu d'une commission qu'il avoit vérifiée. Peut-
être une telle innovation fût-elle devenue le principe irréparable de gémissemens éternels des peuples, si le ministère
public n'eût, à l'instant même, réclamé l'ordre interverti,
et protesté (2) « qu'il n'y avoit apparence de souffrir la levée

---

(1) 6 septembre 1625. Reg. du Parl.
(2) 24 janvier 1660. Reg. du Parl.

« d'une taxe et subvention non vérifiée en la cour, *non plus*
« *que l'érection d'une chambre souveraine, en vertu d'une*
« *commission vérifiée par les mesmes juges dont elle est*
« *composée* », et si le parlement n'eût fait publier, afficher
et porter dans tous les bailliages et sénéchaussées du ressort,
des défenses précises de « *contraindre les peuples pour*
« *raison de ces taxes, et de faire des poursuites ailleurs*
« *qu'en la cour, à peine de* 4000 *liv. d'amende* ».

C'est presque encore dans le même tems, Sire, qu'on a
vu le grand-conseil prendre, à titre d'attribution, la connoissance de toutes les affaires d'un parlement entier, et se
croire à l'instant le véritable supérieur de tous les tribunaux
ressortissans à ce parlement.

Au milieu de fonctions si irrégulières, si confuses, si incertaines, quel vestige pourrions-nous apercevoir de cet
ordre majestueux, authentique et invariable, par lequel
subsistent tous les tribunaux ordinaires? Quel paradoxe
plus étrange que de placer dans le siége même de l'instabilité le centre de ces ressorts, qui doivent communiquer
à toutes les parties de l'Etat des mouvemens si harmonieux
et si soutenus! L'idée même d'un tribunal qui change à
chaque instant, par état, et d'assiette et d'objet, exclut évidemment toute apparence de jurisdiction sur les personnes,
de territoire et de ressort sur les siéges inférieurs ; et ces
droits ne peuvent appartenir qu'aux tribunaux ordinaires,
qui ont un caractère déterminé, un rang fixé par ce caractère
même, un objet qui est le principe et de ce caractère et de
ce rang; qui entrent en un mot, par leur propre nature,
dans le plan et dans l'économie du gouvernement politique.

Mais le vice essentiel de la constitution du grand-conseil
ne lui a pas même permis de reconnoître la contradiction de
son objet et de ses fonctions avec les maximes fondamentales de l'Etat. Par une gradation très-prompte, l'habitude
de connoître de certaines affaires par attribution lui a paru

un droit réel d'attirer à lui toutes sortes d'affaires; et ce droit ne lui a pas paru différent d'un caractère intrinsèque d'autorité, et d'un véritable ressort.

C'est néanmoins, Sire, plutôt l'esprit général et le but secret que le principe distinct et dévoloppé de la conduite qu'ont tenue jusqu'à présent les gens du grand-conseil. C'est aujourd'hui pour la première fois qu'ils présentent distinctement à l'État étonné le système décidé d'un ressort universel, système qu'au bout de 250 années ils découvrent enfin dans l'édit de 1498, système qui leur inspire déjà une sorte de mépris pour cette *prétention renouvelée* par le parlement *qu'ils n'ont aucune jurisdiction ni droit de ressort sur les officiers des bailliages et sénéchaussées qui sont dans le ressort du parlement.*

Des actes isolés, hazardés sans liaison apparente, et confondus dans cette foule d'opérations arbitraires dont le cours s'étendoit ou se resserroit au gré des circonstances, annoncèrent que les gens du grand-conseil pourroient un jour aspirer à se former un ressort. Etoit-il plus irrégulier de la part du grand-conseil d'adresser des règlemens aux juges inférieurs que de distraire de la jurisdiction de ces juges et de s'attribuer indistinctement la connoissance de tous procès évoqués de leurs tribunaux, sans règle et sans solemnité?

Mais les entreprises qui ne frappoient que sur la jurisdiction contentieuse ne compromettoient d'une manière directe que le droit des particuliers; celles qui tendoient à imposer des loix aux juges inférieurs compromettoient l'enchaînement même de l'ordre politique.

Aussi le grand-conseil éprouva-t-il des obstacles qu'il lui eût été facile de prévoir. Les juges inférieurs ne purent reconnoître son autorité; *les injonctions, défenses et règlemens* faits par les gens du grand-conseil furent regardés *comme faits sans pouvoir;* ils furent cassés et révoqués par arrêts de votre parlement, *comme attentats* (1) *et comme donnés par juges incompétens.*

Dans d'autres occasions, ce fut, Sire, sur la police même que les gens du grand-conseil hazardèrent des tentatives. Le parlement ne souffrit pas que les particuliers qui étoient l'objet direct des arrêts du grand-conseil compromissent eux-mêmes la police publique en procédant au grand-conseil sur de semblables affaires; il leur défendit « d'y com- « paroir (2) ni répondre, et de reconnoître, pour le fait de « la police, autres que les juges des lieux en première in- « stance, et par appel en la cour, à peine de nullité, cas- « sation de procédures, amende, dépens, dommages et in- « térêts».

Il n'est point d'acte, Sire, dans toute l'économie de la justice, qui ait un trait plus immédiat avec le droit de res- sort que l'usage de recevoir et de juger les appels des tri- bunaux inférieurs. Les gens du grand-conseil ne se sont point arrêtés. Le cours irrégulier de leurs démarches incertaines les a portés jusqu'à entreprendre sur ce droit territorial, qui ne peut appartenir qu'à votre parlement; mais les juges inférieurs ont les premiers réclamé la protection du parlement, auquel seul ils ont protesté de se reconnoître « comptables de leurs « jugemens (3), et duquel ils ont imploré l'autorité contre « les violences que l'on exerçoit contre leurs greffiers, en « vertu des arrêts du grand-conseil » ; et le parlement s'est vu dans la nécessité « de défendre à toutes personnes de re- « lever les appellations interjettées des sentences et décrets « des juges ordinaires du ressort ailleurs qu'en la cour, et « de faire poursuites ailleurs, à peine d'amende; et à tous « huissiers et sergens de donner aucunes assignations sur « lesdites appellations ailleurs, et de faire aucuns comman-

(1) 13 mai 1666. Reg. du Parl.
(2) 21 juillet 1663. Reg. du Parl.
(3) 6 juin 1665. Reg. du Parl.

« demens, et exercer aucunes contraintes contre les greffiers
« des jurisdictions ordinaires, qu'il a déchargés des assigna-
« tions à eux données, et des condamnations intervenues
« audit grand-conseil, sur les mêmes peines, permettant
« même, en cas de contravention, d'emprisonner les con-
« trevenans ». Cet arrêt fut publié et affiché, pour rétablir
dans tout le ressort du parlement l'ordre légitime de subordination formé par les loix de l'Etat.

Enfin, Sire, les contraintes rigoureuses, soit contre les
greffiers des jurisdictions inférieures, soit contre ceux du
parlement, soit même contre les juges subalternes ; les décrets, les emprisonnemens, furent souvent comme aujour-
d'hui les ressources des gens du grand-conseil, ou plutôt
des occasions et des monumens de réclamation contre le
droit de ressort auquel ils prétendoient : efforts presque
toujours infructueux aux gens du grand-conseil, peut-être
sans exemple de la part des supérieurs légitimes, que les juges
inférieurs connoissent et respectent. Les tribunaux inférieurs sçurent eux-mêmes maintenir les droits de l'ordre
public et soutenir leur caractère, tantôt en déclarant
d'une manière précise « qu'ils n'étoient (1) justiciables
« du grand-conseil ni en qualité d'officiers des bailliages
« inférieurs, ni en qualité de commissaires délégués du par-
« lement » ; tantôt en reclamant contre « le désordre et la
« confusion mise (2) » par les entreprises des gens du
grand-conseil, dans « les compagnies réglées, et cassant et
« annullant ces prétendus arrêts comme donnés par juges
« incompétens » ; tantôt enfin en punissant (3) par des pei-

---

(1) Requête du lieutenant particulier de Châlons, décrété d'ajournement personnel, par arrêt du grand-conseil, du 17 mars 1725.

(2) Sentence du Châtelet, du 10 novembre 1626.

(3) Sentence du Châtelet, du 10 novembre 1626, qui condamne contra-
dictoirement quatre huissiers du grand-conseil, savoir, l'un à l'amende

nes afflictives et infamantes les exécuteurs de ces procédures irrégulières. Votre parlement, Sire, secourut aussi ceux qui, sous ses yeux, défendoient la police générale du royaume; il garantit par des défenses formelles, ou déchargea de ces contraintes, les officiers inférieurs; il les prit sous sa sauve-garde spéciale; il publia (1) « des défenses ex- « presses et particulières aux prévôts des maréchaux, tant « du ressort que des autres provinces du royaume, leurs « lieutenans, capitaines, exempts et archers, et à tous huis- « siers et autres personnes, de quelque qualité et condi- « tion qu'elles fussent, d'attenter aux personnes de ces of- « ficiers, et à tous geôliers des prisons de les recevoir, à « peine de la vie contre chacun des contrevenans; permit « à ces officiers, poursuivis par les gens du grand-conseil, « de faire emprisonner ceux qui voudroient attenter à leurs « personnes; chargea les prévôts des marchands et échevins « de Paris de faire, en cas d'attentat, tenir main-forte à « l'exécution des arrêts de la cour »; fit élargir des pri- sons (2) ceux qui avoient été arrêtés par les ordres du grand-conseil, et constituer prisonniers les huissiers qui avoient attenté à leur liberté.

Nous parcourons rapidement, Sire, des traits dont nos registres contiennent des exemples multipliés; nous n'en ajouterons qu'un dernier, qui vous fera voir que les gens du grand-conseil, au milieu même des efforts qu'ils fai- soient pour partager avec le parlement le droit de ressort, ne se portoient pas néanmoins encore jusqu'à décliner la jurisdiction, ou méconnoître la supériorité du parlement. Un président du grand-conseil, mandé (3) au parlement

honorable et au bannissement, et les autres à assister à l'amende honora- ble, avec amende et défenses de récidiver.

(1) 6 mai 1626. Reg. du Parl.
(2) 5 mai 1626. Reg. du Parl.
(3) 15 et 16 novembre 1558.

à l'occasion de semblables entreprises, y comparut, et fut chargé *d'avertir sa compagnie que ces poursuites cessassent, ce qu'il promit d'exécuter.*

De si longues et si inutiles tentatives de la part des gens du grand-conseil peuvent, Sire, vous causer une juste surprise. Mais quelle sera l'impression que fera sur l'esprit de Votre Majesté le contraste étonnant de ces actes multipliés avec la volonté précise du souverain. Oui, Sire, de tout tems nos rois ont improuvé et ces prétentions, et surtout ces voies de rigueur et de contrainte pratiquées par les gens du grand-conseil ; et lorsqu'en 1558, 1584, 1594, 1604, 1605, 1606, 1626, 1557, 1559, et dans beaucoup d'autres époques, le grand-conseil multiplioit contre les greffiers et les juges inférieurs ces coups irréguliers, depuis long-tems le souverain les avoit prescrits, et avoit déclaré à son parlement « qu'il ne (1) permettoit pas que ledit grand-con-« seil pût user de contraintes sur la cour ne les particuliers « d'icelle, les greffiers, leurs clercs ou commis, ne autres, « pour le recouvrement des sacs et procès; mais qu'on y « procéderoit par l'autorité du roi seulement, qui enver-« roit lettres patentes ou missives à la cour, pour le recou-« vrement desdits sacs et procès ».

Ce n'est qu'un exemple, Sire, des différentes occasions dans lesquelles vos prédécesseurs ont jugé ne pouvoir approuver les entreprises de jurisdiction faites par les gens du grand-conseil. Eux-mêmes l'ont quelquefois appris de la bouche du souverain ; et ce fut en usant de ces mêmes voies rigoureuses dont nous venons d'avoir l'honneur de parler à Votre Majesté, en troublant par des entreprises de juris-diction les fonctions régulières des juges ordinaires, en pro-cédant sans droit *par des peines et des condamnations par*

----

(1) 5 et 26 mars 1529.

I.

26.

corps contre les greffiers, pour les obliger d'apporter les procès au greffe du grand-conseil, qu'ils obligèrent Louis XIII de leur faire des reproches, par une déclaration qu'il leur adressa, le 20 août 1634, de ce que leur conduite *causoit un très-grand désordre, confusion et vexation aux parties* et aux officiers de la justice, et portoit le caractère d'irrégularité jusqu'à blesser directement les déclarations mêmes du Roi, *encore qu'elles* eussent *été vérifiées par eux.*

Jusqu'à présent, Sire, nous nous sommes proposé de vous faire connoître avec exactitude, d'une part, le véritable caractère, les prérogatives et les fonctions essentielles de votre parlement; d'une autre part, la nature, les progrès et le système suivi des entreprises du grand-conseil. Quelques réflexions frappantes suffiront maintenant pour justifier combien l'ordre public reçoit aujourd'hui d'atteintes par la conduite qu'ont tenue les gens du grand-conseil dans l'affaire du sieur Billard de Vaux, par la forme de la déclaration du 10 octobre dernier, par les dispositions qu'elle contient, et par l'exécution que les gens du grand-conseil s'efforcent de lui donner.

Les objets dont le détail va commencer à nous occupper se rapportent naturellement, et dans l'ordre même des circonstances successives, à deux classes et à deux époques: prétentions et entreprises formées par les gens du grand-conseil, résultantes des actes émanés d'eux avant la date du 10 octobre dernier; système et tentatives hazardées depuis cette même date.

Les faits qui appartiennent à ces deux époques ont une connexité intime; plus sourdement, ou plus à découvert, ils tendent tous à conduire le grand-conseil jusqu'à ce droit de ressort universel qui changeroit bientôt la face de l'Etat. Mais, quoique liés quant au système secret, ces faits particuliers ont entre eux des caractères et des objets distincts;

et de leur enchaînement naît une complication d'entreprises dont il est maintenant très-facile d'appercevoir le plan, de discerner les branches particulières, et de reconnoître l'irrégularité.

Dans les actes émanés du grand-conseil, avant la date du 10 octobre dernier, votre parlement, Sire, forcé d'en prendre connoissance, par l'éclat et la rigueur des poursuites des gens du grand-conseil, a reconnu le projet étonnant d'enter deux vastes prétentions sur l'affaire la moins digne de devenir un spectacle intéressant pour toute la France.

Sans autre titre que le projet de marcher de pair avec votre parlement, le grand-conseil annonce publiquement par ces actes qu'à l'avenir ses membres accusés de troubler par des délits la police publique n'auront plus à reconnoître l'autorité des ministres ordinaires de cette même police; ce sera désormais une classe de citoyens qui, formée dans l'Etat, n'entrera plus dans l'ordre général; indépendans sans principe constitutif d'un droit si extraordinaire, affranchis sans titre de privilége.

A quelle condescendance, Sire, votre parlement n'eût-il pas désiré de se porter, par amour de la paix, par l'impression même d'une juste considération pour les vertus qu'il connoît dans les membres du grand-conseil! Peut-être eût-il évité de savoir dans ce moment qu'un officier du grand-conseil pouvoit s'être exposé à la vindicte publique.

Mais, Sire, une entreprise d'un genre tout nouveau, dont le projet tient de l'illusion, dont l'exécution ne procureroit pas même le moindre avantage aux gens du grand-conseil, si ce n'est peut-être la seule satisfaction d'exercer sur un tribunal inférieur un acte de ressort, inutile en lui-même, dont les suites enfin porteroient coup aux lois les plus respectables, aux intérêts les plus sacrés, cette seconde entreprise a mis le comble, a jeté le désordre dans le premier des tribunaux inférieurs de votre royaume, a fait éclater la réclamation, a forcé votre parlement de s'occuper du remède que le trouble public rendoit indispensable. Le grand-conseil s'est persuadé que les greffes des tribunaux inférieurs étoient en sa disposition; qu'il en pouvoit à son gré déplacer, enlever, soustraire les minutes; que des greffiers, simples dépositaires, pouvoient, sans l'aveu du tribunal auquel ils sont attachés, au préjudice des droits de ce même tribunal, et de la subordination qu'ils doivent au parlement, se prêter à la suppression de titres qui leur sont confiés sous la religion du serment.

L'enchaînement, Sire, de ces deux entreprises ne tend qu'à élever le grand-conseil, comme par deux degrés différens, d'abord sur la même ligne que la cour des pairs, ensuite absolument au-dessus et de votre parlement, et des loix, et de tout l'ordre politique.

Les gens du grand-conseil entreprennent d'usurper les droits éminens et incommunicables de la cour des pairs, en s'arrogeant un prétendu privilége d'instruire et de juger les procès criminels de leurs membres, exclusivement à tout autre tribunal.

La base d'une prétention si importante et si contraire à l'ordre commun ne peut être, Sire, qu'un droit intrinsèque, ou un privilége légitimement autorisé.

C'est à titre de droit que jouit de cette éminente prérogative la cour du roi et des pairs, dont « aucun membre ne « peut être distrait pour être jugé et convenu ailleurs, ne « pardevant autres juges et commissaires, au cas qu'il s'agit « de son honneur, de sa personne et de son état (1) ». Le parlement est *le vrai juge des pairs* (2), et de tous ceux qui participent à la dignité qui réside dans cet auguste tri-

---

(1) Lettres pat. du 10 juin 1556. Reg. du Parl.

(2) Edit de septembre 1610, art. 7.

bunal; et c'est de *leur nature et droit* (1) que les causes dans lesquelles leur état est intéressé *doivent y étre introduites et traitées.*

C'est à titre de privilége que quelques tribunaux ont reçu la faculté de retirer leurs membres accusés de toutes les autres jurisdictions. Ces priviléges particuliers ont leurs dates, ils ont leurs titres d'établissement, et ils ne sont compatibles avec l'ordre public, ils n'ont une existence réelle, qu'autant que ces titres sont réguliers et authentiques, c'est-à-dire enregistrés en votre parlement, inscrits dans les registres des ordonnances royaux. Point de titre, sans doute, qui doive plus essentiellement porter le caractère d'ordonnance royale que celui qui tend à donner un nouvel ordre à quelque partie de l'administration de la justice.

Le grand-conseil réclame, Sire, une semblable prérogative, sans avoir ni droit intrinsèque, ni privilége.

Les gens du grand-conseil ne sont-ils donc pas membres de la société générale, et le plan de cette société ne soumet-il plus tous les citoyens indistinctement au pouvoir des tribunaux ordinaires?

Nous aurions peine à concevoir sur quel principe le grand-conseil pourroit fonder un droit intrinsèque qui pût autoriser ses membres à méconnoître la jurisdiction des tribunaux ordinaires en matière criminelle.

Ce droit au contraire implique une contradiction manifeste avec la nature même du grand-conseil, avec le plan de son institution, avec l'objet de ses fonctions, avec le caractère d'autorité qui peut lui appartenir, avec l'ancienne tradition de notre gouvernement.

Tel est, Sire, l'ordre primitif de la monarchie dont vous reconnaissez la liaison avec le plan général que nous avons

---

(1) Ordonnances de décembre 1365, 1366. Avril 1453, art. 6.

eu l'honneur de vous exposer, que « toutes gens, sans dis·
« tinction, étoient (1) anciennement sujets à la cour souve-
« raine et capitale du parlement, en tous cas civils et crimi-
« nels »; que « le parlement avoit la connoissance de toutes
« personnes en tous cas (2) »; qu'il n'y avoit « aucuns juges
« pour juger en souveraineté la vie des hommes que le par-
« lement; que la personne seule du roi (3) étoit exempte de
« la jurisdiction du parlement ».

Ces règles générales, et sans exception, remontent, Sire,
avant l'établissement du grand-conseil; elles subsistent depuis que ce corps a pris naissance dans l'État; elles dérivent
de cet ordre fondamental qui unit, *sans moyen*, le parlement à la personne du prince, et qui place essentiellement
le Roi et sa cour au centre de l'État.

Le grand-conseil au contraire, par son institution même,
n'est susceptible d'aucun droit intrinsèque. Tribunal versa-
tile, il n'a que des fonctions, pour ainsi dire, précaires et
momentanées.

La fin de chaque affaire particulière seroit le terme de
son existence même, si quelque nouvelle évocation, ou
quelque nouvelle branche d'anciennes attributions, ne re-
nouvelloient en quelque sorte son être. Quelles racines
pourroient jeter dans un terrain si peu ferme des droits aussi
solemnels et aussi élevés que celui que le grand-conseil entreprend de s'attribuer.

Nous ne négligerons point, Sire, de dissiper un nuage
que les gens du grand-conseil essayeroient peut-être d'élever.
Le plan de notre ancien gouvernement ne soumettoit chaque
Franc qu'au jugement de ses pairs. Un membre du grand-con-

---

(1) 13 mars 1457. Discours des gens du Roi au parlement. Reg. du
Parl.

(2) 27 octobre 1570. Reg. du Parl.

(3) 1615. Discours du prince de Condé au conseil du Roi.

seil croit réclamer cette ancienne maxime lorsqu'il décline
la jurisdiction de tout autre tribunal que le grand-conseil
même. Il ne découvre pas d'autre principe qui puisse autoriser la possession constante dans laquelle est votre parlement d'une semblable prérogative; système peu réfléchi,
qui n'annonce que des idées au moins superficielles sur
l'origine et sur les progrès successifs de la forme de notre
gouvernement.

Il est, Sire, dans le plan des empires des principes fonda-
mentaux et immuables. Il est aussi quelques règles sujettes
à la vicissitude des circonstances et des mœurs de la nation.

Une maxime primitive, et qui subsiste encore dans notre
gouvernement, fonda, dans les premiers âges de la monarchie,
le droit de pairie en faveur de tous les citoyens, et par le
changement de nos mœurs, l'application de cette même
maxime a pris dans les siècles suivans une forme différente.

Le supérieur ne peut être jugé par son inférieur : c'est le
principe annoncé dans les capitulaires de nos rois, puisé dans
la nature même, et dont l'autorité subsistera toujours.

Mais quel sera le point fixe, et pour ainsi dire le plan de
distribution des différentes classes de citoyens? dans quel
ordre sera prise cette proportion respective de supériorité ou
d'infériorité?

Les distinctions personnelles étoient, Sire, les seules que
pussent connoître des conquérans qu'aucun établissement
fixe ne réunissoit par les liens d'une société policée ; les tribunaux n'étoient pas établis ; l'administration de la justice ne
formoit point encore un système suivi sur lequel fût distribué l'ordre du gouvernement; le service militaire étoit
l'unique profession ; les dignités, les titres acquis par les armes, étoient les seules distinctions qui pussent déterminer
entre les Francs ou l'égalité ou la supériorité : de-là le pre-

mier âge du droit de pairie. Le choix des juges, égaux en dignité à celui qui devoit être jugé, ne pouvoit être pris que sur le titre personnel, sur le grade dont étoit revêtu l'accusé.

L'établissement des fiefs ne fit qu'introduire une nouvelle forme dans un gouvernement dont l'esprit général demeura toujours le même ; toujours la valeur militaire fut la clef du système politique ; l'esprit belliqueux de la nation se peignit jusques dans l'économie intérieure de la société civile, qui commençoit à prendre une forme et une consistance. La distribution des terres et des possessions, l'ordre de la transmission des biens, tout fut réglé sur le plan d'un système de guerriers ; les titres de distinctions militaires furent attachés aux terres mêmes, et devinrent avec ces terres la récompense des exploits. Ces sortes de distinctions mixtes, toutes à la fois personnelles et réelles, réglèrent dès-lors les rangs entre les membres de l'Etat. Un citoyen, placé dans l'Etat sur une ligne plus ou moins élevée, suivant le titre de la terre qui lui avoit été concédée, ne pouvoit être jugé que par ceux que des fiefs du même degré et subordonnés au même suzerain rendoient égaux à lui : de-là le second âge du droit de pairie parmi nous.

Enfin, Sire, une politique plus mûre et plus élevée a fait concevoir à nos ancêtres des idées plus étendues sur la véritable constitution d'un Etat. Toujours la passion de la gloire fut l'âme des François ; mais la justice et la valeur, également dignes de l'homme, également utiles à l'Etat, conduisent également à une gloire solide. Nos souverains seuls ont continué d'embrasser également ce double héroïsme et dans l'ordre de la justice, et dans celui de la valeur, placés comme au centre où se réunissent ces deux routes éclatantes. Il étoit digne, Sire, de vos augustes prédécesseurs, il étoit digne du sang qui devoit vous être transmis avec la couronne, de réunir et de concentrer dans le trône tout ce qui caractérise la véritable grandeur.

Il vous étoit réservé, Sire, de cimenter par une nouvelle union le concert admirable des vertus militaires et de celles du législateur, en faisant concourir les unes et les autres avec autant de gloire et de succès au bonheur et à la paix de de vos Etats.

Au moment où l'expérience des siècles passés et des réflexions plus étendues découvrirent à nos ancêtres le nouveau plan de police qui subsiste encore aujourdhui dans le royaume, se développèrent et commencèrent à se distinguer, sous la loi d'une alliance éternelle, trois ordres différens de dignité entre les citoyens, trois branches capitales de ce germe fécond qui depuis long-tems préparoit dans l'Etat sa gloire et sa prospérité future. Le culte de la religion, le service des armes, et l'administration de la justice, formèrent trois classes parallèles, et l'économie générale de l'Etat ne fut plus que le concert et l'harmonie de ces trois classes réunies. Les distinctions personnelles ne cessèrent point. La noblesse se distribua dans les trois classes, suivant les inclinations particulières de chaque citoyen; mais dès-lors toutes les distinctions personnelles se rapportèrent au plan de ces trois classes. Chacune, dans les objets relatifs à son caractère, devint le centre de toute prééminence, même à l'égard des citoyens compris dans les deux autres. Dès-lors dans l'administration de la justice, relativement au jugement soit des causes, soit des personnes, tout officier royal légitimement placé dans cette chaîne devint non seulement l'égal, mais le supérieur, et conséquemment le juge de tous les sujets du roi; dès-lors le citoyen distingué par sa noblesse ou par ses services ne descendit point de son rang en subissant la jurisdiction de l'autorité royale elle-même, par le ministère du moindre de ses officiers ordinaires; la maxime que le supérieur ne peut être jugé par l'inférieur se confondit, et se retrouva dans le plan même de la nouvelle proportion mise entre les trois ordres de dignité qu'on commençoit à distinguer dans l'Etat.

Ce ne fut plus, Sire, que dans l'économie intérieure de chacune de ces trois classes, que cette même maxime conserva une application plus distincte et plus développée. Dans celle de la justice, une progression continue de ressorts subordonnés fait le lien et le rang des tribunaux entre eux ; les membres du tribunal supérieur ne pourroient être jugés par le tribunal inférieur qui ressortit à eux : *Major à minore non potest judicari.* De là cette éminente prérogative de la cour des pairs, *souveraine et capitale de la justice de tout le royaume* ; prérogative qui appartient plus encore au tribunal entier qu'aux membres particuliers, parce qu'elle ne dérive plus des distinctions personnelles, mais de l'ordre public et de la constitution même des tribunaux ; prérogative qui, par cette raison même, ne peut être négligée ou abandonnée par les membres de la cour des pairs.

Nous vous supplions, Sire, de faire une attention particulière à ces notions fondamentales : il n'est point entre les tribunaux d'autre enchaînement, ni conséquemment d'autre rang, que celui que met entre eux la relation du ressort. Les juges ordinaires, liés les uns aux autres par cet ordre respectif, forment seuls toute la chaîne de l'administration régulière de la justice : conséquemment ce n'est qu'entre ces tribunaux réciproquement et graduellement subordonnés que peut être appliquée la maxime que le supérieur ne doit pas être jugé par l'inférieur. Un juge de simple attribution, quelque régulière qu'on pût la supposer, exclus par son être même de l'ordre économique de la justice, n'a, dans cet ordre, ni rang ni inférieur, et conséquemment ne peut dé-

cliner aucun tribunal ordinaire sur le fondement de cette
ancienne maxime. Un membre d'une commission particulière établie avec toutes les solemnités requises n'oseroit
pas même élever le chimérique système de n'être justiciable
en matière criminelle que des autres officiers de la même
commission.

Daignez, Sire, rapprocher de ces principes incontestables
la prétention élevée par les gens du grand-conseil. Nés dans
l'Etat long-tems après l'époque du dernier plan de gouvernement, ils ont trouvé tout le système économique de la
justice fixé et distribué dans cette juste proportion des différens degrés de jurisdiction ; ils ont trouvé cet ordre complet en lui-même, en possession de juger indistinctement
les causes et les personnes de tous les citoyens. Eux-mêmes,
Sire, n'ont jamais occupé aucun rang dans cette chaîne sacrée qui lie intimement tous les officiers ordinaires de votre
justice souveraine. Plutôt juges par commission que par
constitution intrinsèque, ils subsistent pour certaines affaires; mais ils ne font point corps avec cet ordre respectable, dont l'autorité embrasse et soumet tous les citoyens.
Quelle seroit donc l'illusion de leur système, s'ils réclamoient cette ancienne maxime, *Major à minore non potest
judicari,* principe unique de l'ancien droit de pairie, pour
décliner la jurisdiction et des tribunaux ordinaires, qui ne
sont point leurs inférieurs, et de la cour même du Roi, *où
réside habituellement le souverain,* où s'exerce en son nom
la plénitude de son autorité.

Nous sçavons, Sire, qu'il peut être des exceptions aux
règles générales; que des prérogatives qui ne pourroient
être fondées sur des droits intrinsèques peuvent l'être sur
des priviléges émanés de votre autorité et scellés du caractère que doit essentiellement porter tout établissement qui
tient à l'ordre public.

Mais il n'est, Sire, au nombre des *ordonnances royaux*

dont le *livre* est déposé dans les archives de votre parlement (1), aucun titre qui ait accordé aux gens du grand-conseil le privilége qu'ils s'attribuent. Des actes qui seroient inconnus aux dépositaires essentiels des loix, des actes qui n'auroient point reçu l'empreinte de l'autorité du législateur par la délibération solemnelle du Roi et de sa cour, ne pourroient être des titres légitimes pour intervertir l'ordre général de l'administration de votre justice souveraine.

L'histoire des entreprises des gens du grand-conseil nous apprend seule et l'origine récente et les progrès vacillans de la prétention qu'ils essayent aujourd'hui d'affermir. Il s'en faut plus d'un siècle que cette prétention remonte à l'établissement du *corps et collége* du grand-conseil. Le titre de 1498 n'indiqueroit pas même que les gens du grand-conseil pensassent alors à préparer de si hautes prétentions. Les officiers, institués au nombre de 20, sont associés à des maîtres des requêtes, dont l'état constitutif, *et le plus grand honneur qu'ils aient* (2), *est d'être du corps du parlement*, et dont les affaires criminelles ne pourroient être portées qu'au parlement. Ce même titre et celui de 1497 ne promettent aux gens du grand-conseil qu'une autorité vague, ou tout au plus *les honneurs, droits et prérogatives qu'ont accoutumé d'avoir les conseillers des cours souveraines.* Seroit-ce dans un énoncé si peu distinct qu'on trouveroit une concession suffisante d'un privilége aussi exorbitant, ou plutôt une pleine communication d'un droit réservé par la constitution de la monarchie à la seule cour des pairs;

---

(1) Ordonnance du 10 juillet 1336. Ordonnance du Louvre.

(2) Expressions de M⁰ Adam Fumée, maître des requêtes, demandant au parlement, au nom de « ses compagnons les autres maîtres des requêtes, « que ce fût le bon plaisir de la cour que quatre d'entre eux allassent en « robbes d'écarlatte et chaperons fourés avec elle à l'entrée de la Reine ». *Reg. du Parl.* 7 fév. 1530.

d'un droit dont les membres du parlement ne jouissent pas
à titre de *conseillers de cour souveraine*, mais en vertu du
plan même de l'ordre universel de la justice ; d'une prérogative enfin dont les conseillers des cours souveraines établies
dans le ressort du parlement ne jouissoient point encore
en 1498.

Mais non, les gens du grand-conseil n'ont en aucun tems
imaginé de faire remonter l'origine de leur prétention à
l'époque de 1498. Plusieurs fois ce tribunal, consacré par
état aux attributions, a obtenu du prince des attributions
spéciales de quelques procès particuliers intentés à ses membres. Le premier pas l'a porté jusqu'au hazard sur une ligne
que peut-être il n'espéroit pas même de suivre. Le grand-
conseil en 1611 réussit à se procurer la faculté de juger un
de ses membres accusé. Il la demanda de nouveau dans
d'autres occasions postérieures. Chaque nouvelle attribution
spéciale devint un nouveau titre ; et bien-tôt un petit nombre d'actes isolés, sans caractère, sans forme, sans liaison
entre eux, sans uniformité même, accoutumèrent les gens du
grand-conseil à se croire en possession ; et de cette prétendue possession, qui n'eut jamais lieu sans contradiction,
naquit enfin le système décidé non-seulement que les
membres du grand-conseil sont supérieurs à l'autorité de
toute jurisdiction ordinaire, mais que le parlement même
n'a pas le droit de faire le procès à quelque membre du
grand-conseil, comme il le pourroit faire à un pair de
France, ou à un prince du sang royal.

A des traits épars d'entreprises si destituées de fondement, à quelques actes irréguliers qui ne peuvent être des
titres aux yeux de magistrats, faudroit-il, Sire, opposer
d'autres preuves que l'ordre public, que les principes mêmes
de l'économie générale de l'État? Que les gens du grand-
conseil se rappellent néanmoins encore qu'ils ont vû sans
réclamation plusieurs de leurs membres poursuivis au par-

lement; que, lorsqu'en 1498 (1) le parlement, prêt à sévir *contre Macé Toustain, soit disant être procureur du roi au grand-conseil,* annonça qu'il vouloit bien *surseoir la provision tant de prise de corps, ajournement personnel ou autre que ladite cour pourroit décerner contre ledit Toustain,* et que le parlement eût en effet décerné s'il n'eût eu de la part du chancelier lui-même la plus prompte satisfaction; ou lorsqu'en 1563 (2), un conseiller au grand-conseil fut décrété de prise de corps au parlement, ils n'avoient pas encore conçu le singulier système de réclamer, contre l'autorité de la cour des pairs, une exemption sans exemple; que, quand le chancelier de France, le chef immédiat que leur donne leur institution, le chef unique qu'ils ont eu pendant long-tems, le seul qu'ils eussent en 1545, fut poursuivi criminellement et jugé dans cette même année, ce fut au parlement. Qu'ils sçachent enfin qu'une loi solemnelle, revêtue de toutes les formes authentiques et consignée dans le dépôt des ordonnances, renverse toute leur prétention; qu'en 1568, le roi, voulant que la destitution de tous les officiers de son royaume attachés à la nouvelle secte se fît *en toute sincérité, sans aucune passion,* déclara que la *connoissance* de ces procès *appartenoit naturellement aux cours du parlement, même pour le regard de ceux qui sont conseillers de cours souveraines, ou ont accoutumé d'y prêter serment;* en conséquence chargea expressément le parlement *de procéder en toute diligence à l'encontre des officiers du ressort du parlement qui se trouveroient de la nouvelle prétendue religion, soit qu'ils soient,* dit le roi, *du corps de notredite cour,* GRAND-CONSEIL, *de nos comptes, généraux de nos aides, notaires et secrétaires et autres officiers de notre chancellerie,*

(1) 18 mai 1498. Reg. du Parl.
(2) 14 août 1563. *Ibid.*

trésoriers généraux de France, receveurs généraux et par-
ticuliers, etc., pour être, les officiers du corps de la cour,
jugés les chambres assemblées, en la manière accoutumée;
et quant aux autres officiers des cours souveraines, la
grand'chambre et Tournelle assemblée. Quel monument
de cette jurisdiction universelle qui *appartient naturelle-*
ment aux cours de parlement, mémement pour le regard
de ceux qui sont officiers des cours souveraines! Quelle
trace de la prétention du grand-conseil, lorsque se publioit,
lorsque s'exécutoit contre les gens (1) du grand-conseil, et
sans aucune réclamation de leur part, une loi qui les comprend dans cette jurisdiction universelle et *naturelle,* qui
ne porte ni réserves ni dérogations relatives à aucun droit
ou privilége particuliers, qui met enfin les gens du grand-
conseil au niveau de tous les autres tribunaux ou corps, qui
constamment n'avoient point dans ce tems le privilége exclusif d'instruire et de juger tout procès criminel intenté à
leurs membres.

---

(1) En exécution de cette loi, par arrêt du 17 décembre 1568, il fut
ordonné que les officiers du grand-conseil, ainsi que ceux des autres compagnies, enverroient au greffe de la cour la liste de ceux de leurs membres
qui n'avoient pas fait leur profession de foi suivant l'édit, pour être procédé contre eux.

Ensuite, par arrêt du 9 février 1569, les offices de Henri Groslet, conseiller; Jean-Baptiste Bigot, procureur du Roi; de Villontray, secrétaire;
Claude Vaudroüie, receveur, etc., et Me Pierre Jumel, grand-rapporteur
au grand-conseil, furent déclarés vacans et impétrables.

Par autre arrêt du 18 mai 1569, Jean Moisson, conseiller au grand-conseil, fut, sur sa requête, renvoyé pour faire sa charge.

Le 23 juin 1569, sur les « informations faites, à la requête du pro-
« cureur-général, des vie, mœurs et conversation de Me Pierre Jumel,
« conseiller du Roi au grand-conseil et grand-rapporteur de France, et sur
« la requête par lui présentée à la cour pour le remettre en ses états et
« offices, déclarés vacans par l'arrêt du 9 février, pour crime prétendu être
« de la nouvelle religion, etc.; ouï ledit Jumel, pour ce mandé, conclusions
« du procureur-général du Roi, la cour a renvoyé et renvoie ledit Jumel
« pour faire service au Roi et exercer ses états, ainsi qu'il faisoit aupara-
« vant. » (Reg. criminel du parlement, cote 121.)

Nous osons nous flatter, Sire, qu'il ne peut vous rester aucun doute sur l'illusion du système que présentent les gens du grand-conseil. C'est néanmoins ce système chimérique qui fait la base de tous ces actes d'éclat, de ces coups d'autorité par lesquels les gens du grand-conseil ont étonné la capitale, et mis le trouble et le désordre au milieu d'un tribunal attaché à l'ordre public et aux loix de la monarchie par sa propre constitution, et peut-être plus inviolablement encore par le zèle et la fidélité à toute épreuve des officiers qui le composent.

Il a fallu néanmoins, Sire, que cet étonnant appareil fût encore soutenu sur un second fondement. La prétention d'enlever jusqu'aux minutes non seulement de décrets ou de jugemens qui blesseroient le prétendu privilége, mais encore de simples informations que, dans des circonstances pareilles, la plupart des actes irréguliers obtenus par les gens du grand-conseil, ou émanés d'eux-mêmes, ont néanmoins laissé subsister et dans leur dépôt, et même dans leur force naturelle, cette seconde prétention a fait voir qu'il n'est plus aucune borne que ne puisse franchir un système qui s'est une fois élevé au-dessus des premières règles de l'ordre public.

Ce second objet, Sire, n'exige pas de nous des réflexions nouvelles. Vous connoissez à quel point cette entreprise de soustraire les minutes des premiers juges est insolite, irrégulière, dangereuse, contraire aux ordonnances. Nous nous contenterons d'observer que les registres mêmes du grand-conseil devoient lui faire craindre de renouveller une tentative proscrite dès le premier moment qu'elle a paru. Nous apprenons par la tradition publique qu'en 1635, les gens du grand-conseil n'ont pas fait difficulté d'inscrire sur leurs registres un arrêt de votre conseil, accordé à celui qui exerçoit, au milieu d'eux, le ministère public, et qui sollicitoit pour eux le droit exclusif de juger leurs membres. Nous ap-

prenons que les gens du grand-conseil, à l'occasion d'une
sentence de mort rendue au Châtelet de Paris contre un de
leurs membres, formèrent une instance réglée qu'ils portèrent en votre conseil, et demandèrent, par une requête
expresse, *que les minutes des procédures du Châtelet fussent tirées du greffe criminel du Châtelet, et supprimées.*
Votre conseil rejetta cette demande, et l'enregistrement
que le grand-conseil a fait de cette décision ne lui permet-
troit pas aujourd'hui de tirer avantage de la forme peu régulière d'un acte dont il s'est fait lui-même une loi, et dont
l'autorité réprouve clairement cette même entreprise qu'il
s'efforce de renouveller.

Mais, Sire, ce qui achève de mettre au jour toute l'irrégularité d'une telle conduite, c'est qu'elle suppose nécessairement que le grand-conseil s'est flatté que son prétendu privilége ne pourroit être balancé par aucun droit, quelques
personnes qui pussent se trouver compromises dans l'instruction de la même affaire : étrange système, qui annonceroit
jusqu'au projet de ne pas respecter même les droits sacrés
des membres de la cour des pairs.

Votre parlement, Sire, avoit arrêté de vous présenter de
très-humbles et très-respectueuses remontrances sur les objets importans dont il vient de vous rendre compte, lorsqu'un
nouvel ordre d'événemens s'est ouvert.

Déjà l'enlèvement fait par les gens du grand-conseil des
minutes du Châtelet, sans aucune utilité pour l'instruction
du procès du sieur Billard de Vaux, annonçoit que le grand-
conseil n'avoit pour but direct, quoique encore caché, que
de pénétrer dans l'intérieur des tribunaux ordinaires, d'y
exercer des actes de police, de préparer l'établissement d'un
droit complet de ressort.

Le système s'est développé presque aussitôt : les gens du
grand-conseil ont fait extraire de leurs registres et répandre dans le public un acte à la tête duquel votre parlement

I.

ne peut voir qu'avec douleur l'auguste nom de Votre Majesté. Cet acte, dans toute sa teneur, porte les caractères les plus multipliés de la surprise, et son exécution seroit l'interversion totale des règles essentielles de l'État.

Le renouvellement des édits de 1498 et de 1555 vous a été proposé, Sire, comme l'unique objet de la déclaration que l'on a surprise de votre religion.

Mais qu'il nous soit permis de le dire à un souverain qui n'aime que la vérité, que d'illusions ne cachoit pas cette mystérieuse proposition!

Ces actes, dont on a demandé à Votre Majesté le renouvellement, n'ont jamais eu force de loi dans votre royaume; le système qu'on veut accréditer, sous prétexte de les renouveller, est une prétention inouïe, dont la teneur de ces actes ne pourroit pas même être le germe. L'exécution du nouveau titre implique contradiction avec celle que les gens du grand-conseil ont eux-mêmes regardée comme la seule que pussent avoir ces anciens actes ; et le contraste de toutes ses dispositions avec toutes les loix de la monarchie achève de caractériser la surprise, et de consommer l'entreprise la plus pernicieuse.

Tous ces traits différens, Sire, ne vous paroîtront que la plus fidèle expression des vices multipliés que renferment et le nouvel acte accordé aux gens du grand-conseil, et la conduite qu'ils ont tenue depuis le 10 octobre dernier, si vous daignez rapprocher ces traits de deux principes essentiels dont nous osons espérer que Votre Majesté est déjà convaincue.

Le premier de ces deux principes est l'indispensable nécessité de l'enregistrement au parlement, pour que quelque acte que ce puisse être acquière le caractère législatif. Nous n'avons plus à craindre, Sire, qu'on réussisse à vous inspirer des impressions défavorables sur la nature l'usage, et les conséquences de ce droit invariable de votre cour. Vous avez vu cette ancienne forme constitutive de votre monarchie, intimement liée avec la gloire même et les intérêts de Votre Majesté, avec la stabilité de votre trône, avec la prospérité de votre État : heureux ordre de gouvernement auquel vous êtes redevable de la conservation de diverses contrées de vos États ! C'étoit cet ordre que François 1er réclamoit en répondant à Charles-Quint que les loix fondamentales de son royaume *étoient* (1) *de ne rien entreprendre sans le consentement des ses cours souveraines , entre les mains desquelles résidoit toute son autorité* ; c'étoit cet ordre dont Henri IV reconnoissoit le prix lorsque , le premier président lui représentant que le parlement ne pouvoit enregistrer un édit contraire au bien de l'État, si la liberté des suffrages, essence de toute délibération, ne lui étoit ôtée, ce prince répondit en ces termes à jamais mémorables : « A Dieu ne « plaise (2) que je me serve jamais de cette autorité qui se « détruit souvent en la voulant établir, et à laquelle je sais « que les peuples donnent un mauvais nom. »

C'est notre fidélité, Sire , qui nous inspire de vous répéter ce que votre parlement eut l'honneur de dire à l'un de vos prédécesseurs par l'organe du premier président : « Nous avons (3), Sire, deux sortes de lois: les unes sont « les ordonnances de nos rois, qui se peuvent changer selon « la diversité des tems et des affaires; les autres sont les « ordonnances du royaume, qui sont inviolables, par les- « quelles vous êtes monté au trône, et a cette couronne été « conservée par vos prédécesseurs. Entre ces lois publiques , « celle-là est une des plus saintes, et laquelle vos prédé- « cesseurs ont plus religieusement gardée , de ne publier ni

---

(1) Remontrances du parlement en 1615.

(2) Remontrances du parlement en 1652.

(3) Discours de M. de Harlay, premier président , au Roi séant en son lit de justice au parlement , le 15 juin 1586. Reg. du Parl.

« loi ni ordonnance qui ne fût vérifiée en cette compagnie.
« Ils ont estimé que violer cette loi, c'étoit aussi violer celle
« par laquelle ils sont faits rois, et donner occasion à leurs
« peuples de mécroire de leur bonté. »

Nous ne rappellerons point ici les monumens des premiers
âges de la monarchie : vous savez, Sire, dans quelle plénitude, avec quelle solemnité, s'exerçoit autrefois le droit qu'a
le parlement, comme *le* (1) *vrai sénat du royaume*, de délibérer *sur les édits et ordonnances,* qui, par sa délibération,
*y prennent leur dernière forme et autorité, quand elles y
sont publiées et registrées.*

Nous avons développé, Sire, l'enchaînement des preuves
qui établissent et la solidité et l'ordre primitif de ce droit
solemnel, jusqu'à l'époque de l'institution du grand-conseil.
Ce nouvel établissement ne forma pas dans l'État une révolution. Les droits dont votre parlement trouvoit le principe
invariable dans l'ordre même de la monarchie ne se sont ni
perdus ni partagés. Nos rois n'ont point cessé de reconnoître dans le parlement l'empreinte immédiate de leur majesté,
le caractère de *cour des pairs,* qui reporte nécessairement
la nature et les fonctions actuelles du parlement à l'origine de
la monarchie. C'est de Votre Majesté même que le parlement
a reçu ce témoignage solemnel, qu'il est encore aujourd'hui
et la *cour des pairs,* et la (2) *première et principale de
votre royaume,* termes si relatifs à ceux que toutes les anciennes ordonnances consacroient pour exprimer la dignité
du parlement, *cour souveraine et capitale de tout le
royaume, source, origine, modèle de la justice universelle*

---

(1) Discours de M. le Maître, avocat-général, en requérant un enregistrement en présence du Roi séant en sa cour, accompagné des cardinaux,
archevêques, évêques, princes, ambassadeurs étrangers, etc. 13 juin 1499.
Reg. du Parl.

(2) Déclaration du 28 décembre 1724, registrée au parlement le 29.

du royaune entier. C'est d'un de vos prédécesseurs, dont le règne encore peu éloigné a laissé dans toute la France une vive impression de respect et d'amour, que l'État a reçu, pour ainsi dire, de nouveau le dépôt de cette ancienne maxime, que *la garde* (1) *et la conservation des loix appartient naturellement au parlement.*

Nos souverains ont toujours distingué votre cour par le rang et la prééminence qu'ils lui ont conservée sur le grand-conseil. Au moment même qu'il fut institué, Louis XII, séant en sa cour, accompagné de cardinaux, archevêques, évêques, princes et ambassadeurs étrangers, prononça solemnellement, *eue sur ce délibération à aucuns des prélats et seigneurs y étant,* que des lettres patentes, dont l'adresse faisoit mention des gens du grand-conseil avant le parlememt, devoient être *corrigées,* pour être *la cour* (2) *de céans mise en premier lieu, et avant son grand-conseil.* Et dans le siècle suivant, on vit le chancelier de France envoyé au parlement par le roi prévenir le parlement sur le préjudice que faisoit à l'autorité de la cour une entreprise de même genre, et déclarer que c'étoit *par erreur* (3) que, dans un édit, *on avoit mis le grand-conseil avant le parlement, et que la faute étoit aisée à rhabiller.*

Placé si constamment dans une classe inférieure au parlement, le grand-conseil n'a pu sans doute ni enlever, ni partager avec le parlement, ce droit primitif de l'enregistrement. Aussi ce droit exclusif, perpétué et cimenté par un usage qui se renouvelle chaque jour, a-t-il reçu dans toutes les occasions, et surtout dans les plus critiques, les témoignages les plus exprès de la part de nos rois.

---

(1) Lettres patentes du 4 juillet 1591. Pr. des Lib.

(2) 13 juin 1499. Reg. du Parl.

(3) 7 septembre 1560. Discours de M. le chancelier de Lhospital au parlement. Reg. du Parl.

« Le roi François 1ᵉʳ (1) promit au duc de Savoie de ne
« lui faire jamais demande ne question des terres qu'il te-
« noit, spécialement de la comté de Nice »; à quoi est re-
pliqué, disoit Henri II dans les instructions qu'il remettoit
à ses ambassadeurs auprès de Charles-Quint, « que jaçoit
« que lesdites lettres soient adressées au parlement de Pro-
« vence et chambre des comptes dudit pays et ailleurs, ce
« néanmoins ne y en a aucune vérification, non pas même
« ne y ont été présentées, ce qui toutefois est requis et *né-*
« *cessaire,* tant de disposition de droit que par les ordon-
« nances et usances du royaume et du pays de Provence,
« **et** partant lesdites lettres *demeurent encore sans effet au-*
« *cun,* tant que elles soient vérifiées ». « Les mœurs de la
« nation françoise », disoit, de la part du roi Charles IX, et
d'après les instructions signées de ce prince, l'ambassadeur
chargé des intérêts de l'État auprès du pape, « les mœurs de
« la nation françoise (2), et les anciennes ordonnances des
« rois très-chrétiens, religieusement observées jusqu'à ce
« jour, ne permettent pas qu'aucun établissement public,
« soit dans l'ordre de la religion, soit dans l'ordre de la so-
« ciété, porte le caractère de loi, *qu'il n'ait été publié par*
« *arrest du parlement.* »

Nous ne vous présenterons plus, Sire, qu'un trait qui
vous fera voir dans quel ordre nos souverains ont toujours
envisagé l'enregistrement des loix au parlement. Nous
« sommes avertis, disoit en 1552 la reine régente au par-

---

(1) Mémoires dressés et envoyés par M. le chancelier, second mémoire.
Recueil de divers mémoires, harangues, remontrances et lettres servant à
l'histoire de notre tems. A Paris, chez Pierre Chevalier, 1622, avec privilége du Roi, p. 113 et 114.

(2) Moribus nostris et regum christianissimorum antiquis constitutioni-
bus in hunc usque diem religiosè observatis, nihil in Galliâ publicè quod
ad sacras vel privatas res pertineat, pro lege statuitur, quod non sit parlamenti arresto publicandum. (Pr. des Lib., 1561.)

« lement, que l'édit fait par le roi notre très-cher seigneur
« et époux, de la création et augmentation d'aucuns officiers
« en sa cour des aydes à Paris, *ne peut être lu, publié et*
« *vérifié en aucun autre lieu* où il est adressant (1), que
« *premièrement* il ne soit procédé par vous à la lecture,
« publication et vérification d'icelui. »

Il est donc démontré, Sire, que l'enregistrement des loix
au parlement, *nécessaire pour les* (2) *rendre publiques,*
ne peut être suppléé par aucun tribunal. Il est encore reconnu que, quoique le droit de juger de certaines matières
particulières puisse appartenir à différens tribunaux souverains, autres que le parlement, toutefois (3) *où il y a quel-*
que chose dans les objets mêmes qui ont rapport à leurs
fonctions, « concernant universellement l'état et fait de la
« justice esdites matières, imminuant icelui notablement,
« la cour de parlement, qui est le souverain consistoire du
« roi et a la jurisdiction générale et universelle, combien
« qu'elle ne l'ait quant au jugement particulier des procès
« dépendans du fait de ces tribunaux, en doit aviser et faire
« donner ordre à ce que le commun train de la justice ne
« soit inverti ».

Telle est, Sire, la loi de votre empire. C'est conformément à cet ordre, qui rend essentiellement votre parlement
dépositaire des loix du royaume, que, lorsque Charles VIII
jugea nécessaire de pourvoir aux plaintes de ses sujets sur
plusieurs abus, le chancelier vint de sa part au parlement,
le 17 février 1497 (4), demander que *les ordonnances lues*

---

(1) Lettre de la reine régente au parlement, reçue le 18 mai 1552. Reg.
du Parl.

(2) Remontrances du parlement, des 19 et 27 juin 1717.

(3) Remontrances du parlement, du 4 mai 1541.

(4) Reg. du Parl.

et enregistrées lui fussent communiquées pour les avoir
par extrait.

Nous osons même vous dire que c'est sur cette loi fondamentale qu'est assurée la foi des titres les plus solemnels de
votre Etat; que les peuples étrangers l'ont connue, cette loi,
et en ont fait la base de leurs engagemens, lorsqu'ils ont sti-
pulé expressément que des traités de paix seroient « entéri-
« nés, vérifiés (1) et enregistrés en la cour de parlement de
« Paris, et dans les autres parlemens, qui ne forment qu'un
« même corps, et ne sont (2) que différentes classes du par-
« lement du roi; lorsqu'ils ont exigé que le roi donnât
« pouvoir spécial et irrévocable à ses procureurs-généraux,
« qui seroient présens à l'enregistrement des parlemens,
« pour illec consentir aux entérinemens susdits, eux sou-
« mettre volontairement à l'obéissance de toutes les choses
« convenues esdits traités, et qu'en vertu d'icelle volontaire
« submission, le roi fût à ce condamné par arrêt et sentence
« définitive desdits parlemens, en bonne et convenable
« forme ».

Protecteur de votre État et des droits sacrés qui en assurent la stabilité, vous ne souffrirez jamais, Sire, qu'un ordre
si ancien, si solennel, si respecté, si utile, souffre sous votre
règne aucune atteinte. C'est, nous ne craignons pas de vous
le dire, c'est l'intérêt général de votre monarchie, plus encore que la bienveillance dont votre parlement ose se croire
en droit de vous demander la continuation, qui exige de
vous l'exacte conservation de la prérogative la plus incom-

---

(1) Traités de Madrid, de Trèves, de Crespy, de Château, de Vervins, etc.

(2) Discours du chancelier de Lhospital au parlement, 7 sept. 1560. Reg.
du Parl.

municable de cette cour, qui a (1) *rendu de grands et signalés services aux rois vos prédécesseurs, qui est le lien
de l'obéissance de tous les ordres,* et que des nœuds également sacrés, également indissolubles, unissent à jamais, et
depuis que la monarchie subsiste, à votre thrône et à l'État
entier.

Il est un second principe d'ordre public qui se réunit
comme de lui-même au premier, et qui n'est que le précis
des grandes vues que nous avons eu l'honneur de vous exposer, Sire, sur l'ordre général et sur la constitution de
votre Etat.

C'est que le grand-conseil, admis depuis deux cent cinquante ans dans un empire qui compte treize siècles de
durée, n'eut jamais ni le droit de représenter votre parlement dans l'auguste fonction de mettre aux loix le dernier
sceau par son enregistrement, ni le ressort sur les tribunaux
inférieurs, moins encore le droit de leur adresser les édits ou
déclarations, pour être, par ses ordres, insérés dans leurs
registres.

Quels que puissent être l'objet et les fonctions des gens
du grand-conseil, cet objet et ces fonctions sont nécessairement relatives aux attributions *qui composent* (2) *toute sa
jurisdiction, et sans lesquelles cette jurisdiction deviendroit
inutile.*

Cette idée simple et primitive est, Sire, le germe fécond
des conséquences les plus frappantes.

Si le grand-conseil est un tribunal de simple attribution,
non seulement il ne peut avoir d'autorité que pour les seules
affaires qui lui sont spécialement et régulièrement attribuées,
mais il ne peut avoir aucune autorité relativement aux ob-

---

(1) Edit du mois de juillet 1644, registré le 19 août.

(2) Réponse du chancelier au parlement, le...... janvier 1645. Reg. du
Parl.

jets qui ne sont pas susceptibles d'être compris dans des attributions. Or comment la plus grande et la plus importante de toutes les fonctions, la plus intimement unie à la constitution même de la monarchie, celle dans laquelle se peignent le plus essentiellement et l'empreinte de la majesté royale et l'image du concours de la nation, ce droit d'être le tribunal suprême où le souverain consomme et consacre ses loix, pourroit-il être abandonné au gré d'une attribution arbitraire? Comment concevroit-on qu'une autorité sans caractère propre pût être le principe constitutif du caractère suprême des loix; que l'impression d'un pouvoir essentiellement vacillant pût être dans les loix le gage de leur stabilité, le sceau de leur authenticité; que ces monumens inébranlables, qui sont le fondement de la constitution de la monarchie, n'eussent qu'une base sans consistance, et pussent recevoir l'ordre de leur enchaînement, l'inspection soutenue qu'exige leur conservation, d'un tribunal dont l'existence même seroit accidentelle et momentanée.

Un tribunal de simple attribution, étranger par sa nature à l'ordre judiciaire, plus capable d'en déranger que d'en diriger l'économie, ne peut être le supérieur de ceux dont l'être est essentiellement différent du sien. Le pouvoir territorial est le germe nécessaire du droit de ressort, et par sa nature même il ne peut être un droit flottant. Des affaires particulières peuvent dans quelques cas suivre un cours particulier, mais jamais entraîner avec elles, et porter dans le tribunal auquel est accordée la simple faculté de les juger, l'autorité sur le territoire, sur les juges inférieurs et sur les sujets qui en dépendent par le plan général de l'État.

Enfin, Sire, le droit d'adresser aux juges inférieurs les loix qui doivent être déposées dans leurs registres suppose en même temps et le droit de consacrer ces loix, et le droit de ressort sur les tribunaux ordinaires. Comment un tribunal d'attribution, dont la nature est incompatible avec chacun de ces deux droits primitifs, oseroit-il s'en arroger la plénitude par un acte qui est l'exercice le plus éminent et le plus complet de l'un et de l'autre?

S'il étoit possible de supposer que les gens du grand-conseil eussent quelquefois adressé aux juges inférieurs quelques édits, déclarations ou règlemens; si nous pouvions même douter du courage ou des lumières de quelques uns des officiers distribués dans tout le royaume, à qui de semblables actes auroient été adressés; ce ne seroient, Sire, que des entreprises de fait de la part des gens du grand-conseil, des tentatives clandestines, aussi incompatibles avec leurs fonctions que contraires à la constitution et aux loix de la monarchie.

Si l'évidence même des trois points de vue que nous venons de vous exposer, Sire, ne prévenoit toute preuve et toute discussion, nous oserions vous supplier de vous rappeler les notions primitives, d'après lesquelles nous avons eu déjà l'honneur de vous développer l'ordre essentiel, la formation et la distribution générale de votre État, l'analogie et l'enchaînement des jurisdictions qui présentent de toutes parts aux peuples, dans une harmonieuse gradation, l'image de Votre Majesté. Les fonctions essentielles de votre cour, de votre parlement, vous sont connues. L'établissement, la nature des fonctions pour ainsi dire extrajudiciaires du grand-conseil, le genre d'autorité qui peut lui appartenir, le contraste de ces fonctions et de cette autorité avec les princips constitutifs des autres tribunaux, toutes ces grandes vues se retracent dans votre esprit; et leur première impression vous avoit déjà convaincu que le grand-conseil ne pouvoit être ni le centre de l'ordre économique de la justice, ni le dépôt des loix de l'État; que le droit d'enregistrement, le droit de ressort sur les tribunaux, le droit de leur adresser des loix, ne pouvoient compatir avec son essence.

En vain les gens du grand-conseil se proposeroient-ils ou
de répandre des nuages sur des points de vue si lumineux, ou
du moins de supposer le système nouveau d'un droit de ressort
relatif, d'une jurisdiction sur les officiers inférieurs, renfermée dans l'étendue des matières dont vous aurez jugé à
propos de leur attribuer spécialement la connoissance. Vous
aviez prévenu, Sire, par des décisions formelles, un système
si peu conforme à l'ordre public, avant même que ce système fût formé. Nombre d'affaires comprises dans des attributions générales au grand-conseil, accordées à différentes
communautés, portées même dans ce tribunal en vertu de
ces attributions, en ont été distraites sur l'unique principe
que les substituts de votre procureur-général dans quelques
uns des bailliages inférieurs étoient parties dans ces affaires,
à raison des fonctions du ministère public, et ne pouvoient
être forcés de plaider hors de leur siége, ni traduits dans un
autre tribunal supérieur que le parlement, où devoit en ce
cas nécessairement être relevé l'appel de la sentence des premiers juges, pour y être statué avec votre procureur-général : de sorte que ce n'étoit pas le cas d'user du privilége
accordé à ces congrégations.

Nous avons, Sire, sous les yeux une loi authentique, dont
votre parlement a le dépôt, et qui consacre ces principes.
Elle frappe sur une affaire comprise par elle-même *dans l'é-
vocation générale accordée à l'ordre de Cluny*, en vertu
de laquelle des religieux de cet ordre avoient porté au grand-
conseil l'appel d'une sentence de la châtellenie royale d'Yè-
vre-le-Chastel. Vous considérâtes, Sire, « que votre pro-
« cureur en cette châtellenie avoit agi dans cette affaire
« comme partie publique; et les officiers de la jurisdiction
« n'ayant fait que déférer à la réquisition qu'il leur avoit
« faite en ladite qualité, vous décidâtes qu'ils ne pouvoient
« être obligés de rendre compte de leur conduite que dans
« le tribunal supérieur, où se porte naturellement l'appel de

« leur sentences ». Par les mêmes lettres patentes, du 6 août 1745, registrées en votre parlement le 20 du même mois, dont nous venons de vous présenter le texte même, vous jugeâtes à propos de retirer du grand-conseil une affaire qui eût compromis cette subordination, qui ne lie qu'à votre procureur-général les officiers revêtus, dans les provinces, du ministère public, et de rétablir à cet égard le cours naturel de l'ordre des jurisdictions, qui déféroit à votre parlement seul la connoissance de cette contestation.

Nous seroit-il permis, Sire, de vous supplier encore de vous faire représenter ces journaux secrets où doivent se conserver les vestiges des vues les plus intimes, sur lesquelles se préparent vos résolutions générales? Vous y verrez le jugement que porta votre augustes bisayeul sur une prétention semblable à celle qu'élèvent aujourd'hui les gens du grand-conseil, et peut-être moins inconciliable avec l'ordre public, puisqu'elle étoit formée par un tribunal que ses fonctions fixes et déterminées placent au nombre des tribunaux ordinaires. Louis-le-Grand fit écrire, en 1714, tant aux officiers d'une des chambres des comptes de votre royaume qu'à ceux du parlement dans le ressort duquel elle étoit, « que son intention n'étoit pas que les officiers de la « chambre des comptes envoyassent aux bailliages les édits « et déclarations pour y être publiées et registrées, parce « qu'ils n'étoient point en droit de le faire, *cela étant de la* « *compétence des parlemens seulement*, auxquels les bail- « liages ressortissent par leurs édits de création et d'établis- « sement ».

Il ne nous reste maintenant, Sire, qu'une analyse très-courte à vous présenter de nouvelles tentatives qu'on s'est efforcé de consacrer par la déclaration du 10 octobre dernier. Les deux vues fondamentales que nous avons eu l'honneur de vous exposer sur le droit incommunicable du parlement relativement à l'enregistrement des loix, sur la con-

tradiction de la nature même du grand-conseil et avec ce
droit primordial, et avec celui de ressort sur les tribunaux,
et avec celui d'adresser les loix aux juges inférieurs, pour
être par eux enregistrées ; ces vues essentielles vont trouver
comme d'elles-mêmes leur application, et dévoiler à vos yeux
le coup d'œil décisif des surprises qu'on n'a pas craint de faire
à votre religion.

On vous a demandé, Sire, la confirmation des édits de 1498
et de 1555, première surprise dans la proposition même.

Ces édits, faute de vérification dans le tribunal unique
qui puisse leur imprimer le dernier caractère, n'ont jamais
acquis force de loi dans votre royaume.

Sous prétexte de renouveller ces édits, on s'est proposé
d'établir, contre les maximes certaines, qu'on ne craint pas de
qualifier *de prétention renouvellée* par le parlement, que les
officiers du grand-conseil ont *une jurisdiction ou droit de
ressort sur les officiers des bailliages et sénéchaussées du
royaume,* ressort dont la nature est peu déterminée dans l'esprit des auteurs de ce système nouveau. Tantôt il se réfèrent
à l'édit même de 1498. Et quelle plénitude de jurisdiction et
de ressort ne trouvent-ils pas, en faveur des gens du grand-conseil, dans ces termes si magnifiques, *toute telle autorité dans
toute l'étendue du royaume qu'ont les cours dans l'étendue
de leurs ressorts.* Mais, à l'instant même, ce droit de jurisdiction et de ressort universel, cette autorité TOUTE TELLE
que celle des cours, se resserre *et se borne* à l'étendue *des matières dont la connoissance est spécialement attribuée au
grand-conseil.* Sous cette dernière face, on la présente
comme sortant des dispositions de l'édit de 1555.

Nous avons eu l'honneur de vous démontrer, Sire, combien, sous toutes ces nuances différentes, ce système est peu
conciliable avec les principes essentiels de l'ordre politique,
combien il est contraire à vos propres décisions.

Ajoutons seulement que l'interprétation prétendue qu'on

donne aux édits de 1498 et de 1535 ne fut jamais prise dans la teneur de ces titres, et l'usage seul de près de trois siècles successifs pourroit suffisamment en constater la véritable interprétation.

Le sens de l'édit de 1498 a déjà, Sire, été développé lorsque nous avons eu l'honneur de vous parler de l'établissement du grand-conseil.

L'édit de 1555 pouvoit et devoit être réuni avec un autre semblable et aussi peu régulier dans sa forme, qui fut donné en 1560, et au sujet duquel le chancelier vint au parlement, de la part du Roi, lui déclarer que l'*édit des* pareatis (1) *n'avoit été fait pour la cour de céans*, parce que les *pareatis* que les parties étoient obligées d'obtenir, pour exécuter les arrêts du grand-conseil, et que nous voyons, dans nos registres, demandés quelquefois au parlement par les officiers même du grand-conseil chargés de l'exécution, n'y éprouvoient point de difficultés dans les cas où ces arrêts étoient donnés légitimement.

Ces édits n'eurent jamais pour objet de donner au grand-conseil un droit de ressort en quelque degré ni sur quelque partie du royaume que ce pût être. Si le plan qui vous a été exposé, Sire, de l'ordre invariable qui résistoit à un semblable projet, pouvoit devenir plus frappant par une nouvelle preuve, elle se trouveroit dans l'édit de 1560, qui comprend sous une même disposition et sans aucune distinction tous *arrêts, jugemens*, donnés et *par le grand-conseil et par les cours de parlement, chambres des comptes, cour des aydes, trésoriers de France et généraux des finances, baillifs, sénéchaux, et juges du royaume ou leurs lieutenans*. Si l'exécution libre partout le royaume, *sans*

_____

(1) Discours de M. le chancelier de Lhospital au parlement, le 7 septembre 1560. Reg. du Parl.

I. 28

permission, *placet*, *visa*, *ne pareatis*, est assurée en 1560 aux jugemens des moindres officiers d'un bailliage particulier, est-ce un titre attributif de ressort et de jurisdiction sur le royaume entier? Où le grand-conseil trouvera-t-il un droit aussi éminent réservé à lui seul dans une disposition qui comprendroit ses jugemens avec ceux de tous les juges, de quelque degré qu'ils pussent être?

L'appareil même dont il est indispensablement nécessaire que les arrêts du grand-conseil soient revêtus pour avoir leur exécution dépose contre l'autorité intrinsèque et directe que cette compagnie veut s'attribuer; et, s'il étoit possible de supposer que les édits de 1498, 1555 et 1560, eussent eu pour objet d'attribuer au grand-conseil cette autorité, il seroit évident que ces édits seroient demeurés sans aucune exécution. Les gens du grand-conseil ne peuvent donner, même à leurs propres officiers, pour l'exécution de leurs arrêts, une mission qui émane d'eux. Aucun de vos sujets ne reconnoîtroit leur autorité, si, par l'impression du grand sceau, ils ne s'autorisoient d'un caractère qui, tout auguste qu'il est, n'est qu'emprunté; ressource qui caractérise essentiellement un pouvoir précaire et limité à chaque acte particulier, et qui suppose par conséquent, dans ceux qui ne peuvent se dispenser d'y avoir recours, le défaut de ressort et de jurisdiction proprement dite.

Quel seroit donc le sens de ces édits de 1555 et de 1560, s'ils étoient consacrés par un enregistrement? Le tribunal du grand-conseil ne pourroit y trouver aucune prérogative, aucun droit ni de territoire, ni de ressort, ni de jurisdicton proprement dite : tout s'y rapporteroit uniquement à l'intérêt des parties. Ce seroit, Sire, une simple faculté accordée aux parties de faire exécuter les jugemens rendus par le grand-conseil dans les affaires qui lui sont attribuées, faculté qui peut être une dépendance de celle de juger ces affaires donnée au grand-conseil, et qui n'eût jamais éprouvé d'obstacles si le grand-conseil n'eût jamais connu que d'affaires qui lui fussent régulièrement attribuées.

C'est ici que nous ne pouvons nous dispenser, Sire, de vous faire observer à quel point se multiplient les surprises que nous sommes obligés de vous faire connoître. Quelque autorité qu'on eût accordée aux édits de 1498 et de 1555, quelque interprétation qu'on leur eût donnée, ce n'étoit pas encore assez : on vouloit que le système pût réfléchir sur l'arrêt que votre parlement n'a pu se dispenser de rendre et de faire adresser aux bailliages et sénéchaussées de son ressort. Il a fallu supposer que cet arrêt blessoit les dispositions de l'édit de 1555, c'est-à-dire qu'il anéantissoit la faculté donnée aux parties de faire exécuter les arrêts rendus par le grand-conseil dans leurs affaires particulières. Est-il, Sire, dans l'arrêt de votre parlement, qu'il nous soit permis de vous le représenter, est-il un seul mot par lequel votre parlement se soit expliqué sur l'exécution que les parties donneroient aux arrêts du grand-conseil ? L'occasion qui a donné lieu à l'arrêt de votre parlement est-elle née de l'exécution de quelques-uns de ces arrêts rendus sur des affaires ordinaires ? Un enlèvement de minutes qui ne sont pas nécessaires à l'instruction même et au jugement du procès que le grand-conseil prétend s'attribuer, puisqu'il en avoit déjà des expéditions, est un acte de police exercé sur un tribunal inférieur, aussi irrégulier quant au fond de son objet qu'il l'est par le défaut de pouvoir et d'autorité dans le grand-conseil. Cette entreprise, soutenue avec vivacité, annonce que le grand-conseil ne tend qu'à entamer l'ordre des jurisdictions, à s'attribuer des droits de police et de ressort que jamais les édits de 1498 et de 1555 ne lui donnèrent, et qui frappent sur tous les tribunaux inférieurs, s'ils peuvent en assujettir un seul. De-là le parlement est obligé de prévenir les suites d'un système qui se découvre si clairement ; il avertit les juges qui n'ont serment qu'en la cour que les *ordres* que le grand-conseil entreprendroit de leur adresser ne seroient point des actes légitimes de supériorité, auxquels ils fussent tenus de déférer; que les *poursuites* des gens du grand-conseil contre eux ne seroient que des voies de fait, dont ils doivent instruire à l'instant le seul tribunal auquel ils ressortissent; et dans un arrêt dont tout l'objet étoit de pourvoir à l'avenir. sans même réprimer ni punir le passé, on vous présente, Sire, un contraste avec des édits qui n'eurent jamais rien de relatif ni à l'objet ni à l'occasion de l'arrêt de votre parlement.

On fait plus : dans une déclaration qui toute entière ne s'explique d'une manière distincte que sur le droit de ressort prétendu par le grand-conseil, et qui garde le plus profond silence sur l'enlèvement irrégulier des minutes du Châtelet, on insère avec une négligence affectée une disposition générale, propre à attaquer indifféremment toutes les parties de l'arrêt de votre parlement, dont un des objets essentiels étoit de prendre les précautions les plus sages, les plus mesurées et les plus nécessaires pour réparer provisoirement la soustraction de ces minutes.

Quelles représentations respectueuses n'aurions-nous pas, Sire, à faire à Votre Majesté sur le genre même d'atteinte qu'on essaie de porter à l'autorité souveraine ! C'est dans le grand-conseil que va prendre son autorité une loi préparée pour arrêter l'effet d'un arrêt de votre cour. Vouloir anéantir un arrêt du parlement par une déclaration vérifiée au grand-conseil, ce seroit renverser tout ordre ; ce seroit ériger de fait un tribunal supérieur et réformateur de votre cour *première et capitale* ; ce seroit avilir cette *dignité* (1) suprême, qui fait *une partie essentielle de celle même de Votre Majesté*.

L'exécution qu'on s'est proposé, Sire, de donner à la nou-

_____

(1) Edit de juillet 1644, reg. le 19 août.

velle déclaration annonce combien le système actuel est
différent de celui dans lequel furent dressés les édits de 1498
et de 1555, de celui même que le grand-conseil se proposa
lorsqu'il reçut ces édits. L'enregistrement qu'il en fit dans
l'une et l'autre de ces deux époques ne fut qu'une simple
transcription dans ses registres. Les gens du grand-conseil
ne furent point éblouis par les termes imposans *de toute telle*
autorité par tout le royaume que celle des cours dans leurs
ressorts. Tout l'État eût réclamé. Ils n'adressèrent donc à
aucun des tribunaux inférieurs les édits de 1498 et de 1555.

Aujourd'hui, Sire, on porte le plan beaucoup plus loin.
Un mandat spécial donné contre la forme ordinaire à celui
qui exerce le ministère public dans le grand-conseil caractérise en même tems et le système, et l'irrégularité du systême. Ce mandat est contraire à tous principes et usages ; et
jamais votre procureur-général, ministre naturel, sous les
ordres du parlement, de l'exécution des loix du royaume,
ne prit une mission spéciale pour s'autoriser à adresser ces
loix aux juges inférieurs. Ce mandat paroît donc constater
et reconnoître que les gens du grand-conseil n'ont par eux-
mêmes aucun pouvoir d'ordonner aux bailliages et sénéchaussées de publier la déclaration. Mais, au préjudice de
cette reconnoissance même, quelle atteinte ne porte-t-il pas
à l'ordre public, à l'essence et à l'état de votre parlement,
ministre essentiel des loix, à qui seul il appartient de les
vérifier, et de *qui seul les bailliages et sénéchaussées* (1)
doivent les recevoir pour les publier, et tous vos sujets
pour les exécuter.

_____

(1) Intelleximus quod licet curia nostra parlamenti sit et esse debeat
totius justitiæ regni nostri speculum verissimum et origo, ex câque cæteri
nostri judices et subditi recipere debeant elucescentis justitiæ documenta,
per quæ possint lites summariè dirimere, ipsarum anfractus tollere, etc.
(Ordonnance du mois de décembre 1363.)

Enfin, Sire, l'arrêt du grand-conseil qui ordonne l'envoi de la déclaration à *tous les siéges, bailliages et sénéchaussées du royaume, pour y être lue, publiée et enregistrée,* entre dans le même système, et consommeroit l'entreprise, s'il pouvoit avoir quelque exécution. Les gens du grand-conseil se sont persuadés que les officiers qui exercent dans les tribunaux le ministère public pouvoient être appellés *substituts* du procureur-général du grand-conseil, au préjudice de ces décisions (1) émanées de vous-même, qui établissent qu'ils ne sont *responsables de leur conduite* qu'au parlement, et que les affaires dans lesquelles ils sont parties à raison de leur office ne peuvent, par cette raison même, être portées dans aucun autre tribunal supérieur que votre parlement. Quels titres seront capables de faire cesser leurs prétentions, si vos loix mêmes ne leur apprennent pas à respecter les droits et l'état d'officiers qui ne dépendent point de leur jurisdiction? Leur opposerons-nous encore l'expression précise d'un acte revêtu de votre sceau? Louis XIII veut notifier tant à son procureur-général qu'à celui qui exerce le ministère public au grand-conseil, et à celui qui remplit au Châtelet de Paris la même fonction, une évocation qu'il destinoit à appaiser une contestation vive, excitée entre les trois compagnies. Dans la commission qu'il adresse à celui qu'il charge de cette notification, il se sert de ces termes : (2) *A nos procureurs généraux en notre cour et grand-conseil, aux lieutenant civil et gens tenans le siége présidial au Châtelet de Paris, et substitut de notre procureur-général en icelui.* Quelle impression ne forme pas cette suite d'expressions réunies, *nos* PROCUREURS-GÉNÉRAUX *en notre cour et grand-conseil...,* et substitut de NOTRE PROCUREUR-GÉNÉRAL *au Châtelet?*

_____

(1) Lettres patentes du 6 août 1713.
(2) 20 novembre 1626. Mss Dupuy, n. 215.

Mais ce n'est point en multipliant les preuves de l'entreprise, que nous détruirons l'existence d'un plan dont le premier principe est une étrange interversion des droits les plus inattaquables. C'est à votre sagesse, Sire, que cet ouvrage est réservé.

Vous ne pouvez plus douter, Sire, que les entreprises des gens du grand-conseil sur le parlement n'attaquent et ne compromettent tout à la fois par leurs conséquences l'intérêt des citoyens, l'ordre des jurisdictions, les droits de la patrie, la police général du royaume et la constitution immuable de l'État ; que ces atteintes n'exigent qu'il plaise à Votre Majesté, en suivant l'exemple de ces prédécesseurs, proscrire des entreprises que le grand-conseil renouvelle au mépris de leurs décisions, le renfermer dans les bornes du pouvoir qui peut lui appartenir, *et* (1) *conserver son être premier et naturel à la justice*, le plus ferme appui de l'autorité royale.

Après tant de considérations si importantes et si décisives, votre parlement, Sire, présentera-t-il dans les circonstances qui ont fait éclater ces entreprises un nouveau motif d'en arrêter le cours ?

Convaincu que c'est concourir au bonheur des sujets que d'informer la sagesse qui y préside de ce que le succès des vues les plus glorieuses et les plus utiles peut trouver d'obstacles, votre parlement manqueroit doublement à son devoir s'il ne faisoit connoître à Votre Majesté combien le moment marqué par les entreprises des gens du grand-conseil intéresse tout à la fois et la gloire personnelle du souverain et la félicité des peuples.

Il n'est point d'instant plus critique que celui où le calme

---

(1) Edit. du mois d'août 1547, registré le 22. Autre du mois de février 1548, registré le 19 mars. Réponse du Roi, rapportée au parlement le 19 septembre 1571. Reg. du Parl. Remontrances du parlement, du 6 juillet 1579.

commence à succéder aux troubles, où ce calme et ce retour encore mal assurés ont besoin du secours du temps pour devenir aussi solides que durables ; et c'est au moment même qui voyoit renaître cette subordination et cette tranquillité si nécessaires et si long-temps désirées, que l'ordre public, par lequel vos soins et vos travaux, Sire, ramènent l'une et l'autre dans vos États, et qui seul peut les assurer, reçoit des atteintes nouvelles et les plus dangereuses.

Quelle ressource pour perpétuer et augmenter même la division qui depuis tant d'années agite l'Église et l'État, que des entreprises qui, par elles-mêmes et dans leurs conséquences, n'attaquent pas moins l'ordre public que son principe et son plus ferme soutien ; que des entreprises qui, tendant à partager, affoiblir et altérer l'autorité royale dans les parlemens, ne peuvent que désunir et confondre et la souveraineté et l'obéissance.

La tranquillité, Sire, que la loi la plus sage peut seule rendre à vos États, pourroit-elle donc trouver de plus grands obstacles que des troubles nouveaux conspirans d'eux-mêmes avec les anciens pour altérer à l'envi cet ordre et le repos qu'annonce et assure à vos sujets le monument le plus authentique de la prudence et de la bonté souveraine?

Mais ce monument nous est un garant trop sûr de la sagesse dont il est émané, pour que votre parlement, Sire, puisse douter que cette même sagesse ne vous fasse appercevoir combien il importe à vos peuples que Votre Majesté maintienne son propre ouvrage, en assurant de plus en plus l'ordre public, et qu'elle proscrive à jamais des entreprises qui ne peuvent que détruire l'un et l'autre.

Quel moyen plus propre à rétablir solidement et pour toujours la tranquillité renaissante que d'en entretenir tout à la fois sans partage et sans confusion la cause et l'instrument dans l'ordre général, et essentiellement un, qui, ne conservant pas moins les États qu'il ne les constitue, en fait la grandeur et la félicité?

Tout gouvernement n'est fondé, n'est assuré, Sire, que sur l'ordre public, dont le principe, la règle et l'âme, est la justice : sans elle il n'y auroit que trouble, que discorde, qu'anarchie entre les hommes ; sans ordre, la liberté naturelle ne seroit qu'une monstrueuse licence, la subordination nécessaire qu'un esclavage imposé par force à la foiblesse, la souveraineté si avantageuse à toute société qu'une puissance encore plus mal assurée qu'aveugle.

L'ordre, qui ne maintient pas moins l'autorité souveraine que la liberté et la tranquillité publique, est plus essentiel et plus propre, Sire, à l'empire français qu'à tout autre ; il est né dans la monarchie avec elle même ; il tient à sa constitution et à ses loix fondamentales ; il n'est que l'ombre de l'ordre invariable de l'éternelle sagesse. Transmise successivement jusqu'à Votre Majesté avec l'esprit de nos rois, cette sagesse règne aussi constamment que souverainement pour la gloire et pour le bonheur de vos peuples. Plus sûrs comme plus touchés de l'obéissance, lorsqu'elle n'est dûe qu'à l'amour, nos rois n'ont jamais voulu commander que par la justice.

C'est dans cette vue, Sire, que, pour éclairer et tempérer le pouvoir absolu de la souveraineté par la prudence des conseils, la bonté de nos souverains a communiqué de tout temps à leurs premiers magistrats cette puissance établie pour soumettre la licence des hommes à l'équité des princes ; ils ont senti, ils ont reconnu, Sire, que de tels ministres de leur autorité ne servent qu'à faire régner justement les monarques, et à leur concilier de plus en plus les peuples.

Ainsi nos rois, source de la justice, l'ont de toute ancienneté établie, pour leur intérêt même, dans les parlemens comme dans son trône le plus auguste et le plus favorable, en se reposant sur ces cours d'une partie des soins, des obligations et des travaux qu'entraîne la royauté; ainsi, ministres essentiels du pouvoir suprême et de la tranquillité publique, les parlemens, par une conséquence nécessaire, ont toujours été les dépositaires et les garans des loix et des maximes qui constituent l'une et l'autre; ainsi les parlemens sont les seuls organes naturels et propres de toutes les volontés par lesquelles le monarque maintient et assure ces loix et ces maximes immuables.

De-là les édits, ordonnances et déclarations, ne peuvent être vérifiés que par les parlemens sur les loix dont ils ont seuls le dépôt et la garde; de-là les parlemens sont les seuls qui puissent attester aux juges inférieurs des volontés aussi justes que souveraines, et les transmettre par eux aux peuples dans toutes les parties du royaume; de-là ce n'est que par les parlemens que cette puissance législative, inséparable de la justice, ou plutôt qui n'est, dans nos rois, que la justice même, se produit, parle, agit avec une autorité publique et inviolable.

Et quels avantages n'ont pas résulté, Sire, depuis la naissance de la monarchie jusqu'à ce jour, de ce mélange heureux de souveraineté et de prudence, et de cette sage modération de l'une par l'autre! harmonie constante et essentielle, aussi ancienne que l'empire françois. C'est à elle qu'il est redevable de ses progrès et de sa grandeur; elle est le principe et le gage de sa conservation; elle maintient sans effort l'autorité royale; elle assure la souveraineté par la justice.

Ne devons-nous pas encore à cette harmonie la foi publique, qu'elle a fondée sur les loix du royaume, et qu'elle entretient sur les ordonnances; cette foi publique qui unit le monarque et les sujets pour la paix, la gloire et le bonheur de l'État; cette foi publique et immémoriale, toujours gardée, toujours garantie par les parlemens, qui les rend enfin le nœud sacré et le soutien commun de l'empire et de l'obéissance.

Mais la coopération des parlemens, Sire, à l'autorité souveraine qu'ils exercent seroit aussi étrangère et deviendroit aussi préjudiciable au gouvernement françois qu'elle lui est naturelle et avantageuse, si cette coopération n'étoit pas en même tems, par sa nature, unique et invariable (1).

La monarchie françoise, une et indivisible par essence, n'admet et ne permet de reconnoître d'autre autorité que l'autorité royale, unique autant que suprême.

L'unité de l'autorité, dans son exercice comme dans sa source, et l'union que cette unité produit dans l'obéissance, font l'essence et la force de tout gouvernement monarchique, parce que de cette unité et de cette union résulte un concert naturel et infaillible, que tout partage exclut nécessairement.

D'où proviennent dans les monarchies les désordres intérieurs qui les ébranlent, et peuvent les renverser, si ce n'est du partage dans l'autorité, de la mésintelligence qui en est la suite, et de la discorde que l'une et l'autre entraînent dans l'obéissance?

Et quelle anarchie ne produiroit pas, Sire, le partage aussi dangereux que nouveau qui feroit, au préjudice des loix et maximes du royaume, coopérer le grand-conseil autant que vos parlemens à l'autorité royale. Si les juges ordinaires ressortissoient et étoient subordonnés, contre

---

(1) Et fidelium communi consilio secundum Dei voluntatem, et commune salvamentum, ad restitutionem Ecclesiæ et statum regni et ad honorem regium atque pacem populi pertinenti, adsensum præbebimus...Verum sic sint nobis fideles et obedientes, ac veri adjutores et cooperatores vero consilio et sincero auxilio ad ista peragenda, sicut per rectum unusquisque suo principi esse debet. (Capitul., tom. 2, p. 47.)

toute règle et tout usage, à d'autres qu'à vos parlemens, quelle altération dans l'obéissance!

Que l'autorité ne soit plus une dans l'exercice, comme elle l'est dans sa source, les commandemens, Sire, ou se détruiront par leur contrariété, ou se confondront du moins par leur multiplicité et leur concurrence.

De cette confusion, ou de cette contradiction, quelle perplexité et quelle incertitude dans l'esprit de ceux qui les reçoivent! Quel trouble, quelle lenteur, quelle indifférence, quel dégoût dans l'exécution! Que de prétextes, peut-être même que de motifs et de moyens, soit pour les supérieurs de déranger et de s'attribuer exclusivement l'obéissance, soit pour les inférieurs d'y manquer et de s'y soustraire impunément! Que deviendroit alors la subordination? et sans la subordination que devient l'autorité?

Rien n'est donc plus important, Sire, au bien du service de Votre Majesté, que d'entretenir l'économie ancienne et essentielle, qui, formée par la constitution et les loix de l'État, ne lie les bailliages et sénéchaussées qu'aux parlemens, et par laquelle ils maintiennent la souveraineté et assurent l'obéissance.

Quelle atteinte ne porteroit pas à l'une et à l'autre l'innovation qui romproit cette chaîne, pour unir les juges inférieurs à ceux dont le pouvoir s'étend et se resserre au gré d'attributions arbitraires? Ainsi l'autorité et l'obéissance, également intéressées à ne point varier, pourroient à leur préjudice commun s'étendre et se resserrer arbitrairement et incessamment.

Seroit-ce d'une autorité incertaine et changeante que parloient, Sire, les rois vos prédécesseurs, lorsque Charles v (1)

---

(1) 14 mai 1370. Reg. du Parl.

faisoit gloire de n'avoir retiré la Guyenne que par un arrêt
de son parlement; lorsque le conseil de ne rien entreprendre
sans l'avis de ses pairs et de son parlement étoit l'instruction que Louis xi (1), en mourant, laissoit à Charles viii?
Le parlement auroit-il maintenu la loi Salique contre la
déclaration de Charles vi (2); prononcé et rendu nulle la
cession, arrachée à François 1er, de la Bourgogne (3); fait rentrer enfin dans leur devoir les peuples entraînés par l'esprit
de faction, et affermi tant de fois la couronne dans l'auguste
maison (4) qui nous gouverne, pour notre gloire et notre
félicité, si l'autorité royale eût été variable, partagée, affoiblie et altérée dans le parlement?

Que de motifs, Sire, se réunissent pour exiger de nous, à
titre de devoir, de supplier Votre Majesté qu'elle veuille
entretenir entière dans ses parlemens une autorité aussi importante qu'essentielle.

Daignez proscrire à jamais, Sire, nous osons le demander au nom de la fidélité la plus inviolable, des entreprises
qui attaquent et compromettent la souveraineté et l'obéissance; daignez retirer une déclaration qui, favorable à ces
entreprises, ne peut que porter atteinte à l'une et à l'autre;
daignez enfin conserver ainsi, pour l'intérêt même de votre
souveraineté, l'essence et la dignité de la *cour des pairs,*
qui, selon le témoignage glorieux de Louis xiv et celui de
ses prédécesseurs, *a rendu* (5) *de tout tems de grands et*

---

(1) Testament de Louis xi, du 21 septembre 1482, registré en parle·
ment le 12 novembre suivant. Preuves des mémoires de Philippes de
Commines, vol. 4, p. 89.

(2) Lib. accord. et ordin. (Pictav., fol. xlv et seq.)

(3) 20 décembre 1527. Reg. du Parl.

(4) Arrêt du parlement, du 30 mars 1594. Reg. du Parl.

(5) Edit de juillet 1644, registré le 19 août suivant, et plusieurs édits
de Charles vii et Henri iv.

signalés services aux rois, dont elle a fait régner les loix,
et reconnoître l'autorité et la puissance légitime.

Ce sont là, Sire, les très-humbles et très-respectueuses
remontrances qu'ont cru devoir présenter à Votre Majesté

Vos très-humbles, très-obéissans, très-fidèles
et très-affectionnés sujets et serviteurs.

Les GENS tenans votre cour de parlement.

Fait en parlement, le 27 novembre 1755.

Signé DE MAUPEOU.

OBSERVATIONS. — Maupéou, alors premier président au
parlement de Paris, signa les remontrances et eut le courage
d'en soutenir les principes devant le roi. Qui aurait pu prévoir alors que l'éloquent et courageux défenseur des lois
fondamentales de l'État, des attributions légales de l'ordre
judiciaire, en deviendrait le plus ardent, le plus implacable
ennemi, et emploierait la violence, la corruption et les plus
odieuses intrigues pour détruire de fond en comble la partie
la plus importante de l'administration publique, consacrée
par les titres les plus respectables et par la tradition de plusieurs siècles. Ce système de destruction parlementaire,
commencé dans le grand-conseil, fut suivi, quinze après,
avec la plus scandaleuse activité, par celui-là même qui s'é-
tait montré le plus impassible défenseur des anciennes cours
souveraines.

Le parlement de Paris, exilé à Pontoise en 1753, avait
été rappelé en 1754. Le roi avait, par un édit formel,
défendu toute discussion sur les affaires ecclésiastiques. Mais
cet édit, appelé *loi du silence,* fut enfreint d'abord par la
Sorbonne, naguère janséniste, et devenue constitutionnaire.
Le parlement avait défendu à la faculté de s'assembler. Les

docteurs sorbonnistes répondirent qu'ils suspendraient leurs cours de théologie comme le parlement avait suspendu ses audiences. Il fallut les contraindre par arrêt à reprendre leurs leçons. Cette année 1755 vit s'élever avec une nouvelle activité les désordres qui avaient troublé l'État pendant les années précédentes. Le Gouvernement, contraint de faire la guerre à l'Angleterre, qui avait ruiné notre commerce dans les deux Indes et en Afrique, éprouvait le plus urgent besoin de subsides. La cour se rapprocha du clergé, et, changeant de système, elle protégea les constitutionnaires contre le parlement, que jusque alors elle avait défendu contre les constitutionnaires. Le parlement avait attaqué le grand-conseil. Les pairs avaient refusé de se réunir à lui. Nouveau sujet de querelle. Les cours souveraines se réunirent pour présenter des remontrances. Celles que l'on vient de lire peuvent tenir lieu de toutes les autres, qui rappellent les mêmes principes avec autant de force, mais moins de développemens. Les parlemens ne formèrent plus qu'un corps divisé par classes. Vainement le chancelier Lamoignon s'opposa à cette puissante coalition. Tous refusaient d'enregistrer les nouveaux subsides. L'irritation était au comble. Le roi, ou plutôt son conseil, établissait des impôts. Ces impôts ne produisaient rien. Tous les parlemens refusaient d'enregistrer, et se vengeaient ainsi du mépris que la cour faisait de leurs remontrances.

FIN DU PREMIER VOLUME.

TABLE

SOMMAIRE ET CHRONOLOGIQUE

DU

PREMIER VOLUME.

———

(1461 à 1756.)

FIN DE LA TABLE SOMMAIRE ET CHRONOLOGIQUE
DU PREMIER VOLUME.

.

www.ingramcontent.com/pod-product-compliance
Lightning Source LLC
Chambersburg PA
CBHW060524220326
41599CB00022B/3419